本书由兰州大学"双一流"建设引导专项文化传承创新项目
及尚峰校友资助出版

人物访谈录 2

我的蘭大

主　　编　　段小平　　陈文江

副主编　　黄飞跃　　王秋林

编　　委　（按姓氏音序排列）

陈闻歌　　陈　艳　　焦燕妮

李田妹　　梁振林　　王安平

谢益群　　薛玉洁　　阎　军

兰州大学出版社
LANZHOU UNIVERSITY PRESS

图书在版编目（ＣＩＰ）数据

我的兰大：人物访谈录. 2 / 段小平，陈文江主编
. -- 兰州：兰州大学出版社，2018.12
ISBN 978-7-311-05512-7

Ⅰ. ①我… Ⅱ. ①段… ②陈… Ⅲ. ①兰州大学－人
物－访问记 Ⅳ. ①K820.842.1

中国版本图书馆CIP数据核字(2018)第288500号

封面题字　秦理斌
责任编辑　王永强　钟　静
装帧设计　郇　海

书　　名　**我的兰大——人物访谈录2**
作　　者　段小平　陈文江　主编
出版发行　兰州大学出版社　（地址：兰州市天水南路222号　730000）
电　　话　0931-8912613(总编办公室)　0931-8617156(营销中心)
　　　　　0931-8914298(读者服务部)
网　　址　http://press.lzu.edu.cn
电子信箱　press@lzu.edu.cn
印　　刷　兰州新华印刷厂
开　　本　787 mm×1092 mm　1/16
印　　张　27.5
字　　数　479千
版　　次　2018年12月第1版
印　　次　2018年12月第1次印刷
书　　号　ISBN 978-7-311-05512-7
定　　价　88.00元

（图书若有破损、缺页、掉页可随时与本社联系）

弦歌不辍　继往开来

兰州大学自清末新政创建以来，扎根西部、心忧天下，教书育人、潜心科研，在祖国西部坚守奋斗了近110年，见证了西北高等教育从无到有、发展壮大的艰辛历程。

"前事不忘，后事之师。"百十年来，兰大人从未放弃对历史的思索，从未放弃对真理的探寻，从未放弃对梦想的追求，从未放弃对责任的坚守。百十年兰大人的奋斗故事，是学校发展历程的真实写照，是学校文化传承的重要载体，是大学精神的集中彰显。百十年的办学历程，是一部无数教育先辈薪火相传、弦歌不断，攻坚克难、开拓进取，勤奋求实、坚守担当的奋斗史。这些教育先辈中有社会变革动荡时局中坚定撑持的官绅儒士，有战火纷飞岁月里奋袂攘襟的英雄师生，也有和平年代里兢兢业业的教授学者，还有为学校改革发展默默奉献一生的教职员工和医护人员。是他们，为国家和社会培养了一批又一批卓越人才，为国家发展、社会进步、民族振兴做出了卓越贡献，他们的故事理应被历史铭记、为后人所传扬，也对我们砥砺前行、走好今后的路，有着重要的借鉴、鼓励和鞭策意义。

"萃英记忆工程"就是这样一项留存历史、传承文脉、鉴往知来、立德树人的工作。《我的兰大——人物访谈录2》也是"萃英记忆工程"的又一项工作成果。书中收录了40余篇兰大人回忆求学兰大、建设兰大和见证兰大的苦与乐，回忆学科肇始、学业初成、学校发展的事与人。书中的故事，或娓娓道来、饱含深情，或繁简得宜、启人深思，或阐发幽远、催人奋进。书中的一篇篇文字、一张张图片，就是兰州大学百十年沧桑巨变的历史缩影，折射的都是兰大故事、兰大文化和兰大精神，展现的都是兰大人继往开来的坚定步伐、教书育人的桃李天下和为国尽力的熠熠光辉。故事里谈到的人，有的已经离我们而去，有的还在与我们共同奋斗。站在历史面前，我们要向他们致敬，向他们学习！我们要向历史致敬，向历史学习！我们要从中汲取智慧和力量，激扬创造的热情，开启新征程、肩负新使命、铸就新辉煌！

知往鉴今，见贤思齐。习近平同志2009年6月来校考察时指出："在西北是能办一流大学的，在西北办一流大学也有它的特殊要求和它所面临的问题，办成的一流大学一定是具备西北特点、独树一帜的。"长期以来，兰州大学坚持正确办学方向，落实立德树人根本任务，坚持"以本为本"，深入对接、深度融入国家发展战略，主动服务地方经济社会发展。党的十八大以来，特别是入选"双一流"建设行列以来，学校"讲政治、转观念、抓改革、补短板、强作风"，以学生为中心、以教师为主体，集聚了师生干事创业的精气神，开启了学校蓬勃向上的新局面。

站在加快推进"双一流"建设的历史新起点上，我们必须拓展国际视野，关注人类共同面对的问题，主动抓住和融入"一带一路"建设这个历史机遇，发挥学科优势和学科特色，立足西部、面向全国、走向世界，服务国家、服务世界。我们必须树立家国情怀，紧紧围绕党的十九大报告提出的人才强国、教育强国等战略，突破传统思维，瞄准国家战略，接住机遇、抢抓机遇、创造机遇，努力推动学校事业发展。我们必须主动服务地方经济社会发展，把论文写在中国大地上，写在甘肃大地上；把研究关照到解决社会问题、生态问题和生产问题上。我们必须专注于人才培养，落实全国教育大会"努力构建德智体美劳全面培养的教育体系，形成更高水平的人才培养体系，培养德智体美劳全面发展的社会主义建设者和接班人"的要求，从历史和现实中汲取精神养分，完善人才培养体系，弘扬兰大精神，传承兰大文化，讲好兰大故事，将今日的莘莘学子培养成国家未来的栋梁之材。

新时代书写新辉煌，需要继续坚守和奋斗！让我们共勉。

是为序。

党委书记

兰州大学

校　　长

2018 年 9 月 17 日

前　言

口述史工作是积累史料、开展历史研究的重要手段。面向大学教师群体的口述史采访是积累高等教育史料、促进大学代际沟通、实现文化传承、开展大学历史研究的重要手段。

党的十九大报告指出，要加快一流大学和一流学科建设，实现高等教育内涵式发展。在此形势下，大学如何立足自身传统与特色，凝聚共识，形成共同愿景和发展合力，是实现立德树人根本目标必须首先解决的当务之急。大学教师是大学教学与科研的主体力量，是大学优秀文化、发展经验和竞争优势的重要载体，更是总结高等教育发展规律、探索新时代中国特色社会主义高等教育发展方向的重要研究对象。在此背景下，重视大学教师口述史料挖掘和研究，更具重要意义。

在学校党委的领导下，兰州大学档案馆坚持推进"萃英记忆工程"，先后采集数百人次的回忆谈话录音和录像，征集了一批具有原始记录属性的实物档案资料。这项工作已经显现出以下几个方面的积极效果：

一是积累了一批当代中国教育研究史料。中华人民共和国成立以来，中国大学经历了"脱胎换骨"式的社会主义改造、为适应工业化需求而进行的院系调整、十年"文革"的徘徊与倒退、改革开放后恢复高考和"科学的春天"、世纪之交的教学科研大发展等各个阶段，波澜壮阔与跌宕起伏相伴相随，耕耘收获与风霜雨雪共生共存。这一段历史，既是中国高等教育的艰难历程，也是中国教育史的宝贵财富；这一时期的大学教师，有冲破欧美封锁、胸怀科学救国的热情远涉重洋万里归来的高级知识分子，有经历了十年"文革"、上山下乡之后成长为高等教育和科学研究的学术中坚，有恢复高考后进入大学学习毕业后走上教学科研管理岗位的"老三届"。通过口述史工作，留存他们的社群影像，留住他们的历史记忆，将有效地补充社会转型期的历史细节，丰满历史血肉，扩充教育史研究的样本和素材。

二是促进了大学代际沟通和文化传承。每一所大学都是动态发展的，但每一个时期的新发展都深深根植于既有的大学风格、传统和氛围。清华大学的前身清华学堂是基于庚子赔款退款建立的高等学府，所以清华精神就打下了"明耻"的烙印，正如陈希担任清华大学党委书记时所讲："爱国根基于明耻。"而兰州大学偏处西北，建校以来一直面临经费、师资与生源的困扰，艰苦奋斗已经成为自身的禀赋，但是兰大人从来就不曾因为偏僻和贫穷而畏缩不前。早在1948年，主政兰大的辛树帜先生就教育他的学生："西北之民，瘁于兵，迫于贫寒，呻吟憔悴者久矣，援其手而登之衽席，非君等之责而责谁？"这就是大学的文化，是必须在教师与学生、老教师与青年教师、高年级与低年级之间沟通、协调、传承并发扬光大的宝贵精神财富。

代际沟通是大学文化得以传承的重要桥梁。实践证明，口述史工作正是促进大学消除代际隔阂、加强代际沟通和文化传承的有效方式。

三是关注了大学中的高龄人群，抢救了一批老先生的历史记忆。大学口述史工作对象多为高龄教师。他们是普通人，但又不完全等同于普通人群，他们受过良好的教育，又毕生从事高等教育工作，深受传统文化浸染，大都有希图立德、立功、立言，成就"三不朽"的志向和情怀。因为年龄和身体原因离开教学和科研岗位，大概是他们生平最不情愿做的事情。他们中的大多数，愿意把他们的经历、经验与教训和年轻一代分享。"萃英记忆工程"实践显示，高龄教师接受口述采访的过程往往是回忆"激情燃烧岁月"的过程，一方需要故事，另一方需要倾诉，常常"宾主尽欢"，快乐而美好。从这个意义上看，采访高龄教师的行动就具有了关爱高龄教师的意味，访谈常常使得高龄教师成为"幸福的怀旧者"。事实上，在老年精神病学领域，研究者很早就注意到了怀旧有助于治疗老年心理疾病，并在临床上广泛应用，称之为怀旧疗法（the reminiscence therapy）。面对采访，一旦打开心扉，许多独居体弱的高龄教师会由沉默寡言变得神采飞扬、侃侃而谈，沟通让他们重新找回自己，从一个需要照顾的生命体重新成为一个阅历丰富、焕发异彩的渊博智者。

兰大是所有兰大人的兰大。"萃英记忆工程"开展以来，采访对象逐渐由老干部、老教授、老职工向中青年教学、科研和管理骨干以及广大校友扩展。《我的兰大——人物访谈录2》就收录了很多仍然活跃在各个领域的在校教职工和校友的回忆，记录了他们的青春，反映了他们的成长，同时也记录和反映了兰州大学的发展历程。

希望这本书能够成为老兰大人重温过往、年轻兰大人爱校荣校的心灵读本。

编　者

2018年9月20日

人物访谈录2

目录 / CONTENTS

刘善修 / 忆往昔峥嵘岁月稠　002

刘德山 / 阴平阳秘　精神乃治　011

刘众语　戴　群 / 江隆基完善和全面的学识、品德与作风　025

郑荣梁 / 浮生笑谈　029

苗高生 / 深邃的思想　博大的胸怀——忆江隆基校长　046

谭民裕 / 受党培养　为党工作　055

刘铭庭 / "把自己的青春献给祖国最壮丽的事业"　069

廖常庚 / 我与核物理的不解缘　086

李裕林 / 执着的坚守　094

陈生俭 / 江隆基校长是我做人的榜样　103

陶祖贻 / 中央确立的核科学技术基地　108

力虎林 / 我与兰大共风雨　116

程麟生 / 兰大圆了我的大气科学梦　124

陶景侃 / 兰大哲学系的崛兴和我的逻辑学研究　135

郭聿琦 / 不忘教育初心　追求学术本真　141

刘人怀 / 敢为人先谋发展　155

汪受宽 / 兰大历史学科先行者的典范和带动作用　170

郭庆祥 / 大师立圭臬　后学更奋强　184

李兆陇 / 兰大是我成长的摇篮　191

彭长城 / 《读者》与兰大　197

王安平 / 照耀我前进道路的明灯——胡之德先生　210

张立群 / 日拱一卒　功不唐捐　217

程庆拾 / "铁笔素宣绘美景"　223

吕贵华　李长江 / "科学研究的最终目的是造福人类"　239

谭仁祥 / 嚼得菜根才能做得学问　247

吴王锁 / "核以道和" 254

石　岗 / 求学兰大的那些年 267

王铁山 / 我对教育的一点思考和实践 273

任中洲 / 感念母校 难忘师恩 288

焦亚平 / 弘扬母校精神 成就自强企业 293

张成如 / 创业诚不易 同学须努力 302

夏佳文 / 一生做好一件事 312

刘敬泽 / 传承师者典范 320

王彦广 / 我与兰大的"化学反应" 327

吴维学 / 不越沙丘 怎见绿洲 333

冯治库 / 志存高远 见贤思齐 340

尚　峰 / 我从兰大出发 346

车春玲 / 朋友们说:"兰大有你,我们也想去兰大" 356

张曙光 / 我在兰大接受了真正的思想启蒙　366

马文军 / 兰大人的朴实和坚守　371

王建文 / "选择往往比努力更重要"　381

刘向兵 / 奉献的基调和精神　389

李卫东 / 传承敬畏　学问天下　396

车全宏 / 独特兰大气质　濡养一家三代　402

宋维山 / "在恩师们身上,我看到了兰大的精神和脊梁"　410

王学军 / 我的商业之路从兰大起步　417

刘玉孝 / 缅怀恩师段一士先生　423

后　记　426

【人物简介】

刘善修，男，汉族，1921年腊月（农历）生于河北定州。15岁加入中国共产党，任抗日青救会主任并当选抗日村长。三年后参军，先后任冀中军区七分区司令部通讯科见习参谋和指导员。

刘善修满门忠烈，多位亲人为抗日捐躯或被汉奸出卖惨遭杀害，有的至今不知忠骨葬于何地。在抗大二分校学习期间，作为连排级干部培养对象，克服文化水平低的困难，通过军事、政治和文化课目的学习训练，进步很快；抗日战争胜利后，任中原野战军十九兵团三纵队营教导员，先后参加大同战役、青沧战役、正太战役、保北战役；随后，又相继在解放石家庄、太原、兰州和宁夏的战役中英勇作战。

中华人民共和国成立以后，转业到地方工作，1953年10月调入兰州大学。历任兰州大学分党总支书记、党总支书记、党委副书记，甘肃省镇原县委书记兼县长，甘肃省质量技术监督局党组书记、局长。1983年离职休养。

【萃英记忆】刘善修

时　　间：2016年9月28日，2017年6月7日

地　　点：兰州市　天庆嘉园刘善修寓所

人　　物：刘善修

访谈人：王秋林

拍　　摄：陈闻歌　红　叶

文字整理：徐瑾涛（2015级萃英学院学生志愿者）

文稿审定：段小平　陈闻歌

忆往昔峥嵘岁月稠

访：刘书记，您好！我们是兰州大学档案馆的（工作人员）。马上就是国庆节了，今天专门来看看您。

刘：好啊，谢谢了。

访：您老好福气啊！96岁了还行动自如，气色也好。这是我们新出的一本书（递上《我的兰大——人物访谈录1》）。眼力还好吧？这里还有一些学校档案馆的资料，给您放这里，回头慢慢看。目前我们正在实施"萃英记忆工程"，请老领导、老先生、老校友回顾一下在兰大的学习、工作和生活经历。您是兰大的老领导，今天请您谈谈当年的有关情况。

20世纪50年代的兰大印象

刘：我在兰大工作了11个年头。1953年，我和林迪生先后到的兰大——他先来，我后到。我是兰大第一任的（专职）党支部书记。

访：林迪生和您先后来到兰大，当时的兰大是个什么状况？

刘：1956年以前，兰州大学位于兰州市西关十字萃英门内。当时兰大的生活条件很差，学生宿舍楼大小有5栋，都是二三层砖木结构的简易楼房；教职工家属住的是土木结构的四合院，做饭、冬季取暖都得生煤火炉子。学校没有自来

水，大家用的都是从黄河挑来的水，很浑浊，因此每家都备有两个澄清浑浊水的盛水器具。教职工家属都买水吃，一担三五分钱；员工灶、学生灶的用水量大，由学校的一辆马车直接到黄河拉水。因为没有自来水，也就没有抽水马桶，人们用的都是学生和教职工合用的旱厕。当时的兰州大学和农村一样，卫生条件很差，洗澡必须去街上的澡堂。学校只有一辆美式吉普车、一辆苏联吉普车，供校领导乘坐。当时兰大的生活情况大致就是这样。

访：当时兰大大概有多少老师和学生？

刘：我记得教职工、学生一共大概千八百人。那时候全校就是8个系——文科3个系，理科3个系，还有医学等，一共就是8个系（注：2009年版《兰州大学校史》记载，1952年底，兰州大学师生员工1372人；1953年初，学校有中文系、历史系、经济系、银行会计系、数学系、物理系、化学系、生物系、地理系、医学院等院系设置）。

1955年，盘旋路校区开始建设（几乎与兰州医学院、中国科学院兰州分院同时建设）。那时候（盘旋路）这个地方都是坟滩，没有人烟；兰州火车站周围也是荒草滩，火车站台是用席棚子搭的临时建筑。记得那时候南方考来的学生多些，有上海的、广州的，还有四川的（四川的学生比较多）。广州来的学生大多啥行李都没有，穿着拖板子鞋、裤衩子和背心，胳肢窝夹着个凉席就来了。后来是用学校给他们补助的棉衣、夹衣御寒……

共和国初期兰大的党建

访：刚刚说到您是兰大第一任的专职书记，当时是党支部还是党总支？

刘：兰大是分党总支（注：属兰州市委学校党总支领导），我是分总支的书记。1951年，我被调到原宁夏省委统战部做统战工作。两年后，原宁夏省委组织部决定，让我到惠农县任县委书记，并将我的档案材料报送西北局备案。但西北局将我分配到兰州大学，并建议我从事党务工作。就这样，1953年10月我到兰州大学报到——就职高等学府，从事党务工作。同年11月，兰州市委组织部批准我任中共兰州大学分党总支书记，并兼任组织委员（注：2009年版《兰州大学校史》记载，陆润林任组织委员）；高诚斋任统战委员，叶金声任宣传委员，李大诚任青年委员；林迪生，还有康世臣、李志杰为委员。

我是兰州大学第一任党的专职负责人（这个职务此前由校长林迪生同志兼任）。当时分总支只有文科、理科、校部3个支部，党员才三十几个人（注：2009年版《兰州大学校史》记载，1953年9月分总支下辖校部教职员工、校部学生、医学院3个支部；1954年9月分总支下辖教职员工、文史、数理化、生地经4个支部，共有党员83人，其中教职工党员30人，学生党员53人）。

要保证教育方针的贯彻、教学质量的提高，必须依靠党组织和党员。根据当时党员数量少（有的系、有的班级一名党员都没有）的实际情况，分党总支研究决定加快发展党员，提出在高级知识分子中发展党员"既要放手，又要慎重"的工作思路。于是，在审干（注：审查干部）工作的基础上，只要政治历史问题查清，本人有要求入党的愿望，我们就进行教育培养；各位分党总支委员作为各部门的负责人，工作中要落实"兵对兵，将对将"的要求，力求成熟一个发展一个，绝不马虎行事，真正把发展党员工作落到实处。在学生中发展党员也是如此。青年学生年轻，经历简单，思想比较单纯，只要学习好，思想进步，有入党要求，就可以大胆放手发展，但绝不是"拉夫"式的。

1955年夏季，高教部（部）长杨秀峰到兰州检查工作，其间林迪生校长和我到省政府交际处向其汇报兰大的工作情况。杨部长指示，兰大的工作重点是发展理科、办好理科、突出理科。据此，我们明确了工作方向，注重加强理科党建，发展高级知识分子入党。物理系主任徐躬耦教授、化学系刘有成教授等同志，就是在审干中经我介绍发展的新党员。与此同时，学校也开展文科的党建工作，发展够条件的文科师生为党员。

几年的党建工作取得了很大的成绩。截至1957年3月，全校共有270余名党员和预备党员，各系都组建了党支部，为成立学校党委打下了基础，创造了有利条件。1957年3月24日，经省委批准，中国共产党兰州大学（临时）委员会成立。党委会由刘海声、刘善修、林迪生、陆润林、任雄士、邱贤道、叶金声等7人组成，刘海声任书记，我任副书记。党委成立大会除全体党员参加外，还邀请了学校各民主党派（群众团体）负责人、学生代表，许多知名的老教授也应邀参加了大会。我在大会上作了党总支委员会（注：1956年9月兰大分党总支改为党总支，归甘肃省委领导，总支书记为刘善修）工作报告。

兰州大学的审干和肃反

刘：1949年，国民党发展的大批军警、特工人员分布在各个机关、院校，残酷镇压杀害共产党员，兰州大学地下党支部惨遭破坏。国民党反动派杀害我校革命师生和共产党员7人，他们是：陈仙洲同志，俄文系学生，时任中共兰州市学委书记兼兰州大学支部书记，8月11日被杀害；程万里同志，任教兰大附中，负责领导各中学党支部工作，8月9日被杀害；魏郁同志，历史系助教，时任中共陇右工委（注：2009年版《兰州大学校史》记载为"中共皋榆工委"）兰州大学（教工）支部书记，8月21日被杀害；二年级学生焦洁如同志（俄文系）、陈敬宇同志（植物系）、李承安同志（法律系），9月18日被杀害；杨怀仁同志，兰州大学附属中学教员，8月9日被杀害。他们被捕后，在敌人的监狱里经受了严刑拷打，坚贞不屈，和敌人进行顽强斗争，在新中国成立前夕英勇就义。

兰州大学地下党支部遭破坏，7名革命师生被杀害，我们永远都不能忘记他们。从当时的情况看，原训导处是暗藏特务的地方（特务抓共产党员就是从训导处查照片和宿舍房号，原训导处主任在中华人民共和国成立前逃往台湾）。经审查，原训导处（处）长交代：他和甘肃省主席郭寄峤是好朋友，郭经常请他吃饭、喝茶，交往甚密；他在国民党刊物上经常发"戡乱救国"的反动文章。其他的事他没交代。我们分析，他可能是高级特务，单线联系；有关人员已逃亡台湾，无法调查。因此，他的问题只能暂时挂起来。我们让他继续教书，找他也只是谈谈话（没有斗争，也没有给他戴"帽子"）。但在"大鸣大放"（注：1957年春夏，整风和"反右运动"中的政治语汇。其中"鸣"与"放"是"百家争鸣""百花齐放"的缩写）期间，他自己跳出来喊冤，不明真相的学生也替他喊冤。在我们讲清情况后，学生不再替他喊冤，反而斗他。由此可见，（20世纪50年代）开展审干工作和肃反（注：肃清内部反革命分子）运动是客观形势的需要。在全国的大好形势下，兰大师生投入审干肃反中，创造了内查外调条件，取得了很大的成绩。林迪生校长和我为此在省直机关干部大会上介绍过经验。

通过审干肃反，兰大清查出：中文系一学生在新中国成立前是国民党《中央日报》社的记者，经人介绍参加中统特务组织，新中国成立后考入兰大；一干部系河北正定人，是有血债的汉奸，杀害过我抗日村干部党员，日本投降后投靠国民党军队，石家庄解放时被俘，参加解放军后转业到兰大总务处任伙食管理员；一"一贯道"（注：新中国成立前在全国范围内流传势力最大、活动最为猖獗、危害非常严重的反动会道门组织）道首在新中国成立前夕混入兰大小卖部当经理。此外还清查出"三青团"分队长若干，国民党员、三青团员多人，若干人参加过国民党外围反动组织、多人参加过封建迷信组织。真是五花八门。

经过审干肃反，清除了隐藏在师生员工中的"毒瘤"，纯洁了队伍。有问题者把问题交代清楚了，放下包袱轻装前进；组织上弄清了问题，在正确使用干部、分配毕业生时做到了心中有数。但也有个别人说什么审干肃反"扩大化了""小题大做"等。实际上兰大肃反运动清查出有问题的人不算少，其中还有中统特务分子。试想当年台湾当局叫嚣"反攻大陆"的图谋一旦得逞，以上这些人就有可能成为国民党的社会基础，不知又要杀害多少共产党人。所以，审干肃反是为了巩固无产阶级政权和人民群众的天下，是正确的，绝非小题大做。

峥嵘岁月

访：您这一辈子的经历很坎坷，遇到的事情也多，很不容易。

刘：我们这些人心胸都比较坦荡，你想我都96岁了，林迪生也活了94岁。林迪生的一生也坎坷。他很早入党，早年留学日本，因闹学潮被驱逐回国，把党籍都给丢了（注：据韩学本《记1949年以前的林迪生同志》记载："1930年冬，中共东京支部遭破坏，林迪生和大批的留学生被捕……1931年1月被宣布宣传共产主义，不受欢迎，'驱逐'出境。……林再度回到上海后，上海……白色恐怖，党处于地下，寻找毫无结果，再次脱党。"）。1937年，他在延安第二次入党；1983年，中共中央组织部明确恢复林迪生同志1937年以前的党籍，党龄从1926年秋第一次入党时算起。我是1937年10月（15岁那年）入党的。"卢沟桥事变"后，我们那里（注：保定）很快就让日本人占领了，（冀中）人民自卫军因此应运而生。

解放战争时期的刘善修

冀中人民自卫军的司令员是吕正操（后任铁道部部长）。他是东北人，原来是东北军的，当过团长，1937年加入中国共产党，后来担任冀中军区司令员。那时

人物访谈录2

候地下党在我们那里组织县政府，红枪会、大刀会等反动势力也很猖獗。吕正操通过驻扎在县里的一个连，就把那里的局面打开了。我参军后在冀中军区七分区司令部工作，1943年春被保送到陆军中学（一所培养抗日大反攻骨干力量的学校，简称"陆中"）学习，学制三年。后来陆中并入（晋察冀边区）抗大（二分校）附中（简称"附中"），校长是江隆基同志。合并后，原陆中、附中的学生分属一大队和二大队。学员虽然同属一所学校，但太行山里人烟稀少，两个大队相距近百里路，彼此间从来没有见过面。记得那年江隆基校长专程到一大队看望大家，并作了一场生动的报告。他说，你们都是来自部队的青年干部，要好好学习军事技能，提高指挥能力，成为大反攻的骨干力量；还要努力学习政治课、文化课，提高政治文化素养。要有坚定的政治方向，成为有理想、有文化、文武全才的合格军人。

日本投降以后，八路军晋察冀军区各根据地部队整编组建了晋察冀野战军。北京、天津都解放了，我们十九兵团就解放西北来了，解放兰州、宁夏来了……

"江隆基像长者一样关心我的成长"

刘：江隆基是1959年初来兰大任校长的。他1927年参加中国共产党，曾留学日本、德国，是党内教育家（或称"红色教育家"）。刘海声书记调到甘肃省文教厅以后，江隆基就是书记、校长（注：2009年版《兰州大学校史》记载，1960年1月，中共兰州大学第一次代表大会选举产生由11位党委委员组成的新的党委会，经第一次党委全委会讨论并报上级批准，江隆基为党委第一书记，刘海声为党委书记），林迪生是副校长，我当助手。

江隆基从北京大学调到兰州大学任校长，受到了全校师生的热烈欢迎。因为他是我在附中学习时的老校长，我特别高兴。他的老伴宋超是我的河北老乡（两家相距约20华里）。在兰大时，江校长住二楼，我住三楼，我们是近邻，因此关系更为密切。江校长是我的老首长，我很敬重他。他为人正派，没有架子，平易近人，非常谦虚。有一次我俩谈话，他说中宣部负责人曾就工作安排征求意见，问他是去安徽大学还是去兰州大学？他考虑自己是西北人，于是就选择了兰大。他还说自己在北大犯了错误，让我经常帮助他、提醒他等等。我说你是我的老校长、老领导，水平高，各方面经验比我多，能力比我强，应多多指导我的工作，我一定给你当好助手。这是我们第一次交换思想。

江校长像长者一样关心我的成长。他常指点我说，你年轻，前途远大，礼拜天要常到省委领导家中汇报工作，凡事多请示汇报，让领导了解兰大的情况。还嘱咐我要和区上、街道搞好各方面的关系。

在一次党委会结束后，江隆基同志说他没有去过河西，想利用暑假去河西看看。后来是我和林迪生同志陪同江校长西行。我们三人乘一辆华沙车，第一站来到武威黄羊镇甘肃农业大学，受到农大领导的招待；第二天农大校长（注：应为"党委书记"）李运和我们同行。说来也巧，当我们到达敦煌莫高窟的时候，听说朱德总司令一行刚走，常书鸿院长（注：时任"敦煌文物研究所所长"）又接着接待我们……

一行三人中数我年轻。三十多岁的愣小伙子，性格直爽，又没有什么经验，一路上我议论着对大炼钢铁、粮食超高产的不同看法。路过张掖地区时，看到大炼钢铁的炉子修在公路两边，一排一排很像老百姓家做饭的灶台，人们称之为"小土群"；晚上点上火后，就像两条长龙，看上去场面壮观。实际上"小土群"根本就炼不出钢来，只能烧出铁块；修在公路两边是给领导看的（这是弄虚作假、蒙骗领导的招数）。在敦煌，我看到地里的棉花长了一尺多高，一棵棉花才结二十多个棉桃；可在兰州我就看到有媒体说敦煌县棉花产量一千斤。于是我又开始发议论：在我的家乡，棉花秆能长一米多高，分那么多杈子，一亩地收个四五百斤就是高产了；而敦煌的棉花秆那么小又没多少杈子，怎么能亩产千斤呢？我怀疑这又是在虚报浮夸，欺骗领导……我参观一路议论一路。回到学校，省里正在开展反右倾运动，针对的就是那些怀疑大炼钢铁得不偿失、劳民伤财，怀疑粮食亩产几万斤是夸大事实、虚报浮夸的人。凡被揭发出来的此类人，"帽子"一准给戴上。根据我一路上的言论，给我戴上右倾反党分子（或秋后算账派）的帽子没有一点问题。但是由于两位老领导没有揭发，我得以"蒙混过关"。老领导水平高、修养好，他们不会落井下石、借机整人。当时在"左"倾路线的影响下，有人虽然对大炼钢铁、虚报浮夸持怀疑态度，但他不说实话，这还情有可原；最可恶的是那些趁机揭发别人，黑着良心说瞎话整人的人，他们出卖灵魂，品质极端恶劣。

1962年，西北局召开"兰州会议"，解决"虚报浮夸"问题。为此，省委选派一批干部到基层工作。我被派到镇原县任书记兼县长，要求三年改变镇原的落后面貌。由于掌握政策得当，加之三年风调雨顺，天时地利人和，到1965年，镇原结束了吃返销粮的历史，落后面貌基本扭转，过年时80%的家庭杀猪做黄酒。在我90岁生日的时候，庆阳地区的10位干部给我送了一幅四扇屏刺绣的竹子（寓意"两袖清风，一尘不染"），竹子后面是几块石头（寓意"光明磊落，不搞阴谋诡计"）；另外还有一双缎子拖鞋（寓意"脚踏实地，一步一个脚印"）。2009年11月18日，经中央组织部批准（甘肃省委办公厅发文），我开始享受副省长级医疗待遇。

刘善修近照

访：据说您写了一本书，学校档案馆想收藏。

刘：我写的那本书叫《峥嵘岁月》。如果家里还有的话，我给你们送一本。因为那时候印得不多，我给兰大党委没有送。

访：谢谢您，为兰大做过贡献的老兰大人！

刘：做啥贡献，就是做了点工作吧。

访：做了工作的，我们都不会忘记。

【备注】

经物理科学与技术学院刘肃教授推荐，我们采访了刘善修老先生。访谈期间，刘老多次提到"我96岁了，好多事都记不清了。我写过一本回忆录《峥嵘岁月》，有关内容那上面都有，需要时可以参考"。因此《峥嵘岁月》为本文提供了重要借鉴。2017年6月7日，刘肃教授陪同我们再访刘善修老人。刘老很高兴，再次追忆过往，认真校阅文稿。刘老耳背，目力欠佳；但面色红润，生活能够自理，头脑也还清楚。他告诉我们：现在吃饭挺好，身体没有大碍，看样子能活100岁……

【人物简介】

刘德山，男，汉族，天津人，1926年2月出生。兰州大学教授，医学专家、收藏家。

1951年毕业于北京大学医学院，1957年携夫人张苓芝来兰州医学院任教；1990年当选英国皇家医学会热带医学会会员；1991年在兰州医学院退休，并受聘为澳大利亚悉尼大学、悉尼科技大学教授；2003年成为澳洲注册医生，任澳大利亚西部悉尼大学医学院、澳华医学会、全澳中医学会顾问。在职期间和退休之后，多次赴日、英、澳等国学习和交流。

刘德山的收藏涉及皮影、邮票、年画、明信片、浮世绘等。其邮票收藏门类繁多（含鸟类、蝶类、音乐类、二战类、航天类、汽车类、环保类、宗教类、百年奥运史、冬季奥运会、太平洋岛国邮票等），内容极其丰富，其中不乏市面上很难寻觅的孤品和珍品。

北京奥运之际，刘德山和夫人张苓芝（教授，眼科专家）专程由悉尼回兰州，举办百年奥运史邮票展览。兰大百年校庆期间，他将1906年发行的牛津大学和剑桥大学的照片、明信片（镶嵌在20个镜框内）捐赠给学校，寓意"兰大日益昌盛、进步，并将会同世界上的老名牌大学并驾齐驱"；随后又向学校捐赠了宋代铜镜、17世纪的唐卡、12件稀有清代皮影、邮票等珍贵藏品。刘德山的捐赠初心是："国家的兴旺发达让海外游子扬眉吐气"，"能为大众同胞做一点小事，则不辜负祖国生我养我之情"。

【萃英记忆】刘德山

时　　间：2016年1月15日11：00

地　　点：兰州市 兰州大学刘德山寓所

人　　物：刘德山

访谈人：王秋林

拍　　摄：梁振林　红　叶

文字整理：石文晶（2015级历史文化学院学生志愿者）

　　　　　涂文清（2015级萃英学院学生志愿者）

文稿审定：段小平　陈闻歌

阴平阳秘　精神乃治

访：刘先生，您好！学校档案馆正在做"萃英记忆工程"，以访谈的形式，记录并保存老先生、老校友的兰大记忆及其人生的经历和感悟。今天请您做个回忆。

从医学生到抗美援朝手术队住院医生

刘：我出生于1926年2月，父亲是当时天津河东一带有名的中医先生，经营一家中药店。1930年的一天，父亲在天津租界出诊，正开药方的时候，由于高血压脑溢血突然去世。我小时候受到天津地区文化的影响比较深，除了学习不少中草药知识外，还学过一些地方文艺方面的知识。中学时代在天津铃铛阁中学（天津一中的前身）学习，1944年考入北京大学医学院（七年制）。当时的北京大学由文、理、法、农、工、医六个学院组成，其中的医学院就是现在北京大学医学部的前身。1945年抗日战争胜利后，国民党接收了北京，我们都成了"伪学生"（我们考入北京大学那年属于日伪时期），需要政审，要求参加《中国命运》一书的考试。我清楚地记得当时是一位叫余宗颐的同学替大家考试——由他写一篇学习心得，代表全班同学交差（大家也没有签名，只写北大医学院）。如今的余大夫已是我国著名的神经科医生。

刘德山（中）和同学在北京大学医学院合影（1950）

　　大学毕业那年（1951）正赶上朝鲜战争，我参加了北京市的第一批抗美援朝手术队。队长吴英凯是国内著名的胸科专家，来自北京协和医院；副队长吴阶平（后来毛主席医疗组的组长，北京第二医学院院长，中国科学院、中国工程院资深院士）、陈景云来自北大附属医院。当时我们的条件很差，医疗队没有渡过鸭绿江，在长春和安东建立后方医院。长春是伪满皇宫所在地，到处是日、（伪）满遗留的空建筑，我们就在那里建立了医院基地。

　　北京市抗美援朝手术队是中国人民解放军总后卫生局的第34和36队。在第一、二战役中，我们遇到的最大问题是运输问题（伤员大多是干性坏死性冻伤及弹片伤，要经过很长时间才能运到后方），很多是在半夜里才被运来，医疗队几乎总在彻夜做手术。重症伤病员我们将其安置在重症病房救治；恢复期的伤病员每天早晨治疗及伤口换药后便无事可做，他们普遍感到烦闷，不少能活动的伤员便上街闲逛，甚至出现个别闹事现象。如何充实伤病员的精神生活，便成了迫切需要解决的问题。作为住院医生的我，便和几位营长、连长伤病员代表一起研究，一方面组织文娱活动，邀请民间艺人到病房说唱表演；另一方面腾出几间房子，争取社会支持，建立伤病员活动室。对此，全国特别是北京市、长春市的老百姓给予了极大支持，赠送了大批图书、连环画、克郎球、扑克牌、军棋之类的文娱用品，甚至还有一台无线电收音机。就这样，很好地丰富了伤病员的精神生活，再也没有发生出街闲逛的现象。

回想当年的情景，志愿军伤病员有的兴致勃勃地看画、看书、打克郎球，有的围着无线电收音机聆听广播，那一张张质朴、神秘而又满足的天真无邪的笑脸，至今深深地印在我的脑海里。1951年6月28日，中国人民解放军东卫医管局给吴阶平副队长和我颁发奖状，各记大功一次。我把这次受奖视为毕生的荣誉，并把奖状保存至今（注：已捐赠兰大档案馆）。

寄生虫学专家与教育使者

刘：完成北京市抗美援朝手术队的工作后，我被分派到南京中央卫生研究院进修寄生虫学。在此期间，我学到了不少的专业知识，并通过许多寄生虫病疫区的工作，深切感受到旧中国给贫苦百姓带来的灾难。当时的五大寄生虫病（疟疾、血吸虫病、丝虫病、钩虫病及黑热病）严重威胁、危害着千百万中国老百姓的身体健康。进修两年后，我又被分配到广州光华医学院（全国寄生虫学教学和研究领先的一所学院，后合并改组为中山医学院，1985年改称中山医科大学；2001年与中山大学合并），1955年任讲师，曾受教于国内热带病学专家钟惠兰教授。后来，我又在原岭南大学医学院陈心陶、徐秉锟两位教授的指导下，做了不少寄生虫病的调研工作，也了解了许多国内外文献。1957年，年轻气盛、意气风发的我，满怀着"开拓一番大事业"的热血，憧憬着"风吹草低见牛羊"的浪漫，来到了祖国的大西北。到1991年退休，我一直供职于兰州医学院（现兰州大学医学院），经历了多年的风波与沧桑。

"文革"时期，我作为"逍遥派"，趁机拾起了以前的中医学，读了不少书。其间的"开门办学"，让我有机会带着学生跑遍甘肃的许多角落，见到了各式各样的病人；更使我真正认识了甘肃的农村及其老百姓，意识到"象牙塔"里学院式的一切教条体系必须有所改变。

"文革"结束后，教研室的工作得到了恢复，教学科研也逐渐步入常规。1977年恢复研究生招生制度以后，兰州医学院第一批具备招收培养研究生条件的学科专业集中在寄生虫学、病理学和生理学三个教研室。

1976年，当了20多年讲师的我被提为副教授，1987年又晋升教授。1991年，65岁的我在兰州医学院退休。之后，国际的科研协作并没有停止，我继续利用国外的条件做科研，去日本、英国开展学术交流。可以说（兰州）医学院最早的国际科研协作是从我这里开始的。1988年我去日本讲学一个月，到名古屋、东京、京都等城市作寄生虫病的学术报告。中国的医学成就很受日本医学界（特别是寄生虫学界）的尊重。在英国期间，我做了不少人兽共患病的工作，并作了几场有关包虫病及绦虫病的学术报告；同时在利物浦热带医学院（成立于19世纪，是应对流行的疟疾、丝虫病、黄热病、血吸虫病等传染病而发展起来的研究机构）进行了一个学期的教学工作。

1990年代初，我应邀到澳大利亚昆士兰医学研究所开展为期三周的讲学。路过悉尼时，澳洲寄生虫学家戴·詹姆斯动员我给威斯特医学院教学。一开始学院安排我教热带医学，每个星期4节（选修）课。在这段时间里，我结识了一些热心的朋友，特别是安·波埃尔（A. prior）和茹·但津格（R. Danjinger），后者是一所贵族全日制中学的校长，这位老太太不仅待人热心，更渴望能同中国友好交流。她聘请我为特聘教师，帮助他们学校的教师提高教学水平（我利用电子显微镜，帮助生物学教师提高扫描技术及制样品技术），给高年级学生教中文；更主要的是让我代表他们学校到国内联系姊妹学校。后来，天津市最有名的中学——耀华中学因此先后派出三批教师赴澳交流教学，经费由澳方承担。

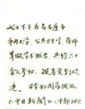

刘德山在国外讲学

在这段时间里，许多学生家长竞相邀请我到家里商谈子女的教育问题。他们对我的热情程度，让我清楚地意识到，这不仅是个人的经验与魅力使然，更是祖国蒸蒸日上的国际地位与影响所致。这些学生家长大多是悉尼较上层的人士，他们重视子女的学业，更重视子女将来的出路。在他们看来，如果子女能有机会到中国交流，将是最好的选择。20多年前外国家长的这种心情，与现在国内不少家长想尽一切办法送子女出国深造的心情如出一辙。

刘德山在澳华中医学会讲学（20世纪90年代）

　　澳洲学生家长的素质普遍较高。他们十分尊敬子女的老师，对自己儿女提出的要求也非常合理。我到过不少学生的家里，几乎每个家庭都有花园和游泳池，子女每次自习后总要在游泳池里活动一段时间。这让我意识到为什么同样年龄段的青少年，他们的体魄与发育比我们要强健许多。我曾花费一些时间思考这方面的问题，其实他们多数家庭的纯收入并不比我国一些大城市里的双职工多，但他们的生活理念不同，支配方式也不一样……

传播中国医药学

　　刘：中国医药学是经过几千年实践得来的宝贵财富。我花费大半辈子的时光学习研究西医学中的寄生虫病学、热带医学，与不少国外的同道专家交往，退休后寄居国外。但真正使我在国外立稳脚跟并得以发展的却是中国的医药学（人们称其为老祖宗给我们的"金饭碗"）。中国独特的医药学经受住历史的考验，鼓励着我一直往前走，并将其传播到国外。

在国内，中国医药学有着深厚的群众基础和政策保护。在美洲、欧洲，很多国家的行政机关（政府）明令排斥中医，不允许进口使用中药。澳洲是个多元文化的国家，有许多中医界的先行者及澳人中医生，还有中国医学协会，经过大家共同的努力争取，并多次与卫生及药物管理局交涉，使他们意识到澳洲的中国医学界是一个很大的社会群体，不得不允许我们的存在，接受我们的诉求。当然，他们也会提出许多限制（如不允许使用木香、冬花、杜仲、麻黄、川乌之类的药物，以及所有的动物性药物）。起初悉尼几家卖中草药的药商多来自（中国）香港和台湾（地区）；最近20年，中国大陆一些有名的大药店（同仁堂、同德堂等）也开始步入澳洲并得到长足发展。这与华裔社团的需要，与西人社团对中国医药的接受和认可不无关系。

刘德山在澳大利亚里斯默图书馆传播中国文化（2013）

在国外实施中医药，总有"寄人篱下"之感。为什么呢？在西方社会，西医是主流医学，中医药处于"代替医学"的位置。在国外推广中国的医药学，首先要遵守人家的法度。围绕他们法度很多不合理的地方（比如支持西人医生公开在报纸上诬蔑中医药不科学、有毒、害人等言论），我们也会在报纸上跟他们辩论（尽管这是一个很艰难的过程），开展公开场合的舌战。舌战"洋儒"，你必须要有深厚的现代医学（包括临床医学和病理学、解剖学、免疫学、病原学）基础和过硬的药用植物学等方面的功夫；你得研究"地道药材"，明确药物的门、纲、目、科、属、种，甚至地区变种。有一次在南威尔士州卫生部，我与他们的西医"大专家"辩论。针对他们对中医治疗一些皮肤病有特殊疗效的疑惑，我通过大量治疗效果的对比，运用中国医学理论并结合现代医学理论，解释了中医的特殊疗效，他们听后哑口无言，不得不点头。在提到药用植物学时，他们摆出了18世纪瑞典分类学家林奈，企图说明科学的严谨性；但没想到我们对林奈的了解比这些西医更深入。我们通过明代医药学家李时珍16世纪提出的"提纲析目"，解释了中医的性味归经，及其使用历史与临床效果；指出李时珍讲究格物致知，其著作《本草纲目》早在16世纪就分辨出1789种可用为中药的药物，其在药用植物学上着重于临床使用。在李时珍之后两百多年，林奈创立了物种的"双名法"（每一动植物的物种，都以属、种的双名来命名）。所以，李时珍是伟大的中医药学家，林奈是伟大的分类学家。听了我们客观、公正的评价，他们对中国医生有了新的认识，因此也就不再"鸡蛋里挑骨头了"。

20世纪90年代初，一批来自中国大陆的中医学院毕业生，在没有任何政策支持的情况下，于悉尼科技大学（UTS）成立了中国中医学院（获得大学注册和学士学位授权），这在国际上是从未有过的。我有幸被几个中医药学会聘为顾问，并出任中医学院的首任董事长。

中国中医学院招收了很多来自澳洲及欧洲的学生。他们中不少人是多年的西医医生，多数上过西医学院，又学了几年中医针灸学，渴望学习中医学（特别是古典中医基础理论），甚至想成为这方面的专家。但是，把古典中医学文献翻译成外文是项很艰巨的工作。过去国内有过中医经典著作的英译本，但多数都是语言工作者的译文，译者往往对中医经典没有深入的研究，且中医古典文献中大多专用词语几乎无法译成外文。这就给从事西医的澳洲西人的学习带来了困难。于是他们就找我（能找到研究过中医经典著作又懂外文的教师）给外国医生讲解中医经典著作。应悉尼两个中医学会的邀请，我也做过"滋阴的原理""中医的脉学"等学术报告。

西人学习中医针灸学需要按照完整的学习规程，经历五年学程。他们不记穴位名称，而是按手足阴阳经络穴位的序号（如尺泽穴，LU5；合谷穴，LI4；足三里，ST36……）记忆。澳洲人很有语言天赋，他们学习中医药学，首先要学会汉语的拼音与音韵（汉字的书写较难掌握，他们仅学中医中药的词汇与拼音）。譬如中药当归，他们记忆拼音 Dang gui 及其拉丁名 Angelica sinensis。给西人看病的处方需要在拼音之后标注拉丁学名。他们学习中医学都十分努力，能够在钻研中医药学理论的基础上，结合深厚的西医学的实践与临床经验，从不同角度总结出自己的临床体会。有几位西医在学习实践四五年后，曾出版过英文专著（J. Litterton 编著的《不孕症–种子》，在世界范围产生了影响；还有学员编著《中医药物的应用》和其他论著）。

这些年的实践让我体会到，向西人传导中医经典，讲授者首先需要具备中国医学史的积累，最好从金元时代的李东垣"脾胃论"入手，再较系统地讲授"伤寒杂病论"。当然给西人讲这些古典医学，不能简单地采用国内的一些传统的教学法。

尽管受到西方社会的约束，但由于大家的共同努力和明显的临床效果，中国医药学终于在南半球的澳洲站住了脚，上万中医药工作者包括西人中医生因此得以生存和发展。

海外赤子，心怀祖国，中国中医学院的华人医生一直通过各种渠道与祖国联系。最近，他们为了"一带一路"的医学事业，来甘肃与中医药学界联系合作事宜。

"收藏是在生活里打开另一个世界"

刘：除了本职工作，我也有自己独特的爱好——收藏。皮影、邮票、年画、明信片、日本浮世绘等，我都有不同程度的收藏。

童年时期，受家庭环境的影响，我酷爱皮影；其后虽经不同年代的变迁，我始终没有间断对皮影的喜爱和收藏。上世纪40年代迄今，我多方筹措资金，收藏明清时期中国各地区的皮影、30多个流派的老影件34箱。2008年，我将收藏的绝大部分皮影运送回国。

刘德山在巴厘岛考察瓦杨皮影

收藏是在生活里打开另一个世界。我们幻想中的镜花缘、桃花源，虚幻一过就无影无踪；而在收藏的世界里，除了虚幻和想象，还有影实。这是两个不同的世界。当你真正步入另一个世界时，你就会感受到它所携带的信息、价值和背景，皮影、邮票等都是如此。收藏使我达到精神上的"阴平阳秘"，使得气血平衡。我收藏皮影已有超过70年的历史，其中皮影的收藏和我的医学实践也是有关联的。我给病人看病，患者有时会为我提供一些信息（比如指点我怎么购买皮影）。另外，皮影的收藏也拓宽了我的视野，它告诉我，是德国皮革工业中心的皮影博物馆使皮影发展成为一门艺术。

刘德山收藏的皮影影卷

收藏不仅是一种兴趣，更是身心素质的修养，而不是单纯为了升值。其实很多收藏品都在升值（比如邮票）。我感觉，老年人是一个处在特殊精神状态、特殊心理状态下的群体，他们有很多不平衡；我们可以通过收藏来丰富知识、开阔眼界，达到一种新的平衡。举个例子来说，我有固执的毛病，我最大的问题出现在上世纪80年代对日本的不平，起因是日本的版画。我在国外的时候经常去拍卖行，日本的一幅浮世绘版画可以卖到几万美元，而我们的才值几百块钱，这使我很不服气。版画可是15世纪从中国传出去的！后来我在集邮的过程中对日本人性格、国民性有了新的认识，从而找到了一种平衡。可能很多人都还不清楚，日本从明治维新（19世纪60年代末）实行天皇一统制度以后就开始极度扩张，从1871年开始发行邮票起，就不断在"大日本"这个主题上做文章——日本发行的第一套纪念邮票，是1894年明治天皇银婚邮票；甲午海战结束后，1896年日本发行了第二套纪念邮票；第三套纪念邮票，则是1904年发生在中国的日俄战争……后来包括成立伪满、关东，这些日本帝国主义侵略中国的事件，都有纪念邮票留下的记录。现在安倍政府否认这一切，实际上就是在自打耳光。纪念邮票记录了日本的侵华史实，为世人留下了很多珍贵的史料。

刘德山（中）百年奥运史邮展（兰州大学，2008）

　　人们在离开一个地方时，总想把最喜爱的东西随身带着，我也如此。出国时我可以不带自己的印章，但我必须要带这些皮影、集邮本；回国时我又把这些东西带回来。关于带回来的理由，增加了一个心理良知：这些东西大多是中国先辈留下的文化遗产。一百年后，人们谈到今天的电视、录像也许还会奇怪，其心情跟我们今天谈皮影、邮票是一样的。社会在进步，科学在进步，人们的思想也在转变，但无论如何变迁，中国的文化应当交由中国人去研究。我们很多很重要的文物（比如壁画）流落国外，人家认为"中国国内时局动荡，我们如果不保留，早就没了"。这是典型的不折不扣的侵略者的逻辑！德国人弄走了（新疆）克孜尔壁画，但在二战中不也全都没了吗？我曾多次进入过藏经洞（那时国内还没有很好地保护那些遗迹），由此加深了对收藏的认识。我认为收藏很重要的一点就在于继承民族的传统文化，保护先辈的辛勤成果和宝贵财富。大家知道，京剧与中医、国画一同被誉为中国的"三大国宝"；而皮影比京剧的发展历史更为悠久，也都由一个个脸谱组成，为什么我们不去研究呢？因为人们还没意识到这一点。所以，我手里拥有的这些皮影值得仔细研究。

　　关于邮票还有一个故事。1896年，希腊政府为筹措第一届奥运会资金发行了纪念邮票。自此以后，历届奥运都举办邮展，唯独2008年北京奥运会没有举办。一提起这件事我就很痛心。中国有那么多的集邮家、有钱人，邮展为什么就没办起来？因为邮票的升值空间小被忽略？反正国内集邮界缺乏关于奥运历史题材的邮票。这方面我有心收藏，现在已有满满的一箱子，基本包含了2008年以前奥运题材的邮票。奥运邮票延续着奥运历史，了解奥运知识、交流各国文化、弘扬奥运精神，邮票是一个很好的切入点。目前，我在策划一个（奥运）邮展（尽管困难很多）。我觉得普及奥运知识，不能只是依靠官方，老百姓也应参与其中。

刘德山向兰州大学捐赠清代皮影（2009）

在兰大百年校庆的时候，我向学校捐赠了一套明信片。在那套明信片中，我特意在牛津大学和剑桥大学的明信片上签字。我希望兰大能够在学校领导的带领下，加强教师队伍建设，优化人才培养体系，扎扎实实，一步一个脚印地向世界一流名校的目标前进。

拳拳赤子心　耿耿桑梓情

刘：我初到澳洲时（20世纪90年代初期），澳洲人虽然不排斥中国人，但澳洲民间受日本的影响更大，对日本人更有好感。他们的商店对待东方顾客，总要说几句澳式日语，表示对日本人的欢迎。我在乘坐地铁或公交车的时候，有的青年乘客会主动站起来给你让座；有时一上车，司机在向你招手的同时还要说句"你好"之类的日语（在他们看来，东方人中西装革履的就是日本人，衣冠不整的是中国人）。对此，我会用比他们更为熟练的日语回敬：我是中国人，不是日本人！之后，往往能够见到他们不由自主地流露出的那种惊讶的眼神。

那时候中国向澳大利亚出口的大多是丝织品及一些小商品，这些商品常常被吹毛求疵、苛刻退货（澳洲到处是"退关商品"店，里面充斥着中国货）。而一些所谓的国际名牌，虽然质量不怎么好，可价格却要（比祖国大陆生产的同类商品）高出好多倍。对于中国制造的式样、质量上乘的鞋子，一些澳洲商人甚至不择手段，将其改装成世界名牌后高价出售。

近二十多年来，中国朝着国强民富的方向发展，经济影响力日益增强，出口产品不但品位高而且价格公道，受到澳人的欢迎，许多出口商品已成为他们生活的必需。

伴随着中国国际地位的提高，华人的社会地位也不断改善，这种现象在澳洲多元文化的社会中显得尤为突出。现如今许多来自第三世界国家的移民，总是以羡慕的眼光看待咱中国人。近年来，前往澳大利亚的中国游客剧增，他们豪爽大方地购买旅游产品，不但刺激了澳洲市场经济的发展，也使澳人体会到了中国人给他们带来的巨大商机。现在许多商家见了东方面孔，不管是来自东南亚或日本，他们不再说日语，开口就是"你好""欢迎"之类的简单中国话！与此同时，国人在澳洲也获得了应有的尊重。我在悉尼住在靠近海边的邦代（Bondi）区（来澳洲的游人大多都会被安排参观邦代海滨），与附近的商业区有着频繁的接触和交往，无论用餐、购物，还是理发、取药等，所到之处总是受到很好的礼遇及优待。

刘德山在斐济考察（2012）

随着海外华人社会地位的提高，外国人向国人主动示好的情形开始出现。我在国内曾花几十元人民币买的一件棕色夹克衫，已经穿了多年。一位日本朋友（一家医学公司的董事长，因工作关系我们常一起吃饭）两次抚摸我所穿的夹克，最后我才意识到他很喜欢这件中国制造的衣服，于是我随手脱下来送给了他。他如获至宝，连声道谢。联想到过去的"退关商品"，我深深体会到：中国国际地位的提高，中国人的社会地位、中国人的品位也在不断提高。

访：感谢刘先生的分享。您这里的故事很多，我们找机会再来听。

刘：好的，随时欢迎再来。

【人物简介】

刘众语（1927.11—2015.5），男，汉族，河北宁河（今天津宁河区）人。

1946 年 11 月参加革命工作，1949 年 3 月加入中国共产党，1955 年中国人民大学研究生班毕业。1955 年 9 月—1958 年 3 月，任兰州大学助教、团委书记；1959 年 4 月—1966 年 6 月，任兰州大学党委组织部副部长、现代物理系党总支书记；1972 年 11 月—1975 年 3 月，任兰州大学物理系党总支书记兼系主任；1978 年 5 月—1980 年 1 月，任兰州大学党委宣传部负责人；1980 年 1 月—5 月，任兰州大学党委常委、组织部长；1980 年 5 月—1985 年 3 月，任兰州大学党委副书记；1985 年 3 月—1992 年 3 月，任兰州大学党委书记（其间，获得 1991 年度《半月谈》全国思想政治工作创新奖；1986 年 6 月兰州大学党委被中共甘肃省委授予"党风工作先进集体"称号）。

戴群，女，汉族，1932 年 5 月出生，上海市人。刘众语的妻子，兰州大学附属中学离休高级教师。

【萃英记忆】刘众语　戴　群

时　间：2012年5月29日

地　点：北京市　刘众语寓所

人　物：刘众语　戴　群

访谈人：王秋林　院中科

拍　摄：邓桂蓉

文字整理：陈闻歌　红　叶

江隆基完善和全面的学识、品德与作风

访：刘书记、戴老师，您二位好！我们正在开展"兰州大学历史文化搜集整理研究"工作，请学校离退休的老同志回忆兰大的过去，留存一些老兰大人的记忆。

刘：你们的要求在那个小报（注：指兰州大学离退休教职工党委、离退休工作处主办的内部刊物《常青树》）上登得很清楚。很多事情都已经记不清楚了，但我还是非常愿意配合你们，并根据要求做了一些准备。

关于江隆基，已经积累了不少的资料，包括《江隆基传》《江隆基教育论文选》等等，还有其他的一些文章，都是研究江隆基不可缺少的资料。

新中国成立以后，兰州大学主要是靠几位老教育家、老革命家（江隆基、辛安亭、林迪生等）共同努力奠定了强有力的基础，其中特别需要强调的是江隆基的贡献。他的学识、品德、作风，个人的种种修养，是非常完善的、全面的，一般同志赶不上。比方说他深入群众了解情况，在兰州大学听过很多教师的课，这一点我们都没有做到，没有人做得这么整齐。我昨天才知道，江隆基还听过她（指着一旁的妻子戴群）的课。

戴：江隆基还到附中（注：兰州大学附属中学）听我的课。我当时都不知道，因为我们那里经常有老师来听课，我眼睛又不好（高度近视）。上完课后同学们起立，我一看，喔唷，江校长！把我吓了一跳。你想，他多忙啊！这么大的校

长，附中的课他都要来听一下。……他对我们的要求也非常严格。记得凡是江校长要来听汇报，我们必须得先开支委会，认认真真地做准备，唯恐万一什么问题（你不知道他会提什么问题）被问倒了挨剋。那时候还住校，伙食问题、住宿问题，他会问得很仔细。所以，一说要给江校长汇报工作，我们党支部一定要开会，提前做准备。江校长平时看上去很严肃，实际上非常平易近人，而且很虚心。记得有一次，各支部的委员开会（刘老插话：是党委扩大会议），征求（对学校工作的）意见。在大家发言以后，我就提出自己的意见。我说，我们附中和兰大各系应该是平等的，但是为什么我们的"待遇"就是不平等呢？我们要来听课，你们不同意；我们要借个书也不容易。其实很简单，我们老师来听课，你们教室里多一个人少一个人有什么不可以呀？可就是得不到支持，这是对我们的不平等……听罢我的发言，江校长就说，你的意见我完全支持；各系的领导都听着，附中有意见了，以后要开绿灯啊，要有求必应啊。从此以后，我们去听课也好，去借书也罢，办个什么事情呀，都很方便了。

刘：江隆基来兰大，兰大是受益者。当时，在以江隆基为代表，辛安亭、林迪生等老革命的共同努力下，一方面弘扬并发展了兰大的优良传统，另一方面为兰大的进一步发展打下了坚实的基础。因此，江隆基时期成为兰大发展史上的关键时期。

江隆基对我们这些人的培养，可以说是言传身教、潜移默化，知人善任、稳扎稳打。随便说一件事，就他组织党委会的方式方法，对我们无形中都是一种培训。怎么主持党委会，开场怎么说，收尾怎么说，怎么作会议结论，他都是出口成章、成系列的，慎重严肃、条理缜密。这种工作的方式，这种严谨的精神，对于我们这一代，比方说对崔乃夫、聂大江以及其他中层干部（包括我个人），都有潜移默化的影响。就我个人来讲，还有具体感受——

1958年的时候，我是（兰州大学的）团委书记。学校党委决定，让我带100多位青年教师到酒泉农村劳动锻炼（这是贯彻中央精神）。负责人除我之外还有叶金声、蔡寅，他们因为身体原因不太适应就提前回去了，实际上就是我来负责带队。带队就要带头艰苦奋斗，整天劳动、种庄稼。经过一年多的时间，到了1959年，100多人结束了劳动锻炼，回到兰州大学。这个时候，刚刚调到兰大的江隆基热情地接待了我们。他肯定了我们劳动锻炼的成绩，认为知识分子改造、上山下乡还是有其正面的影响，这个应当肯定。因此，他比较重视我们这次劳动锻炼。我原来是团委书记，回到学校后不久，就被提任党委组织部的副部长（当时没有部长，副部长独当一面）。这是很大的信任，说明他用人有自己的考虑。现在回忆起来，江隆基为什么要这样用我？就是因为我在酒泉做了一些工作，起到了一定的带头作用。他对我的情况进行了一定的了解，不然的话他不会给我这个岗位的。几年之后，江隆基又派我到现代物理系担任党总支书记，让我接受更全面的锻炼。还有聂大江，是江校长从北京大学带来兰大的秘书；当了一段秘书之后，江校长让他到化学系担任党总支书记，这也是对他的进一步培养。可以这么说，对干部的培养和使用，江隆基具有独到见解，他知人善任，注重德才兼备，多方关心干部的成长与成才。

今天我们回忆江隆基同志，最重要的还是要以他为榜样，学习他的学识、作风、品德和人格；并以此为主线，学习江隆基关心爱护知识分子、注重提高知识分子的地位、发挥知识分子的作用的工作思路和方法。现在，我们党的方针政策处在很平稳、很正确的这么一个历史阶段，对我们高等学校来讲，也是很幸运的平稳期。相信兰州大学的建设会有很大的变化，兰州大学的发展会有很大的进步。

访：谢谢刘书记、戴老师！

【人物简介】

郑荣梁，男，汉族，1931年11月生，江苏常州人。教授、博士生导师，全国优秀科技工作者。

1949年毕业于江苏省立常州中学；1953年毕业于北京大学生物系；1956年毕业于北京大学研究生院，并分配到兰州大学工作。历任兰州大学生物物理教研室主任、生物系主任（1983—1991），2005年退休。曾任中国生物物理学会常务理事，自由基生物学与医学专业委员会副主任，中国科学院上海原子核研究所辐射化学开放研究室学术委员会主任，厦门大学肿瘤细胞工程教育部专业实验室学术委员会副主任，中国抗衰老科技学会理事，教育部生物学教学指导委员会委员，国家科委发明委员会特邀审查员，甘肃省医学会名誉会长，《医学百科全书》（生物物理分卷）编委，《自由基生命科学进展》主编等职。长期从事自由基与细胞癌变的关系、DNA损伤和快速修复等研究，讲授放射生物学、生物物理学、自由基生物学等课程。在国内外权威刊物上发表研究论文260多篇，出版专著13本、科普书籍2本，获得国家授权发明专利2项。主要成果获国家自然科学奖，欧盟DeBio-CCRF抗癌奖，教育部科技进步一、二、三等奖。

【萃英记忆】郑荣梁

时　　间：2015年6月5日9:30

地　　点：兰州市 兰州大学档案馆

人　　物：郑荣梁

访谈人：王秋林

拍　　摄：红　叶

文字整理：囿冠华

浮生笑谈

访：郑先生，您好！感谢您应邀接受访谈。

郑：我主要想讲的是我所经历的那一段生物系的情况。

访：您先介绍一下自己吧。

郑：我觉得整个生物系的发展比介绍自己更加重要。当然我也应该讲讲我来自何处，以及怎么会到兰大来的。我1953年毕业于北京大学生物系，随即被选拔为研究生；1956年研究生毕业后分配到兰州大学。导师希望我把研究论文延续下去，兰大同意我以进修教师的名义留在北大一年多。1958年3月，我到兰大正式报到。

访：您的导师是？

郑：大学毕业那年，刚好苏联派巴甫洛夫生理学研究所的苏沃洛夫教授（后成为苏联功勋科学家）到北大，我就被选为他的研究生。当时所有苏联专家的研究生都有两位导师，我的另一位导师是赵以炳教授，时任中国生理学会理事长。

郑荣梁大学本科毕业证书

郑荣梁研究生毕业文凭

初到兰大

郑：我到兰大报到的地方是萃英门旧校。一进校门我就想，这是一所大学吗？首先见到的是大门西侧临街的学生宿舍楼，还算过得去；大门东侧低矮的土房是教师住房。即使贵为从美国引进的生物系主任郑国锠，他们夫妇的住房也是其貌不扬的矮砖房。郑先生曾经很风趣地对我说，兰大校长在信中向他承诺，给他配备全校最好的住房，位于花园中，还特别强调有玻璃窗。待他报到后才知道，所谓的花园是篮球场大小的一个杂居小院，不过这小院有个很好的名称——静观园；所谓玻璃窗，是纸糊窗中央镶了一块书本大的玻璃。从表面上看，校长并没有说假话。

在革命的岁月里，到大西北来过艰苦的生活我是早有思想准备的，因此对生活条件并无奢望。当时生物系已有四大年轻教授，都刚由美国归来。我想他们都能安心，我还不能吗？可万万想不到的是，一踏进生物楼二楼实验室，只见空空荡荡、破破烂烂，到处布满灰尘；木地板年久失修，吱吱作响。望着墙角放着的一台天平，顿生疑虑：在这样翘动的地板上，天平还能准确称量吗？我确实担心今后怎么做科研。幸亏这个问题不是我需要马上解决的。因为在我到达兰大的前一周，学校已贴出布告，近百名教师和干部下放到酒泉果园乡北边戈壁滩上开荒创建农场，接受贫下中农再教育；鄙人姓名赫然纸上。

"反右"才一年，正批判那种从小到大一直读书，没扛过枪，没种过粮，没下过乡，出了家门就进校门的书生，我恰恰如此。说实话，自己衷心期望下乡，通过劳动锻炼改造思想，变成有用之人。可是省上把干部下放做得过分严厉，把我们的户口迁到酒泉农村，还宣布不好好劳动就不得调回兰大工作。后来果然少数人就此未回。因此，我的户口簿上一直注有"从酒泉边湾农场迁来"的字样。"文革"期间某晚，查户口者看到户口本，带着惊悚的目光盯着我，因为戈壁滩上有些农场是劳改农场；我慌忙解释自己是下放（注：把干部送到下层机构工作或送到农村、工矿、边疆去锻炼）干部。

下放期间，我们盖房开荒。几个月下来，领导还算信任我，派我当车老大的下手，套大车跑运输。头一天就来了个下马威，叫我扛二百多斤一麻袋的豌豆，压到身上我再也站不起来，两千斤豌豆只得由车老大独自装车了。他发了大火，用河州（今称临夏）话一串串地骂着，好在我刚到西北不久，哪儿的话都听不懂。不过心中有愧，连赔不是。归途中，请他坐上车头，忙不迭上烟点火；我灰头土脸地赶着三套马车。老马识途，用不着吆喝，用不着扬鞭，更显得我是完全多余的人，甭提多么失落了。夜路要走两个多钟头，郁闷中胡编乱诌地哼出了一首歌："在祁连山黑河岸上，赶车人低垂着他的头，忧愁地轻声叹息，从今后再也不让赶马车……"明眼人一听就知道我在糟蹋俄罗斯民歌《三套马车》。农场灯火渐近，蓦然回到现实，赶快收起书生的穷酸气。肩不能挑，手不能提，"百无一用是书生"。至此，我心悦诚服地对号入座。平心而论，未想偷懒，力不从心啊！

此后，改做大牲口饲养员，以铡草和半夜喂料为主；后来又放羊。农场规定，晚上羊群不得归圈，露宿在新开出来的田中就地施肥。作为羊倌当然也得跟着露宿。戈壁滩白天气温超过40℃，夜晚却奇寒无比，眉毛胡子上都结了白霜，双足冻得难以站立。在月黑风高的某晚，半夜猛然惊醒，发现羊群没了，却见一只颈部被咬伤的死羊躺在田埂上，当即赶到场部汇报。分管畜牧业的领导是金塔县县长，他用浓重的延安腔对我撂下一句狠话："你要找不到羊，别回来见我！"他大概不会想到，这话正是我的决心。畜牧组组长虽为下放干部，却是少有的本地农村出身，熟知农活，平时对我指点有加。他陪我找羊，我心存感激。匆忙中顾不上带饮水，在茫茫戈壁滩上，心急如焚地急行一晌午。烈日当空，口渴难耐，忽见一村，直奔而去，想讨口水喝。进村后，只见一老汉站立村口，问明来意后追问羊群数，告以285只；老汉说还你286只。我惊得说不出话来，不是已被狼咬死一只吗？答曰：羊群入村后，清晨产下一只羊羔。原来羊群夜半进村后，是生产队长（正是这老汉）把自己的羊群赶到外面，腾地安顿我们的羊群。我双手捧起羊羔搂进怀里，它能救我一命！千恩万谢地告别老汉，如释重负地赶着羊群直奔农场回话去了。这次可是扎扎实实地被贫下中农再教育了一把，此生不忘。再说那位县长，一改凌晨的严峻，见我们渴得说不出话来，关心地叫我们先喝口水再说。原来他已弄明白，这事怪不得我；农场规定羊倌可以在羊群旁睡觉，但守夜人不能睡。

知识分子的责任

郑：开荒一年后的1959年春，农场宣布我首批返校。生物系让我讲生理学中的两章：神经生理和运动生理，并带实验课。这是我首次登上神圣的讲台。这两章内容是我研究生时期比较熟悉的，不料备课时仍发现不少问题没有真弄清，不得不花大量的时间去备课，几乎备十个小时才能应付一个小时的课。这时我才认识到听课与讲课完全不同，前者为被动学习，后者为主动学习。面对学生的提问与讨论，必需付出十倍的努力才不至于"挂黑板"。这次教学实践，大大加深了我对生理学的了解，也让我第一次认识到教学相长的含义。

1959年初夏，学校调我去执行省上下达的科研任务，带8名学生到甘肃文县碧口摩天岭原始森林，饲养和驯化濒危珍稀动物金丝猴。我欣然从命。当时交通不便，任务又急，乘车到天水后就没有正常班车了。为了节约少得可怜的研究经费，我们就背起行李一路步行，并在远离人烟的山顶上，用玉米秆搭起草棚住了下来，然后迅速开展科研，测定金丝猴的群居行为、食性和大脑功能等。

访：通过什么方式测定呢？

郑：通过各种各样不同的条件反射，测定金丝猴神经活动的强度、平衡性和灵活性，用以判断驯化的难易程度。我们在山顶上过了十分有意义的两个多月的"新鲜"生活。此地属长江上游，与四川接壤，地貌景观完全不同于甘肃的其他地区，大片原始密林，青山碧水，名为碧口很恰当；藏民散居，可谓人间仙境，绝不比相邻的九寨沟差。深山顶上，夜晚没有光污染，满天星斗，历历可数；银河逶迤，感悟个人渺小。平生首次听到夜莺月下空谷啼鸣，声嘶力竭，惊心动魄，凄厉绝望，决非夜莺曲那么婉转动听。许多大科学家说艺术与科学是相通的，信然；也有人说艺术是对现实缺陷的弥补，也许吧。但是作为自然科学工作者，应警惕被艺术误导和忽悠，艺术终非现实。近闻兰渝铁路明年通车，途经陇南。碧口属陇南市，绿色开发在望，在此祝福那方百姓幸福安康！

60年代（注：指20世纪60年代，下同）初，我又被派到祁连山麓的民乐县苦水公社列四坝大队搞"四清"（注：指1963—1966年中共中央在全国城乡开展的社会主义教育运动。运动的内容，一开始在农村中是"清工分、清账目、清仓库和清财物"，后期在城乡中表现为"清思想、清政治、清组织和清经济"），为时年余；就个人而言还是受到了教育。在这地广人稀、冬天零下40℃的高寒地带，我亲眼看到了什么叫一贫如洗：土炕上无被无垫无枕，小孩无衣无裤无鞋，全家大人合穿一条裤子，谁出门谁穿，其情其景让我大出意外。从此，对中国的实情有了较为真实和全面的了解。可惜我无缘再访列四坝，常遥想赵家人（当地90%以上的人姓赵）是否也有机会做农民工？他们的孙辈是否不再赤条条地靠太阳来抵御高寒？所幸今胜于昔，脱贫攻坚战的号角已经吹响，中央承诺于2020年全国消灭贫困，全面建成小康社会。何其艰巨，翘首以待！伟业告成日，我当为苍生庆幸，点千个赞！

"文革"一开始，高考就被取消。1971年秋兰大重新开始招生，专招工农兵学员（实行"群众推荐、领导批准和学校复审相结合"的招生办法）。办学方式也很革命，叫开门办学，把田间地头和工矿车间当作课堂。那年生物系决定到酒泉农村办学，我又被选为教师，不教生物却教数学。二进酒泉，中间相隔十四五年。当我再次踏上农场原址，只见当年亲手盖的砖房仅剩残垣断壁；花大力气挖的干渠隐约可见，子渠已被黄沙淹没。羊圈呢？马槽呢？据说这农场勉强支撑三四年后就废了。归途中默默回想，酒泉城北黑河与明长城遗址之间有一大片平地，传说是古战场和戍边之地；有些分散的农田和草场，其余大部分是戈壁和盐碱地。盐碱硬壳像薄冰似的白茫茫一大片，踩在上面"咔嚓"作响，布鞋不几天就被割破，皮鞋也很快僵硬变形。在这种土地上开垦，破坏了原有植被和地表结构，一阵风来就能把表土和肥料一起吹走，把作物连根拔起。其实50年代中期就有苏联开发西伯利亚的报道，大面积种植玉米，结果不单歉收，还导致多年的大黑风。殷鉴不远啊！当我亲手把戈壁滩边缘的一蓬蓬马莲（马兰花）无情地铲掉时，心中不免嘀咕。《中国植物志》载，马莲抗盐碱、寒旱、风沙，生命力十分顽强，在寸草不生的罗布泊依然生长，每蓬的叶面铺地约一平方米，叶长大于一米，根系发达，须根密集，涵养水分，保持土壤湿润，是保护生态和固沙先锋。这片土地不宜种粮，只适合种植生态林和果木。那我为什么不敢建议呢？一因自卑，只有书本知识，没有实践经验，对以复员军人和老干部构成的农场领导充满敬意，心想还是老老实实改造自己吧；二因胆小，"反右"刚过，心有余悸，不敢造次。

1977年，学校派我去兰州炼油厂进行教育革命，参加原油微生物脱蜡研究，与工人一起在车间劳动。眼见书本知识在工业生产中派上用场，心中很是高兴，原来读书还是有用的。

抗癌新策略

郑：1978年3月，经中国生物物理学会推举，我参加全国科学大会。会上邓小平提出"科学技术是生产力"的论断，提倡解放思想，尊重知识，尊重人才，打破"文革"对科学教育界的禁锢。这次大会被誉为"科学的春天"，我深受教益。人生啊，起起伏伏，就像一滴水在时代的洪流中随波逐浪奔流到海。人浪淘沙，社会荡涤和磨炼着每个人。

改革开放后，才有专心读书和研究的条件，不再折腾。1981年，我考上出国访问学者，赴美进修；后又到英国做客座教授。

恢复研究生招生制度以后，我开始培养研究生。实践已经证明，与其说我指导了研究生，不如说是研究生帮我发现和验证了一些学术观点。年轻人的敏锐促使我学到了新知识，再次加深了我对教学相长的体会。有人说教师是蜡烛，点亮了别人，毁灭了自己。我不以为然，其实在照亮学生的同时也提高了自己。

退休后，我终于有充裕的时间来系统整理研究小组26年的成果。我在总结性论文中提出，用快速修复DNA损伤来阻断细胞癌变的抗癌新策略，以避免放疗和化疗的严重毒副作用，修复时间仅4微秒，比已有办法快10亿倍之多，DNA的17种损伤均可修复。相关研究论文发表在顶级刊物英国《皇家化学学会评论》（影响因子30.086）上。研究小组的部分成果获欧盟DeBio-CCRF抗癌奖（1997）和国家自然科学奖（2009），先后被11个国际会议选作获奖报告、特邀报告或大会报告。我自己也因此被选为全球华人自由基生物学及医学学术研讨会的名誉会长，获得中国生物物理学会自由基生物医学专业委员会杰出贡献奖（2012）；2010年被中国科协授予全国优秀科技工作者称号和勋章。北大分子医学研究所程和平院士邀我回母校作了汇报。2015年，我应邀走上兰州大学"萃英大讲堂"，与师生分享了"从今年Nobel化学奖与医学奖谈逆境生物学和癌"的报告。

兰州大学生物物理教研室有关植物多酚类抗癌机理研究
获欧盟DeBio-CCRF抗癌奖（1997）

访：肿瘤是大家关心的问题，可以再通俗些介绍您的抗癌新策略吗？

郑：好，我先交代一下背景知识。一切致癌因素都损伤DNA，然后引起细胞癌变。换种说法，细胞癌变的罪魁就是DNA损伤。DNA损伤是可以修复的，修复能力低下者比正常人的患癌风险大10000～100000倍。为纪念美国《国家癌症法》实施40周年，2011年国际顶级刊物 *Science* 出特刊评价这个研究项目的成败，结果令人沮丧。主编无奈地感叹道："抗癌路仍漫漫。"目前治癌手段有三：手术、化疗和放疗。而化疗和放疗都建立在同一个策略之上，即索性加剧DNA损伤来杀死癌细胞。但这种剧烈办法的严重缺点是敌我不分，滥杀了正常细胞，引起的毒副反应使患者痛苦不堪，甚至加速死亡。病人往往不是死于癌症，而是死于毒副反应。国际医学界出于人道考虑，呼吁不要对老年和晚期患者进行化疗和放疗。严峻的现实逼着我们另辟蹊径，用完全相反的策略，通过快速修复DNA使癌细胞正常化，从源头实时阻断癌变——不再杀戮，而是"改邪归正"。

生物物理专业的建立

郑：为了适应发展原子能和平利用的紧急需要，1959年秋学校要成立一个新专业，叫生物物理，其中心是放射生物学。当时全中国有两个原子能中心，一个在北京，另一个就在兰州。兰大已经成立了现代物理系，其中包括放射化学专业。就核科学的完整性来看，显然缺了放射生物学。根据江隆基校长的指示，学校从生物系抽调了4位年轻教师（张尔贤、刘力生、王宗周和我）组建生物物理专业，且只给一年时间。1959年筹建，1960年招生，学生从哪里来？从生物系二年级的同学中，按照保密专业的标准，遴选"根正苗红"的人转过来。这意味着一年后生物物理专业就会有三年级的学生，到时候就得开出专业课来。我们立马面临着课程设置、科研方向、设备添置和教师自身专业大改行等一大堆不容易解决的难题。当时最大的困难是突然大改行，要花很多时间去补课，从一无所有开始建设实验室。

诺贝尔奖得主穆拉特（后排左六）与兰州大学生物物理研究所部分师生合影（2008）

郑荣梁（左）、贾忠建（右）夫妇应邀参加巴黎第七大学博士学位论文答辩会后与博士生 Nadia 合影（巴黎，2001）

访：据我了解，您原来学的是大脑功能。这时候让您去筹建以放射生物学为核心的生物物理专业，两者之间的专业跨度太大了吧？

郑：你真是问到点子上了。读研究生时，我十分庆幸学了深奥而又令人着迷的大脑功能，其研究方法又与心理学不同，精细客观且可量化，我愿意一辈子为之献身！哪知一声令下要我彻底大转行，不免觉得难舍，而且对新专业又感到迷茫，不知能否胜任？不过在当时的时代背景下，革命的需要高于一切——大学生就像螺丝钉，哪里需要哪里拧！我信这个精神，所以基本上没有闹专业情绪。真是初生牛犊不怕虎，四个后生说干就干，齐心协力，夜以继日，一方面恶补核物理、放射化学和放射医学等新知识和实验技能，同时编写教材和实验指南，现买现卖。一年后，我们如期开出了两门专业课和实验（课），同时还开展了科研。

访：为什么在新专业建立之初就开始科研了呢？

郑：只有教学，没有科研的大学，称不上大学；只讲课，不做科研的老师，难免美中不足。老一辈教授的言行对我有深刻的教育。我的导师赵以炳教授，50年代到苏联参观巴甫洛夫生理学研究所后说道，我们熟知的一位大科学家的实验，是在斜顶的楼梯间完成的。以此教育我们做科研不要过分强调客观条件，应自力更生。因此，研究生期间接受的教学与科研互相促进的教育，让我有了"没有科研实践就不可能有深入、不断更新的教学"的认识，形成了"科研不能等靠要"的观念，并从零开始自己建立实验室。基于已有的认识和实践，我们在筹建新专业的千头万绪中，立刻开展科学研究，最初的成果1961年意外地被国家科委登记为原子能科技文献的保密成果。这是我校原子能科技领域的首例。

访：从1959年筹建专业，到1961年第一个成果的形成，怎么会这样快呢？

郑：这的确不是偶然的。50年代和平利用原子能是我国科技界的热门，1955年北大生物系邀请刚从美国归来的协和医学院教授王世真（后当选中国科学院院士，被誉为中国核医学之父）给研究生讲核医学；我听的时候只觉得新奇，根本想不到这课程内容会对我早期的教学生涯起启蒙作用，使我比较容易地进入到放射生物学领域。还有一件事值得一提，1953年克里克和沃森等发现了DNA双螺旋的结构（1962年获诺贝尔奖），可北大张宗炳教授1951年就在讲授DNA的立体结构和碱基序列的信息载体功能。这些都是当年国际最前沿的知识，对我后来长期从事DNA放射性损伤的快速修复研究产生了深刻影响。说来也巧，我80年代在美国有幸请教王世真院士的弟弟王世仪教授，他正是DNA放射性损伤标志产物——胸腺嘧啶二联体的发现者。

我们在原子能科技领域获得第一个成果之后不久，一个刮土的清晨，尚不到上班时间，我正在清理实验室桌椅上的尘土，江隆基校长突然独自亲临实验室检查科研进程。我狼狈不堪，无处请他落座。他说站着一样，为我解了围。不承想才汇报了几句，他又提出要看实验，这使我更加狼狈，真可谓"才下眉头，却上心头"。我的实验动物都养在灯光昏暗、臭气熏天的厕所洗手间里，有些实验就在厕所中进行。

访：实验怎么会在厕所中做呢？

郑：当时中国一穷二白，十分艰苦，校系两级已在人员和用房设备上给了不少的支持，系上在万不得已的情况下，决定关闭二楼的女厕所，并由我们使用。用心良苦，夫复何言，心存感激耳！次年又给我组增加了8名新助教和3名实验员。

与筹建新专业和开展相关科学研究不无关系的是，1965年我被选派列席全国青年联合会委员扩大会议。

访：您是参加第一届委员会？

郑：是第四届，中央主要领导在中南海怀仁堂接见了我们。1966年我又被选为全国青年社会主义建设积极分子，同样受到中央主要领导的接见。怎么也想不到，这些事在"文革"中竟成为我的罪行，用来证明我是江隆基"修正主义黑帮"的苗子。

1964年，国家把原子弹空中爆炸改成了地下爆炸，不再有空中放射性粉尘了，该专业毕业生的就业去向出现了新问题。于是，普通院校和军事院校的放射生物学专业都面临着转行或解散。兰大选择了跨度不大的转行，主攻自由基生物学，成为我国最早的三个研究自由基生物学的机构之一（其他两个是中国科学院生物物理所、军事医学科学院放射生物所）。

我所知道的生物系

郑：现在我们换一个主题，谈谈我所知道的生物系。相对而言，兰大生物系在全国范围内还不算平庸。中国科学院、中国医学科学院的很多研究所（动物所、植物所、遗传所、细胞所、药用植物所等）的所长或骨干力量是兰大生物系的毕业生。为什么能出一批好学生呢？因为当年生物系有一支比较好的教师队伍。

新中国成立前的辛树帜校长是我国第一代生物学家，他延聘到一批在全国有声望的专家，例如董爽秋教授（植物分类学，1927年获德国柏林大学博士学位）是大型经典图书《中国植物图鉴》序言的作者，曾任植物系主任；著名鸟类学家常麟定教授，留法 8 年，曾任动物系主任；著名生理学家杨浪明教授，曾代理植物系主任（当时植物系人才断档，只得请他隔行主政）；还有著名博物学家石声汉教授（注：据百度百科记载，石声汉为农史学家、农业教育家和植物生理学专家；1933 年赴英国伦敦大学求学，哲学博士）。1951 年，动植物二系合并成生物系，郑国锠教授任系主任。由此可见早期生物系的辉煌。那时郑国锠、吕忠恕、陈庆诚和全允栩都刚从美国回来不久，他们分属细胞学、植物生理学、植物学和动物学专业，使得每个专业都有一位很强的学术带头人。这些教授在当年极其艰苦的条件下披荆斩棘，既讲课又搞科研，为生物系奠定了较好的教学和科研基础。后来张鹏云教授接任系主任，我又在他之后担任系主任 9 年（1983—1991）。

"文革"浩劫刚过，百废待兴；随后人们在如日中天的改革开放中看到了希望，当时最激动人心的口号是"振兴中华"！师生热情高涨地投身新兰大的建设，忙于吸收新知识，向国际接轨。系务中心首先更新各教研室的发展方向，提高教学质量，建立学生对讲课质量的评价制度。再抓恢复研究生招生、恢复教师评级、选派教师出国、筹建干旱农业生态国家重点实验室、筹建大型仪器中心实验室等。其间最纠结无奈的是教师评级——十多年的问题堆积在一起，许多有专长有贡献的教师，此时受到论文和英语"硬杠杠"的限制而被拒之门外（在新中国成立后比较长的一个时期里，人们大多只学俄语），造成人才流失和人才类型单一；可是没有"硬杠杠"也不行，真可谓"一抓就死，一放就乱"。举个例子，某副教授作为访问学者，在美国与诺贝尔奖得主一起合成了 23 个多肽，发表了一篇大型论文。因不满足 3 篇论文的规定而无法晋升教授。而一般刊物合成两三个多肽就可发表论文。也就是说，他的论文可以拆成 10 篇发表，更不说其中一个多肽当时作为药品正在开发。我多次向校评委会解释未果，无奈越级陈情，带着那篇论文向校党委书记直接反映，最后总算通过。可有些人就没有这样幸运了。总之，以前有关提职和考核的规定不利于大成果和真人才的培育，倒适合"短平快"，可出不了大学问。

当时生物系有 8 个教研室，分别为植物生理学、植物学、细胞学、遗传学、实验动物学、生物化学、生物物理学、微生物学。还有正在筹建中的干旱农业生态国家重点实验室。

生物系还有必不可少的教学和科研辅助机构，例如农场温室、动物房、植物标本室、动物标本室、资料室、大型仪器中心实验室和绘图室等。

兰大生物系藏有西北特有的植物和动物标本，且历史悠久，包括中科院在内的许多学术机构都来查阅过标本和资料。系资料室藏有国内稀缺的国际《鸟类学杂志》。1987年，国际自由基研究学会主席、英国Brunel大学研究生院院长、兰大名誉教授Slater在我系资料室惊奇地发现Nature创刊号后说，这本刊物即使在英国也极珍贵，会用玻璃罩保护起来。这事应归功于郑国锠系主任的远见，他50年代初就派人去外地收购旧书刊，其中不少是珍本。

Slater T. F.（后排左三）访问兰州大学（1987）

众志成城

郑：一个学科或一位成功的科学家的发展必须有两种力量的结合，即脚踏实地的工作和高瞻远瞩的战略定位，两者缺一不可。

80年代后期，植物学教研室赵松岭老师和李凤民、杜国桢、王刚、张大勇"四大台柱"，在多年实地考察和收集资料的基础上，提出创立干旱农业生态实验室的建议，并在全国相关的各种学会上呼吁。在他们的艰苦努力下，经过约三年的筹备，1991年国家计委批准利用世界银行贷款建设干旱农业生态国家重点实验室，新建了独立的三层大楼，这几乎是个奇迹。经过二十多年的发展，如今这个实验室不但为国内做出了贡献，而且在非洲和欧洲都有较大的影响，得到国内外多种研究经费的支持。有些师生不辞劳苦，克服社会治安和多种热带传染病的威胁，在非洲坚持多年，建立农场，示范性地推广集水农业先进经验，得到联合国和我国外交部的关注和支持。这个实验室之所以能一炮打响，绝非偶然。首先在于适应了国家的需要；其次在于赵松岭带领他的研究生走遍黄土和戈壁构成的沟沟坎坎，深刻认识到了阻碍西北农业发展最关键的因素是干旱。找对了路子，就事半功倍了。

胡晓愚是早我三年的北大学长，天然有机化学研究生。到兰大后历经磨难，"文革"后无罪释放，摘去"右派"帽子，重登有机化学讲台。80年代作为访问学者，到美国著名的Salk生化研究所开展固态多肽合成研究。以往多肽都在液态下合成，诺贝尔奖得主Salk创立了固态合成法，极大地提高了效率，降低了成本，促进了蛋白类药物的工业化生产。胡晓愚在美国给我写信，希望能从化学系调到生物系工作。对此，我求之不得，热切地等他来做室主任。后来他把固态合成多肽的成套设备带到兰大，迅速开展胸腺多肽的合成研究；一年后大功告成，并获甘肃省科技进步奖。胸腺多肽是一种高效的免疫物质，过去只能从牛的胸腺中提取，量小价高；现在能人工合成了，其学术价值和医药价值是明摆着的。可为了要申请药物生产和临床前试验，需要投入好几百万的巨款，胡与我一起向校长汇报、求援。校长实在爱莫能助，但允许我们向校外求助。经过许多曲折，我们终于得到一位西藏私商和一家石油公司的投资，在海南建公司和研究所。此时胡晓愚恰好退休，于是专职海南。三年后产品正式上市，并在随后的SARS（注：重症急性呼吸道综合征，俗称非典型肺炎）流行期间，成为紧缺的特批药物。这个研究所初期的全部研究人员都是兰大人。胡的母亲和兄弟姊妹一直在美国生活，当他在美国访学时，应该很容易在美定居，但他毅然回国，还做出了一番轰轰烈烈的事业。斯人已逝，不禁唏嘘。

　　丛林玉是解剖学老师，他的治学作风是精益求精、不厌其烦、不放过细节，终成学界公认的大家。纵然他没能升为正教授，这一点儿也不影响师生和同行对他的尊敬。他常忍受着解剖实验室特有的呛鼻恶臭和致癌风险，整天俯身实验台，做各种尸体标本。对此我有亲身体验，几小时解剖实验做下来，根本不想吃饭，到晚上睡觉时头发和衣服都还带着强烈的臭味，而这位老师却一辈子乐此不疲。中国科学院动物学研究所、古脊椎动物和古人类学研究所的同行，都曾带着标本求教于他，或把他请到北京现场指导。他经常帮助鉴定古墓中大量的杂乱碎骨，由此确定各种动物以及古生物。1957年他被错打成"右派"，即使平反后也没让他正常施展专长，而是协助设计生物楼室内水电煤气管道、通风设备和暗室等。内部装修是既细致又繁杂的工作，不料他再次出色地完成了任务，以至于每位在生物楼工作和学习过的人都觉得工作顺手。他曾为了合理设计厕所数和坑位数，与设计单位一道在化学楼统计全天下课10分钟内男女厕所的进厕人数和占用时间；他绘制的工程设计图纸具有正规专业的水平；他还为生物系设计并现场指挥建成了链霉素厂……这种干一行、爱一行、精一行的执着精神和奉献精神深深地感动了我。

90多岁高龄的彭泽祥教授，至今仍精神抖擞，健步疾行，这也许与他年轻时经常到野外采集植物有密切关系。他是有真才实学的植物分类学家，认真严谨做学问的态度令人敬佩，经他鉴定过的植物分类学名你大可放心。

　　仝允栩教授获美国威斯康星大学硕士学位后，又到莫斯科大学进修。她的研究工作十分有趣，把青蛙胚胎任何部位的一小块外胚层，移植到原本应发育成眼的部位后，这块组织就变成透明的角膜。这一研究的科学意义和医学价值十分明显。仝先生为人正直，严于律己，平易近人，关心别人，人人称道。她教出来一批至今已事业有成的学生，其中有一位是中国科学院院士（注：指舒红兵，其本科毕业论文是在仝先生指导下完成的）。

　　王香亭教授师从常麟定教授。他是有名的拼命三郎，生活简朴，粗茶淡饭，干劲儿十足，乐于助人，曾被选为系工会主席。他有丰富的野外考察经验，熟悉动物生活习性，每次带领学生实习，总有丰富收获。"文革"中他与我一起被打成牛鬼蛇神，又关在一起年余，成了"狱友"。后来省军区让我俩去一个野战部队执行一项科研任务，需要用到大量的动物。在这当口，他发挥了专业特长。我们二人到野外夜战，满载而归，轻松地解决了这个首当其冲的难题。临近退休时，他一如既往坚持野外工作，我劝他也无用，终于患了严重的糖尿病，酿成双目失明，不幸仙逝。

　　生化组的葛瑞昌副教授，是建设实验室的一把好手，能精心保管和修理各种仪器，把实验室打理得井井有条，保障了实验的精确进行。他在建立组织胚胎实验室和生化实验室中都做出过特殊贡献，后来又参与了干旱农业生态国家重点实验室的筹建（工作）。

　　我还要提到一位实验员，他叫罗文英，富有野外工作经验，学生外出实习都少不了他。他剥制的动物标本栩栩如生，西北各省的博物馆、动物园和其他相关机构都来找他协助，或者干脆请他去现场指导和制作。

　　有了好队伍才有好教学、好科研，生物系全靠这支队伍来支撑。现在生命科学学院教师队伍有了质的飞跃，其中不乏高学位者，他们多数来自国际名校，并在学术上已有相当造诣，有些人已是国际学术界的领军人物。他们有志报国，在兰大迅速做出很漂亮的工作，十分令人欣喜。生科院前程似锦。另外，生物医药产业已经成为全球范围内的一个新的经济增长点，生命科学是其先锋和后盾。兰大生命科学学院如何不辱使命，迎接挑战，仍靠众志成城。

西北汉子一样的兰大

郑：兰大活脱脱地像一条西北汉子，钉钉儿似的扎根在黄土高原，不善言辞，踏实苦干，朴实无华，一向低调，出了成绩常令人意外，甚至不大相信。事实上，兰大可算中国高等教育花园里的一朵异卉。生物系2008届本科生石建金，2015年获Lasker首届青年奖（Lasker奖被科技界视作Nobel奖的风向标）；他发现了坏血病新病因和对抗剂，在Nature和《美国科学院院报》上发表论文。生物系李凤民教授获发展中国家科学院农业科学奖，为我校农业科学进入全球前1%作出贡献。

"文革"后大学恢复招生以来的38年内，本科生取得院士资格人数排名，兰大第六；2015年Nature对中国顶级研究机构排名，包括科学院在内，兰大第九；中国高校Nature Index排名，兰大第二十九；全球高校科研能力ESI排名，兰大第十九；2016年设在沙特的国际机构对包括港澳台在内的中国大学综合排名，兰大第二十五。我未特意去收集材料，定有疏漏，但这些足以窥见奇葩兰大之一隅了。沿海教师碰到一件麻烦事，自然科学课程的学生，上课率有半数以上就不错了，有时只有10%；即使上着课的学生，不少还在低头"刷屏"。教师进退两难，怎能有劲儿教下去呢？校外诱惑太大，哪有心思艰苦求学呢？反观兰大学子，求知若渴者众。讲得精彩，学得有劲儿；提问深入，倒逼老师。这也是教学相长。

有人说，把这么好的一所大学放在兰州，有点委屈。错！一方水土养一方人，只有西北黄土才能孕育出务实、执着、吃苦、进取的学风，师生都是一根筋！这正是做真学问的起码品质，也是宝贵品质。

兰大地处西北，办学有许多特殊困难。其一，生源不足。清华大学校长梅贻琦说："所谓大学者，非谓有大楼之谓也，有大师之谓也"，诚然。不过恕我斗胆，将后一句改为"有大师和高徒之谓也"，加了"和高徒"三个字，想强调光有大师却无好学生，枉然。其二，待遇偏差。待遇偏差的必然结果是人才流失。改革开放以后直到90年代初的十几年中，生物系共有近30位教师"东南飞"了，而全系教工加起来才108将。五六十年代，兰大生物系教师中来自北大的有10人，来自山大、南大、川大、复旦的各5人，2人来自北农大，还有4人分别来自清华、东北师大、福建林学院和西农。八方人才荟萃，文化观念碰撞，颇有大唐气度。现在很难再有这种五湖四海的大融合了，即使从国外引进的人才，大多也是仰赖于反哺母校的情结。这些困难，决非兰大自己所能克服；只有上下共识，革新用才政策，庶几一流兰大有望。

郑：从1956年到2005年，拿了兰大50年的工资，我的全部职业生涯也完整地献给了兰大。之所以叨咕这些旧事，我认为这绝不是个人遭际，而是在那个充满矛盾多变的特殊岁月中，每个教师的普遍经历。抚今追昔，跌宕颠沛；生性迟钝，笨鸟先飞；炎黄热土，岂敢遑宁；穷究生命，渐知敬畏；行将就木，初心无悖。自嘲"三不"公民：不白活，不作孽，不言愁。

访：多谢郑先生的精彩回顾！

人物访谈录
2

【人物简介】

苗高生，男，汉族，1932年12月出生，河北南宫人。教授，中共党员，享受国务院政府特殊津贴专家。

1957年毕业于兰州大学历史系，留校任教。从事教学工作近40年，先后为本科生和研究生讲授中国革命史、中国近代史、毛泽东思想发展史、中国社会主义建设等10多门课程，主编并撰写《中国社会主义建设概论》《中国社会主义建设》等高校教材。

20世纪80年代初，承担撰写《江隆基传》的工作；1986年参与江隆基塑像工作，编辑出版《纪念江隆基文集》；与陆润林、刘先春合作撰写出版《江隆基教育思想研究》。兰州大学90周年校庆期间，与崔乃夫、杨峻合作撰写《江隆基——兰州大学迈上新台阶的奠基人》一文；在"纪念江隆基百年诞辰"活动中，和李希共同编辑出版《江隆基教育文选》《纪念江隆基文集》，与聂大江合作撰写《丹心映汗青——纪念江隆基诞辰一百周年》，并整理出《江隆基教育思想述要》。此外，参与纪念周培源、辛安亭、林迪生的活动，撰写《一片冰心在玉壶》《长者、学者、教育家》《淡泊做人，宁静处事》《一位朴实无华的老校长》等文。

1983年起，先后撰写的江隆基传略及其教育思想，被分别编纂于《中共党史人物传》《中国现代教育家传》《当代中国高等教育家》《共和国老一辈教育家传略》等大型丛书中。

退休后，担任10年教学顾问，先后给学生做报告，讲述江隆基的光辉一生和先进事迹，撰写介绍江隆基的小文章10多篇。

2012年起改写《江隆基传》。《江隆基传》（增订本）（苗高生、韦明、邱锋著）在2015年12月纪念江隆基诞辰110周年之际出版发行。

出版学术专著4部，主编高校教材2部，编辑出版纪念文集3部，发表学术论文40余篇。获得甘肃省社科或高教一、二、三等奖多项。

【萃英记忆】苗高生

时　　间：2015年6月9日13:00

地　　点：兰州市　兰州大学档案馆

人　　物：苗高生

访谈人：王秋林

拍　　摄：红　叶

文字整理：段小平　红　叶

深邃的思想　博大的胸怀——忆江隆基校长

访：苗老师，您好！今年是江隆基校长诞辰110周年。我们知道，您对江隆基有着比较深入的研究。今天，请您专题讲述老校长江隆基。

尊敬而又难忘的好校长

苗：好的。我先从写《江隆基传》说起吧。

江隆基是我们尊敬而又念念不忘的好校长，1978年4月被平反昭雪。粉碎

"四人帮"以后，1978年12月有一个非常重要的会议，就是十一届三中全会。当时流行的一个词叫"拨乱反正"，"拨乱反正"很重要的一项内容就是平反冤假错案。在这样的形势下，中共党史人物研究会决定，要编写一部大型的《中共党史人物传》丛书，得到了胡耀邦的支持。他们列了一份人物名单，其中有江隆基。1981年，我去参加中共党史人物研究（会）会议，副会长叫胡华，是中国人民大学（中共）党史系的主任，他听说我是兰州大学来的，就找到我，希望将撰写江隆基人物传的任务交给兰大。就这样，我把这个任务带了回来。

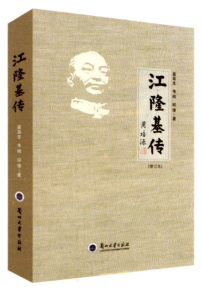

《江隆基传》（增订本）书影（兰州大学出版社）

我向林迪生校长（注：时任中国教育学会常务副会长兼秘书长），还有辛安亭、聂大江汇报了这件事。他们很重视，也很支持；当时就想组织一些人，把这件事情做起来。后来江隆基的女儿江亦曼找到我（她大概听说这件事了），她代表她的妈妈宋超，希望我把这项工作承担下来。我感谢学校领导的信任，更感谢江隆基夫人宋超先生对我的厚爱，也感谢聂大江先生对我的鼓励。我深知这项工作的任务之大、责任之重，以我的能力，担心做不好，所以我是硬着头皮把这项任务承担下来的，并开始了《江隆基传》的撰写工作。

熟悉此类工作的人都知道，搞现代人物传记，除了需要大量的文献档案资料外，更多的是需要实地考察。没有实地考察，这个传记是写不成的。所以，访问人物就成了当时很重要的一件事，这也是写传记的一个难点（有大量的人物需要访问）。幸好是在80年代（注：指20世纪，下同）初，与江校长同时代的人大多数还都健在，这些人中凡是有代表性的、能见到的，我都访问过。

开始的时候，我的教学任务还很多，只能利用教学的空隙开展工作；连续几年的寒暑假，都成了我外出调查访问的时间。在这里，我要特别感谢宋超先生。很多访问，都是宋老事先联系、约定，我再去访问；有的人是她陪我一起去访问。全国政协副主席、著名物理学家周培源先生，彭德怀彭老总的秘书张养吾先生，杨虎城的秘书米暂沉先生，还有王炳南先生，成仿吾的夫人等等很多人，都是她带着我一起去访问的。还有其他和江隆基校长一起共过事的许多老战友、老教授也是这样。

访：您当时访谈的那些记录还在不在？

苗：有录音，但许多带子都坏了，磁带放不出来了。我买的那些带子可能（质量）有问题，我也不懂，不会操作，有的录下来了，有的没有录下来。回来以后，我整理过笔记，每个人的我都整理过。后来搬了几次家，（这些笔记）有的还在，有的就丢失了。

借这个机会，我特别感谢江校长的长兄江裕基老先生、四弟江弘基先生。我到江校长家乡访问过两次，每次都是江裕基陪着我。我们每天都交谈，讲过去的事，讲江隆基，也讲他自己，讲了很多（因为在家里，他俩的童年、青年时光一直都在一起）。我和江弘基也交往了很长时间。他们都给我很大的帮助。在和他们的接触当中，我有一个很深的印象，就是他们都非常谦虚，又诚恳直率。从他们的举手投足、待人接物方面，我似乎看到了江校长虚怀若谷、平易近人、尊重他人的品德。

我还要感谢许多受访者（包括北大的、我们学校的老师，包括陕北公学、华北联大的那些老师，还有边区教育厅、西北教育部的许多老同志），感谢他们对这项工作的支持和帮助。

两个突出印象

苗：在访问当中，在查阅文献资料当中，对江校长，我有两个突出的印象。

第一个很深的印象是"勤奋"。江校长是非常勤奋、非常认真的一个人。我看过他写的一些讲话稿、发言稿，还有他的一些工作笔记、工作报告的修改稿，修改得密密麻麻。从笔迹上看，不是一次修改，至少是两三次的修改。在我访问当中，有人说到，除了礼拜六晚上回家享受天伦之乐以外，从礼拜一到礼拜日，从白天到晚上，他都在工作。他总是把日程安排得满满的，每天工作十几个小时。从这些文字材料上，你就能看出江校长工作的勤奋。由此我也在思考，一个人的精力毕竟有限，江校长为什么能够做了那么多的工作、做出那么多的成绩？我感到，主要是勤奋，是勤奋造就了他的业绩，是勤奋使他做出了突出的、受人尊敬的成绩。"莫嫌海角天涯远，但肯摇鞭有到时"，从江校长身上，我再一次体会到勤奋是成功的最基本因素的道理。

第二个很深的印象是"怀念"——对江隆基的怀念。我访问过的很多人，给我一个共同的感觉就是，都在怀念这位老首长、老校长。从留学（日本、德国）开始，到回国后的延安时期、西北教育部时期、北大时期，一直到兰大时期，我访问的这些人中，有他当年的同学、同事，也有他当年的下属；有年长的老教授，也有中青年教师和他的学生。在众多受访者里，好像有一个共同的心声，就是都在怀念他，怀念这位老校长，都在以一种非常钦佩的、非常尊敬的心情在怀念他。他们没有溢美之词，而是实实在在，通过某些亲自经历的事例来表达对江校长的怀念。一个人能得到这样共同一致的赞誉而不被忘却，是十分不易的事。

《资治通鉴》的作者司马光曾经说到对人的评价，大意是一个人能做到"生益于时，死闻于后"就足矣！人生最大的价值就在于死了以后，人们仍然在怀念他。我想江校长做到了这一点。有这么多人都在怀念他，这么长时间人们还在怀念他，这个人的价值就相当大了。

这是我在访问他人和查阅文献资料时，两个突出的印象和感触。

贯穿一生的三条主线

苗：我认为，在江校长奉献教育事业的一生中，贯穿着三条主线。这三条主线，我想用和他同时代的三个人的话来诠释。

胡乔木说过：隆基同志是一位早期的中国共产党的优秀老干部。

聂大江曾说：江隆基是有自己教育思想的教育工作者。

第三句话是崔乃夫说的。崔乃夫说：江隆基人品是绝对的好，是一流的。

我想这三句话能够概括江校长的一生。

先说第一句话。胡乔木同志说他是"早期的中国共产党的优秀老干部"。说"早期"，我理解是指抗日战争以前，红军时代，包括大革命时期。江隆基是1927年6月大革命失败后，革命处于低潮、全国处于白色恐怖时期加入中国共产党的，是早期入党的老干部。为什么说"优秀"呢？我觉着优秀主要体现在一个字上，就是"忠"。他始终忠于党的事业，是一生都将党的事业放在第一位的共产党人。无论任何时候、在任何艰难的条件下，也不论有多大的风险、多大的压力，他始终忠于党的事业，以党的事业为重，这是贯穿江校长一生的。从参加革命活动到从事教育工作，他始终把党的事业放在第一位。他曾经因为反对日本帝国主义的侵略两次坐牢，受到严刑拷打，但从不屈服，表现了一个共产党人的高风亮节；在抗日烽火的艰难岁月里，在极为困难的环境中，他仍然坚持办学方向；在那政治运动频发的年代中，他之所以能在许多方面减少负面影响，在一定程度上抵制某些"左"的错误，也正是以党的事业为重，忠于国家和人民，做出了难以想象的业绩。这是第一条主线。

第二句话就是聂大江先生说"他是一位有自己教育思想的教育工作者"。为什么？我觉得江校长的教育思想有两个特点。一是他的教育思想始终以辩证唯物主义和历史唯物主义为指导，这一点从他从事教育工作以后看得很清楚。在这个思想指导下，他阐明的教育理论、教育思想，尽管有的深、有的浅，但思想是一贯的。在实际工作中，他就是以辩证唯物主义思想为指导，就是沿着这样一个方向走过来的。第二个特点是：他的教育思想不是零碎的，是系统的；不是个别的，而是整体的。每个时期他都针对当时的社会历史情况，针对某些事来说明教育理论。但是，把整个教育理论贯穿起来，他是有体系的，这个体系是一脉相承的。虽然他的教育思想主要涉及高等教育，但也不完全是高等教育；在高等教育里边，他又涉及得比较全面，各个方面都涉及了。所以我觉得，他的教育思想有自己的特点，主要就体现在这两个方面。这也是贯穿他一生的第二条主线。

第三句话是崔乃夫先生说的。他说自己一生中最受影响的有两个人，一个是程子华（崔乃夫曾做过程子华的秘书），另一个是江隆基。在教育方面、思想方面和人品方面，他受影响最深的就是江隆基。根据多年和江隆基的相处，他认为"江隆基人品是绝对的好，是一流的"。从我接触到的材料来看，江校长的人品一流，主要体现在对人的尊重。1926年在北大的时候，他写过一篇《告为人父母》的短文。文章说了这样一段话：为人父母，不要把子女当作自己的所（私）有物，任意打骂，任意处罚，不能这样做；应该把自己的子女当作一个人来看待，应当尊重自己的孩子，因为他们也是人，是国家社会的一分子。江校长走上教育岗位后，更是特别重视这个问题。他坚决反对体罚以及粗暴的工作方法，明确提出了感化教育的问题。他对宋超先生说过：在工作中很重要的一点，就是要雪中送炭，而不是锦上添花。这也体现了他的思想、他的人品，这方面的事例很多。比如刚到兰大时，他看到人们佩戴的校徽有三种不同颜色，有红的，有白的，还有蓝的（蓝的是给工人戴的），他马上就提出这个问题。后来，兰大就把蓝的校徽去掉了，工人也带红色校徽。至于在贯彻执行党的方针政策中，在工作的各个方面，这样的事例可以说是俯拾皆是。

这三句话，三条主线，是贯穿江校长一生的。这也是我撰写江校长的指导思想。

值得深入研究的教育思想

苗：回想起来，我感到我们兰州大学是很幸运的。

兰州大学发展到今天，应该说是有历史缘由的。很庆幸的是，抗日战争胜利后的那一段时间，教育家辛树帜担任兰州大学的校长；辛树帜以他个人的声望，使兰州大学有了规模性的发展。新中国刚刚成立的时候，著名教育家辛安亭主持学校工作；第一个五年计划开始后，当时西北军政委员会教育部的副部长林迪生来兰州大学当校长；后来就遇到了江隆基校长来兰州大学主持工作，一下子使兰大进入了黄金时代。所以，我感到兰州大学很幸运，兰州大学的莘莘学子也很幸运。

访：说江隆基是有自己教育思想的教育工作者，主要表现在哪些方面？他整体的、系统的教育思想是通过什么形式贯彻或展示给大家的？好像江校长有个"八条"？

苗：江校长的教育思想不仅限于"八条"。1962年他提出了"八条"，当时叫"江八条""八条规律"。这是他教育思想的一个概括，讲的只是高等教育管理方面的事情，其他方面的事情不包括在内。比方对学生的教育，着重在感化教育，全面发展的教育；还有如教学过程的理论、教师队伍建设和人才培养、高等学校的政治思想工作等等。说到感化教育，我举个事例。张文轩（注：原兰州大学中文系主任、教授）曾提到，1964年开始了一系列的批判（批判"早春二月""抓壮丁""李慧娘""谢瑶环"等，批判夏衍、田汉、齐燕铭等），有个学生不同意这样的批判，认为"早春二月"写的是现实主义的东西，结果就受到了批判。当时中文系还写报告要开除这个学生；江隆基不同意这个报告，他说"学生就是不成熟，成熟了就不叫学生"。就是说我们要教育学生，但不能以处罚代替教育。后来这个学生很感激，还成"家"了。他说，如果当初没有江校长的帮助，我将难以立身，哪能成什么"家"啊？

这方面的例子很多。在北大反右派的时候，江隆基一开始就认为北大的右派没有那么多。对于学生，他不大主张划右派，虽然有些学生的言论非常激烈（当时要是划界限的话，有些当属"反动言论"），但他不认为学生有那么多的右派。这些都体现了他的思想。

所以，我觉着江校长的教育思想确实深邃、有自己的特点，我们还应该深入研究。

"天行健，君子以自强不息"

访：在写《江隆基传》的时候，您感觉他的核心、他最能打动人的是什么？他的精神主要是什么？

苗：从林校长到江校长，我感到给兰大带来的一种吃苦精神是比较突出的，这个观点以前我就说过。在当时的生活条件、工作条件下，在当时的社会环境下，能够做出那么大的成绩，靠的是什么？我觉得就是吃苦的精神，这种吃苦精神在当时，确确实实还是很突出的。60年代初期（已经是困难时期了），郑国锠先生邀请谈家桢先生（注：著名生物学家，时任复旦大学副校长）来讲摩尔根的遗传学。当时遗传学有两派，（还有）一派是李森科的、苏联的（新中国刚成立的时候，一直在鼓吹李森科的遗传学）。在当时能把谈家桢请来讲摩尔根的遗传学，已经是一件不容易的事情了。谈家桢讲完学后，江校长请他吃了一次便饭，由郑国锠先生作陪。吃饭中间，谈家桢在谈到这方面问题后说，没想到在如此艰苦的条件下，你们能做出这样一流的成绩，确实不容易。他认为兰州大学是"飞来之地"，是飞来的地方。

从林校长开始，那时候除甘肃外，四川、河南的学生比较多。他们来的时候，大都穿一双凉鞋、拿一把伞，其他什么都没有。到了冬天怎么办，冷得很呢！林校长就想办法给大家发棉衣、棉被。那时候各方面条件比较差，教室里边一开始连个火炉子都没有，后来才有了用旧汽油桶改造而成的火炉子。但就是在那样的条件下，大家都在潜心学习，很少有人发怨言。每天早上在校园里边，学生们就开始书声琅琅；到了晚上，路灯下面都能看到很多学生在学习（当时教室、学生宿舍的灯是掐着点关的。熄灯以后，有的同学就在路灯下学习、念外语）。那时候学习成风气、成习惯，这与林校长、江校长的教育是分不开的。"天行健，君子以自强不息"，兰州大学的莘莘学子就是这样走出去的。

访：这是一种吃苦的精神。

苗：对，吃苦的精神。

"对人对事，重要的是雪中送炭，不是锦上添花"

访：请您再讲几个关于江隆基人品方面的细节。

苗：人品方面，就是前面已提到的，宋超先生给我说过，江校长经常给她说的一句话："对人对事，重要的是雪中送炭，不是锦上添花。"我举这样几个例子。

西安事变以后，张学良把蒋介石送到南京后就被扣起来了；紧接着不久，就让杨虎城出国了（那一段时间非常混乱，人心惶惶），很多接近（亲近）杨虎城的人也都走了，都离开西安了。在这种形势下，有一位德国友人安娜丽泽（王炳南的前妻）正好生孩子，没人（照顾）怎么办呢？江隆基得知这件事情后专门帮助了她。安娜丽泽后来在回忆录中专门提到这件事：她当时心情非常不好，没有人，人都跑掉了；王炳南因为公事在外地，她自己又是个外国人，没办法，几乎到了绝望的程度；这时只有一个人来帮了她，这人就是江隆基。

60年代初期的时候，文艺界、教育界、经济界搞大批判，"合二而一"就是一个批判的内容。"合二而一"的提出者是杨献珍（著名哲学家、老共产党人），结果他受到批判。他在受批判的困境当中，江校长和宋超专门去看他，和他做思想交流、勉励他、鼓励他要正确对待。后来，杨献珍念念不忘这件事——在受批判的情况下，在心情非常低沉、非常不好的情况下，有人来探望他、鼓励他，他心存感激。

还有李维汉（这都是名人了），当时由于某些原因受到了批判，心情也很不好，非常低沉。同样，江校长和宋超专程登门拜访，和他交流思想。江校长和李维汉是陕北公学的老同事，夫妇两人专门来看他，给他以安慰，他对这件事情也是非常感激的。

林校长1958年被当成右倾机会主义分子受到批判，校长也给撤掉了。他当时非常苦闷，不想干了，想离开兰州、离开甘肃，而且发誓不再做行政领导工作。江校长到兰大听说这事后，专门找林校长谈过多次话，启发他、批评他，说你应该多想一想党的事业，少想个人得失。林校长对此思考了好长时间。后来，江校长专门在党委会上提出来要复查、要为他平反。随后复查、平反了，林校长的态度就完全改变了。他不仅愿意留在兰大，而且愿意当副职（副校长）。当时他是正校长啊，平反以后可以恢复正校长，也可以到其他学校当正校长啊。但是，他都不愿意去。他明确表态，他就愿意在江校长的领导下工作。

通过这些事情，我们不难看出，江校长人品的核心就是尊重人，实事求是地尊重人。所以，崔乃夫先生说江隆基人品"是一流的"，确实一点都不过分。

江校长为什么引起这么多人的怀念和崇敬，确实有他特别的地方。老师也好，学生也好，他的同级也好、下级也好，都好像异口同声地这样说，几乎是全票（做到这点是很不容易的）。我说一个人的价值能到这个份上，应该说是做到家了，体现了他的最大价值。

访：谢谢苗老师！

【人物简介】

谭民裕，男，汉族，1933年3月出生于湖南蓝山。中共党员，兰州大学资深教授、博士生导师，享受国务院政府特殊津贴专家。

1956年武汉大学化学系本科毕业，1961年德国莱比锡大学化学系研究生毕业，获博士学位。长期从事无机化学的教学及科学研究，主要研究方向为稀土化学、配位化学、超分子化学。先后主持承担过国家攀登计划、国家自然科学基金重大及面上项目、国家教委（含博士点基金）和甘肃省科委的基金以及横向应用项目十余项；在稀土配合物及超分子配位聚合物的合成、性能、结构和应用研究方面取得一批创新成果，在国内外重要学术刊物上发表研究论文347篇，主要成果先后获得省、部级科技成果一、二、三等奖共6项；至今已招收培养硕士、博士、博士后60余人，其中22人被聘为博士生导师，4人为院长，20余人在国外继续深造。

【萃英记忆】谭民裕

时　　间：2015年9月17日9:30

地　　点：兰州市 兰州大学档案馆

人　　物：谭民裕

访谈人：王秋林

拍　　摄：红　叶

文字整理：张　虹（2013级第二临床医学院学生志愿者）

指导老师：王安平

受党培养　为党工作

访：谭老师，您好！我们现在正在做一项工作叫"萃英记忆工程"，就是请老先生回顾一下在兰大学习、生活、工作的情况和自己的成长经历，然后将其作为历史资料在学校档案馆永久保存。今天，请您给我们做一些回顾吧。

我的童年

谭：我叫谭民裕，1933年3月15日出生在湖南省蓝山县所城镇枧下村一个普通的农民家庭，家里有7个孩子，我排行第四。在我快7岁的时候，我和二姐一起上的小学。小学时，我和二姐在一个班，班里一共34人，（每次考试）第一二名几乎就是我们姐弟俩在竞争（二姐大概得过一两次第一名，其余的第一名基本上由我包揽）。

上小学时，我每天要早起，天刚蒙蒙亮就去放牛，让牛在田里吃青草，然后趁着太阳没出来就到水稻田里拾田螺。遇到周末、放假或者是空闲时间，我就和一些小朋友三五成群地上山去砍柴，梅雨天则拾蘑菇；平常有空就和小朋友到小溪里抓鱼、捞虾，还会爬树掏鸟窝，或去摘野果，经常被荆棘刺得满身血淋淋！那时如果能砍到一担二三十、三四十斤的柴，回家以后母亲就会表扬我；而我虽然很累，甚至"遍体鳞伤"，但心里却很高兴、很自豪。

农村的毛孩子，没有课外作业，也很少看小说，所以都在做这些事。农村的生活经历，让我体会到农民"面朝黄土背朝天"的那种艰苦，于是萌生了发奋读书，走出大山，不愿在农村辛苦一辈子的想法。

连州中学的经历

谭：蓝山是个小县城，新中国成立前全县人口不到20万，县城人口不到5万。读完初中以后，我想多读点书，可我们县连所高中都没有。假如要到湖南的大城市（比如长沙、衡阳、郴州等）去读高中的话，需要几十块大洋。我父亲是农民，家里拿不出这么多钱。

湖南是鱼米之乡（农副产品比较丰富），广州和香港都是消费城市。抗战的时候，武昌到广州的粤汉铁路被日本人占领，交通中断；而蓝山正好是湖南最南边与广东最北边的交界地，湖南的农副产品运往广东都要经过我们县，要走一条类似于茶马古道的山路（也叫"挑夫古道"）。南方没有牛车马车，那里的人是肩挑农副产品和家禽到连州（广东与湖南的交界处）。连州有一条河，处于珠江上游。货物到达连州之后，就通过水路运到广州以及香港。我哥当时是小商贩，想发家致富。他希望我到广东去，学会广东话，然后让我在连州开个小店卖老家的农副产品，他负责运货，兄弟俩一起做生意，但我就是想读书。1949年六七月间，他打听到连州中学要补招20名高中生的消息，就让我去考。结果我考上了。

那时候连州的中小学都用广东话讲课，我听不懂（对此，我哥无所谓，他的想法就是能读一年算一年）；于是，我就住在一个湖南老乡的家里学广东话。在学校里，数学、物理、化学听不懂我可以自学，可语文和历史听不懂，自学就比较困难了，但再难我也得坚持下去。

新中国成立前能上高中的农村子弟很少，我们年级两个班120人大多是有钱人家的子女。高中入学后不久，广东解放了。紧跟着开始剿匪、土地改革。"土改"后，地富、资本家子女有的找工作养家糊口，有的去了美国、（中国）香港（地区），这样走了一批；1951年抗美援朝，又有一批同学去参军。到1952年6月毕业的时候，我们班只剩下三男四女7名同学。

武汉大学的积极分子

谭：1952年6月，我哥卖掉一头大白猪，资助我参加高考。我和班上的其他6位同学一起到广州（广东省仅此一个考点）应试，并在广州等待发榜。当我们在《人民日报》上看到7人全被录取的消息后，都很高兴，相互祝贺，虽然只有我考上的是重点大学（武汉大学）。

考上大学以后，广州市学联给了我一些路费资助。8月31日，我坐火车离开广州，前往武汉大学报到。入学第一年，我们化学系一年级共有60人。1953年院系调整，湖南大学、南昌大学的化学系并入，我们年级的学生增加到180人，分成6个小班。大学期间，除了个别带薪的"调干生"（注：那时候国营企业、事业单位和机关、团体以及中国人民解放军系统的正式职工，经组织上调派学习或经本人申请、组织批准离职报考中等专业学校和高等学校的，都称"调干生"；其中保送的都带薪，本人申请、组织批准离职的不带薪）要交食宿费外，其他同学都是国家提供吃住。我享受丙等助学金，每月一元。大学四年7个假期，我没回过家，没花家里一分钱，每月就靠那一元钱过日子。这一元钱主要用于买肥皂、食盐（刷牙用）、笔墨纸张，还有理发。可见当时还是比较艰苦的。但也无所谓，我们农村来的小孩不怕吃苦。

1953年，毛主席提出"三好"（身体好、学习好、工作好）；1956年，国家又提出"向科学进军"，搞"四个现代化"。听到这些，很受鼓舞。我一进大学就入了团，有党的培养教育，又读了一些比较进步的书籍（比如《中共党史》《可爱的中国》《钢铁是怎样炼成的》，刘少奇的《论共产党员的修养》等），我对党的认识有所提高，对党也比较向往，于是就积极要求入党。学生时代我的思想比较单纯，学习也比较努力，而且积极响应党的号召，以"三好""向科学进军"等作为自己努力的方向。1954年武汉发大水，为了保护武汉150万人民的生命财产安全，我们每天早出晚归，挖土挑土，筑堤防洪，整整苦战20天，拼了命地抗洪救灾。鉴于我在各种活动中的表现，是学生中的积极分子，党组织也重点培养我。1956年我正式成为共产党员（我们年级毕业前一共发展了4名党员）。

赴德之路

谭：从1953年开始，国家逐步增加公派留学生名额，派到10个社会主义国家的留学生总数大概7000人，其中派往苏联的就有5000多人。那时候的留学生基本上都是从北京大学、清华大学、南开大学、武汉大学、浙江大学等重点大学选派的。1956年初夏，高教部给武汉大学4个留学生名额，指定从化学系选派。经政治、学习、家庭出身、社会关系等方面的严格审查，我有幸被选中，并由高教部指派到民主德国学习稀有元素化学。

我卖掉自己的所有东西（一床被子、一张草席、一顶蚊帐），买了一件蓝布衬衫，和其他3位入选者一起坐火车到北京，在北京外国语学院进行为期一个月的出国前培训，主要了解留学所在国的风土人情和规矩。之后，我们从北京出发，坐火车经过西伯利亚、莫斯科、华沙、柏林到达莱比锡，历时13昼夜。由于不同国家铁轨的宽度不一样（中国是中等宽度，苏联是宽轨，波兰又是窄轨），火车每进一个国家就要更换轮子。再就是火车上的食材都得在当地购买，火车每到一个国家都要更换所在国的餐车，你就只能吃那个国家的饭。

在语言问题上，前往苏联的留学生，出国前在国内外国语学院培训一年俄语；我们则是在出国后的第一年学习德语。

谭民裕在莱比锡大学（1956）

那时候国家对留学生的要求很具体、很严格，每个人都要定一个专业方向。当时前往民主德国的有80人，包括40名研究生，40名本科生。研究生里学纯化学的有8人：吉林大学派了一男一女，1名学高分子，1名学电化学；北大派了3名，分别学同位素、光化学和物理化学；南开派的1名学习酶化学；复旦大学派的1名学习络合物；武汉大学派的我，学习稀有元素化学（当时属于保密专业）。为什么让我学保密专业？因为我是农村出来的，（家庭）出身比较好，属于"又红又专"的那一类。

李铁映是我们这些留学生里的一位，还有罗干。罗干比我早一年到德国，在德国待了8年，学的矿冶机械，是党支部书记；而我是党支部指定负责莱比锡几十个学生的团支部书记。

在莱比锡大学的奋斗

谭：莱比锡大学已有600多年的历史。我在莱比锡大学的学习是从第一年学德语开始的。学德语很累，一天要上7节课，最后一个学期每天增加新单词150～200个，早上要听写，还要会造句，有时候念单词背课文读到口破血流。北京大学有个女同学身体比较弱，坚持不下去，中途主动要求放弃学习回国。

谭民裕（左四）与化学专业留德研究生在莱比锡大学教室旁边的草地上

那时留学东德的学生也就一二百人，凡是到东德访问的中央领导都要接见我们。那年董必武还摸了一下我的头，问我是什么地方人，还说他是湖北人，我们是半个老乡之类的话，感觉很亲切。1959年，我国派出国家代表团参加莱比锡博览会，我们在博览会上帮忙布置现场、做翻译。

1959年莱比锡博览会参展中国代表团与展馆人员和部分留学生合影（后排右二为谭民裕）

无机化学当时有稀有元素、络合物、同位素（包括放射性同位素和稳定性同位素）3个专业方向，我的专业是稀有元素。稀土元素（注：稀有元素的一类）包括15个镧系元素，加上钪和钇，共17个，它们的性质十分相似。在20世纪四五十年代，稀土元素的分离与分析是无机化学界的世界性难题；1947年，美国用离子交换法解决了这个问题，而我们国家在这方面落后了十几年。1955年，我国发现内蒙古包头有一个全世界最大的稀土矿，中国因此成为世界稀土储量最多的国家。邓小平曾说"中东有石油，中国有稀土"。我国稀土产（储）量约占世界的30%。稀土已经成为航空航天、光学玻璃等高精尖产业的战略物资。

1958年我开始做博士论文。我找到莱比锡大学无机化学系的Wolf教授（当时在稀土元素的分离方面做出重要贡献，获东德国家自然科学二等奖），我说结合我们国家的资源和我的学习任务，我的博士论文想做稀土元素的分离。Wolf教授认为这个研究对中国有好处，也很有实用价值，于是就同意了。

谭民裕在做博士论文实验（莱比锡，1959）

我国广东与湖南有一种稀土原矿叫独居石，是我博士论文的原材料。因为独居石属于国家资源，不能邮寄。后来，依次通过冶金部、高教部、外交部，从广东给我带了5公斤的独居石精矿。我从原矿做起，做原矿的前处理，然后分离里面的稀土，最后得到4个纯度为99.99%的光谱纯的单一稀土元素；研究方法比较简单，效率比较高，所用的试剂也比较便宜，应该说达到了一定的水平。这个研究结果面向德国留学生展览，得到好评；作为国庆10周年献礼，也受到大使馆的表扬。

我在德国留学5年，第一年学德语，后四年做博士论文。我只用4年的助学金就完成了5年的学业，节省的2000多马克上交国家，是当时民主德国留学生里上交马克最多的，因此受到大使馆的表扬。我是农村子弟，一直保持着艰苦朴素的生活作风，也体谅那个时候国家的经济困难；最后我给自己买了一块手表，那块手表回国之后还用了30多年。

谭民裕在德国莱比锡大学获得博士学位（1961）

"我没有任何理由不服从组织分配"

谭：1961年6月，我回到北京等待分配；7月，武汉大学派一名总支书记到高教部，争取让我回母校工作。中南地区稀有金属资源丰富，与我的专业对口。关于我的第一、二、三个分配方案，都同意我回武汉大学。同年8月，高教部召集重点大学的校长在北京开会，制定《高教60条》，江隆基校长也去了，并提出要支援西北，还点名要我去兰州大学。因此第四个分配方案就把我改派到兰州大学。这时武汉大学就很不高兴，误以为我不愿意回母校。我说我是党一手培养的知识分子，无论是上大学还是出国留学，各种费用都是国家提供的；作为一名党员，我没有任何理由不服从组织分配。

1961年10月底，我来到兰州的第一天，江隆基在他家里接见了我。他说（20世纪）30年代初他在柏林留学，当时主要做了革命工作，就没好好学习业务；现在是和平建设时期，希望我能安心西北工作，克服困难，努力为党做贡献。我当时听了很受鼓舞。第二天，主管科研的领导崔乃夫（注：时任教务长）在办公室接见我，也说了一些鼓励的话。第三天，化学系的总支书记聂大江接见我，他说，你是党一手培养的党员，是国家派出去的留学生，在党内你有什么见解可以随便发表意见；但是科学是严谨的，科研上的问题你发表意见要特别慎重。不久，化学系办公室主任邓自修还通过学校给我各种照顾。10月底的兰州，天气开始变冷，学校让我住化工楼（注：现出版社楼），还补助我3丈布票、3斤棉花、一条狗皮褥子，解决了御寒问题；此外，学校还特批我5000元科研启动费……校长、主管领导、总支书记的关心、爱护，组织的关怀，让我深受感动；领导的教诲，让我受用一辈子。这一切，坚定了我搞好工作的决心，增加了我克服困难的勇气。

那年和我一起分配到兰州工作的另外两个人，由于种种原因，"文革"之后离开兰州了。我觉得我的坚守与这些领导给我的教育帮助确实有很大的关系。我自己受党的培养和教育，对党满怀感恩，为党做工作是很自然、很必然的事情。我对党、对社会主义可以说是坚信不疑，这个信念从来没有动摇过。其实这也很好理解，没有党，我一个农村苦孩子怎么能在新中国成立前后完成高中学业，之后又读到大学，还出国留学呢！

感恩与回报

谭：我受到党的培养和重视，对党也有感恩思想，在工作中我还是尽了自己的一份力量。

在兰大，化学系让我给高年级学生与研究生讲稀有元素化学，指导研究生，带毕业论文，并没有做基础教学工作。科研方面，我、杨汝栋、邓汝温和北京大学合作承担了"攀登计划"项目，获批十几万元的科研经费，一年大概就是三五万元（那时候一个博士点的基金是3万元，国家自然科学基金也是3万元左右）；后来，又跟长春应用化学研究所、北京大学、中山大学合作承担了国家科委有关稀土的重大科研项目；再后来，又承担了十几个其他科研项目。在《美国化学会志》《德国应用化学》《中国科学》等刊物上发表论文347篇，其中发表在《中国科学》上的论文有六七篇（这份杂志的引用指数不高，但发表难度相当大）。我得过教育部一等奖，甘肃省科技进步一等奖、二等奖，还有甘肃省的三等奖2项。

我培养了41名硕士、22名博士、2名博士后，到目前为止已有22人晋升正教授。学生的成长主要是自身努力的结果，我只是略微指点了一下。这些学生里，业务比较强的有甘新民（兰大最早破格晋升的副教授之一，胡之德校长很器重他），他那时是科研处的副处长，也是中国学联里唯一一个甘肃的青年知识分子代表。按当时的说法，他是我们研究所内所有研究生里最棒的一个，头脑聪明，表达能力强，教学方面能拿得出手，给史启祯（注：首届国家教学名师奖获得者）当过助手；科研也不含糊，是一个比较全面的人才。我的学生唐宁、刘伟生工作都很努力，大家评价都很高，他们在（兰州大学）化学化工学院担任过长时间的院长。我还有一个学生叫苏成勇，是教育部"长江学者奖励计划"特聘教授、国家杰出青年基金获得者、国家重大项目的首席科学家，是这些学生里最有可能当院士的人选……还有一个研究生叫张文军，现任南宁市常务副市长。

1969年珍宝岛事件期间，兰州军区抽调我、段一士、蔡关兴、聂崇礼，还有其他学校化工专业的人组成了一个科技小组，让我们在（制造硝铵炸药的）302厂研究反坦克火箭筒，大概研究了一个多月。对了，白银银光厂（也做炸药）也有一位技术员参加。

访：聂崇礼他们也是搞这个的？

谭：对，还有段一士。当时要跟苏联打仗，要求我们制作一个火箭筒反坦克炮，这个炮要钻进坦克，还要在坦克里面爆炸，在外面爆炸是不起作用的。

应该说在科学研究、人才培养方面，我还是尽了自己的一份力。可是由于能力所限，我做的工作与贡献离党的要求还是有相当的距离。从1978年到2005年，我算是做了点事情；但在我精力最旺盛的那段时间里（也就是"文化大革命"期间），我却没有做成多少事。唐宁读硕士研究生的时候，我还是讲师。可有的人"文革"期间坚持抓学习、做实验，我就没有想到要这样做，就跟着运动走。因此与朱子清，还有院士是没办法比的，无论是能力、智力各方面，都还比较欠缺。

兰大无机化学学科的奋进

访：请您谈一下兰大无机化学学科的发展。

谭："文革"前我大部分时间没在兰州工作。回国后，我先是和高忆慈老师带学生到山东生产实习；1964年4月，高教部在复旦大学举办稀有元素研讨班，学校派我和杨汝栋老师去学习、进修（1966年6月副校长林迪生打电话让我们回来参加"文化大革命"）。"文革"以前，化学系有机化学最强，接下来就是物理化学。那时化学系毕业的业务尖子有朱彭龄（1961届）、李笃（1962届）、柳南辉（1963届，后去香港）、刘中立（1964届）、雷学功（1965届），这些人里没有一个是无机化学专业的，毕竟那时无机的业务不是很强。

到了上世纪80年代中期，兰大无机化学学科的学术带头人有我、杨汝栋、史启祯、邓汝温4位教授，师资力量还是可以的。遗憾的是，1986年在国务院学位委员会组织的第三批博士学位授权专业审核中，我们兰大申请（无机化学）博士学位授权未获成功。直至1990年第四批博士学位授权专业审核中，我们联合中国科学院青海盐湖所申请的兰州大学无机化学专业才获得授权，成为全国无机化学第八个博士学位授权专业（前七个依次在北京大学、吉林大学、复旦大学、南开大学、南京大学、中国科技大学、中山大学），我和青海盐湖所的高世扬（注：研究员，1997年当选中国科学院院士）也同时被国务院学位委员会批准为博士生导师。此后，兰大无机化学学科步入了健康发展的新阶段。特别是唐宁（注：1996-1998年任化学系主任，2001—2005年任化学化工学院院长）、刘伟生（注：2005—2015年任化学化工学院院长）担任学院领导以后，在几位老教授的带领下，经过全体无机化学教师的齐心努力，无机化学学科慢慢地发展起来了，现在仅次于有机化学。

事实上在稀土的研究上，我们比北大都早。但由于种种原因，现在国内研究稀土的以北大居首，第二是中国科学院长春应化所，第三才是我们。当然这种情况还在不断变化，我们退休之后，年轻人不一定都会搞稀土。前些年，我们无机化学招收博士生的生源还是很好的，但现在就困难了。原来我们自己培养的研究生有一定的留校名额，现在好像不行了，这就给招生带来了困难。

谭民裕在兰州大学校本部中心喷泉（1995）

访：这是一种大气候，整个学院都有这个问题吧。

谭：对啊，这种状况对我们是很不利的。过去是没有钱，但有人；现在是有大把大把的钱，却没有人做工作。我们当时的基金3年也就3万元，现在是3年八九十万元啊。我前面说的那些工作，发表的论文都是学生做的（离开学生你什么都做不了），我只是出了一点主意。这些学生都很努力，对他们取得的成绩我感到很欣慰。

"谭民裕奖学金"

访：我在网上看到您设立了一个"谭民裕奖学金"，请您介绍一下吧。

"谭民裕奖学金"颁奖典礼（2015）

谭：2013年我过80岁生日时，我的学生回来为我祝寿。他们倡议设立"谭民裕奖学金"，由学生自己凑钱，最多的一人赞助了3万元，也有2万元、1万元、5000元、3000元、1000元的（我也出资1万元），这样就凑到了30万元。"谭民裕奖学金"用于奖励无机化学方面的研究生，每年奖励4名博士生，每人5000元；奖励2～4名硕士生，每人2500元。这笔奖学金现在是校友会（注：兰州大学教育发展基金会）在管理，由我们评定、他们来发。

访：您为什么建立这个奖学金呢？

谭：为了促进无机化学的发展，鼓励研究生好好学习，好好做科研，奖励比较优秀的硕士生、博士生。我们这个资金是30万元，能坚持10年。假如学生以后陆陆续续再添入一些钱的话，就可能会继续坚持下去。

访：请您为兰大题写个寄语吧。

谭（执笔书写）：传承兰大严谨学风　促教学科研更大发展

我感到我父亲还是有一定的远见。他觉得做一个人要讲道德，要讲人民的富裕，要有希望。他给我取名民裕，乳名泰德；给我哥取名民希，乳名泰康。

访：这挺有意思的啊！您是不是还有一个学生叫袁景利，现在在大连理工大学？

谭：对，我生日的时候他回来过。他是1986年的硕士生，河南人，曾经去日本学习过，现在在做稀土荧光分析方面的研究。

访：我去大连理工大学做访谈时遇到他，他就说您当时是如何指导他们的，很感谢您指导他走上稀土研究的方向。他还专门对我说，如果见到谭老师的话，代他问个好。

谭：我的学生对我都很好。

访：他还讲到谭老师对人都很和气，说话做事都很柔和，好像就没有指责过他们。

谭：我很少批评学生，一般都是给他们鼓励。我还会跟他们玩，有时会叫他们到家里来，我亲自给他们做饭（我对做饭还是有兴趣的），饭后大家就在家里打打扑克牌。

访：这些学生跑那么远到您这儿来学习，您对他们也就跟对自己的儿女一样。

谭：对。他们离家远，父母又不在身边，所以我就跟他们聊聊天，玩一玩。我喜欢跟学生一起闹。

长寿的秘诀

访：您都83岁了，身体还这么硬朗，精神还这么好。给我们传授一下您的健康秘诀吧。

谭：我们家有长寿基因，我奶奶82，我母亲85，我哥哥85，我父亲90岁。另外我从小就在农村锻炼，上大学的时候每天要跑1500米以上（那时实行劳动卫国体育制度，"劳卫制"不达标不能毕业），体育锻炼抓得很紧。毛主席讲"三好"，第一就是身体好，还讲身体是革命的本钱。我那时还是武汉大学学生会文体部的文娱干事，教大家跳舞，周末还主持舞会。在大学的时候我学会了各种各样的舞，虽然水平不高，但是各种舞（红绸舞、狮子舞、荷花灯舞、采茶扑蝶舞、印度舞等）都跳过。留学期间我是团支部书记，过年过节掌勺、表演节目、活跃气氛都是我的任务。另外，我不抽烟、不饮酒，爱好比较广泛，性格开朗，生活较规律。

国庆10周年时莱比锡大学留学生文艺演出中的谭民裕（1959）

访：我还记得您在化学楼上演的那个节目，男扮女装，还做出一个很优美的动作。

谭：那时候是疯狂嘛，现在想起来也挺好笑的。

访：多有意思啊，给人留下了很深的印象。我们大教授各方面都很活跃。

谭：我这个人就像万金油，爱好广泛，篮球、排球、羽毛球、乒乓球、扑克牌、象棋，都会一点，但水平都不高。

访：这跟长寿也是有关系的。

谭：我呢，男男女女老老少少都能谈得来，没有看不起别人的那种态度。因为自己没什么水平，所以也不敢摆什么架子。

访：您是众人仰慕的大教授，做了那么多的工作，还老觉得自己就是一个普通人，没有什么贡献。今天就谈到这里，谢谢您！

【人物简介】

刘铭庭，男，汉族，山西万荣人，1933年4月出生。植物学家，世界著名治沙专家，人工肉苁蓉之父。中国科学院新疆生态与地理研究所研究员、新疆于田县大芸种植场场长。

1957年7月毕业于兰州大学生物系植物专业。长期从事沙漠治理研究，发现了柽柳属5个新种，将中国的柽柳植物研究推向世界领先地位。通过引洪，在流沙地、重盐碱地成功大面积恢复和发展柽柳灌木林，取得了十分明显的生态、经济和社会效益。其中于田发展红柳大芸的年纯收入超过全县农业纯收入，使20万于田各族人民摆脱贫困，走向小康。曾获联合国、国家、省部级奖28项，是全球防治荒漠化领域获得国际奖项最多的科学家，被联合国环境规划署专家组誉为"刘红柳"。

刘铭庭扎根南疆搞科研的事迹引起了社会的广泛关注。时任国务委员的宋健视察刘铭庭的农场后，挥毫题词"向刘铭庭教授致敬"；国际著名药物学家、美国科学院院士郑齐勇向和田地区的领导表示："刘铭庭是和田的一个'宝'，你们一定要用好。"

【萃英记忆】刘铭庭

时　　间：2016 年 8 月 26 日 9:30

地　　点：兰州市 民航大酒店

人　　物：刘铭庭

访谈人：王秋林

拍　　摄：红　叶

文字整理：刘海波（2015 级萃英学院学生志愿者）

　　　　　　王儒婷（2015 级萃英学院学生志愿者）

文稿审定：段小平　陈闻歌

"把自己的青春献给祖国最壮丽的事业"

访：刘先生，您好！兰州大学档案馆正在实施"萃英记忆工程"，请老先生、老校友回顾在兰大学习、生活的经历和体会，以及走上社会后事业发展的状况。您先介绍一下自己吧。

刘：我 1933 年 4 月出生。我父亲 1929 年从太原成成驾校毕业，是中国第一代汽车司机，是一位爱国司机。1939 年苏联支援抗日军火，父亲开着自己的车，和其他司机一起到星星峡（那时新疆的统治者盛世才不让苏联军火在新疆停留，但可以过境；所以运送军火的汽车就停在甘肃和新疆的交界地星星峡）把军火送到印度、缅甸的抗日前线。新中国成立前后，父亲经常开车往返于西安和乌鲁木齐之间，为国家做了不少贡献。兰州解放那天，他就在兰州。那时候车少，父亲拉着解放军的炮兵去新疆一年多，期间我们没有通信，家里吃饭都得向他的朋友借钱。

主动请缨　扎根新疆

刘：我1957年毕业于兰州大学生物系植物专业。毕业时，大家都在思考分配的去向。从父亲给我介绍的情况看，那时候的新疆还很落后。1956年生物系张鹏云老师带我们到新疆开展生产实习，使我对当地的情况有了一些了解。作为有志青年、共青团员，我不能辜负老师的教导、学校的教育、父亲的期待，我要响应人民政府的号召，毕业后到边疆去，到祖国最需要的地方去。决心已下，我又担心分配不到新疆。于是在毕业的前三个月，我就给高教部杨秀峰部长写了一封信，大意是：坚决要求到边疆去，把自己的青春献给祖国最壮丽的事业。后来，我的愿望因此得以实现。

一到新疆，我的主要工作是治沙。治沙很苦（沙漠里人少天又热），愿意干的人很少。我说，没有人去我去！改变新疆的落后面貌，就从沙漠治理研究开始吧！

兰州大学的学生，基础知识扎实，出去都能吃苦。我去的是中国科学院（简称"科学院"）新成立的单位，没有老师指导，只能全靠在兰大打下的基础，边工作边自学，积累知识和经验。我在辽阔的塔克拉玛干沙漠（注：位于塔里木盆地中心）工作了一辈子，那里考察条件差，车进不去，徒步就得忍受高温和干渴。不过这一切都是自己的选择，是自己志愿来新疆，是自己立志献青春，所以也就无怨无悔。几十年荒漠治理的路就这样走过来了。

刘铭庭获得"全国十大治沙标兵个人"
荣誉称号（2002年6月）

1957年11月，新疆维吾尔自治区（简称"自治区"）团委号召全市青年和青年团员义务修青年渠（渠长三十多公里）。我积极报名，并鼓动我们单位的青年参加。我向自治区团委表态，我要自始至终参加修渠劳动（其他人每人一期，每期一个月，一共五期）。就这样，一直到铺渠放水，我成为最后离开青年渠的人。

我在青年渠的劳动表现，渠上的大队长、党支部书记都很了解。那时我是中队长，劳动积极努力，渠上的劳动纪录都是我创造的。按规定，中队长是脱产的，可以不参加劳动，只要把大家（100多人）指导好、带领好就行。但是我不脱产（我觉得脱产以后慢慢地就会脱离群众），坚持和大家伙儿一起劳动，而且必须要给他们做出样子来。比方铺石头，每人一天的定量任务是3m²；我创造了纪录，铺了60m²，是任务基数的20倍！工地上每一期表彰的劳动模范、青年突击手等都有我，我常常在团旗下照相。那时候号召学习苏联的保尔·柯察金，我带的文教系统获得了保尔·柯察金中队的一面大红旗。当时我就想，劳动这一关必须要过，否则以后工作也搞不好。知识分子在工地上也许没有什么知识可学，但是要在劳动中学本领，学习苦干加巧干的技能，劳动也要比别人做得好。渠上领导观察了我好长一段时间，一天晚上专门找我。他说，看你劳动不错，各方面也都表现不错；如果你愿意的话，明天早晨大队开会，我就宣布由于各方面表现好，批准刘铭庭同志火线入党。我犹豫了半天，我说自己现在是团员，将来必须要入党的；但这也来得太突然了，还是缓一缓吧！结果错过了一个机会，这一缓就是41年！修渠结束回单位后，我就申请入党。1960年，党支部曾经讨论过我的入党问题。后来由于种种原因，我的入党问题没有得到解决。但我一直在搞实验，在从事有利于国计民生的工作，科研成果不断。直到1999年，在自治区组织部的关注下，我的入党问题才得以解决。

那个时候知识分子讲究"又红又专"，我们需要在艰苦的劳动中磨炼自己的意志。尽管每天都和石头打交道，累得很，苦得很，但我坚持下来了。后来，我常年在沙漠里面工作，虽然也苦，但我以苦为荣，再想想当年的修渠劳动，也就不觉得有多苦；何况我还有个做研究、出成果的目标。我这一辈子，绕着塔里木大概转了有7圈，也做出了一点成果。

访：真是不容易啊！

刘：我长年累月反复地跑，深入沙漠考察，摸清沙漠的真实情况。沙漠里容易迷失方向（我特别谨慎，进沙漠必带指南针、水等必需品，未发生这种意外），也容易出危险。有一次天热得很，我们在沙漠里只穿一条裤衩（反正里面也没有别人）。头天晚上下了点雨，沙表面很凉爽。吃罢早饭，我们就往沙漠里步行。由于缺乏经验，十几公里的路大家光着脚丫子就开拔了。10点以后，太阳出来了，一会儿就把沙子晒干了，烫得不行（几乎走两步就得停下来，跷腿凉脚）。于是我们赶快给脚掌套上布袋子（随身携带采集土壤用的布袋子）往回跑，否则都有可能走不出沙漠。从此以后，大家进沙漠再也不敢大意了。

庆祝新疆维吾尔自治区成立60周年暨联合国环境规划署"全球土地退化与荒漠化防治成功业绩奖"20周年2015乌鲁木齐荒漠化论坛（前排右三为刘铭庭）

那年修了5个月的青年渠，大家都说我修渠修得好。1959年，乌鲁木齐市和平区实施改建工程，文教系统又把我抽去。这期间，我和卫生厅派来的工地医生（后来成为我的妻子）相识了。我虽然邋里邋遢，但劳动不含糊，每一期我都是先进工作者。

访：人家看上你能干活（笑）。

刘：我们1962年结婚，第一个孩子取名"渠花"。

访：渠花，渠上的爱情之花，有意思。您常年在沙漠里跑，那家里呢？

刘：家就顾不上了嘛！我有4个孩子，每个孩子出生的时候我都在野外（或实验站），都是孩子出生以后我才抽空回去一下。我欠我老婆很多，但是她还能理解，她知道我确实是在为大家做好事。最困难的时候，她一个人带4个孩子，还有自己的工作（她在学校当医生，工作也做得很好）要做，累得很！期间连续二十多年，我没有在家里过过一次中秋节，甚至连自己的生日都错过了。我的心一直在治沙上，都在野外。

刘铭庭及其家人

访：是什么支撑着您一直这样做、这样坚守的呢？

刘：党多年的培养嘛！我是共产党培养起来的大学生，共产党的宗旨就是全心全意为人民服务。刚到新疆的时候，我还是个青年团员；我要求自己听党的话，要踏实做好工作，走到哪里就干到哪里，组织上让你干啥你就干啥，而且要干好。那个时候好多人不愿意搞沙漠工作，我说我去，我是搞植物的，我就搞沙生植物。其实，当时我的境界也不是特别高，但就是有这样的思想。

防治荒漠化领域获得国际奖项最多的科学家

刘：1956年到新疆实习的时候，我就发现新疆的红柳（注：又名柽柳，柽柳科、柽柳属植物）特别多，固沙效果特别好。以后我就选择主攻红柳（张鹏云老师对红柳的分类特别有研究）。选择这个主攻方向的理由有两个：一是红柳面积大，改善生态环境效果好；二是红柳研究领域当时还是个空白，而且防沙治沙有需要，那我就研究红柳。就这样，我与红柳结下了不解之缘，和沙漠亲密接触了半个多世纪。我花工夫学习、研究沙生植物的性能，野外考察中特别注意收集研究红柳的生物生态学特性。应该说固沙植物的研究工作我们搞得还是比较扎实的，除了重点研究柽柳属植物外，其他固沙植物我们也研究。几十年来，我研究了约200种固沙植物的习性、繁殖、生态等，掌握了大部分固沙植物的生长区域、开花结果的时间（我脑子里对此有一本清楚的账），并用其果实繁殖各种固沙植物，运用于固沙实践。

访：除了固沙实践外，有没有形成理论研究成果？

刘：在我刚开始研究柽柳的时候，老先生在书里面记载的中国柽柳有两三种。从1959年开始一直到1983年，我们先后发现了5个柽柳新种，占中国同期已知柽柳种数（20种）的1/4。柽柳的研究我基本上做了一辈子，大体上把我们国家的柽柳数目搞清楚了。当然，也不是说就完全搞清楚了，自然界的事往往很难说清楚，何况我们有些地方还没跑过呢。

1978年，我在《植物分类学报》上发表了塔克拉玛干柽柳（注：一个新种，业内人士称其为"刘氏柽柳"）。这是我第一次到塔里木盆地东部考察的时候，在塔克拉玛干沙漠的流动沙丘上发现的一种特殊柽柳，它跟其他柽柳不一样，直直的，到跟前一看，没有叶子（叶子抱茎，抱到枝干上了）。当时我就说，太好了，中国也有无叶柽柳（之前我只知道非洲有一种无叶柽柳长在流沙上）！我意识到这可能是新种。1978年，我到植物所去请教专家，他们说这就是一个新种，并让我赶快发表。因为这种生长在流沙上的红柳，只分布在塔克拉玛干沙漠，正式发表时就将其定名为"塔克拉玛干柽柳"。

其实在自然界里，人们要是有心学习的话，（可）学的东西多得很。从塔克拉玛干柽柳开始，我又陆续发现了莎车柽柳、塔里木柽柳、金塔柽柳、白花柽柳4个新种。白花柽柳的发现有点意思。业内专家都知道，柽柳的花一般都是红色、粉红色的，完全开白花的柽柳当时尚未见报道。1983年，在孔雀河下游的一个山谷考察的时候，我在汽车上看见一株开满白花的红柳。于是我就下车仔细察看，没错，就是开白花的红柳！我判断自己又发现了红柳新种，并采下了标本。后来，我把它引种到吐鲁番植物园，它又开花了，还是纯白的。我确定这是世界上第一个开白花的新种，就把它定名为"白花柽柳"。

从1960年开始，科学院着手建设定位站。我们收集野外发现的固沙植物，在吐鲁番搞了个植物园，种了100多种固沙植物，1985年就成规模了。如今吐鲁番的沙生植物园，就是在定位站的基础上建成的，现在对外开放，成为一个旅游点。郑国锠院士1984年去过，我专门给他介绍了塔克拉玛干发现的新种，我说我们国家现在就缺少这种正宗在流沙上生长的（红柳）种类。就在那株引种的塔克拉玛干柽柳前，我为郑先生照了一张相。

中国科学院资深院士、兰州大学原生物系主任郑国锠教授
在新疆吐鲁番植物园观察塔克拉玛干柽柳（1984 年）

1995 年，兰州大学出版社给我出版了国内第一本红柳专著《柽柳属植物综合研究及大面积推广应用》。2014 年，新疆科技出版社出版了由我主编的《中国柽柳属植物综合研究图文集》；该书以图为主，附有 690 张彩色图片（包括几十年研究的图片、实际应用的图片，还有 20 世纪 60 年代被破坏的图片，等等）。

功夫不负有心人。我们的工作受到了不同层面的表彰和奖励。联合国有个荒漠化治理奖，我先后获得 3 项，成为目前相同领域获得国际奖项最多的人。1995 年开始，联合国环境规划署向各个国家征求治沙经验。第一届我就得 2 项奖，一项是我主持的大面积恢复红柳造林技术，另一项是我作为主要成员参加的策勒流沙综合治理体系研究。当年，全世界所有沙漠国家一共报送成果 80 项（其中中国选送 7 项），联合国一共表彰了 8 项，我们国家的获奖数占当年获奖总数的 1/4。1997 年，联合国又为我颁发了荒漠化治理个人奖——"防治荒漠化与干旱实用技术最佳实践奖"。

我一共获得几十项大奖，其中包括国家科技进步奖在内的省部级以上的奖有二十多项。

访：您有个外号，叫"刘红柳"？

刘：1995 年，联合国考察团团长（来自澳大利亚）率领一群专家来我们这里。我带他们参观了幅员几千亩的红柳种植基地，一路上给他们灌输红柳知识（否则他们就不知道红柳的好），结果人家就给我起了个外号"刘红柳"（大笑）。

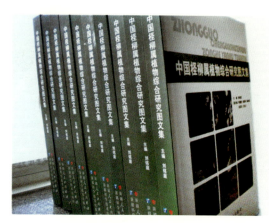

中科院新疆生态与地理研究所刘铭庭研究员编写的
专著及参加编写过的书目（2014年止）

"我去新疆，就是要为边疆人民服务"

刘：肉苁蓉（又名大芸）是名贵药材，在海内外药材市场供不应求，这也导致天然肉苁蓉被大量开采，资源越来越少。为了减少挖掘野生肉苁蓉造成的对荒漠植被的毁灭性破坏，肉苁蓉被国家列入保护植物；人工种植肉苁蓉便成为相关科研部门的重要课题。80年代（注：指20世纪，下同）中期，我第一次种出肉苁蓉。这是一项具有我国自主知识产权的科研成果。

1985年，我开始肉苁蓉人工种植的研究。我在策勒治沙站种下的肉苁蓉，1986年就培育成功了。但最难受的是这项成果长时间无人问津。直到1995年，为了要让群众富起来，领导们就想沙漠里面能做什么呢？有什么办法能让群众致富呢？后来听说有个专家会种植大芸，就把我请来了。我盼望已久的这一天终于来了（这时我已62岁），于是就赶快去了于田。我所在的于田县七区（注：位于塔克拉玛干沙漠南缘的奥依托格拉克乡）九大队离县城很远，条件很艰苦，交通不便，买东西也不方便。我就住在没有电、没有自来水的沙漠里，买个毛驴车，到两公里以外的地方拉涝坝里的脏水喝。就这样，我带领群众种大芸，不但没收老百姓一分钱，而且还给他们吃了定心丸：我帮助你们种出大芸来，我人还不走！第二年，我把老婆娃娃都搬到那儿。到现在都21年了，我的家小一直居住在于田沙区。

访：您搞了两样东西，红柳很出名了，再一个就是大芸。

刘：大芸是我这一生最看重的。一方面提供了优质药材，保护了自然资源；另一方面通过接种繁殖大芸，让老百姓在沙海里实现"淘金梦"成为现实。

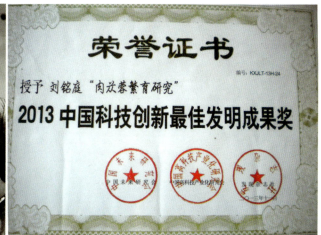

刘铭庭研究种植的大芸　　刘铭庭肉苁蓉繁育研究获得"2013中国科技创新发明成果奖"

我在和田地区待了20多年，推广大芸种植，目前种植面积已有50多万亩。于田县是近水楼台先得月（我的实验基地在于田），去年鲜大芸产量15000吨。

访：大芸的经济效益呢？

刘：效益好得很呀！不过最近一两年差一点，因为我们种植的红柳大芸的名气不如梭梭大芸。尽管如此，不少种红柳大芸的群众也都买了小汽车，这对农民来说就够好的了。三五年的工夫，新房子全部盖上了，家里也全部电气化了，过上了与城里人一样的幸福生活。

访：当地农民的贫困面貌基本上得到改变了吗？

刘：沙区农民的生活基本上都改变了。眼看着从前的贫困户，种大芸后都富起来了，大家就跟着种，积极性高得很。以前政府给老百姓划地种植，大家可能还不太愿意。现在学会了人工种植大芸技术，加上政府的优惠政策，他们就拼命种，把能种的沙丘都分光了。

访：真是造福一方啊！

刘：政府也很支持。前几年投入3000多万元，鼓励于田县搞红柳大芸种植基地。可是现在红柳大芸不值钱了，群众又着急了。他们说梭梭大芸好，但和田地区不产梭梭。我又帮他们进行梭梭育苗。育好苗以后，梭梭里面还要种大芸，这又掀起一个种梭梭大芸的高潮。反正是什么挣钱多，群众就需要什么。那好啊，你们需要什么，我就提供什么！

访：做了这么多的工作，您的收获是什么？

刘：我的收获？就是我的科研成果交给人民了嘛！有人问我，你家里有人继承你的事业吗？我说我完全没有考虑这事，我想让他们继承，他们也未必喜欢。还是农民最可靠，我最放心了。你（把成果）交给他们，就可以世世代代延续下去。他们就住在沙漠里面嘛！

刘铭庭在于田大芸基地培育的红柳大芸（2014年）

实际上，一个人只要好好干，政府是不会忘记你的，人民是不会忘记你的。在于田，好多人我都不认识，但人家认识我，当地的老头儿都能叫出我的名字。曾经有人到于田找我，转了半天也没找到。最后经一位钉鞋的维（吾尔）族老汉（会说一点汉话）指点，他才在东边二十多公里的地方找见了我。在当地我的口碑比较好，因为在我的帮助下，他们好多人都发了财。

访：看到人家发财，你心里是不是也挺高兴的？

刘：当然了。能够为贫苦的沙区，尤其是少数民族、少数民族的群众做事，达到了去新疆的目的，我当然高兴。我去新疆，就是要为边疆人民服务嘛！

2013年，北疆阿勒泰下了一米多厚的雪，灾情大得很。那时我在兰州，得知情况后心里很着急。虽然我为新疆人民工作了几十年，但新疆群众也养了我几十年。回去以后我就给自治区的主席写信，表达了个人赈灾的意愿。自治区主席很快就此事作了批示。

一个科学家，他就应该热爱祖国、热爱党、热爱人民，在新疆就要热爱边疆。我基本上就是朝着这个方向努力的，当然不是做得最好，但我尽了自己最大的努力。我时刻记着毛主席的话，我们共产党人好比种子，走到哪里，就要和哪里的人民结合起来，在哪里生根开花。我虽然是个知识分子，但我善于和群众打

刘铭庭心系阿勒泰灾区捐赠优质饲草料两车（2013 年）

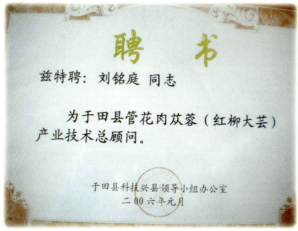

于田县科技兴县领导小组聘任刘铭庭为于田县管花肉苁蓉
（红柳大芸）产业技术总顾问（2006 年）

中科院新疆生地所刘铭庭研究员（右三）在新疆维吾尔自治区
科技奖励大会上（2014 年 1 月 6 日）

成一片。我身穿普通衣，脚踩解放鞋，看上去不修边幅，也没有什么架子，人们都说我像农民。遇到种植大芸技术方面的问题，我除了有求必应外，还主动到地里给他们教。虽然现在南疆有极少数坏分子在捣乱，但我的心是踏实的；我相信广大人民群众是好的。

"兰大教会我做人做事的本领"

访：您的工作做得非常出色。

刘：没有新中国，我这一生也不会有今天这样的成绩。因为有了新中国，我的学习才进入正轨。高中毕业以后我考到兰大，在这里我给自己的一生打了最好的基础，为我后来的专业调整（由植物分类学转到沙生植物）和结构完善提供了可能。固沙兴农是我后来学的，但基础都是在兰大打的。我托共产党的福考上了大学，我感谢共产党；我托兰大的福，学了很多知识。我一直坚持着兰大自强不息、艰苦朴素的精神。

访：我们现在回过头来，再回忆一些兰大校园的往事。

刘：当学生的时候我就喜欢运动。1953年，学校把我选进了篮球队。

访：1953年的兰大应该还在萃英门。当时是什么状况？

刘：房子都是些老房子。说实话，要是没有新中国，我还不知道自己会在哪里呢。我上大学期间，公家管吃管住，学习上自己也掏不了多少钱，家里基本上不用花什么钱，因此对环境的好坏没有过多考虑，我的主要任务就是学习。

我在学校爱活动，各项体育活动我都参加。我从小喜欢翻跟头，技巧运动比较好，学校因此把我选到体操队。中学的时候，田径运动我几乎都会（1952年在

刘铭庭在母校西安中学上高二时参加陕西省第一届运动会
获高中组跳远及撑竿跳两枚奖章

陕西省的运动会上我还得过奖）。兰大那时还没有撑竿跳，我就让学校买了几根竿子，开始练习。我这一练，其他同学也跟着学。1953—1955年，每年学校运动会上的跳远、三级跳、撑竿跳，我都是第一。

其他长跑啊、负重啊，我也参加，每次也能拿好名次。在山上实习的时候，我总是跑在最前面。各种磨炼形成的身体基础，为我后来在艰苦的环境下工作创造了条件。

参加工作以后，我踊跃投身历次劳动。修青年渠那年，要到乌鲁木齐河的对岸去捡石头，我们几个人就跳到零下30℃的水里，把几根大木头架在河道两边，让大家走过去捡石头。我在水里泡了二十多分钟，出来以后裤腿上全是冰，后来因此得了关节炎。

刘铭庭与大学同窗好友合影（1954）

兰州大学体操代表队全体队员合影（第三排右二为刘铭庭，1956年）

081

野外工作比较艰苦，容易发生危险（死人的事都发生过）。但你不能因为危险就不工作，尽量小心一点就是了。前年，我开着大摩托翻到沙漠里去了，断掉七根肋骨。我还算幸运，要是翻到硬路上那还不得摔死。对待工作、对待生活，我一向比较乐观。

访：活得很充实啊！

刘：是很充实。我是自愿到新疆的，不好好干自己都说不过去。另外，真正踏实干了就会有收获，形成成果、获得奖励也就是水到渠成的事了。当然，我工作的初衷并不是为了得奖。

访：你是兰大的骄傲。

刘：我在新疆工作了将近60年，能够做出一点成绩，主要还是得益于在兰大基础知识学得很扎实，是兰大教会我做人做事的本领。我们的老师都很随和，对学生确实好，他们通过课堂、通过实习，给我们传授了很多知识。再就是大学里的老师，像吕（忠恕）先生、郑（国锠）先生、彭（泽祥）先生、张（鹏云）先生等，他们正派敬业的为人风范和处世态度为我树立了榜样，一直教育着我不但要好好工作，还要好好做人，做一个正直有用的人。是党员，就应该做表率；不是党员，也要好好工作。

访：大学毕业前，张鹏云老师带你们去新疆实习过？

刘：对。我们在尉犁县孔雀河沿岸考察。那个地方红柳多得很，大多分布在塔里木河两岸。

兰州大学生物系1953级全体同学毕业前与校领导及
系教职员工合影（1957年4月）

访：当时的实习内容是什么？

刘：主要是实地察看植被、土壤、气候情况。张老师给我们讲解红柳的相关知识，带着我们采集芦苇、红柳、胡杨等植物标本。

访：您对张鹏云老师还有什么印象？

刘：张老师谦虚、敬业、刻苦。他知识扎实，知识面广得很；他热爱专业，课堂讲授深入浅出、仔细详尽。张老师生活上不太讲究，但学术造诣精深，而且还是多面手。他可以讲地质学，也能讲生态学，但最擅长的是分类学和植物学，这方面的功底扎实得很，但凡见到一个植物，他马上就能说出名字。记得当时生物系老师少，栽培学没有老师，他就教栽培学。我们师生之间的关系很好，每次来兰大我都会去看他。

访：刚才您还提到郑国锠先生也到您那里参观过。

刘：1984年郑先生到新疆去了。他知道我在吐鲁番有个植物园，就看植物园去了。

访：郑先生给您留下什么印象？

刘：郑国锠曾经是兰大生物系的系主任，虽然我们之间的研究方向不同（他是细胞学，我是分类学），但大家都很尊敬他。他是知名专家，从美国回来之后，就甘愿留在西北，为荒漠地区服务，这种爱国情怀非常感人。我每次回来都会向郑先生汇报工作，他总是饶有兴趣地听着。他说，你种植大芸能帮助老百姓致富，很好啊。他给（当时的）甘肃省委书记陆浩写信说，我们有个学生在沙漠里种大芸，这方面的技术值得在甘肃河西走廊推广。结果上级给我们下达了一个任务，在甘肃民勤试种大芸。现在民勤种了好几万亩的大芸，好多群众也都致富了。

访：又是造福一方啊。

刘：其实民勤以前也种过大芸，结果种了三年一棵也没长出来。我说这不要紧，我去。结果就在原地种，过了两年就成功了。

好事物需要宣传，不宣传人们不知道啊！即使知道也未必能找到你，所以我就主动和各地联系。我给张掖、高台都讲过课，我说种植大芸可以高产。后来，内蒙古请我去参加博览会，果然有人对种植大芸感兴趣，跟我签了合同。

访：吕忠恕先生您熟悉吗？

刘：吕先生给我们带过（植物）生理课。印象中50年代初他研究过白兰瓜。他种的白兰瓜品质确实好，个头不大，带一点黄，软了以后特别香，又香又甜（笑）。吕先生脾气最好，平常见人不太说话，工作兢兢业业的。

刘铭庭教授在参加中国林学会造林治沙学术会议代表合影
（1965年10月1日）甘肃民勤县

访：我感觉您这一生很精彩。

刘：虽然很辛苦，但也很满足。自治区组织部2002年为我拍的时长半个多钟头的专题片《红柳人生》，2002年还获得红星一等奖。

访：是中央组织部评的？

刘：对。全国每个省（市、自治区）每年都要向中央组织部提交一部片子参加评比，那年好像只有两个或三个片子获红星一等奖。新疆组织部的同志高兴地对我说，我们给好多名人拍过片子，每年都送，你这个片子是自治区获得的第一个一等奖。还有那个红柳宣传片（我提供的提纲），获得政府科教片最高奖——华表奖。凡是以红柳为题材拍的片子，都受欢迎，因为红柳是我们国家的一个空白，我把它填补了，而且达到了世界领先水平。

访：您就像红柳一样，在新疆扎下了根。

刘：（笑）扎下根了。

访：所以您是兰大人的骄傲。

刘：兰大有好多人都做得不错。

访：非常感谢您。请您在留言簿上留个言。

刘（执笔书写）：感恩母校培养，愿母校明天更加灿烂辉煌！

访：谢谢刘先生！

【人物简介】

廖常庚，男，汉族，1933 年 10 月出生，四川宜宾人。教授，享受国务院政府特殊津贴专家。

1956 年兰州大学物理系本科毕业后留校工作；1960 年到苏联科学院列别捷夫物理研究所学习，研究生毕业；1963 年回国到兰州大学现代物理系，主持实验核物理教研室的工作。1983 年受聘副教授、研究生导师，1994 年晋升教授并退休。2000 年应邀到美国路易斯安那大学做访问教授。

【萃英记忆】廖常庚

时　　间：2014年12月26日15:00

地　　点：兰州市 兰州大学档案馆

人　　物：廖常庚

访谈人：王秋林

拍　　摄：红 叶

文字整理：陈闻歌　贾天聪

我与核物理的不解缘

访：廖老师，您好！兰州大学正在实施"萃英记忆工程"，通过访谈，记录老先生、老校友在兰大学习、生活、工作的经历，作为历史资料在学校档案馆保存。今天请您做一些回顾。

廖：我今年82岁了。我是1952年参加川南地区集中考试，经选派后由西北军政委员会派人来接并送到兰大的（大概是中央统一安排的），和胡之德校长同年级。当时是新中国成立初期，特别需要各方面的建设人才，有宣传说我们是来开发大西北的。来的时候我们先是坐汽车从成都到宝鸡，走了一个礼拜；然后从宝鸡坐火车到达兰州（那年宝兰铁路刚通车）。

我们进校的时候兰大还没有核物理专业，基础条件很差，但课上得很扎实。1952级新生入学以前，学生很少，一个班就两三个人。我们这个班面向全国招生，有30个人，大部分来自四川，其余来自陕西和甘肃，上海有1人；其中有些是来自部队、机关的"调干生"。入学以后，学生的基础参差不齐，但老师很尽力。那时候学习苏联，普通物理由方孝博先生、丁柏岳先生讲授，使用苏联的《普通物理》中文版教材（厚厚的三本书）；高等数学是马元鹏先生教的，他很认真，课讲得很好；王定百先生讲理论力学；曹昌奇（北京大学派来的研究生，后回北大）讲电动力学；徐躬耦先生1955年来兰大，量子力学由他讲。徐躬耦是学理论的，从英国回来的博士，推导公式不看讲稿，黑板写得很整齐，口齿很清楚，课堂笔记整理后就能出版。应该说我们在普通物理、四大力学等基础课方面受到了很好的教育。但是在专业教育方面，由于师资匮乏，只是王雅儒先生从吉林大学学习回来，教了我们一点金属物理。另外，安排了金工实习（车、钳、铣、刨），开设了机械制图。这些虽然与理科关系不大，但对我们后来参加工作、开展科研很有用（研究中有什么需要，自己就可以画图、加工、制造）。还有就是毕业后到外地实习（我去了沈阳的光学机件研究所），受益匪浅。总的来说，条件不是很好，但环境安静，学得很扎实。毕业时我还得了优秀生奖。

访：您刚才讲的条件差，主要是指什么？

廖：那时候住房条件差。我们住的平房，一个十几平方米的房间要住十几个人，还没有暖气；再就是洗澡没有浴室，露天搭个棚子，从大锅里舀盆热水，衣服一脱、热水一冲，肥皂一打、热水再冲，然后穿衣服走人，三九天都是如此。当时一位上海来的同学，就是因为没有暖气、没有抽水马桶走了。当然那时候也有好的啊，住的不要钱，每个月有 17 元的伙食费，吃得很不错；我每个月还有 3 元助学金（家庭困难学生的助学金是 7 元）。

我的大学是在萃英门读的。当时学校最有名的建筑是至公堂，还有一个大礼堂。高年级同学住在三层的学生宿舍楼，我们住在平房。我是物理系的学生，毕业以后就留在物理系当助教，在中级物理实验室负责安排和指导学生实验。那时候，我们毕业生的工资是 73 元，同期南方有些地区同类人员的工资是 50 元上下，有地区差异。现在是南方的工资比我们要高。

访：您有到苏联留学的经历？

廖：1958 年有个留苏的机会，是派学生到苏联学习的一个计划。那时候中苏关系已经很困难了，大概科学院系统和国防系统的出不去，就从高等学校派点人去。经过俄语考试，我被选上了。1958 年 10 月，我到北京外国语学院留苏预备班学习，按计划应在半年后出国，但是由于关系很紧张，总是联系不通，等了差不多一年。直到 1960 年 3 月，留苏预备班就剩下我一个人了（其他人都是成批去苏联）。我独自乘火车到莫斯科后，被安排在苏联科学院列别捷夫物理研究所核研究室学习。从此，我与核物理结下了不解之缘。

留苏期间，我的导师是诺贝尔奖获得者、（苏联科学院）通讯院士弗兰克（当时兼任莫斯科大学核物理教研室主任）。刚到列别捷夫物理研究所的时候，他们先是给本书让我看，然后进行核物理考试；考试通过后，就把我派到莫斯科大学学习核物理实验。此时中苏关系越来越困难了，他们不让中国学者接触核研究项目。为此，我在学了近三年之后，经批准提前回国。半年后全部留苏学生被撤回国。回国之前，对方要给我开个证明（因为没有参加研究工作，也没有答辩，所以没有学位），我没要。1984年教育部颁发的《学历证明书》认定我的这段学习经历为研究生毕业。

廖常庚在苏联学习的学历证明书

回国以后我就到现代物理系（简称"现物系"）工作，主持实验核物理教研室的工作（之前的教研室负责人是年轻教师李仁和，后调教育部，当过发展规划司的副司长），先后教授原子核物理、中子物理等10门课程，发表论文51篇。那时系里唯一的大型设备是一台110KV的电子管高压倍加器（有三层楼那么高），其维护运转很难，经常出毛病，基本上没怎么用。现物系刚建的时候人不多，学生也不多；普通物理由物理系开设，基本上没做科研。我一开始主要是教原子核物理，搞教学实验建设。

没过几年，"文化大革命"就开始了。当时我在现物系还有点"名气"，资产阶级的黑苗子，戴高帽子游街什么的，都有我的份。再后来就是到农村去劳动，结果不到半年就让我回来，参与研制小型随身带的"γ-辐射报警仪"，其目标是：在原子弹爆炸后，及时知道自己所在区域的γ-辐射情况（要求两种规格，一种是高剂量的，供核爆中心区域使用；另一种是一般地区用的。一旦超过规定的γ-辐射剂量，通过声和光报警）。后来又增加了"γ-辐射自动记录仪"的研制（一旦发生核爆炸，辐射什么时候到达，何时消失，自动开机、记录变化过程）。这两种仪器要求在 -40℃—50℃温度区间都能工作，还要带一般的电池。其实涉及放射源的研究工作还是蛮有风险的。我们就发生过一次事故：实验过程中放射源已经吊起来，但人还没有来得及撤离，我和另外两位同志受到了很强的核辐射，结果是大量脱发、严重失眠。在副食品凭票供应的年代，因此给我们特批了两斤白糖，也就算是安慰了。

"γ-辐射报警仪"的试制获得了成功，并按要求小批量生产；"γ-辐射自动记录仪"研制成功后，我两次到现场试验，提供了两台样机，并在全国核物理会议上作了报告。这件事早些年凤凰台做过采访。上述项目是兰州军区的，但没有经费（我是利用实验室经费完成研制工作的）。后来兰州军区在科研大会上表彰了上述成果（我参加了这次会议）。1978年全国科学大会以后，有人告诉我说项目获奖了，但我没有看到奖状。

访：科学大会上没奖励吗？

廖：我们没有去人。科学大会奖励的名单上可能有。因为是跟军区合作的，后面的事我就不知道了。当时就是这样，上级安排的任务你接下来就是了；既然是国防需要，咱就努力去完成。那时候参加的人很多，一些学生也参加了（知道是国防需要，大家都很积极）。好多年以后说要报个名单，我就把我的名字排在最后报上去了，但没有下文。

访：实际上您是带头做这件事的，是牵头人？

廖：因为大家做了很多事情，我把自己排在前面也不太好嘛。就算是为核工业和国防做贡献吧。

过后不久（当时徐躬耦主任还在），有一个组搞中子发生器。开始搞了150KV的中子发生器，但没有调试运转，放在那里无人管；后来又接了一个300KV中子发生器的任务。在"科学的春天"里，一帮同龄的年轻人想法很多，不同意见也很多。徐主任在一个会上提出让我去搞，说"非你莫属"！我知道这件事很难，推又推不掉，那我就去吧，尽力而为就是了。干了两三年，组织协调把150KV的中子发生器调试至正常运转，建立了中子测试和快中子活化分析系统。那时不兴开鉴定会，请校领导现场认定后，150KV（中子发生器）的任务算是完成了；写了文章，以试制组的名义在学报上发表了。这也为后来300KV（中子发生器）的研制积累了经验，奠定了基础。

这时候问题来了。原来那么多人在做这件事，由于我中途"插手"，现在150KV（中子发生器）有了成果，300KV（中子发生器）也进展顺利；在新的形势下，有人就有意见了。我说"那好，我走吧"，于是我就离开了。后来两个发生器都得到完成并获奖，现在又有了新的发展。我认为这是核学院坚持得最好、最有特色的项目。

1980年，受美国戈登核化学大会邀请和资助，教育部组织复旦、川大的两位老师还有我，三人组团赴美参会并访问了20天。会后，我们访问了布鲁克海文高能加速器研究室，在那里工作的李政道先生与我们共进午餐，并提了很多高等学校改革的意见和建议；我们还访问了麻省理工学院等单位。回国以后，我们向教育部提交了相关工作报告。

粉碎"四人帮"以后，1977年高考制度得以恢复，全面恢复教学秩序成为当务之急。我也开始承担主讲原子物理、中子物理、辐射防护等课程的教学任务。此后在国家的大力支持下，我们用实验室建设专款从美国引进了锗-锂探测器、计算机处理系统等先进设备，充实、提高了实验教学水平，促进了科研的发展。后来，我们提供的三个实验被纳入全国统编教材，成为全国优秀教材的一部分。我1982年获得兰大教学质量优秀奖，1983年晋升副教授。

访：您科研的有关方法是不是能在课堂上教给学生呢？

廖：科研是提高教学质量的关键。没有科研的思维和实际感受是讲不好课的，无法指导本科学生做毕业论文，不能很好地培养学生的独立工作能力，更不用说指导研究生了。

改革开放以后，系内的研究课题（如中子测水、电子秤、反康能谱仪等等）多了，出国学习的人多了，离开现物系去北上广发展的人也多了。1965年南开大学合过来的核专业负责人很快就走了，在美国学了两年回来晋升的副系主任很快也离开了。

那时评定一个人学术水平的标准，主要甚至是唯一的标准是发表的论文。一开始我们申请科研项目很难，资助的经费也不多，省上项目也就几千元。好在学校鼓励教师在3300种杂志上发表文章，每篇奖励2000元，为一时没有申请到课题的教师救了急。我1983年开始发表文章；引进串级加速器后，1989年开始在国外发表文章（有一年我拿到了6000元的论文奖）。1990年，我有一篇文章即将在国外的学术刊物上发表，于是就申请参加在德克萨斯州举办的加速器研讨会（这是我第一次用自己的论文申请出国参加学术会议），并得到教育部的批准。之后，我参加了德克萨斯州的研讨会，还访问了密苏里大学。这是我第二次访美。这一时期我培养了2名研究生。1993年10月，国务院为我颁发了政府特殊津贴证书，1994年我晋升教授并退休。

人物访谈录2

退休以后，我的研究工作并没有停止，每年还有文章发表。2000年，我应邀到美国路易斯安那大学拉菲特核研究室做为期8个月的访问教授，开展微束离子分析研究，取得了好的结果，参加了加速器应用大会。

廖常庚参加德克萨斯州加速器研讨会（1990）

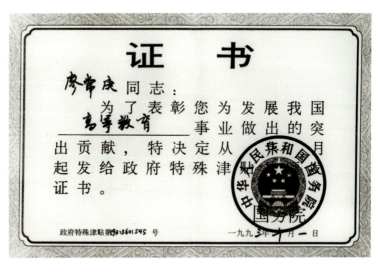

国务院颁发给廖常庚的政府特殊津贴证书

第三次访美回来后，也还有人邀请我继续发挥余热；但力不从心，就婉拒了。就这样，我艰难地走完了自己的工作历程。

我们这个专业是早期国家上层布的一个点，兰大有这个点很不容易。我们坚持办学60年，培养输送了2000多名学生，的确难能可贵。据我了解，用人单位对兰大培养的学生是满意的，因为"养得起，留得住"。还有一些学生做出了很好的成绩，成为很多单位的中坚力量。但是，在庞大的核研究和工业体系中，我们只是一个小小的单位，办学特色还不突出，话语权也不大。在核电大发展的今天，人才的需求量还是大的，我们是可以有所作为的。现在核工业系统内已经开始自己办学培养人才，值得我们关注和思考。

访：谢谢廖老师！

人物访谈录
2

【人物简介】

李裕林（1934.12—2015.7），男，汉族，广东五华人。有机化学家，兰州大学资深教授，享受国务院政府特殊津贴专家；专长有机合成化学，尤其是天然产物合成化学。

1956年武汉大学化学系毕业后，历任兰州大学化学系助教（1956—1963）、讲师（1963—1981）、副教授（1981—1985）、教授（1985—2006），兰州大学有机化学研究所副所长（1989—2006）、有机合成研究室主任（1983—2006）。1984年10月—1986年7月，在美国Cornell大学访学。曾任甘肃省化学会有机化学专业委员会主任，兰州大学功能有机分子化学国家重点实验室学术委员会委员、副主任，南开大学元素有机化学国家重点实验室学术委员，《甘肃药学》《合成化学》编委。2006年6月，在兰州大学退休。

在三尖杉酯类生物碱的合成、生物标志化合物的合成、大环二萜类天然产物的全合成、黄酮类及二环倍半萜类天然产物的合成等研究领域取得了高水平的研究成果，在国内外重要学术刊物上发表研究论文474篇，合著《立体选择有机合成》，获得国家授权发明专利3项，为发展有机化学理论、丰富有机化学内容和培养高层次专门人才做出了贡献。主要成果8次荣膺包括全国科学大会奖、国家自然科学三等奖在内的省（部）级以上的奖励。1986年入选中国科学技术协会编撰的史实性文献《中国科学技术专家传略》，2004年荣获中国化学会有机化学委员会和中科合臣化学基金会授予的"有机合成创造奖"。

【萃英记忆】李裕林

时　　间：2013年4月26日

地　　点：兰州市 兰州大学档案馆

人　　物：李裕林

访谈人：王秋林

拍　　摄：焦燕妮

文字整理：代金通（2014级历史文化学院学生志愿者）

指导老师：黄飞跃

执着的坚守

访：李老师，很高兴把您请到档案馆。我们最近在做一项叫作"萃英记忆工程"的工作，搜集整理并研究兰州大学的历史文化；通过与老同志、老先生访谈，把他们的形象、所讲述的故事留存下来。今天请您给我们讲一讲。

直面清贫　扎根兰大

李：我1956年就到兰大了。当时不管是生活条件还是工作条件，现在再回忆起来，都是很艰苦的。

我来兰州的时候，是自己一个人来的。到火车站以后，大概是下午六七点、七八点的样子。那个时候，坐车也没有现在这么方便，火车站没有（汽）车，走到现在的盘旋路，才有车停靠在那里，坐公交车（到萃英门）。当时的道路也不好，都是土路。

从武汉大学毕业后，我先回广东的家里，然后从广东坐车到兰州。那个时候坐火车就得好几天，因为武汉（长江）大桥还没修起来，还得摆渡。到兰州一看条件比较艰苦，好在那个时候也有一点思想准备。当时的教学还在萃英门，我一来先是到萃英门报到。萃英门住的条件还行，在那里住了几个礼拜。朱子清当时住在平房里，我就住在他附近的一间房子里。因为是单身，那时候一个人还给不了一间房子，就两个人住一间。

兰州大学萃英门旧址

50年代（注：指20世纪，下同）中期，兰州还没有自来水。兰大是在黄河边自己建的水塔（因为实验要用水）。实验室的工作条件，比如说实验仪器方面，当时大概就是一些简单的（玻璃仪器），所以做（研究）工作难度还是相当大的。做出来一点样品，需要分析测试，你就得送到北京去，找人帮忙测试（做了好长时间）。当时要想做一点（研究）工作，确实是相当不容易的。

我来的时候，朱子清、刘有成、黄文魁、陈耀祖都在，他们来得比我早一点（1955年来的）。那个时候有很多从外地来的人，我们班到兰州来的就有二三十人。

在兰州大学，当时本科生毕业可以当助教，也可以选择进修，或作为研究生。系里先征求你的意见，你现在是想工作呢，还是想进修？（想读）研究生就要（参加）考（试）了。我刚来的时候主要是搞教学。那个时候系里希望年轻教师全面过一下，比如说学有机的先做有机的助教，再做一年无机的助教，最后回到有机。一方面当时的条件也差，另一方面自己的精力也有限，（对教学）也比较认真，所以这个（科研）做得比较少。

后来呢，只要有时间有精力，在完成教学任务的情况下，也做了一点科研。大概在60年代，我参加地椒草（化学）成分的研究。当时甘肃某地的解放军战士拉肚子的很多，当地村民就拿地椒草熬水给他们喝，喝了以后问题也就解决了。地椒草为什么能这样？它的有效成分是什么呢？我们就做这个研究。学校专门开车去拉了一车地椒草回来，我们就从中提取挥发油，获得了若干化学成分，做出了一些结果，也算是服务社会吧。

到了80年代，很多老师作为访问学者出（国）去，第一年是国家出钱（当时作为学者到外面去看一看，不要对方出钱，我们国家发工资）；如果你比较得力，对方需要你，可以再待一年，这一年是对方给钱。我1984—1986年在美国访学，国家给了一年的钱。当时化学系到美国去的也不少，那一批出去的大概就有六七个人。我知道杨汝栋、丘昌隆、邓汝温也是去的美国；程东亮比我们稍微迟一点，他也去了。

我算是比较稳定的。从1956年参加工作到2006年退休，我在兰州大学坚守了整整50年（当然，这当中包括出国访问的将近2年时间），一直都在大西北工作和生活，再也没有离开过。

追随名师　崭露头角

李：真正安下心来做一些科研，差不多就到1972年了。那段时间黄文魁带着我们悄悄地搞三尖杉酯类生物碱（注：一类具有抗癌活性的天然产物）的（合成）研究，陆陆续续做了一些工作。再后来有了全国性的抗癌协作组，这个协作组是搞抗癌药物的。抗癌药的协作组全国得有七八个，三尖杉（酯类生物碱）是其中的一个，还有其他的抗癌药。在协作组成立之前，我们就开始工作了。可能是因为咱们（的研究工作）做得有基础了，所以协作组就把咱们吸收进去。搞这个三尖杉（酯类生物碱）嘛，有搞提取的，有搞药理的，化学组的搞分离鉴定，合成的也参加。当时的条件比较困难，有了全国性的协作组以后，工作总算坚持下来了。在当时的条件下，跟全国比较，我们（的合成工作）还算领先。我们做的这个三尖杉（酯类生物碱的合成研究），1982年得了国家自然科学奖。

我因为提职称的关系，比较早就开始带研究生。江隆基来了以后进行了一次提职，1963年我提讲师，1981年晋升副教授，1985年就提到了教授。我提副教授、教授，得益于和黄文魁一起工作。因为做的三尖杉（酯类生物碱的合成研究）得奖了，先是甘肃省的奖，后来就是全国的奖（注：1978年全国科学大会奖），再就是这个国家自然科学奖。

黄文魁（左二）和李裕林（右三）等研究人员在实验室（1982）

黄（文魁）先生是1982年底去世的。黄先生一去世，学校就让我顶上他的位置，作为有机合成室的负责人。所以，有机合成这块，我是从黄先生这里继承下来的。继承下来之后，我的弟子也一个个都出来了，都学得非常好。

那个时候副教授可以带硕士生，带博士生的话还不行（取得博士生导师资格的教授才能带博士生）。黄先生（注：国务院学位委员会批准的首批博士生导师）去世后，为了保住有机合成研究方向的博士点，我们就请梁晓天先生（注：中国医学科学院药物研究所研究员、中国科学院院士）来兼任博士生导师，合作招收培养博士生。当时也招了些博士生，像李同双、刘兴平等。后来，我也因此在提教授的同时就担任了博士生导师。

李裕林（左二）与参加第四届国际华人有机化学研讨会（1994）的
部分代表合影（左一王锐，左三梁晓天，左四陈耀祖）

桃李芬芳　硕果累累

李：从开始带研究生到退休，我总共带了34个博士；硕士呢，也差不多是这个数目，如果把硕博连读的硕士也算上的话，大概总共带过五六十个硕士研究生。那些年，一些学生培养得还是很不错的。首先大家比较努力，另外我们前面的一些工作，基础也比较好。所以他们（研究生）来了以后，一方面除了自己努力外，再加上一些条件，工作做得很不错。另一方面，也和环境有关系。兰大化学系风气比较好，学生比较努力。在合成方面，比较突出的，现在看来最出色的是涂永强（注：2009年当选中国科学院院士）了，他硕士毕业后，我们动员他继续深造，他说年龄比较大了，要先去工作（一年后他回校师从陈耀祖先生攻读有机分析方向的博士学位）。所以，涂永强是（有机）合成专业的硕士。还有李卫东，国家首批"长江学者奖励计划"特聘教授，现在在重庆大学。再就是祝介平，他现在好像在瑞士，也是教授。祝介平和他的夫人王茜都是我的研究生。

李裕林教授指导博士生兰炯进行科研实验

此外还有邢雅成，在应用这块做得挺成功的，现在自己的公司也做大了。后来的一些学生也有做得不错的，表现在应用方面的，比如张涛（在杭州民生制药厂）、王亚平（留校后读的在职研究生，后到上海做博士后，在海正制药）。在应用方面，这几个人都是很不错的，现在都成为企业业务上的主要骨干。

访：您在培养学生这方面，确实做得很成功。作为老师，能看到自己的学生出去了，发展了，更有影响了，是不是心里特别高兴？

李：是的，我很欣慰。他们如果有机会回来，到兰州来了，一定会来看我（笑）。

访：培养学生是一个方面，另外您在科研上做得也是很不错的。

李：科研和培养研究生实际上是互为一体的。没有研究生，你本事再大也不行。因为你的思想再活跃、再有想法，要实现，你还得依靠学生去落实，指导学生去完成。所以教授要有学生，博士生、硕士生。（研究生的学位论文）要从科研项目中选题，才能做出比较好的工作。这样，指导学生完成学位论文，与我自己实现所承担的研究课题的工作目标基本上就是一致的。没有研究生可不行，你做不了那么多的工作。现在比较大一点的成果，往往都是由很多研究生围绕这个课题共同去做去完成的。所以科研成果要做得比较好，需要大家的共同努力。这也就是现在强调的团队精神。

李裕林教授（中）与研究生合影

最近李瀛（注：李裕林培养的博士，二级教授）他们要给我过八十大寿，仔细地把我发表的文章统计了一下，目录也打出来了，一共大概有470篇左右。由于历史的原因，刚开始的时候，我的论文大多发表在国内的一些杂志上，后来就能发表在国际上一些比较有影响的学术刊物上。从发表论文的数量上看，还算是比较多的，但我不敢说质量都很高。

我的论文绝大部分都发表在3300种杂志上，不在这类杂志上发的文章很少。特别是后来，不是3300种杂志的，我就不发了。因为对学生来说，他毕不了业，起不了作用。后来的要求就越来越高了，不单是3300（种杂志），还有影响因子的要求。所以学生跟着我们做工作，（影响因子）太低的（论文）就没有意义了。

化学化工学院后来引进的这些人才都很不错，这些年轻人的水平都很高，发表论文的刊物档次比我们那个时候要高得多。相信化学化工学院一定会发展得越来越好。

黄文魁、李裕林等作者的项目获得国家科学技术委员会表彰证书（1982年）

兰州大学化学系获得全国科学大会奖状（1978年）

传承事业 退而不休

李：当年黄文魁留下的有机合成这个摊子，一开始就有两个主要学术带头人，一个是我，再一个是潘鑫复。现在我这块基本上就是交给李瀛来接班，李瀛下面的学生再接替他；潘鑫复下面是库学功（注：国家杰出青年基金获得者），库学功也有他自己的学生。这样，有机合成这方面的工作也就传承下来了。

另外，退休前后的那段时间，我在培养博士生、指导青年教师、做科研的同时，如果是外面有需要，比如说有些地方聘请我做（合成方面的）顾问，需要到药厂去工作一段时间，我也乐意接受。在齐鲁制药厂，我和侯自杰、李瀛在那儿做了好几年的专家顾问；后来身体不行了，家庭也出了一些状况，不能去了，我就退回来了。现在老校长胡之德教授在兰州扶持创建了一个研究所（注：兰州分离科学研究所），也请我们做顾问，帮助解决合成方面的一些问题。反正有机会能为社会做一点贡献，只要身体条件允许，自然是可以的。

访：那就再做一些贡献啊！白发老人退休了，继续服务奉献社会，我们把这个称作"银龄行动"。这是国家老龄委倡导的，在您身上也得到了很好的体现。

人物访谈录 2

李裕林教授（左一）与科研协作单位齐鲁制药公司的
总经理李伯涛（左二）、副总经理王晶翼（左四）合影

李：我们这些人呢，只要能够做一些工作，自己也感到高兴，不一定要多少钱。实际上（兰州大学）化学系的老师在那个（兰州分离科学）研究所的有好几个人。一开始他们要求我、马永祥去上班（一个礼拜上三个半天的班），后来那边的暖气不是很好，冬天气温低，怕把我们冻坏了，就不定期上班，有事情的话，打个电话，接我们去（笑）。能够给社会做点贡献吧。

访：谢谢李老师！

【人物简介】

陈生俭，男，汉族，1935年9月出生，甘肃临洮人。1956年考入西北工学院（现西北工业大学），1957年8月因院系和专业调整转入兰州大学化学系，学制五年。1962年毕业后分配到云南东川矿务局从事开发铜矿的工作，1984年调入刘家峡化肥厂从事专业技术工作直到退休，曾任主任工程师。参加研制的科技成果由"全国科技成果交易信息数据库"收录。1990年，因在科技战线辛勤工作20余年做出积极贡献，受到刘家峡化肥厂的表彰。

【萃英记忆】陈生俭

时　　间：2015年5月14日10:30

地　　点：永靖县 刘家峡化肥厂家属院

人　　物：陈生俭

访谈人：王秋林

拍　　摄：梁振林

文字整理：陈生俭

江隆基校长是我做人的榜样

访：陈先生，您好！今天我们来听您讲述在兰大学习生活的经历，以及兰大给您留下印象的人和事。

陈：首先要说明一点，我永远都是兰大的学生。兰大给我留下最深刻印象的就是江隆基校长。

陈生俭的大学毕业证书

103

江隆基校长离开我们将近50年了，但校长的精神、校长的学识、校长的作风、校长的人格深深地影响了我的一生，为我树立了做人的光辉榜样。

受命于危难之际

陈：1959年元月，江隆基受命来兰大任校长，在极其困难的形势下开始工作。我记得学校开大会欢迎新校长的时候，江校长的身旁坐着原校长林迪生先生（注：此前林迪生被错误地批判为犯有"严重右倾错误"，撤销党内外职务）。这就发出了一个明确的信号：江校长是坚持党的原则和政策的人，他为林校长做了不是平反的平反。这也使大家在迷茫中看到了一点曙光。随后，学校调整了党委领导班子，林迪生进入校党委常委会；为著名教授朱子清摘掉"右派"帽子，并聘其为校学术委员会委员，使他安心搞教学和科研。教研室的主任也进行了调整，基本上由老教授担任，（化学系）戈福祥教授被任命为无机化学教研室的主任。

经过调查研究，江校长敏锐地察觉到一些学生不好好读书的严重现象。在这种情况下，他连续作了三场关于学习的报告，论述学习的重要性。他认为，学生的首要任务就是学习。他引用《礼记》"教学相长"的典故，鼓励教师和学生。他说："学然后知不足，教然后知困；知不足然后能自反也，知困然后能自强也"，这就叫教学相长。这三场报告的记录在兰州大学校报上刊登后，《光明日报》全文作了转载。这三篇报道充分体现了江校长的办学思想。之后，学校通过不同途径、多种举措推动"稳定教学秩序，提高教学质量"的中心工作，教学秩序渐趋正常。

有些系选用优秀教师作为"台柱子"，讲授基础课；而中青年教师也不负重托，认真备课。化学系彭周人先生在讲授物理化学的时候，竟然晕倒在讲台上，太感动学生了。

段一士先生回国时，带回来大量书籍。江校长当即表示，不管学校有多大的困难，也要解决其房子和藏书的问题。段先生很快成了骨干教师，为物理系的发展做出了巨大贡献。

学校选举郑国锠教授出席全国人民代表大会，体现了对高级知识分子的信任和关怀。

学校恢复被取消的学生助学金，使学生的生活有了保障，从而得以安心学习。……

永远的人格魅力

陈：江校长之所以能够成为一位成功的教育家，由其性格、气质、能力、道德品质等特征放射出的魅力是重要因素之一。这种因素具有令人尊敬和爱戴的凝聚力，生前受人敬仰，死后让人怀念。

经过1958年"大跃进"的折腾，甘肃一点极薄的家底都耗尽了，以至于在风调雨顺的情况下都出现了严重饥荒。1960年，兰大也面临着严重的困难，（师生）个个饥肠辘辘。于是，江校长立即宣布小灶停办，校长和学生一起在食堂排队就餐。与此同时，学校组织学生到雁滩挖野菜，校长和学生一起吃槐树叶；停电没有水的时候（当时兰大从黄河抽水用），又组织学生用脸盆从黄河端水，保证了食堂用水。校长以身作则、与师生共度饥荒的举动，起到了安定人心的作用。其间，膳管科科长给江校长送去两斤猪肉，结果遭到了校长的严厉批评，并让他把肉送到学校食堂去。在饥荒时期，虽然浮肿的人很多，但据我所知，兰大没有一个非正常死亡的人。直到1962年7月大学毕业，我没有吃过一顿饱饭！让我没有想到的是，毕业聚餐会上，每个同学的碗中居然都有几片肉！尽管仍然没有吃饱，却在我的脑海中留下了美好的回忆。学校为了这顿饭真是太不容易了！

江校长严以律己，不享特权。1959年"五四"青年节那天，化学系学生演出话剧《火烧赵家楼》，学校领导被安排在前排就座观看。一位原校领导的女儿来到前排，处长们很快就将她拉到其父亲身边坐下。这时江校长的姑娘也抱着小弟弟来到前排，但见校长大手一摆，叫她到后面去。事情虽小，却给学生们留下了极其深刻的印象。

江校长尊重、爱护知识分子。在兰州大学，他根据中央精神，调整、落实知识分子政策，为政治运动中被批判的人摸底排队，甄别平反；在以教学为中心的各项工作中，他通过政治思想工作、发挥专业特长、生活关怀照顾等措施，多方调动知识分子的工作积极性。1961年，地理系一位老教授逝世，江校长亲自出任治丧委员会的主任；出殡那天，他胸戴白花，带领全体校领导走在送葬队伍的前边，送老教授最后一程，以表达对老教授的崇高敬意、对家属的关怀和慰问。

独特的发展战略

陈：江校长在一次报告中曾经讲过，兰大和北大全面比较，那是比不过北大的；但兰大有兰大的优势，兰大的发展要扬长避短，注重发挥优势、突出特色。

为了办出物理系和化学系的特色，学校为两系配备了强有力的领导，聂大江任化学系的党总支书记，李轲任物理系的党总支书记；并为两系的中青年教师创造教学和科研条件，使其尽快出人才、出成果。化学系的黄文魁、物理系的段一士后来都成了世界著名的学者、教授、大家。黄文魁教授还被评为"全国劳动模范"，受到国务院的表彰……

与此同时，数学系增加了力学专业，地理系增加了地质专业；文科也恢复了，学校号召经济系学生不但要读社会主义的政治经济学，而且要读资本主义的政治经济学，以比较各自的优势。学校多方争取留学生（如化学系的谭民裕先生）、名校（北京大学等）优秀毕业生来校任教，选留本校优秀毕业生（李笃等）充实教师队伍。

这些措施为兰大以后的发展壮大储备了学科专业和人才资源，奠定了坚实基础。粉碎"四人帮"之后，兰大插上了腾飞的翅膀，连续五年取得了全国研究生出国考试总分第一名的好成绩，很快步入了全国名牌大学的行列，这与当年江校长所创下的基业是绝对分不开的。

今年是江校长诞辰110周年。作为他的学生，跟大家分享一点记忆，以表达学生对恩师的怀念和感激之情。

访：谢谢陈先生的讲述。

人物访谈录 2

【人物简介】

陶祖贻（1935.11—2018.9），男，汉族，江苏苏州人。兰州大学教授，博士研究生导师。

1953—1957年在北京大学学习，毕业后分配到兰州大学工作，历任助教、讲师（1963）、副教授（1981）、教授（1986）；曾任现代物理系系主任、原子核研究所所长。1958年起讲授专业基础课放射化学和专业课，直到20世纪80年代中期。1982年起招收研究生，并讲授研究生课，直到2002年最后一名博士生毕业，共培养研究生40余名。长期致力于离子交换平衡及动力学、放射性核素吸附及迁移的研究工作。合作出版专著《放射化学与核过程化学》《离子交换与平衡动力学》等。

【萃英记忆】陶祖贻

时　间：2014年10月26日10:30

地　点：苏州市　城市运通花园酒店

人　物：陶祖贻

访谈人：王秋林

拍　摄：红　叶

文字整理：陈闻歌　贺莉丹

中央确立的核科学技术基地

访：陶老师，您好！兰州大学档案馆正在实施"萃英记忆工程"，请我们的老先生回顾过去在兰大工作、学习、生活的经历，作为后人了解、认识兰大的历史资料。今天请您做一些回顾。

陶：好的。我1935年出生，在苏州待了18年，考大学进了北大，1957年毕业分配到兰大。我在兰州差不多待了50年。我主要讲一下兰大现代物理系（简称"现物系"）创立和发展的一些往事。

筹建物理研究室

陶：我在兰大网页上看过你们搞的"萃英记忆"。

吴（王锁）老师他们找到了1955年高等教育部的一个文件（注：高等教育部党组《关于在北京大学和兰州大学筹建物理研究室的报告》），这个文件明确"为培养研究原子能的干部，决定在北京大学和兰州大学各设立一个物理研究室"。因此，兰大核科学技术专门人才培养和科学研究基地就是1955年由中央确定创立的。

为什么要在西北这个地方跟北京大学同时设立这个基地呢？我想主要是因为当时好多核工业都部署在西北，所以把这个基地设在兰州大学非常合适。

从根本上讲，当时在核工业方面，中央的目标主要是要搞原子弹，想通过这两所学校培养急需的专门人才。

北京大学成立核专业的时候，经费都来自核工业部（当时叫二机部）。我们在北大念书的奖学金，包括基建、买仪器等的经费，都是核工业部给的钱。也就是说，那时候北大核专业的运行经费由核工业部提供，日常管理由学校负责。但是从教学、科研上讲，北大也没多少力量（自身搞核的人不多），靠的是科学院的力量（教师主要来自科学院）。所以在北大物理研究室，我们又被称为中科院物理所第六组的组员（这可能也与保密有关）。

筹建（物理研究室）的时候北大有一项附带工作，就是帮助兰大建立物理研究室。当年，朱光亚负责北大物理研究室的基建（据说当时的图纸都是他签名）。兰大物理研究室的筹建由林迪生校长负责，基建经费由甘肃省的葛士英副省长负责（没有省上的支持，这些工作无法开展）。1955年，兰大开始这方面的基建，陆续建成了后来现物系的1—4号楼，还有那栋高级（宿舍）楼（就是那座两层的小洋楼）。1号楼是教学楼；2号楼一边是一个很高的大厅（安装中子发生器。该设备由北大为兰大订购，好像是瑞士的产品），另一边是两层小楼，该小楼是放化实验室。

始建于1955年的现物系2号楼

中子发生器

到了1957年，物理研究室的基建基本完成。但是一直到1958年才成立原子能系（后更名为现物系）。

始建于1965年的放化楼

我刚才讲的那栋高级（宿舍）楼，总共有6套住房（现在叫连体别墅），是为拟调入的6名教授（也有说是苏联专家）准备的。实际上，后来只有徐躬耦先生从南京大学调来兰大。徐先生当时刚回国不久，在南京大学物理系任副系主任、代理系主任（好像是副教授），到兰大以后，成为当时学校最年轻的教授。在兰大现物系初创发展时期，徐躬耦先生担任两个系（物理系与现物系）的系主任，不仅为物理系的基础课程建设、师资队伍建设、学科专业建设做了大量卓有成效的工作，而且领导原子能系的创业。1961年以后，徐先生长期专职原子能系（现物系）的系主任，不再担任物理系的系主任。

徐先生是怎么到兰大来的呢？当时教育部的一位副部长到兰大参观后，觉得兰大物理系的力量太弱（相对于化学系），于是就把刚从国外回来不久的徐躬耦调来兰大，加强物理系的建设。那么，我们是怎么来的呢？1957年，10名北大毕业生服从分配到兰大，现在还在的有朱介鼎、洪忠悌、我，另外有杨宏秀、许国茂、张承理，大概六七个人。刚来兰大那阵，我作为进修教师去了北大（兰大发工资）；洪忠悌、朱介鼎在中国科学院近代物理研究所（简称"近物所"）进修。

现物系的初创

陶：上世纪50年代后期，在"全民办原子能"的口号中，许多学校都要成立原子能系。兰大办原子能系的条件得天独厚，有建好的五栋楼房，有北大来的10名毕业生……那么原子能系的标志是什么？得有学生。1958年，我们从本校还有西北师大（那时叫甘肃师大）物理、化学以及相关专业三年级的学生中选拔，放射化学（简称"放化"）专业调来了18名学生（1955年入学的辛文达就是其中之一），核物理专业大概调来了30名（学生）。

学生招来了，放化的教学计划是什么？教什么课？都不清楚。系里发电报叫我和杨宏秀回来（这时候天气已经比较冷了）。我俩回来后既找刘有成（注：时任化学系主任）又找徐先生，因为我们不清楚放化的学生到底是归化学系还是物理研究室（我找过陆润林教务长，他也不明确）。但学生已经招来了，具体该教什么课呢？我们刚毕业，也拿不出什么东西。于是就照搬北大的教学计划，北大教什么课，我们就教什么课。后来我和杨宏秀商量，我负责教放射化学，他负责实验课。当时实验室里一点东西都没有，杨宏秀只好回北大去准备18个学生的实验。徐先生来了之后，要从物理系分出一部分精力来完成这边的教学，还住在校本部4号楼又不会骑自行车的他只好来回步行。

因为学生都是从化学或普通物理专业转来的，需要学《原子核物理导论》。没教材，怎么办呢？我们在北大的时候是这样：老师上完课了发给你讲义，上一部分课发一部分讲义。所以，在北京准备学生实验的杨宏秀还得负责把北大发的每一期讲义邮寄过来，由徐先生和郑志豪两位老师负责教，徐先生教理论，郑志豪教实验。1959年，兰州大学放射化学的第一届学生就这样毕业了。

现在回过头来看，现物系的初创发展的确经过了一段很艰苦的过程。我刚来那阵，什么都没有，连玻璃棒都找不到。化学系的刘有成先生（在英国做过放射性标记有机化合物的合成，做过一些涉及铀的工作）一开始当过我们放化教研室的主任，他每周下午来半天。后来我们又从物理系调来了郑志豪和王永昌，从化学系调来了1953届的孙慧珠……就这样，兰大现物系核教学领域的力量逐步得到了加强。另外，在课程教学方面，核物理的好多课（如核电子学）都是请近物所的老师（如英国留学归来的杨澄中先生。为了与法国回来的杨承宗区别，业内分别称他俩为"英杨"和"法杨"）教的；实验教学方面，一方面依靠北大的帮助，另一方面还有赖于（兰大）物理系、化学系和中科院近物所的帮助。是这些兄弟单位帮助我们建立了原子能系。

说到兄弟单位的帮助，还有些事值得一提。从北大进修回来的时候，有人通知我可以带一部分图书给兰大。他们让我到系图书馆，只要有副本的图书都可以抽出来带走。因此，兰大原子能系图书室最初的建立也是来自北大的（图书）副本。另外，张承理也从北大带了一部分仪器回兰大（记得那天我们都在北大那个系的大厅里装箱子，他说他也要装箱子回兰大。这我才知道，他也是被叫回去的）。张承理后来在兰大物理系，和段一士一起工作过。

兰大的原子能系当时还有一个名称叫"505"。江隆基校长到兰大以后（大概1961年前后），兰大的原子能系改叫现物系。现物系这个名字人们差不多叫了30年，但是多数老人在很长一段时间里都把现物系叫成"505"。

现物系的崛起

陶：从1958年招生到1959年第一届学生毕业，这个时期我们除了从北大调来的老师、从（兰大）物理系调来的郑志豪老师以外，还有第一批兰大自己选留的老师（如苏桐龄）。后来，本科四年制改成五年制了，1956年招来的学生要学五年，所以1960年就没有毕业生。1961年我们又选留了一批毕业生，王顺金就是其中之一（留下来给徐先生当研究生）。就这样，我们的教师队伍逐步得到了充实，慢慢地把那些课程都接过来自己教，不再依靠近物所的老师。到了1963年、1964年，兰大现物系的教学工作基本上可以自己承担了。

徐先生的可贵之处就是一直在教课。理论力学、统计力学、电动力学、量子力学四大理论课程，他是一门一门地教，之后再交给年轻人。如此在完成教学工作的同时，也培养了年轻教师。在徐先生的身体力行、言传身教之下，我们基本上能够担当教学工作；我们的教学也就逐步走上正轨了。

后来，中央决定把南开大学和山东大学的核物理和放化专业并到兰州大学。1965年南开大学的核物理、放化两个专业迁到兰州。那时候人们从天津都愿意来兰州，原因并不是兰州的生活条件有多好，而是因为不跟着来兰大就得转到别的专业去，就搞不了核物理、放化专业。我记得南开大学的老师整体过来的时候，江隆基校长还去车站迎接。但是山东大学的积极性就没有南开大学高，一直拖到1966年"文化大革命"开始，他们就不来了。

南开大学核专业并入兰大以后，放化专业的教师增加了5人，核物理专业的教师增加了大概20人。此时我们现物系的教师有100人左右。就核物理专业来讲，徐先生是教授，宫学惠是南开来的副教授，还有一批（20世纪）50年代初毕业的讲师，整体实力相对较强。

与此同时，放化专业的师资力量也得到了加强。南开大学来的教师中，有两位分别是1952年、1953年毕业的，其中一位在苏联读了副博士。在此之前我们放化教研室没有指导力量——我是1957年毕业的，刚升讲师大概两年；其他几位教师是1959年、1961年毕业的，谁也指导不了谁（没有科研力量），主要工作就是把教学带动起来，没条件也没时间做科研。邱陵和邵品熙两位年纪大的讲师从南开来了以后，我们就有条件做科研了。邱陵从核工业部二院接了一项科研任务（注：从高放废液中提取Am、Cm、Pm的冷试验），这是一项很好的工作。结果研究工作开始后不久，由于"文化大革命"的原因就停止了。当时除了兰大，原子能研究院也在做这个工作，但方法不同。应该说我们（放化）的科研是1965年邱陵和邵品熙来了以后才慢慢做起来的。

20世纪90年代国内领先的稀土元素分离装置：高压离子交换装置

访：咱们的科研工作对"两弹一星"有过贡献吗？

陶：印象中"两弹一星"我们没有参与，我们主要是在教学方面培养了人才。

访：咱们的核物理和放射化学在全国范围内处于什么地位？

陶：从时间上讲，这两个专业北大创立得最早，我们第二。后来我们一直坚持了下来。

访：在现物系创立的过程中，有什么特殊的人和事给您留下了深刻印象？

陶：徐先生创建了现物系，而且培养了许多年轻教师。郑志豪原来是北大学光学的研究生，核物理、放化不是他的专业，他也是来现物系后开始学习的，但是他同样关心、爱护、帮助我们。他跟我们讲，如果你们自己的力量不够，是不

113

是可以一起讨论，这样来提高自己。他还对我说，教师到了一定年龄以后不能只是教书，要做科研；高校教师跟中学教师不一样，一定要做科研。我的第一篇学术论文是徐先生亲自带到北京请人审阅后，1965年在《兰大学报》上发表的。

访：请您在留言簿上留个言。

陶（执笔书写）：桃李遍天下　今后更辉煌

访：谢谢陶老师！

【人物简介】

力虎林，男，汉族，1936年6月生，甘肃泾川人。兰州大学资深教授，博士生导师，享受国务院政府特殊津贴专家。

1960年西北大学化学系本科毕业后到兰州大学工作。历任兰州大学助教、讲师、副教授、教授，分析化学教研室主任、纳米科学和技术研究所所长；美国田纳西大学兼职教授，南京航空航天大学特聘教授，华南师范大学客座教授；甘肃省第九届人民代表大会常务委员，甘肃省人民政府参事室参事。

1990年以后，先后完成国家自然科学基金项目6项、甘肃省省长基金项目1项；发表研究论文370多篇，截至目前被引证万余次。1993年和1996年两次在兰州主办国际学术会议。1994年应美国胶体和表面科学杂志约请撰写《长链硫醇分子自组装单层膜化学》评论；2003年应邀为欧洲科学院年度报告撰写《碳纳米管复合材料研究进展》，并应美国加州大学邀请参与《胶体表面科学百科全书》部分章节的撰写。主要成果获2002年教育部提名国家自然科学二等奖、2007年度高等学校自然科学二等奖、2006年国防科工委科技进步二等奖以及甘肃省科技进步奖等。

研究兴趣包括材料电化学和生物电化学，在这两个方面发表了一批较高质量的论文，研发了一批有实际应用价值的高新技术产品：超级电容器电池材料、锂离子电池、锌空气电池、金刚石-碳纳米管复合镀膜、超细金属、半导体、金属氧化物粉体材料和纳米碳管制备技术及其复合材料。

【萃英记忆】力虎林

时　　间：2015年7月25日9:30

地　　点：兰州市 兰州大学力虎林寓所

人　　物：力虎林

访谈人：王秋林

拍　　摄：红　叶

文字整理：张　虹（2013级第二临床医学院学生志愿者）

指导老师：王安平

我与兰大共风雨

访：力老师，您好！档案馆有一个"萃英记忆工程"项目，就是以访谈（录音录像）的形式，将老先生、老校友在兰大的经历记录并保存下来。今天请您做个回顾。

三个转折

力：我在兰大经历了三个转折。

转折一：从青年学生到大学教师

我是1960年从西北大学化学系本科毕业后被分配到兰州大学工作的。在西北大学的时候，我的粮食定量是一个月45斤，男生女生在一块儿吃，我能吃到50

斤。到兰州大学工作后，甘肃粮食的定量是（每月）27斤。这个时期（注：指"三年困难时期"）定量的粮食还不能全吃完，（每）一斤还得"节约"一两。吃不饱，我们就在校园里摘树叶子吃，在垃圾堆里捡青海湖黄鱼的鱼鳔吃。当时有一种酱油糕（实际是盐加上麸子皮），太饿了就泡水喝，甚至把脚和腿都喝肿了。这些都是我以前从来没有经历过的。当时我就想，兰州怎么就这么苦呢！后来看到大家都在努力坚持，加上对"苏修"（注：苏联修正主义的简称）造成的困难（注：指苏联片面决定撤走专家，撕毁经济建设合同）憋着一肚子气，年轻气盛的我也就坚持下来了。2006年，我在资深教授的位置上退休。

到兰大以后，最使我难以忘怀（的）是：首先，遇到了好领导江隆基校长，兰大从上到下风气好。作为年轻教师，我没有和江校长有任何直接接触，但我非常崇拜江校长和他的工作作风。他政治上不搞极"左"，实事求是；他狠抓教学科研，亲自听青年教师和知名教授上课；经济生活困难时期，他与学生打成一片，和学生一块清扫厕所……他是我们学习的榜样。其次，在分析化学教研室遇到了良师益友，是电化学权威左宗杞先生把我引上了科学研究的道路。如今我仍然记得年过半百、患严重白内障的她，拿着放大镜在实验室看文献、做实验的情景。先生身体力行、身先士卒的工作精神让我受益终身。第三，张光先生（注：化学系基础课教学"四大台柱"之一）把我带进了良好的教师队伍，我永远不会忘记分析化学教研组的同事们。第四，1961—1962年，我在甘谷和张掖连续做了两期"社教"，和甘肃最穷困地区农民三同的难以想象的艰苦生活条件，使我得到了很大的锻炼。至今我都牢记"勤俭节约，艰苦奋斗"。最后就是"文化大革命"了。

1960—1970年前后，在我年富力强的十年多时间里，虽然吃了很多苦（比如由于吃不饱，脚浮肿得连鞋子都穿不上），也没有做多少教学科研工作，但总算熬过来了。

转折二：访问美国田纳西大学

我真正的科研生涯是从美国田纳西大学（The University of Tennessee）开始的。

我科研生涯的一个重大转折是到国外访问学习。1985年，在与留学回国的陈同岳教授（分析化学教研室主任）的一次闲谈中，他建议我也试一试（出国留学），出去见识一下科学研究的前沿领域。这使我如梦方醒，思想大为解放（出国留学这种事像我这样背景的教师以前是连想都不敢想的）。于是，我连续投出10多封申请信，最后收到了3所大学（加拿大渥太华大学、美国佐治亚理工学院和田纳西大学，其中田纳西大学资助条件最优并且为我买了机票）的邀请。最后我选择去了田纳西大学。

力虎林〔左三〕与出席1993年国际电化学研讨会的部分代表合影

　　从1985年我以自费公派的身份去美国访问学习开始，我才真正接触到了什么是国际水平，什么是先进的研究方法和技术。科学研究既要搞理论研究又要注重应用研究等。我参加了美国杜邦公司与田纳西大学合作的一个环境污水处理的项目研究，参加了当时世界上最有影响力的冷核聚变研究。田纳西大学有很先进的设备和非常好的图书馆，我很走运能在这里工作并和Chambers教授（美国第二代电化学权威）合作达5年之久，见识了最先进的交叉学科研究、材料科学研究的知识和方法。因为我还不错的工作，经化学系全体教授投票通过，田纳西大学批准给了我一个兼职教授（Adjunct Professor）的头衔（这所学校第一次给外国学者这种头衔）。但是在国外工作总觉得寄人篱下，1990年我留下3个孩子继续上学，自己回国了。

力虎林登上欧洲最高点——阿尔卑斯山（2012）

118

转折三：空房子里的二次创业

回国以后，从头开始我的二次创业。那个时候分析教研室的詹光耀主任费尽周折，给了我一间实验室。但是里面桌子、凳子、椅子、实验台什么都没有，我只好到处找别人不用的破烂凑合着用。功夫不负有心人，就在那间房子里，我连续申请到6个国家自然科学基金，1个甘肃省省长基金，并借助兄弟单位的设备，主要做了三个方面的研究。第一，分子自组装及电化学催化，研究电子转移动力学。第二，参加了由北京大学刘忠范教授为主承担的国家纳米电子学重大项目研究（在此我特别感谢甘肃省科学院的赵工程师，是他在省科学院研究大楼拆迁重建期间，用实验室闲置的透射电镜，帮助我们做了大量的电镜测试。我们是最先在国内研究分子自组装及其应用的小组）。第三个方面是材料研究，在场发射材料、显示器材料、磁记录材料、纳米光学材料以及微纳米能源材料等方面做得颇有成效。后来由于受到客观条件的限制，继续全力搞纳米电子学研究就逐渐感到力不从心，于是我们在研究纳米电子学的同时，瞄准国家急需的微纳米能源材料开展研究。截至2015年，我们发表了370多篇论文，其中一区文章70多篇，被引证万次以上，H因子达52。据美国电化学会志的评论文章，我们小组在能源材料研究方面名列第六。另外，爱思维尔公司2015年发布的中国"高被引学者"名单中，化学方面133人，我排名第二十九位。我们小组成员还有二人名列其中，他们是北大教授张锦、南京航空航天大学教授张校刚。

值得特别感谢的是兰大化学系主任苏致兴教授、前校长胡之德教授和兰州大学。在我回国以后，经两位教授提名，校学术委员会批准我为教授。1993年，国务院学位委员会批准我为博士生导师。这些都是我成长过程中最关键和不可或缺的因素。

从兰大退休以后，我受邀到南京航空航天大学工作，和南航的同事一道申请了2个硕士点和1个博士点；建立了先进的能源材料研究室，并已发展成为很有影响的研究基地。

三点感悟

力：经过几十年的工作，我有了几点感知，也悟出了一些道理。

感悟之一：学生是科研一线的主力，要始终尊重他们的创造能力，不能小瞧任何人。

在指导学生开展科学研究的方方面面，教师始终要对学生好，尽力帮助他们排忧解难。在科研上，导师主要引大方向，努力培养他们的电化学基本功，然后大胆放手，让学生干，绝不给他们画框框；另外，要发挥集体的力量，集思广益，让学生在大方向上互相交流、互相熏陶。对于学生，无论资质好一点还是差一点，我从不嫌弃，只要积极上进有潜力，又愿意做这方面的工作，我都尽力帮助。有一位学生由于英语成绩原因，本科毕业时没能获得学士学位，后来他考研究生的成绩很不错，但没有人愿意录取他。经过一次深入的交谈，我录取了他。这位同学入学后表现不错，周围的人都很喜欢他，都愿意和他合作。他后来在美国的一所大学里做了两轮博士后，现在是北京某大学的教授。

力虎林与2007届毕业研究生

感悟之二：始终瞄准最新领域，不断调整完善研究方向，量力而行，尽力而为。

我特别注意不断修正自己的研究方向。美国《化学和化工新闻》在出版发行78周年时，编辑部召开由读者推荐的78名世界最著名化学家和有关专家（大多是诺奖获得者）座谈会，提出未来化学家的春天主要在两个方面：一个是要揭开生命过程的奥秘，比如为什么有癌症、艾滋，为什么会生老病死，如何才能延年益寿等；另一个就是要制造出各种各样神奇的材料，如能源、计算机、生物医学、环境保护等等，这些材料一旦制成，在人类的生产生活中必定可以创造出奇迹。而我就是通过不断调整科研方向，使其不要脱离这两个大的方面。我最开始研究电子转移动力学，接着是纳米材料，最后研究能源材料。在这个过程中，我一直都在调整，但始终没有脱离自身的基础和长项，以电化学为基础，又搞交叉（学科）研究。我们的研究因此一直处于很活跃、很连续和更前沿的状态。

把握好大方向以后，还要根据自己的实际情况量力而行、尽力而为。因此学生到我的研究小组以后，不管原来基础如何，毕业的时候都有很大的进步。他们普遍感到：只要努力，获得硕士或博士学位都不是特别困难，毕业后找到理想的工作也比较容易。我们的研究所辐射出去的科研方向，在西北师范大学、兰州理工大学，包括我们兰州大学，都起了很好的抛砖引玉的作用。

感悟之三：专业要改造，交叉（学科）研究要大发展。

科学研究的课题越来越复杂，任务越来越艰巨，任何单一学科、单一手段都难以解决复杂问题。所以，必须开展交叉（学科）研究。这是提升研究水平的有效途径之一。我是分析化学专业出身的，但深深感到这个专业要改造，要从分析化学中走出来，再回到分析化学中去。国外大多数化学系没有分析化学专业。纵观这么多年的研究工作，化学系在兰大举足轻重，在全国也有很好的影响力。这些年来化学系的教授们，不管年轻的也好，年老的也好，逐渐都在向一个更高层次的领域发展。

我在兰州大学工作了将近半个世纪，对兰大还是比较有感情的。兰州大学的学风好，学生比较争气、努力。据我了解，从这儿毕业的学生到各个地方去，都能挑大梁，用人单位的反映都相当不错。我希望兰大化学系能够更进一步，更上一层楼，将来更加繁荣发达。

学生成长我欣慰

访：您现在真正是桃李满天下啊！

力：谢谢夸奖！我现在最欣慰的就是我的这些学生很优秀。由于他们在读期间就开始搞材料电化学，特别是纳米材料，大方向把握得比较准，所以很容易找到工作，并在各自的岗位上都做得很好。最突出的像张锦，现在是北京大学的教授、博导，"长江学者奖励计划"特聘教授，中国化学会理事、纳米化学专业委员会秘书长；张浩力现任兰大化学化工学院副院长，是杰出青年基金获得者；张校刚现为南京航空航天大学科技部副部长、教授、博导；徐彩玲现为（兰大）化学系教授、博导；彭勇教授在（兰大）物理系磁性材料实验室也是独当一面（他目前在沙特阿拉伯的磁性材料中心做研究，理论和实验都十分突出，是不可多得的好苗子），他曾说，是我把他带上了科学研究的道路，没有我就没有他（的今天），（话）虽然有点过头，但我们合作得很好。从我的研究小组走出的49位博士、12位硕士和6位博士后，其中40多位已晋升正高级职称，有的还担任各级领导职务，基本上都是工作单位的骨干。这些都是他们努力的结果，我非常欣慰和自豪。

访：请您写一段寄语吧，这对我们后辈也是一种激励。

力（执笔书写）：祝兰州大学在前进道路上更加辉煌 更加高大

访：好。谢谢您！（握手）这又是对我们工作的鼓励和支持啊！

力：人生如白驹过隙，稍纵即逝啊！

访：您这一辈子过得挺充实、挺有意义的啊！

《力虎林教授八十华诞纪念册》封面

力：我就觉得我年轻的时候胆子很大、有闯劲，一个人提着旅行包、坐上飞机就去莫斯科，坐上火车就去捷克、斯洛伐克、波兰、匈牙利、法国、英国等地交流访问，"初生牛犊不怕虎"啊！现在老了，我只能祝大家成功！

【人物简介】

程麟生，男，汉族，1936年7月出生在陕西韩城。兰州大学资深教授，享受国务院政府特殊津贴专家。

1956年7月，毕业于陕西韩城象山中学，同年9月考入兰州大学物理系物理专业；1958年底，学校将其派往南京大学气象系进修气象学专业课，主修动力气象学；1961年1月结束进修回校，同年本科毕业，并留校任地理系气象专业助教。1971年5—10月，在北京大学地球物理系进修"卫星气象学"。20世纪80年代中期，在美国国家大气研究中心访学。

历任兰州大学大气科学系副教授、副系主任（1987—1995），中国气象学会动力气象学委员会、数值天气预报委员会、气象学名词审定委员会委员（1987—1995），中国计算物理学会大气物理学委员会、第三届大气科学名词审定委员会委员（1990—1995），兰州大学教授、博士生导师

（1995—2005），国务院学位委员会第四届大气科学学科评议组成员（1997—2003），中国计算物理学会第四、五届理事（1997—2007）。2005年7月退休。

先后为本科生和研究生开设天气动力学、动力气象学、大气动力学、大气数值模拟、中尺度大气数值模式和模拟、中尺度大气动力学等课程。在国内外学术刊物上发表研究论文107篇；出版教材2部（《大气数值模拟》《中尺度大气数值模式和模拟》），合作出版译著2部（《中尺度气象模拟》《风暴和云动力学》）。主要成果获国家气象局科技成果二等奖（1982）、兰州大学主干课主讲优秀奖（1990）、第二届优秀教学成果一等奖（1992）、优秀教材一等奖（1995），甘肃省教育委员会高校优秀教学成果三等奖（1993）、中国科学院自然科学一等奖（1995）、第二届全国高等学校气象类优秀教材提名奖（1996）。

【萃英记忆】程麟生

时　　间：2013年11月5日

地　　点：兰州市 兰州大学档案馆

人　　物：程麟生

访谈人：王秋林　段小平

拍　　摄：焦燕妮

文字整理：程麟生　李　萍

文稿审定：段小平　陈闻歌

兰大圆了我的大气科学梦

访：程先生，您好！我们正在实施"萃英记忆工程"。从上大学开始，您就一直在兰大学习、生活和工作，见证了兰大大气科学学科的建设和发展。我们今天请您来，就是想听听您的兰大经历以及兰大大气科学学科成长的过程。

物理专业的本科生进修气象学课程

程：1956年8月底是我上大学的入学报到时间。这年入学的理科学生是兰州大学第一届五年制本科生，1961年夏季毕业。

我家在韩城农村。来兰大报到的时候，一路上还是比较坎坷的。先是我大哥送我到韩城县城，然后找了个拉货的卡车，把我和李宝田（我中学同班同学，同时考入兰大物理系物理专业）顺路带到去渭南的半道。在这里我俩自己又搭胶轮大马车到离渭南最近的一个火车小站。结果上火车的时候，李宝田没挤上车，我只得带上他的行李先走。这是我平生第一次乘火车，也是我一个人第一次出远门。

到兰州火车站后，兰州大学迎新人员把新生接到当时的萃英门校址。接我的是韩城高中的一位中学校友，所以倍感亲切。但萃英门的校园环境给我留下的印象很不好（尽管我来自陕西农村）——学校很破旧，没有大门，校部与大街旁的一条破土巷相连。好在这些对我都不重要，我来兰大的目的就是想学知识。当时物理系的系主任是徐躬耦教授（留英博士）。在学校和系内分别开完迎新会后，我们物理专业一年级近170名新生被分为5个班，我在三班。在和同学们相互接触的过程中我才知道，物理专业一年级80%的学生来自北京、上海和天津，西北五省的同学大约只有30人。由于当时一年级数学、物理、化学专业的学生基本上都是兰大事先在全国各地中学选拔的，我的一些同学非常优秀，他们高考的数、理、化单科成绩甚至有满分的，这些优秀生基本上来自北京和上海。

9月正式上课后，新生可以申请人民助学金。学校根据学生的家庭出身及经济状况，给我评了丙等助学金（可满足全部伙食费用）。对此，我很满意，因为我再不需要家里供养了。

程麟生在兰州大学萃英门静观园（1957）

我在萃英门住的是图书馆后面的平房，房间里7张架子床住了14个人；其中有位印尼华侨叫郭贤美，他很富有，有照相机，周末常给大家照相。遗憾的是我没有留存同学合照。

1957年的"大鸣大放"（大辩论）大字报，让我们这些完全没有社会和政治阅历的新生始料不及。紧接着就是1958年的"大跃进"大炼钢铁，过多的劳动占用了学习时间，一些课程采用"单课独进"（一周或几周内连续上一门或几门课）的方式教学。

1958年底，学校有针对性地培养新专业的预留师资。我们年级几十名同学分别被选派到不同的学校或研究机构进修学习新专业（如无线电、电子计算机、半导体、电子显微镜、生物物理等）的课程。作为兰大未来气象学专业的预留师资，我被派往南京大学气象系，主修动力气象学（理论气象学）。和我同去南京大学气象系进修的还有地理系的黄建国（主修小气候）和王玉玺（主修普通气象学和气象统计）。1958年11月末，在我去南京大学之前，物理专业的三年级学生已修完高等数学和俄语，多数专业基础课也已上完，电动力学、量子力学、热力学我是在南京大学物理系"单课独进"时旁听的。

1959年2月中旬，还是本科学生的我以进修教师的身份到南京大学气象系报到，被分到天气动力教研室（指导我进修的是系主任、留英博士徐尔灏教授）。次日，我开始选修有关课程。进修期间，兰大每月给我寄20元生活费。两年间我选修了普通气象学、流体力学、动力气象学、天气学、中长期天气预报、气候学、短期数值天气预报等课程，并参加所有重要课程的考试和教学实习，成绩优良。记得在学习动力气象学的过程中，我还从校图书馆借阅了英文和俄文教材。由于是进修教师，我只参加天气动力教研室的主要教学活动，不参加其他活动；除了跟班听课，其余时间都可以自由支配，绝大部分时间我都在校图书馆的教员研究室看书。进修后期，我参加了"数值预报"教学小组的科研活动（此间阅读了许多英文文献，完成的处女作《用流函数作台风移行的数值预报方案》1962年在《兰州大学学报》上发表），同时给该专业的四年级学生上"数值预报"习题课。

1960年11月，由于兰州大学与当时的中国科学院兰州高原大气物理研究所（简称"兰州大气物理所"）合作开展人工降雨研究，我被通知尽快返校。从1956年秋入学到1961年元月结束进修回到兰州大学，这四年半是我人生学习生活非常重要的一段经历，为我以后的学习、工作和发展打下了坚实的数学、物理、气象和外语基础。我庆幸自己赶上了在南京大学进修的难得机遇，因为这两年正处于

"反右倾"运动（注：1959年庐山会议之后在全国普遍开展的"反对右倾机会主义"运动）和"三年困难时期"（注：指1959—1961年发生的全国性的粮食短缺和饥荒），我既避开了许多活动，又可以不在兰州挨饿，还能够集中精力专注学习。

兰州大学气象学专业的初创

程：进修回来后，我与兰州大气物理所合作搞人工降雨试验，随后作为兰大地理系的教师留校。兰州大学原准备在地理系建立气象学专业的计划，由于"三年困难时期"而搁浅。1962年秋季开学后，我给地理系的气象专门组开设动力气象学和天气学基础。由于这批学生的数学基础较差，需要先补数学再教动力气象学。我为此专门编写了教材。

1965年8月至1966年3月（注：2009年版《兰州大学校史》的记载是"1965年9月初到1966年1月底"），学校组织部分师生（一百多人）参加"社教团"（即社会主义教育运动工作团，亦称"四清"工作团），团长是江隆基校长。我随团去临夏回族自治州参加"社教"。我们团在自治州的刁祁公社开展工作，我被分在龙泉村大树底生产队。工作组共有三个人，一个地方干部，一个兰大学生，我是小组长；我和地方干部住在贫农蒲明义家里的土炕上，学生住在另一户贫农家。工作组要和社员同吃、同住、同劳动，在贫下中农家轮流吃饭（只吃素不能吃荤），并支付粮票和饭钱。龙泉村是一个回、汉混居村，有些人家非常穷，有的小孩在严冬里还赤脚穿着单衣单裤；有的一家老少男女睡一个大土炕，冬天盖的就是一片满是窟窿眼的破毡，用晒干的牛粪烧炕取暖；吃的就是洋芋豌豆面散饭。唯一幸运的是可以喝上大夏河边的泉水。工作组一进村就访贫问苦，搞调查研究。我们首先给无棉衣、棉被的特困户发放布票、棉票，然后再发放补助款，解决过冬问题……

"社教"结束后的那年5月，"文化大革命"就开始了，学校的正常秩序受冲击、被打乱。1970年4月至1971年5月，我被分到兰大"技革组"（注："技术革命组"的简称），在段一士教授的领导下，和聂崇礼教授一起，为兰州军区试制电感引信。1971年5至10月，我被派往北京大学地球物理系学习。

1971年夏季，学校开始招收工农兵学员。兰州大学1971年创办的气象学专业（王玉玺、丑纪范老师先后担任气象学教研室主任），1972年招收了第一批工农兵学员。

兰大气象学专业创办的经过是这样的：在工宣队（注："文革"中的"工人毛

泽东思想宣传队"）领导的"斗、批、改"式的"教育革命"的背景下，学校1960年就拟建立的气象学专业又被提出来了。因为当年在南京大学进修气象学的只有黄建国、王玉玺和我，学校就陆续从外单位选调了甘肃省气象局的侯亦如、白肇烨夫妇，中科院大气物理所的徐家骝、施介宽，中国气象局的丑纪范，新疆（维吾尔）自治区气象局的郑祖光、杨兴莲夫妇，甘肃农大的陈长和，陕西省气象局的庞茂鑫，青海气象系统的常国英，还有王传玫、吴秀兰夫妇等等气象学专业的教师和实验技术人员。1971年9月上旬，我和侯亦如老师被派往南京调研，先后走访了南京大学、空军气象学院（南京气象学院当时还在筹办）。这次调研的主要目的是为气象学专业即将招收的工农兵学员编写教材，以及筹办必要的专业实习和实验室提供依据。

在其后近一年的时间里，我主要编写"天气动力学"和"大气环流与中期天气预报"等教材；侯亦如老师主要编写"天气学"；其他老师分别编写"普通气象""统计预报""大气物理"的教材和课程计划，以及"观测实习""天气实习"方案等；实习讲义的编写和实验室的筹建，由有关老师负责；外语和数理公共基础课则由外专业承担。由于工农兵学员多为单位推荐，学业水平参差不齐，没有可以直接采用的教材，编写此类教材常常需要补充必要的数理知识。

1977年，中断10年的高考制度得以恢复。兰大气象学专业当年就招收了第一届统考生（入学考试分省命题，学生次年春季入学）。由于"文化大革命"的影响，这届学生的年龄相对大些，但质量远较工农兵学员要高，其中不少学生后来都考取了赴美留学的研究生，有些在国外做出了出色的工作。

1978年，政府允许大学讲师将农村家属的户口转为城市居民户口。这年6月，我的妻子和三个孩子的农村户口转入兰州市。我们一家人终于团聚了。

美国国家大气研究中心的访问学者

程：恢复高考以后，高等教育的教学活动逐渐步入了正常运行的轨道。我在为本科生讲授动力气象学之余，开始从事一些科学研究。尽管当时的科研环境和条件很差（既没有研究经费，也没有可供计算用的仪器设备），但从事一些理论研究还是可以的。后来我完成的几篇论文（如《北方暴雨预报方法及理论研究》等）获得1982年国家气象局科技成果二等奖。

那时候，中国的气象科技落后，数值天气预报明显落后于一些欧美国家。1982年5月中旬至6月上旬，一批美国气象学家先后访问了北京和兰州，并在兰州大气物理所作了学术报告。当时让我特别感兴趣的是美国国家大气研究中心

（National Center for Atmospheric Research，缩写NCAR）R.A.Anthes教授的报告。他关于中国四川1981年7月特大暴雨的数值模拟研究，在相当程度上激发了我去美国学习的念头。为此，我在完成繁重的教学任务的前提下，加紧补习英语。1982年高教系统恰好有世界银行贷款资助的出国留学名额，学校让教师自愿报名，然后通过英语水平考试（EPT）选拔。当时气象学教研室只有我一人报名，并通过了考试。学校选送我到西安外国语学院出国留学预备生培训部接受英语培训（1983年3—7月）。当时兰大送去约10人，大部分来自理科，文科只有1人。培训课主要由外籍教师上，其间小考大考几乎天天有。一个学期后，我顺利通过考试并达标结业。

程麟生在美国国家大气研究中心访学（1984）

1983年秋季，我一边从事教学工作一边联系出国访问单位，最后我接受了NCAR教授R.A.Anthes的邀请（Anthes资助我1000美元/月的生活费用，我因此放弃了世界银行400美元/月的贷款）。记得那年我从旧金山转机到Colorado的州府Denver后，再乘出租车到NCAR所在地Boulder。Boulder是个小城镇（当时人口约10万），但却是美国重要的科研基地之一，是美国国家海洋和大气局（National Oceanic and Atmospheric Administration，缩写NOAA）和美国国家航空和航天局（National Aeronautics and Space Administration，缩写NASA）的所在地，而NCAR和美国大学大气研究合作机构（University Corporation for Atmospheric Research，缩写UCAR）实际上都在同一地方办公。当时NCAR的主任是Wilmot Hess，UCAR的主席（President）是Clifford Murino。

初到Boulder时，华人访问学者联谊会安排接待了我，随后他们帮我约见R. A. Anthes教授。Anthes当时是大气分析和预报部（Atmospheric Analysis and Prediction Division，简称AAP）的部长（我回国后，他先后继任NCAR主任和UCAR主席），他让刚毕业的博士郭英华（Dr. Y. -H. Kuo，台湾去的美籍华人）帮我办理有关工作上的手续和生活上的一些必要证件（如安全卡、银行卡等）。我的具体工作被安排在AAP的中尺度研究处（Mesoscale Research Section，简称MRS）。在那里，我在一间独立的办公室（内有计算机、大办公桌及椅子，还有个大档柜）里工作，主要合作者就是郭英华。他先帮我熟悉NCAR的工作环境和使用的CRAY-1计算机（当时世界上运算速度最快的计算机，NCAR有两台）及配套的两台IBM4341计算机（用于对CRAY-1计算机运算过程中资料的交互存取）。这些设备都由NCAR的科学计算部（Scientific Computing Division，简称SCD）统一管理。NCAR还有大气化学部（Atmospheric Chemistry Division，简称ACD）、对流风暴部（Convective Storms Division，简称CSD）、大气技术部（Atmospheric Technology Division，简称ATD）、高空观测部（High Altitude Observatory，简称HAO）、行政管理部（Administration Division，简称AD）。其中，CSD和MRS的研究人员、实验室和计算机设备等相关的行政机构都部署在山下，其他部主要在山上。

程麟生在NCAR山下的机构标牌前（1985）

我来NCAR，就是想利用这里优越的科研条件，对1981年7月发生在四川的特大暴雨过程进行中尺度数值模拟研究。尽管Anthes对这次暴雨过程做过初步的中尺度数值模拟，但他缺乏中国不对外发布的一些气象观测资料（这恰恰是我的优势）。因此，我们合作对这次暴雨过程进行更深入的分析及中尺度数值模拟研究，其结果肯定会比Anthes单独研究的好（这也是大家的共同期望）。为此，我首先对比我的新资料和NCAR的原有资料，对已有的研究作详细的过程分析，然后通过NCAR的诊断软件对该暴雨过程发生、发展的机理作数值诊断，最后利用NCAR的MM4（Penn State/NCAR，Mesoscale Model Version 4）中尺度模式模拟系统，对该过程的中尺度系统的生成、发展及演变进行多种方案的数值模拟研究。整个研究过程用了CRAY-1计算机的大量机时，其高昂的费用都是Anthes和其他资助者为我支付的，其中包括郭英华、张时禹（美籍华人学者，在NCAR从事酸雨研究）两位博士。

我原计划在NCAR开展一年半的合作研究，后来因郭英华的挽留，我又延长了半年，同时引荐我的学生包剑文（我在兰大讲授动力气象学课程的助教）来美接我的工作。

在NCAR工作期间，通过利用先进而丰富的各种资源开展合作研究，让我受益匪浅。同时通过对中国强暴雨个例的中尺度数值模拟研究，对NCAR的MM4中尺度模式模拟系统的检验（尤其是模拟能力的检验）和发展也起到了重要作用。其后该模式进一步发展为非静力的MM5模式模拟系统。

回国前，我向国内寄发了十几本重要的国内看不到的气象学英文书籍。此外，在征得对方同意后，我将MM4模式模拟系统的源介质程序和纸质程序带回国内。这些资料和系统在我此后的教学科研中发挥了重要作用。回国后，我利用兰州大气物理所的VAX-11/780计算机，主持完成了对MM4模式模拟系统的移植、修改、发展和进一步应用的研究。

1986年3月，包剑文来到NCAR（此前我和郭英华为其办好了接我工作的一切手续）。回国之前，我向NCAR报告了工作；Anthes和MRS的科学家特意为我在MRS会议厅举行了欢送聚会，并在赠送我的《Colorado's Hidden Valleys》大型画册上留下他们诚挚的赠言和珍贵的签名。

1986年4月中旬，在我启程回国的途中遇到了一些麻烦。飞机下午6时多抵达北京，而让我万万没想到的是，我托运的两件行李却找不见了，为此我一直等到夜里12时；这时机场工作人员让我先出机场进城，他们负责查找行李。两天后我被告知，其中一件行李在美国就被错运到其他城市，另一件则被运到了新加坡，目前两件行李正向北京转运。等到取到行李，我已在京滞留了近半个月！这两件行李内的有些物件（如6盘大磁带中的MM4模式模拟系统软件、许多研究结果的纸质资料等）非常重要，对我后来几年工作的影响难以估量。

圆梦兰大

程：回国后，我马上投入气象学专业本科毕业生的考研辅导（主要是必考课程动力气象学）。当年我招收了2名硕士研究生（彭新东和赵美杰）；后来因为侯亦如老师病故，我又接收了她名下的硕士生肖锋。在这之后，每年我都招收1—2名硕士研究生。

1987年我梦寐以求的一件事终于变成了现实：兰州大学大气科学系成立了！丑纪范教授是大气科学系的首任系主任（1990年调任北京气象学院院长），黄建国和我是副主任。

1989年我作为博士研究生的副导师，与丑纪范教授合作招收了博士生彭新东。

1990年我晋升教授；1995年我被遴选为博士生导师，并独立招收第一名博士生张小玲。

在回国后的这段时间里，我给大气科学系两个专业（气象学、大气物理学）的本科生讲授动力气象学，给硕士生讲授大气动力学、大气数值模拟、中尺度大气数值模式和模拟、中尺度大气动力学Ⅰ，为博士生开设中尺度数值天气预报、中尺度大气动力学Ⅱ等（课程）。博士生课程我往往采用的是讨论式教学。1991年和1994年，气象出版社先后出版的《大气数值模拟》（程麟生、丑纪范编著）和《中尺度大气数值模式和模拟》（程麟生编著）两本教材，其前身就是我开设的研究生课程的教案。此外，气象出版社还出版了我审校和参译的两本专著：《中尺度气象模拟》（R.A.Pielke著，张杏珍、杨长新译，程麟生、丑纪范审校，1990）、《风暴和云动力学》（W.R.Cotton & R.A.Anthes著，叶家东、范蓓芬、程麟生、杨长新译，1993）。与教学并重的是科研工作，我先后主持并完成了一些科研项目。1997年，我被聘为国务院学位委员会第四届大气科学学科评议组成员。

在学校的大力支持下，经过我、陈长和教授及全系老师的共同努力，2000年兰州大学大气科学获得国务院学位委员会批准的一级学科博士学位授权。

1999年，根据《兰州大学组建学院暂行办法》，学校将大气科学系并入资源环境学院。伴随着大气科学学科的不断发展，五年之后的2004年6月，学校又将大气科学系从资源环境学院分离出来，成立了大气科学学院（丑纪范院士为名誉院长，黄建平教授为首任院长）。至此，兰州大学的大气科学学科迈上了其发展历程中的一个新台阶；我的大气科学梦也因此得以实现。

值得一提的是，2000年8月下旬，Anthes教授和NCAR的几位知名专家先后访问了北京大学地球物理系和兰州大学大气科学系，并开展了积极、有益的学术交流。工作结束之后，作为老朋友，我陪同他们参观了敦煌莫高窟。

2005年7月，我作为资深教授退休。从1956年入学到2005年退休，我在兰州大学学习、工作和生活了近半个世纪。其间，我取得了一些教学成果，发表了100多篇的科研论文，也获得了一些奖项。兰州大学是我学习、成长、奉献一生的知名高等学府，我感谢兰州大学帮我圆了大气科学梦！

最后我要感谢党和人民对我的培养，我还要感恩和感谢我的母亲王孝亲和我的妻子梁秀兰对我工作的全力支持，我的所有成绩和三个子女的成长、成就，都饱含着她们的辛劳。

访：谢谢程先生和我们一起分享大气科学梦！

【人物简介】

陶景侃，男，汉族，1939年2月出生于江苏无锡。教授，享受国务院政府特殊津贴专家。

1950—1956年，就读于无锡市辅仁中学。1956年8月—1961年7月，就读于北京大学法律系。1961年8月—1977年5月，先后在兰州市人民检察院、兰州市红古区人民法院工作；1977年5月—1978年11月，在中共兰州市委宣传部工作；1978年12月，调到兰州大学哲学系工作，历任副教授（1985）、教授（1993），1999年退休。曾任中国逻辑学会理事、甘肃省逻辑学会会长、兰州市政协经济社会发展论坛理事等。曾被授予兰州大学"师德标兵"等荣誉称号。

先后讲授形式逻辑、数理逻辑、法学概论、行政法学等课程。指导本科毕业论文、硕士学位论文数十篇。独立完成国家社会科学基金项目1项。出版著作3本：与周尚荣合著

《逻辑学问答》（甘肃人民出版社，1985），领衔与任秋云、颜华东、邱得钧合著《大学逻辑教程》（兰州大学出版社，1993），以及《法律规范逻辑》（甘肃人民出版社，2000）。在《哲学研究》等刊物发表逻辑学、法学、法律逻辑学和教学研究论文30余篇。主要成果获兰州大学"教学质量优秀奖"（2项）、"优秀教学成果二等奖"和"优秀教材一等奖"；《传统逻辑的数学化改造》系列论文获甘肃省教委"1979—1989年度哲学社会科学优秀成果"二等奖；4项成果获得甘肃省社会科学最高奖，其中《逻辑学问答》和《法律规范的逻辑演算Qs系统》分获二等奖，《法律命题逻辑》系列论文和《大学逻辑教程》分获三等奖。

【萃英记忆】陶景侃

时　　间：2017年1月13日

地　　点：兰州市 兰州大学陶景侃寓所

人　　物：陶景侃

访谈人：王秋林

拍　　摄：红　叶

文字整理：石福祁

文稿审定：段小平

兰大哲学系的崛兴和我的逻辑学研究

访：陶老师，您好！学校正在实施"萃英记忆工程"。今天，我们以访谈的形式，记录您在兰大学习、生活、工作的有关经历，为后人留下一些兰大发展过程的历史资料。

陶：我稍微做了一点准备，不知道符合不符合你的要求。我先说我是怎么到兰大来的。

我1956年考入北大法律系，1961年毕业后分配到兰州市的检察院工作。"文化大革命"中去"五七干校"受训两年多，1970年底再分配到红古区法院工作。1977年5月调回兰州，在兰州市委宣传部工作。我妻子孟国芳是兰大中文系1969届的毕业生，韩学本老师给她上过公共哲学课。韩老师碰到我妻子，说起兰大正在收罗人才，筹建哲学系。我妻子说，陶景侃就是北大毕业的啊，你们要不要？就这样，1978年12月我调入了兰大。

大学时代的陶景侃在北京大学（背景为未名湖和博雅塔）

现在，我就说说兰大哲学系初建时候的情况。

哲学系筹建的有些情况我并不太清楚。但是，初建时候那个繁荣兴旺的景象，我是很有感触的。当时韩学本主持筹建工作，他从各处调来了好些人，都是名牌大学毕业的。例如，在西南联大上过学、毕业于北京大学哲学系的张书城，资格挺老，牌子硬，知道的故事多。袁义江和我同年毕业于北大，他是哲学系的，毕业后分配到兰州医学院而没有搞教育工作，和我又同年调到了兰大哲学系任教。最有名的是高尔泰，我上北大时就知道，他是全国几个美学派别中一派的代表人物，现在就在眼前了。由于他的名声，使得北京乃至全国哲学界，都知道兰大建立了哲学系。

我来兰大的时候，虽然哲学系1978级的本科生已经开学，但陆续还有名牌大学毕业的中年人调入。例如老北大哲学系毕业的杨子彬，此时调入兰大。还有林时蒙，也是北大哲学系毕业后到的甘肃，因"文革"当了好几年的"待分配大学

人物访谈录 2

生"；到兰大搞中国哲学，突出的是后来办德赛学院，办得在兰州和甘肃颇有名气。

除了调来的这些人之外，兰大自己也有强将。一位是物理系毕业的熊先树，搞自然辩证法，教普通物理等课程，学生喜欢他讲的课。熊先树是个搞事业的人，他创办了《科学·经济·社会》杂志，对于提高兰大哲学系在全国哲学界的知名度，颇有作用。还有一位是黄继福，中国人民大学国际共运史专业毕业；国际共运史是政治课，由于他的资料特别多、特别新，学生就爱听。这两个人在的时候，哲学系很是生气勃勃。当然还有其他人。马序教中国哲学，学生反映他教得好。我教枯燥的形式逻辑，学生反映我讲得幽默。其实是我北大法律系的学长、当时宁夏大学的校长吴家麟，他在中国人民大学教书时被打成右派，被调宁夏大学教逻辑，积累了许多资料，得知我教逻辑，就送给我一本他写的《故事里的逻辑》，给我提供了许多有趣的例子。

我教过1978、1979、1980、1981级本科学生的形式逻辑。我们这些人都知道教书是教不出副教授、教授头衔的，还得写文章、写书；所以，大家都非常用功地搞科研。1985年，我就在甘肃人民出版社出了本两人合著的《逻辑学问答》。相比于中文系、历史系、外语系等文科老系，新建哲学系这方面的成果并不差，在数量上甚至可与经济系相比。就当时兰大整个文科系来讲，新成立的哲学系已经取得了很不错的成绩。这都是由于韩学本老师收罗了一批不是"吃干饭"的人，大家讲课努力，著书立说也很努力。有的老师不擅长发表文章，但能在学术的其他方面有所建树。突出的如高我五届的杨子彬老师，到兰大之后，他一面教中国哲学，一面实践中国哲学。他当班主任时，遇到学生过生日，他都请其到家里吃饺子。他尽力恢复中国的传统文化，创立了中国传统文化研究会，把他教过的学生，把具有共同志向和爱好的学者聚集在一块儿。他虽然发表的文章不算多，但他的影响很宽广。2001年杨子彬老师去世，如今已经过去十好几年了，但他的研究会还在甘肃活动着。总之，兰大哲学系初创阶段的那些"老家伙"都是很用功、很努力的，他们比较老了，但都还努力地奋斗着。

接下来说说兰大对我的影响。

我本性适合搞学术研究，但北大把我分配到不适合搞学术研究的岗位；我上法律系本应学法政，北大又把我的兴趣转到了哲学，特别是近代西方哲学。直到不惑之年，兰大哲学系却让我如愿了！

到兰大哲学系后，韩学本让我先教逻辑。我当时认为逻辑是搞不出什么名堂的，但系里的课程计划是大事，将就着先教逻辑吧。韩学本很开放，一旦知道有全国的逻辑学术讨论会，他都会让我去参加。1979年8月的那个学术讨论会，主题是提倡"逻辑现代化"，实际上是要数理逻辑化。以前我就买过俄文译过来的数理逻辑书，读不懂，撇下了。兰大有外国朋友赠送的英文版数理逻辑书，倒是比较好懂。读了英文版的数理逻辑书，我又把金岳霖、王宪钧、胡世华、莫绍揆诸位中国前辈的数理逻辑书都读通了。有位外校的青年教师听罢我的数理逻辑课，他感叹地说"抽象美啊"！大概由于"抽象美"也是我的爱好，我就自愿地继续搞逻辑学了。

《逻辑学问答》出版后，我又组织几位老师编写了《大学逻辑教程》；该书经学校资助，1993年由兰大出版社出版。在编写教程的同时，我进一步研究了超出本科教育范围的多值逻辑和各种模态逻辑，以及它们的元逻辑，并且研读了数学思想史和元数学之类的书，加深了对数学逻辑的理解。1991年，全国哲学社会科学规划领导小组将我的"规范逻辑及其在法律界的应用"列入中华社科基金项目，该项目成为兰州大学哲学系成立以来获得的第二个国家社科基金资助项目。项目完成几年后，我又获得出版资助。2000年，项目形成的数理逻辑范畴的《法律规范逻辑》一书由甘肃人民出版社出版，其时我已退休。我着重围绕教学开展逻辑研究，主要成果多次受到甘肃省教委和甘肃省的奖励。《传统逻辑的数学化改造》的5篇系列论文，获得甘肃省高等学校1979—1989年度哲学社会科学优秀成果二等奖；《大学逻辑教程》等几项成果先后4次获得甘肃省级奖。

1999年末我退休。退休后，我有机会回顾自己的学术生涯。首先是我搞法律规范逻辑的初衷，是想要在逻辑的一个系统里，把法律所需要的演绎逻辑全部概括进去。后来发现，这是难以办到的，而且哥德尔1931年就发表了他证明的不完全性定理：1.一个包括初等数论的形式系统，如果是一致的，那么就是不完全的；2.如果这样的系统是一致的，那么其一致性在该系统中不能证明。当前的经验科学和哲学，又遇到了这个问题，所以这又使我回到1958年就开始研究的黑格尔、马克思的辩证法逻辑。2002年11月，我在清华大学"科学技术中的哲学问题学术研讨会"上，宣读了以科学界关于复杂性和系统科学研究为题材的辩证法逻辑论文。直至现在，我一直在研究这个课题。简单地说，数理逻辑创始人罗素不承认黑格尔写的辩证法的《逻辑学》是"逻辑"，黑格尔、马克思却肯定其为"逻辑"，这是怎么回事？

换个角度说，休谟、康德早就对伽利略、牛顿以来经验科学中的"决定论"有点疑惑；黑格尔则以包含着渐进中断的质变等等，容许矛盾和或然性存在的辩证法，来解决他们的疑惑。现在看来，辩证法也可以解释20世纪量子论中的"薛定谔的猫"，以及上世纪六七十年代的蝴蝶效应和自组织等的复杂性，直至霍金总括出来的"打了折的决定论"之说。有这样解释能力的辩证法体系，只能是把哲学本体论、认识论、方法论统一起来的概念体系；黑格尔、马克思的概念体系，都主张以历史作参照系，因此不难把数理逻辑那样的命题体系包容于其中。那么，辩证法不就是既包含概念体系又包含命题体系的完整的逻辑体系了吗？可惜我老了，没有力气来完成这个哲学和逻辑的学术工程了。

访：看来这是一件很遗憾的事情。不过，您完全可以把自己的思考介绍给学生，或许其中有感兴趣者会继续这方面的研究。

陶：退休以后，就难有机会去面向学生，比较系统、全面地展示自己的思考了。

访：在我所经历的工作中，感觉到还有许多类似您的这种情况。或许我们将来会开办"萃英记忆讲堂"之类的活动，为大家搭建一个继续发挥作用的平台，至少我们可以把老师们的思考用录音录像的形式保存下来，留待后人去探索。届时欢迎您的光临。

陶：好啊，我很乐意参加。

访：好。谢谢陶老师的讲述！

【人物简介】

郭聿琦，男，汉族，1940年4月生，山东青岛人。教授，博士生导师，享受国务院特殊津贴专家。

1964年7月复旦大学数学系毕业后，分配到兰州大学任教至1994年2月，后分别在云南大学和西南大学任教各9年左右，2012年初回兰大工作至今。曾任兰州大学数学系系主任，甘肃省数学会理事长，甘肃省政协常委，云南大学数学系系主任、理学院院长（1998—2002，理学院后来被分为若干一级学科学院），中国数学会理事，西南大学数学研究所所长，美国 *Math. Revs.* 评论员，国际数学刊物 *SEABM* 编委。在大学毕业后的52年里，除却"文革"爆发后的最初4年和后来陆续在海外学术访问的4年半时间，不曾脱离过本科教学工作，曾主持省部级、国家级教改项目。主要从事半群代数理论与组合半群领域的学术研究和高层次人才培养，主持海内外基金项目若干（包括国家自然科学基金项目8项、省级基金重点项目1项、王宽诚基金项目3项、教育部博士点基金项目数项）；在海内外学术刊物上发表研究论文约80篇（含SCI论文约60篇），其中10余篇被3本国际学术专著收录；出版、待出版专著和教材6部；已培养出博士40余位。1991年，被国家人事部和国家教委授予"有突出贡献的回国留学人员"称号；曾获省部级自然科学一等奖、全国普通高校教学成果优秀奖。

【萃英记忆】郭聿琦

时　　间：2016年4月1日15:00

地　　点：兰州市　兰州大学档案馆

人　　物：郭聿琦

访谈人：王秋林

拍　　摄：红　叶

文字整理：王琇瑾（2014级地质科学与矿产资源学院学生志愿者）

　　　　　郭聿琦

文稿审定：段小平　陈闻歌

不忘教育初心　追求学术本真

访：郭老师，您好！我们正在实施"萃英记忆工程"，通过对老先生的访谈，记录、留存兰州大学发展过程的点点滴滴。今天专门请您来做一个回顾。

郭：好的。

初识兰大

访：您是在什么情况下来到兰大的？当时的兰大和兰大数学系是什么状况？

郭：我是1964年复旦大学数学系数学专业毕业后，被分配（计划经济年代，没有自主择业）到兰州大学数学力学系任教的。分配结果7月上旬揭晓，我9月6日到达兰州。

关于我对兰大的"初识"，我想分两个阶段来说。

一是来兰大之前。

毕业之前，我对兰大没有多少了解，只知道兰州大学是教育部直属的重点综合性大学之一，而且是西北地区唯一的一所。不了解的原因是因为我大学四、五年级学的是代数专门化，而兰大的数学专业，截至我大学毕业，没有任何代数学方面的学术研究。

1964年6月中下旬，分配方案公布了，其中之一是"兰州大学向复旦大学要一名学'代数学'的毕业生"。复旦大学数学力学系的毕业分配方案显示，数学专业三个毕业班的90余人，能到中央直属重点大学、国家著名学术研究院所工作的不超过10%。由于我被分配到兰大的呼声比较高，系里许多其他专业的同学纷纷向我介绍兰大的情况，我自己也收集了一些资料。这时我才知道兰大校长是北大的原党委书记兼副校长江隆基，兰大的化学、物理学（包括现代物理学）、生物学等学科在国内都是一流的，兰大的数学也很好。学"泛函"的同学告诉我，兰大数学系的陈文𡿨先生（吉林大学江泽坚先生的学生）是我国非线性泛函领域的两位年轻有为的数学家之一（另一位是山东大学的郭大钧先生）；学"微分方程"的同学告诉我，兰大的陈庆益先生是谷超豪教授的浙大老同学，在苏联获副博士学位回国后没有再回武汉大学，直接被调到兰大；学"复变函数"的同学告诉我，兰大的濮德潜先生（北大庄圻泰先生的学生）毕业后就分配到兰大；学"力学"的同学告诉我，兰大数学力学系的力学非常好，叶开沅先生是钱伟长先生的得意门生，已经到兰大七八年了。

二是来兰大之后的最初两年。

到兰大后我才知道，尽管兰大是20世纪初建校的，但是兰大数学系是1946年才建系的（今年恰是兰大数学系建系70周年）。兰大数学系在建系后的最初8年里，只有教学，没有任何学术研究。直到前面提到的四位知名专家陆续来兰大数学力学系工作，其局面才开始变化。1964年他们的年龄在33—40岁之间，被当时的系总支高炳兰书记称为"四个台柱子"——二陈、一濮、叶开沅。陈文𡿨、濮德潜、叶开沅和陈庆益四位先生是1954—1957年间陆续来兰大工作的。在1954—1964年的10年间，兰大数学力学系的学术研究，不但从无到有，而且在国内得到了广泛认可，数学和力学领域在国内占有了一席之地（尽管都在非代数领域）；也培养出许多优秀学生，不但充实了自己的教师队伍，也向国内许多知名院所、知名高校输送了人才。

这件事情和我后来了解到的兰大整个学校的状况很相似。比如刚才我提到的，在我大学毕业的时候就知道兰大的化学、物理学、生物学是全国的一流学科，但这些学科怎么达到这个程度，我是到了兰大以后才知道的。

郭聿琦（右）与英国Howie教授在苏格兰（1997）

1955年，朱子清教授带领两个年轻化学家（黄文魁和陈耀祖先生，当年他们不到30岁）从复旦调来兰大化学系。我到兰大两年之后，和陈耀祖先生有过一次单独的谈话。我问他，兰大化学学科在国内目前的地位是怎么得来的？你们刚调来的时候，兰大化学系是什么样子？他想了半天，就说了一句话，他说当时无论是硬件设备还是研究工作，连现在的某专科学校化学系的水平都达不到。又是只用了10年时间（即便算到1966年，也不过11年）。与数学系的状况非常像，就是在（20世纪）50年代中期到60年代中期这10年里，不光是数学、化学有了天翻地覆的变化，以徐躬耦教授和段一士教授为首的物理学科，以郑国锠教授和吕忠恕教授为首的生物学科，以及以李吉均教授为首的地理学科和环境科学学科也一样。所以，我当时就非常感慨，觉得我们上一辈的这些学者，来自全国各地，把自己的精力全部投入到兰州大学的建设上，10年的光景就造就了具有这样一个地位的兰州大学。

实际上，兰大的这种变化，还有一个重要原因，那就是江隆基校长上世纪50年代后期来到兰大，以他为首的学校领导集体（包括后来成为民政部部长的崔乃夫和中共中央宣传部副部长的聂大江），在他的高校八条教育规律思想的指导下对兰大的管理，使兰大真正出现了"百花齐放，百家争鸣"的景象，营造了人才培养、学术研究的宽松氛围，极大地调动了兰大师生的积极性。如果不是这样，就是有再多的人才也不会出现前面所说的兰大"十年奇迹"。

143

于是，我建立起一个信念：在兰大，我要用自己的表现给母校（复旦大学）增光，要为现在服务的兰州大学做尽可能大的贡献。这导致了一个想法（现在叫"初心"），就是再过10年，我们一起让兰大（数学）再上一个台阶。所以到兰大之后，我的情绪、我的专业思想非常稳定。尽管兰大地处西北，自然环境不好，生活条件较差，但这是一所很好的学校。除了前面讲的之外，来兰大后不久，我听到了在高校我所听到的水平最高的一个报告，那就是江隆基校长有关高校八条规律的报告。

在逆境中成长

郭：大概是1977年前后，学校组织了一次党课，主讲人是原来的副校长林迪生。那次党课我没去听，因为我不知道自己该不该去。党课结束后，许多听课的老师告诉我，今天党课上提到你了——林校长拿着一份材料说："这是'文革'前学校一份尚未公示的关于表彰数学系青年教师郭聿琦的材料。在'文革'中，这份材料成了我们的黑材料，也成了他的黑材料。听说为此，以及其他一些'莫须有'的揭发，'文革'一开始，他就受到了冲击。现在看来，这份材料依然是正面的。这里面提到，他完全做到了江校长对助教工作的要求。学生的作业，他全部批改（按要求批改1/2即可），而且批改得非常仔细，包括行文和标点符号，批改后签上自己的名字，以示负责；在答疑工作中，他主动开展对学生（特别是那些不太来参加答疑的学生）的质疑；他还利用周末，组织部分学生开展课外兴趣小组活动，落实因材施教的教育原则；等等。听说，他现在精神状态很好，没有任何情绪，这就很好。"

我在这里提及这件事情，是想说我在兰大的成长，是来兰大后不久从逆境中开始的。"文革"一开始，我就受到了激烈的冲击；即使1971—1976年，我在参加工农兵学员的教学工作期间，也是一边工作一边被批斗。

1972—1973年间，学校以数学系为试点，扭转"工农兵学员的成绩普遍偏高到八九十分，不符合实际情况"的现状，使得成绩有一个"正态分布"（不及格就是不及格，不要人为地消灭不及格）。数学系革委会说，郭聿琦和李慧陵老师做事认真，让他们试点。后来，在数学系1971级工农兵学员高等代数大开卷考试中，还真出现了一份不能及格的卷子。学员张某不但在前50分的判断题、证明题和计算题上，回答得不知所云，而且在后50分的自选专题上，执意写计算机程序设计。他说，首先，这是对他在部队工作的一个总结；另外，他要"反潮流"，为什么这门课的考试不能写其他课程的内容？我们建议请程序设计的老师来判断答卷，如果认为可以，就给及格。程序设计的老师看后觉得眼熟，就拿来复旦大学1960年编写的一本绿皮面的《程序设计》，一对照，发现张某完整地抄袭了其中的一部分，而且从抄写上看，他完全不懂这方面的内容。据此，我们请示了系领导，决定打2分（不及格）。为了更周全，我们先用铅笔打上2分，然后到张某的寝室征求意见。结果他根本不看卷子，躺倒就说我的数学分析和外语都是2分，我已向部队保证这次的高等代数一定能及格，现在你们叫我怎么办？我们做了他许多思想工作，最终在我的坚持下，还是用钢笔打了2分后上报了。

不久，报上刊登了河南某地教师"迫害"一学生致其自杀的事件（注：马振扶公社中学事件）。张某借此控诉说，他的"反潮流"事件是"马振扶事件"在兰大的重演。我因此被批斗数月。后来张某所在部队来人了，一位首长带队。我准备好行李，足足等了一个星期，打算去部队接受批判，或去监狱。一天，部队首长见我了。我对他说，一切都是我的问题，给学校和部队添麻烦了。他抓住我的手说，你何错之有？你完全没错，问题在张自己。张在部队就不是好兵，在学校又是学得很差的学生，我们决定让他退学回部队接受审查，而且还要追查他是怎么被选拔上来的。我请部队给他一次补考的机会。首长说，我们已经用一周的时间查清了一切，并多次向部队领导汇报，决定已作出，是严肃的；是我们应当向你道歉，对不起，委屈你了！希望此事不会影响郭老师今后的工作。我顿时被部队首长的政策水平所折服。

1974年秋，新一级工农兵学员入学时，又开始了一个"小运动"，所谓教学要打破"三中心"（即"以教师为中心、以课堂为中心、以课本为中心"），新学员一律不上课，连初等数学的补课也取消了；采取将新学员分配给在工厂解决实际问题的老师，一起通过解决实际问题学数学。开会时我说，我的思想总是比别人落后几拍，即便打破"三中心"是对的，那现在的办法也只是打破了课堂为中心和课本为中心……主持人打断我的话说，我们正等着你跳出来，你是万变不离其宗，骨子里就反对打破"三中心"……结果，讨论会变成了对我的批斗会。

1974年底（抑或1975年初），报纸上突然宣传某重点大学从数学系开始的一项教学改革举措要推广：打破讲授旧惯例，课堂上教师不讲课，只给学生做自学基础上的答疑，结果教学质量大幅提高。于是，学校又组织试点。既然那所大学是数学系开始这一改革的，那就让数学系试点，由四个人（我在其内）在数学分析、高等代数两门主干基础课上试点。搞代数的我和李老师想不通，总觉得课堂讲授不是要不要的问题，而是要什么样的课堂讲授。因此，我们照样讲授，只是做了一些讲授方式的探索。一年后军宣队（注："文革"中的"解放军毛泽东思想宣传队"）领导和重新出来工作的崔乃夫副校长来了，要我们总结试点经验。崔乃夫要我们发言，我们说做得不好就不谈了；崔乃夫说没关系，交流一下，我们还是坚持"百花齐放，百家争鸣"的，然后点名要我发言。我当时就豁出去了，我又说我的思想总比别人落后，不对的地方，请大家批评、批判。然后我说，我们至今想不通，为什么不允许课堂讲授？我们认为，课堂讲授不但需要，而且是教学过程中最重要的一个环节，问题在于要什么样的课堂讲授……崔乃夫打断我的话说，我至今也和你们一样想不通，我完全同意你们的观点。我们先是愣住了，然后如释重负。这次，没有迎来又一场批判。

欣慰和遗憾

访：请谈一下您在教学和科研方面的情况，有什么让自己感到欣慰和遗憾的事。

郭聿琦（右三）与兰大数学与统计学院教师在甘肃省数学年会上（2005）

郭：我还是从我在兰大成长的角度来谈这个问题。

我1964年9月来兰大任教，1994年2月离开，历时29.5年；紧接着的18年我分别在云南大学和西南大学各工作了大约9年，2012年又回到兰大。现在回想起来，我在人才培养、学术研究上的成长，恰恰是在兰大近30年的时间里（特别是"文革"之外的20年里），最集中的一段时间就是"文革"后的18年。当然，在10年"文革"的逆境里，我也在成长，从中积累起人生的一笔难得的财富。

"文革"结束不久，邓小平同志再次复出，举国开始了共克时艰的拨乱反正。

林迪生、崔乃夫、陆润林、徐躬耦、刘冰（原清华大学党委第一副书记，1979年调任兰州大学党委书记兼校长）、聂大江、刘众语、胡之德、李希等陆续任职兰大的领导，中层启用了陈文塬、段一士、李吉均，以及刘耀、杨峻等，学校很快又出现了宽松的治学氛围，我们感到江隆基校长的精神回来了。

接下来我谈谈你说的所谓欣慰和遗憾。

我至今感到欣慰的是，老同学见面时经常说："郭聿琦在举止言谈和待人处事上，几十年没变样！"我自认为，多少年来，我还是用功的，做事也认真，舍得投入，能学习别人的长处，也敢于抵制不正之风，在逆境和顺境中的自我系统调控还算到位。另外，我人生的几次关键抉择，现在看来都还是正确的：考大学时，我选择了复旦大学的基础数学；攻读专门化时，我选择了抽象代数学；填报分配志愿时，我选择了兰州大学；"文革"结束的前一年，我在查阅资料的基础上，选择在一个有着深刻理论背景和广阔应用前景的新兴代数学研究领域（即"组合半群"）开展工作；"文革"后出国大潮涌来的时候，我选择按兵不动，先抓了几年数学业务。最后这个选择，除了父辈的支持，还得到了当时的校领导崔乃夫的理解和支持（得知我没有报名参加外语班学习的想法后，他说你很有个性，不随波逐流，善于独立安排自己的前程，掌握自己的命运，很好）。几年后，基于我们的工作，我被聘为客座数学家到加拿大西安大略大学（the University of Western Ontario）开展学术访问和国际合作，后来又几次应邀去海外大学出任客座教授。

如果说还有什么事是让我感到遗憾的，那就是在我的职业生涯（包括在另外两所学校工作的18年）中，有近10年的时间担任了学校的中层领导干部，其间由于种种原因，在学科建设之外，迫于无奈，把更多的时间花到了不该花的地方上。

在"摸爬滚打"中成就高层次人才培养与学术研究

郭："文革"刚结束，我们就在前期准备的基础上，在兰州地区组织了一个"组合半群"讨论班，其成员除了兰大数学、计算数学和理论计算机科学方面的几位教师，还有甘肃工业大学（现兰州理工大学）和西北民院（现西北民族大学）的教师，以及我在兰州工业学校（现兰州工业学院）的一位老学长。这期间，我们通过讨论班消化了许多学术信息资料，开展了一些工作。

很快，我的学术选择得到了校系领导和几位学术前辈的理解和支持，而且支持的强度很高。这种高强度的支持表现在恢复研究生招生和实施学位制度之初，我们几位青年教师就被列入了指导教师行列（这实际上是对我们"在使用中培养"的一种措施，并不意味着我们已达到"导师"的水平）。有了正式班底之后，我们与硕士生一起"摸爬滚打"。讨论班严肃、活跃，从查阅信息资料、消化学术积累、选择研究课题，到做出前沿研究工作，硕士培养出来了，教师自身的素质和学术水准也得到了提升。

就这样五六年过去了。1985年我回国的时候，正逢国务院学位委员会组织开展又一轮博士学位授权学科专业审核和增列博士研究生导师（简称"博导"）的工作（后来知道，这是允许副教授申报博导的唯一一次。当时我并无申报奢望）。没过几天，系领导，还有校长胡之德、前副校长陆润林都鼓动我申报。这构成了我又一次人生机遇。同年12月的一天下午，当获悉陆校长来过我家，十分兴奋地告知我的博导（资格）"通过了数学学科评议组审核，只待来年国务院学位委员会终审"的消息后，我为基础数学专业仅我获批深感不安，也为年近古稀的陆校长亲临寒舍（二分部，五楼，没有电梯）告知此事深深感动。记得"文革"中和"文革"后，他数次来课堂上听我的课，与我讨论一些教材处理上的问题，并参与学生答疑，说要给我做助教。我知道，他这是在教我重视教学，要我舍得投入。陆校长是江隆基领导下的校级干部，他尊重教师，扶持年轻人，能为年轻人的成长成才呕心沥血，能为年轻人的点滴成绩兴奋不已。

1986年7月1日，我刚从外地讲学归来就被告知，我系数学专业的我和力学专业的汤任基教授的博导资格已获批（学校在京人员的电话信息），并要我们立刻着手组织生源，补招1986级博士生。我和汤先生表示，见到红头文件后再动作。不久，文件送达兰大。几天后遇见胡之德校长，他说，你是兰大迄今21位博导里最年轻的一位，要戒骄戒躁、谦虚谨慎、低调做人喔。我说，建设博士点艰难，补充博导容易，我现在比任何时候都知道自己的轻重，减掉"文革"10年，我不过才30多岁，关于一个不小的正整数M，我只是一个1/M的"代数学家"（代数学是数学的分支学科）。这是我从胡校长那里得到的又一次关怀和呵护，心中一阵温暖，感谢他！

在博导岗位上，我坚持开展本科教学。长期的本科教学实践让我体会到：要获得高质量的教学，必须舍得投入；教学与学术研究是相互促进的。成为博士生导师后，我业务上的压力就更大了（特别是在博士生的指导上）。因为我的研究方向刚从"组合半群"转向"一般半群代数理论"，要领衔研究，还得与他们在讨论班里从消化文献开始一起"摸爬滚打"。

在研究生的培养中，我们把学风建设放在首位，业务上狠抓两头——既重视夯实基础（如硕士生的学位课和基础课一律课堂讲授、闭卷笔试；博士生参与部分硕士生的课堂讲授，参加硕士生讨论班；高年级硕士生则参加博士生的讨论班……），又强调研究成果的创新性。结果是令人满意的，我们的许多硕士学位论文被加拿大同行专家认为具有博士学位的水平。

郭聿琦（右）与兰大"千人计划"特聘专家郭锂在北京大学（2014）

教学上印象深刻的人和事

郭：前面，我穿插着提到了若干难忘的人和事。接下来我想说的是另外一些给我留下深刻印象的往事，都是一些涉及教学的人和事。

在"文革"后的前18年里，兰大各级领导传承江隆基时期的优良传统，重视教学。他们从实际出发，采取一系列特殊措施，提高兰大在全国高校中的地位；同时努力营造"百花齐放，百家争鸣"的宽松氛围，多方调动师生的积极性。我就是在这种环境里、在教学中成长的。下面我举一些典型的例子加以说明。

例1　1980年前后，刘冰校长从组织学生参加各种国内外选拔考试入手，狠抓教学质量。其中最典型的是以组织参加CUSPEA（中美联合培养物理类研究生项目）考试为契机，为此类项目在理科各学科的开展（后来果然推广到化学学科）提供经验。

我不善于和领导接触。没想到刘冰刚到兰大不久，我俩就有一次相遇。记得那天我出本部校园南校门时，聂大江副校长陪同刘冰校长路过；聂大江就向刘冰介绍了我。几天后，我和刘冰校长有一次深入的接触。当时李政道向邓小平建议，每年从中国的本科生中选拔派遣年轻人到美国攻读理论物理专业研究生，选拔考试就叫CUSPEA考试。由此，刘冰马上就想到了理论化学、基础数学等基础理论学科。为此他开了一次动员会（理科各系都有一两位教师参加，我是数学系的与会人），为将来中美联合培养研究生考试扩大到数学、化学等学科做准备。刘冰说，从现在起，全国每年招收100名理论物理研究生去美国深造，希望兰大做点准备，在就要举行的考试中拿出好成绩。这时一片愕然，有人悄悄地说，刘冰角色混乱了，这里是兰大，他以为自己还在清华；清华可以准备考试拿好成绩，兰大怎么可能呢？这是大多数人的观点。后来刘冰说，我们不要妄自菲薄，清华、北大、复旦花一分力气，我们花三分力气行不行？一般来讲，我们学生的入学成绩不如北大、清华、复旦，但入学后的培养只要多下功夫，我们的毕业生就完全可以和他们比高低！这话我非常赞成。这时钱（伯初）先生说，我觉得准备一下，考出好成绩的可能性还是很大的。我马上表示赞同，我说十八九岁的时候你不如我，过两年你很可能超过我，这太正常不过了；只要我们下功夫，就完全可以让这些学生和他们比高低！我的发言得到了刘冰校长的肯定。就这样，多数人被动员起来了。数学系组织1977级、1978级的三十几名学生接受强化培训，用的是美国若干名校的博士生资格考试试题；我承担代数学几门课程涉及解题演示的课堂讲授，并组织课堂讨论，搞了差不多一年。最终很遗憾，中美未将此项目扩展到数学学科。

这一工作的一个有形的成果，就是物理学前两年的考试、化学第一年的考试，兰大的成绩在全国高校中都名列前茅，上了《光明日报》（物理系和化学系的学生后来几年也考得非常好）；无形的成果则是通过理科各学科的总动员，大大开阔了师生的视野，盯住了真正高质量的水平所在，也大大解放了大家的办学思想。

例2 李希副校长主持全校教学工作期间，组织了由每系一人组成的"教学顾问团"（我是来自数学系的成员），每月座谈一个下午，坚持数年。座谈会上他让大家畅所欲言，谈教学上的问题、解决的办法，以及各系可供推广的好经验。李希副校长除了发表简短的指导性讲话外，就是仔细听大家的发言并做笔记。"教学顾问团"的活动波及全校，让教师感到自己得到了学校领导的尊重，有了主人翁的责任感，工作积极性被极大地调动起来。这才是学校的一笔真正的财富。

例3 大约1990年，为稳住基础理论研究和基础学科的教学，学校以一级学科为单位，建立各年级的学生加强班，由教务处杨峻处长具体操作。无独有偶，南京大学也在各年级组织大文科、大理科的加强班。不久，教育部采用了兰大模式，在部分重点大学的若干一级学科设置基础学科人才培养基地（俗称"基地班")100个。其间杨峻处长还让我通过电话,向高教司理科处处长(助理巡视员)陈祖福介绍过兰大数学加强班建设的详细情况。

例4　我在数学系承担的是几门代数学课程的教学。每届新生在入学后的最初一段时间里对我的高等代数意见最大,认为我在概念和定理的陈述上与教材行文不一致,不用书上的例子,有时定理的证明也采用另外的方法(要大家自己阅读书上的例子和证明)。有的同学将这一不适应归结为一句话:"郭老师不讲书上的,全讲书外的。"于是,系副主任找我谈话。我说,我完全未脱离课本的基本内容,只是为了让同学更好地理解书上的内容,对其作了必要的、自然的和适当的加宽和加深,这是教师讲课中对教材处理的权利和义务,他们归结出的那句话,表明他们对大学教学的不适应。为此,陈文嶼老先生来听我的课,搞得我十分紧张。陈先生听完课后说,你的课没有本质上的问题,你是否应该在讲课上区分一下低年级和高年级,研究生和本科生。我对陈先生说:"我斗胆说一下我的想法。我已经有我自己的区分了,但我反对通常意义上的区分;大一不是高四,这中间有一个间断处,要正视这一客观事实。学生进大学后一定会有一个不适应的过程,长痛不如短痛,不出三周,他们就都能适应了。请允许我用我的方法去教。"没想到陈先生马上表态:"那好,你就这样尝试吧!"后来系里发现,果然不出三周,每届新生都普遍欢迎我的授课方式。

例5　关于青年教师培养,我有一点体会。对于年轻教师,听他几次课,每次提出几条改进意见,不解决大问题。从1987年开始,我别出心裁,采用与年轻教师共上一门课的方法——我讲他听,他讲我听,而且不时与他开展讨论,指出他讲课中需要改进的地方。第一次课间休息时,班上入学成绩最高的一位女同学对我说:"郭老师,我能不能给您提一条意见?"我说:"太能了!"她说:"您能不能在小江老师讲课时不插话?"我说:"不能!"她又说:"您一插话,我们的思路就被打断了。"我说:"这是你们的问题,适应它就是了,没有别的办法。"大概这件事反映到系上了,陈先生问我,你这一做法会不会让青年教师在大学生面前威信扫地?我说:"我想不会,因为我和年轻教师是两代人,加之我是在帮助他尽快成长,采用的办法是把他放到大学生面前去整顿,从效果上看是正面的,至于是否影响他的威信,能否等等看?"陈先生说:"那你就试吧。"结果,陈先生的担心没有出现。如此带过一年的教师,让他们独立去上课,我就完全放心了。

从上面的后两个例子可看出,当时的系领导是放手让教师实施教改试验的,绝不横加约束,氛围十分宽松。我就是在这样的环境里、在教学工作中成长的。

我将课堂讲授理解和实践为：给学生作"书要这样读"的示范（这里的"书"泛指一切视听材料，包括我们面对的需要解决的问题），而且每次在重上这门课的过程中，总是坚持一个要求，即在每部分内容里产生新的心得体会（或曰"学术性教学研究成果"）。我也总是做出一种假设，教室里还有若干听过我课的"老同学"（确实有），我得让他们觉得重听这次课，值得！

重回兰大

郭：在外校工作18年（1994年2月—2012年3月）后重回兰大，感到兰大又上了一个新台阶。教师从事学术研究的比例大增，成果丰硕。从萃英班和基地班来看，教学效果也不错。今年中国科学院在西北片组织从2013级提前招收硕士研究生的考试，兰大2013级萃英班在国内的11位同学，10人参加考试，8人被录取，在西北各高校中又是遥遥领先。

但是，教师在教学上的不敢投入、不肯投入、不知怎样投入的局面还有待进一步扭转；教师在教书的同时，尚需强化育人意识。

郭聿琦在组合半群与其相关学科国内小型研讨会上（兰州，2014）

这段时间，我除了参与数学萃英班与数学基地班的教学，获得了一个总结我几十年来的教学实践机会外，学校还为我招收了几名博士研究生，继续了我的高层次人才培养和学术研究工作。

在这期间，我们以兰大为主，与哈尔滨工业大学、中山大学、同济大学等"985工程"院校联袂打造了一套适合"双一流"院校（特别是各种人才班）的数学类本科基础课程教材，现已由科学出版社从"十二五"规划丛书转到"十三五"规划丛书；我承担的四门代数课程的三部教材已出版两部，明年将出版第三部——《抽象代数基础》（涵盖抽象代数必修课和域论与Galois理论选修课两门课程）。

我们在学术领域的研究，除了十余项工作被海外三本专著收录外，已着手将我们在"组合半群"上的前期和后期（至今）的工作做一系列总结，并与科学出版社签约，由科学出版社与国外出版社联合，将于后年出版这本学术专著。

访：谢谢郭老师和我们分享半个多世纪的记忆！

【人物简介】

刘人怀，男，汉族，1940年7月出生于四川成都。中国板壳结构理论与应用研究的开拓者，管理科学专家，中国工程院机械与运载工程学部院士和工程管理学部院士。

1963年毕业于兰州大学数学力学系，先后在兰州大学、中国科学技术大学、上海工业大学（现上海大学）任教，曾任上海工业大学副校长兼经济管理学院院长。1991年调任暨南大学副校长，1995年底—2006年1月任校长（1996年12月—2000年2月兼任党委书记）。

他与叶开沅共同创立求解非线性微分方程的修正迭代法，系统创造性地研究波纹板壳、夹层板壳、复合材料板壳、网格扁壳、单层板壳、双金属扁壳六类的非线性弯曲、稳定和振动问题；创造性地提出精密仪器仪表弹性元件（波纹膜片、跳跃膜片和波纹管）的设计公式，并被工程应用，经济效益超千万元，改变了依赖经验和外国公式设计产品的历史；系统提出夹层和复合材料飞行器结构元件的设计公式；提出厚板壳弯曲理论用于高压换热器、高压超高压容器的试制，节约费用数千万元；提出大型储油罐新型网格顶盖、大型减压塔、铁路高桥墩和新型钻头的设计依据，并应用于工程实际。世界著名力学家Panagiotopoulos评价"这些工作体现当代国际板壳理论领域科学工作现状的最高水平，对实际工程有十分重要的意义"。此外，开展管理科学理论与应用的研究和实践，成就突出。获省部级自然科学（科技进步）一等奖4项、二等奖3项，获国家级教学成果二等奖、省部级教学成果一等奖（3项）；出版学术著作15部、主编学术著作7部，发表学术论文400余篇；培养博士64人、硕士133人。

【萃英记忆】刘人怀

时　　间：2016年3月6日10:40

地　　点：广州市 暨南大学明湖苑

人　　物：刘人怀

访谈人：王秋林　李会宁

拍　　摄：红　叶

文字整理：张　虹（2013级第二临床医学院学生志愿者）

文稿审定：段小平

敢为人先谋发展

访：刘先生，您好！兰州大学档案馆正在实施"萃英记忆工程"，就是通过访谈、记录、保存各位校友在兰大的主要经历。今天专程来请您介绍一下您的兰大经历。我们查到了您在兰大期间学习和工作的有关资料，做成合订本送给您做纪念。

刘：（翻看资料）这些资料都是我以前填写的，自己都没有保存，很珍贵的（比如《导师名册》）。你们这个工作搞得挺好，能收集到这些资料，我感到很惊喜。我在兰大待了20年。当年调动工作很难，学校一直不舍得放我走，最后是在崔乃夫（后来成为民政部部长）的帮助下，我的调动才得以实现。

曲曲折折入兰大

刘：兰大20年（18—38岁）是我的黄金时期，其中有很多故事。

上大学之前，我在四川留苏预备班读了三年预科。那时候能到苏联留学是件再好不过的事，学校张光汉校长对我说："人怀啊，我们要推荐你。"但是1958年临毕业前，学校告诉我，由于政审不合格（实际上我出生在教师家庭，我三哥做党的地下工作，我们家就是成都的一个地下工作站；我小时候看大门，也可以说是参加了革命活动），不能去苏联留学了。幸运的是，我的学习成绩很好，一直是第一名，一直是班长；没去成苏联，我在没复习的情况下就到成都工学院直接参加高考。

摄于1952年12月的四川省新繁县，刚入初中读书，时年12岁。这也是人生中的第一张照片

当年高考我填了9个志愿，第一、二志愿的北大、清华没考上，直到第七个志愿的兰州大学数学专业才被录取。实际上，我的高考成绩很好，按理说读北大、清华也是可以的。

那时的兰大，地理位置好偏。1958年9月1日开学，不巧的是宝成铁路被大水冲垮了部分路轨，我因此晚了两天到校。9月3日下午4点，我到达地处盘旋路的兰大，同学给我打了一盆尽是泥沙的黄河水，让我洗脸。从成都到兰州，我就没见过这样的水！这怎么洗脸？见我犹豫，同学连忙说："来，放点明矾，两个小时以后就可以用了。"

入学那年，兰大刚从萃英门搬到盘旋路，很多公共设施还没建好，所以我们进校后要参加劳动（报到第二天我们就开始修操场）。那时的兰州没有自来水厂，平常用的就是黄河水。我觉得兰州的生活够苦的，但大家从中也得到了锻炼。

1958年6月，四川温江中学高中毕业留影

兰大给我的第一个考验

刘：1958年9月6日，学校组织新生到定西参加"引洮上山"工程劳动。"大跃进"时期，甘肃省委书记张仲良讲，要把洮河水引上山，改变甘肃以及整个西北的面貌。记得当时全校几百名学生在兰州火车站等车的时候，几只狼从我们面前跑过。我们几个南方人哪见过狼呀，所以很害怕（大笑）。狼见我们人多，掉头跑了。那时候兰州的生态环境真好啊！在火车上老师给我们说，西北狼多，要注意防狼；狼的特点就是铜头、豆腐腰、麻秆腿，怕火、怕绳子。

我们在一个小站下车，又步行了两个小时，天黑才到达目的地。学校将每个系、每个班安排在不同的地方。数学系领导住在镇上的公社；我们一年级的新生

60人被安排在一个山头上，就住在山顶的土地庙里，周围见不到农户……

在50年代（注：指20世纪，下同），为了培养工人阶级子弟成为无产阶级革命事业的接班人，国家建立了一批工农速成中学，让年轻的工人快快读书上大学。我们班就有这样一位党员同学，出发前他被任命为班长，我是副班长。到工地后，我又被任命为兼职安全委员。

一开始来自全国各地的同学彼此还不熟悉。晚饭后我就跟班长商量，让女同学住得"好"一点，她们住在神龛上；男同学住在神龛下。其实，那个小庙就一间房子，密密麻麻地挤了60人。我们几个班干部就"吃苦在前，享受在后"，靠着门边睡。

当晚发生了件大事。半夜两三点，一位同学突然口吐白沫，大声叫喊。我在四川见过这种情形，就是癫痫。但我们那儿没有医生，怎么办？那时我就想，作为副班长兼安全委员，这事该由我负责。我说"我去找医生"，班长说"行"！可学校派来的医生住在公社所在地，距离我们住的土地庙有20多里路，大半夜的只好我一个人去了。那时真的没想那么多，因为我从小当班干部，在中学是少先队大队长，对我来说危难之时"挺身而出"顺理成章！

我从小在平原长大，没见过山，也不会走山路，只记得白天走过的那条羊肠小道。没走多远，我就从山头上摔下来，咕噜咕噜地一直滚到山底。好在是黄土高原，没有石头，没有摔伤，于是我又爬上去继续走。走到一半路程的时候，突然看到眼前有两只狼，两只大狼！此前我只在书上读到狼，当天在火车站第一次见到狼，老师也只是讲了简单的防狼方法。我们从小就知道狼要吃人的，而且人一般斗不过狼。此刻真的把我吓坏了！这就是兰州大学对我的第一个考验（笑）。其实现在回想起来，我应该叫上几个同学一块儿去找医生；可我当时的头脑就那么简单，想着自己是安全委员，应该"身先士卒"（笑）。

狼在离我四五米远的地方停了下来，盯着我看，吓得我是三魂丢了两魂。我赶快停下来，想起老师讲的狼怕火、怕绳子，紧张的心情有所缓解。于是我悄悄放下棍子，抽出裤腰带当绳子，一边用手电筒晃着二狼的眼睛，一边不停地甩着手中的皮带。四只狼眼盯着我，我也盯着狼，彼此生怕被对方袭击。就这样僵持了二三十分钟，最终狼离开了。我很勇敢，对吧（大笑）？其实心里吓坏了。

医生随我返回驻地，诊治发病的学生。

半个多月的劳动，我们削平了山头……

1960年5月，班上同学参加学校文娱会演合唱演出后合影（后排右一为刘人怀）

从"高考状元"到"红专旗手"

刘：考上兰大以后，学校并没有公布新生个人的高考分数。我是后来才知道自己是兰大当年录取的"高考状元"。多年以后，学校当年参加招生工作的一位同志告诉我："刘老师，你是1958年兰大600名新生里的高考第一名，是全校成绩最好的考生。"

我从小到大一直表现很好，积极上进。1958年12月底，我写了入党申请书；第二年3月，我入党了。校报刊登了我入党的消息，占了很大一个版面（这份报纸我至今收藏着）。

在我们系，当时只有我们班的两位同学入党——我，还有陈广才；我是班长，陈是团支部书记。在50年代，不要说入党非常难，就是入团也不容易。那时候的党员非常少，表现很好的同志才能入党。我们班60位同学，到毕业时只有3名党员，整个数学系才13名党员。党员数量很少，所以责任就很大。预备党员转正后，我是党小组长。1960年，我又担任数学力学系的学生政治辅导员，是第一批政治辅导员。

访：您是本科五年制的学生？

刘：对。学校仿照清华大学推广的学生辅导员制度，要求我当辅导员，还计划给我发工资，让我多读一年，读六年再毕业。实际上最后没有得到批准，我也没有拿到工资，还是按时毕业。不过辅导员的工作我依然照做。

1961年，我被选为兰大学生会主席，一直做到1963年大学毕业。大家一致评价，在历届学生会主席中，我做得最有生气。我当主席的学生会有27名委员（包括6名副主席），设6个部（学习部、体育部、文娱部等）。那时学校的体育活动、大学间的体育比赛，都由学生会负责；学校的运动队（足球队、篮球队、排球队、乒乓球队等）都归学生会管，文艺晚会、周末舞会也是学生会在操持（我还组织了一个200人的交响乐团）。学生会还邀请著名专家（谈家桢、华罗庚等）定期做报告。甘肃省第一次8所高校联合举办的"一二·九"纪念晚会，也是兰大学生会主办的。可见兰大学生会承担的工作面还是很宽的。

我做学生会主席，跟校领导的关系也很好。1961年底，我成为校务委员会的委员，跟校长江隆基、副校长林迪生和甄华等，都比较熟悉。在学习方面，我的成绩一直是全班第一。

因为我是高考状元，业务又好，又是学生干部，社会工作做得比较多，"名气"也比较大，1959年10月1日，兰大授予我"红专旗手"荣誉称号。

后来毕业要离开学校的时候，数学力学系党总支书记张嘉宾对我说："人怀，你不能填分配志愿，要服从组织分配，留校工作。"我就是这样留在兰大工作的。

1962年1月，兰州大学第十六届学生会全体委员合影（后排左二为刘人怀，时任学生会主席）

在兰大的摇篮里成长

刘：1959年，学校新建了力学专业。为了早出人才，1960年秋天，系里就让我从数学专业转到力学专业（此前全系就一个数学专业）。力学专业的组建者是我们的老师叶开沅先生（钱伟长的大弟子，周培源领导的中国第一个力学专业的五位创建者之一）。1959年，叶先生随江隆基校长从北大调到兰大，成为兰大力学专业的奠基人。

在兰大读了两年数学之后，我转入力学专业固体力学第一班。叶先生为我们讲授板壳力学；五年级的时候，他又带我们做板壳力学的实习和研究。我们全班9位同学的本科毕业论文全部由叶先生指导。本科毕业以后，叶先生动员我做他的研究生；可是后来因为种种原因，叶先生申报的教授未获批准，带不了研究生。没成为叶先生的研究生，我毕业留校做了他的助手（全年级就我一个学生跟着他）。

我尊敬老师，业务也好，又比较肯干；只要老师、领导交代的事情，我很快就能做好，不需要说第二遍，这是我一贯的作风，所以，江隆基校长、校系领导、叶先生都喜欢我。

应该说能遇上叶先生这样的老师是我的幸运，是他给了我充满挑战性的论文题目。业内同行都知道，钱学森先生在美国学习时，是世界大科学家冯·卡门的学生，薄球壳的非线性稳定问题就是他和他的老师1939年一块儿发表的、轰动世

161

界的论文，是他的成名作。叶先生给我的本科毕业论文题目，就是这篇文章中没有完成的部分。因为碰到了好老师，选上了好题目，我一辈子都在从事板壳非线性力学的研究。1965年2月，24岁的我就在中国顶尖杂志《科学通报》上发表了3篇关于板壳非线性力学的文章，其中2篇是和老师共同发表的，1篇是我单独署名的。

大学毕业不久，经叶先生推荐，1963年10月我有幸见到了钱伟长先生。人家听到"大右派"后，都躲得远远的；我倒是很尊敬老师，我跟钱先生的关系一直很好。我到中科大工作若干年以后，钱先生曾亲自找过我，希望我能调到他身边（上海）工作。虽然那时中科大准备提拔我做副校长，但"祖师爷"要我去上海，我就去了上海工大（钱先生任校长）。后来钱先生说我是他最好的学生。能作为钱先生最好的学生，我一辈子感到很荣幸。非常感谢钱先生的栽培！

从本科毕业论文开始到现在，我一直在做板壳的非线性力学研究，是兰州大学给了我这样的机会和条件。假如没有这个摇篮，我就遇不到好老师、好校长。在那个艰苦的年代，要使学校的发展步入正轨，要给学生提供好的学习环境，没有江隆基这样的好校长是不行的。老师也是如此。因为优秀的老师在攀登科学高峰的过程中已经达到了一定的高度，你跟着他在这样的高度做事，就会比较轻松。我从事的力学研究就是这样。叶先生从本科开始直接带领我，使我的学术生涯一开始就在宽松的环境里进入了一个比较高的起点。所以我感恩江校长，感恩叶先生，感恩我的母校兰州大学！需要感恩的还有很多好老师，包括我们系里负责学生工作的薛玉庸老师，她是党支部委员，我的入党介绍人，给予我很多关怀；还有数学系"二陈、一濮、叶开沅"（陈庆益、陈文峻、濮德潜、叶开沅）四大名师，除濮老师外，其余三位老师都给我们上过课。

在兰大，我吃了不少苦，但也得到了机遇。我遇到了好老师、好领导（江校长、林校长、甄华校长等），受到了很好的教育。学生会主席的岗位锤炼了我，给了我学习管理的机会。我18岁入党，党的教育和关怀让我懂得怎么做人，怎么做一个好领导。1991年我调任暨南大学副校长，1995年底开始担任了大概10年的校长，其间还兼任了一段时间的党委书记。在我到暨南大学之前，暨大是二本招生，全国排名在几百位；我来以后，运用科学的管理办法，提出"侨校＋名校"的发展战略，采用"严、法、实"（从严治党、从严治校、从严治教、从严治学，依法治校，实事求是）的办学原则，开展大刀阔斧的改革，几年之内暨大变成一本招生，成为"211工程"重点建设的大学，进入全国高校前100名。

人物访谈录2

人生成名作与系列中国第一

刘：1958年考入兰大以后不久，大概因为我业务很好，个人、家庭政治条件也很好，学校安排我参加"581工程"（研制我国第一颗东方红人造地球卫星），还让我当组长。这是一项绝密任务，不能跟任何人讨论，不问任何人问题，还派班上两名高才生（余庆余、周永良）跟着我。接到任务时，我不清楚这个项目的理论，也没有老师指导；只知道苏联1957年发射了人造卫星，兰大参加中国人造卫星的研制，任务很重要，但怎么落在我头上不清楚。

刘人怀在中国科技大学近代力学系教师阅览室内看书（1984年9月，安徽合肥）

"581工程"我做了两年。当时研究经费很少，又不能公开，我就悄悄地用纸做火箭，把纸火箭放到几千米的高空，应该说做得还是很成功的。我将其视为我人生的成名作（大笑）。

1960年夏天，学校找我谈话，说要继续培养我，让我到西北工业大学进修火箭的有关业务。后来西北工大在档案中看到我二哥在台湾，没让我去。我做了两年的人造卫星研制工作也就结束了。

1978年，我被提名参加全国科学大会，结果因故没去成。那时我已经"成名"了。我在兰州做的几件事情里，要数为兰州石油化工机器厂（简称"兰石厂"）做的事最出名。

1969年，时任兰石厂二分厂技术科长、留苏回来的贾志杰（后任湖北省委书记）想制造中国第一台生产航空煤油的铂重整装置（其中的压力容器是板壳的组合体）。他在访问古巴时，看到美国炼油的那个装置。当时中国还不能生产航空煤

163

油。他想做这件事，于是就到处求助，最后找到兰大来了。那时我的老师叶先生已经坐牢，学校研究板壳的就我一个人。于是军宣队找我谈话，让我去兰石厂。就这样，"文化大革命"后期我就一直没有脱离业务。

1960年9月，在甘肃省陇西县文峰人民公社主持推广优选法课题，与公社干部合影（左三为刘人怀）

我是力学专业第一班的学生，学的全是理论，毕业前连最基础的实验都没做过，也没学过制图。我看不懂贾科长的图纸，于是就请他带我到现场看他们试做的产品。在现场，我清楚了那个产品需要80个大气压的工作压力，但试制产品只能达到60个大气压；他们一次性为北京炼油厂、南京炼油厂、兰州炼油厂试制了6台机器，总价值几千万元，试制不成功将全部报废！

经过研究，我发现问题出在压力容器椭球封头的中心开孔处。我没学过椭球壳弯曲理论，就去查阅文献；而"文化大革命"期间图书馆关门，最后是学校图书馆为我提供了方便。结果查了几天也没找到我需要的计算理论。后来，我就自己创造理论、推导公式、求解计算。经过近100个日夜的艰苦努力，我终于找到了答案。第二天，我让他们做了个实验，结果非常符合我的理论结果。于是，我就提出解决问题的方案：在开孔的边上补一块厚度32毫米、与封头同质的护强板。就这样，压力容器试制成功了。这是中国第一台生产航空煤油的装置。贾科长高兴地对我说："人怀啊，我这里题目多，希望你留下来继续工作。"考虑到当时一天到晚政治运动的大环境，自己又很想搞业务，我就说行啊。请示学校后，学校表示：既然是工人阶级喜欢的知识分子，我们支持你继续留在那里。于是，我就留在兰石厂了。

1969年10月开始，我就"全职"在兰石厂工作。那时我整天在厂里做科研也是可以的，但基于自己是党员、要向工人阶级学习的考虑，我自己规定半天劳动、半天搞业务（能半天做业务我已经很开心了）。这段时间，我做了一系列产品的力学分析计算工作：中国第一台大型尿素合成塔、中国第一台最高压力的高压聚乙烯反应器（设计压力2300大气压）、中国第一台大开口加氢反应器、中国第一台高压固定式热交换器、中国最大炼油厂的减压分馏塔……据此研制的设备全部获得成功。一系列新产品的诞生，引起了上级领导的高度关注，学校军宣队让我做汇报。军宣队长是酒泉（卫星）发射中心的副政委，懂些业务。他说："刘老师，你做得好，学校给你出个科技专辑。""文化大革命"期间，这在全国都是罕见的。那个时候反对用个人名字，所以文章署名"兰州大学赴兰石厂小分队"；但是学校认为成果是刘人怀做的，最后还是署上了我的名字。

一篇滞后10年问世的论文

刘：大学毕业后，我跟着老师做理论研究。那时搞科研的人很少，不加工资，也不提职称，但我就是喜欢科研，希望科研联系实际。作为兰大刚毕业的年轻教师，我在没得到批准、没带介绍信的情况下，独自去兰州的工厂开展调研，自己找课题，结果遇到了个好项目。

兰州的工厂挺多。那时候没有科研经费，我就自费坐车，兰化、兰炼……一个厂一个厂地找，最后到了135厂（对外叫万里机电厂，那时作为航空仪表厂，是个绝密厂），我找到了设在厂外的技术科。60年代，美国屡次侵犯我国领空。1963年，我国击落了一架美国P2V低空侦察机；机上有一个高度表，仪表的核心元件是一个锯齿形的波纹圆板。上级要求万里机电厂仿制（核心元件），但他们没人手，做不出来；国内一时也找不到相关的专业人员。我一看，这是个板壳项目，是我学的内容，就想试试。那年我才23岁，但我胆子大（初生牛犊不怕虎），又喜欢科研，所以就把项目带了回去。

当年，我们的工作"规矩"是什么都要汇报（连谈恋爱也要汇报）。回校后，我就向教研室报告自己找到的项目，请求批准。结果我们的党支部书记说："人怀，你怎么去外头搞这个？你刚留校，教学任务、行政任务都比较重，你还去干别人的事，不务正业！"把我批评了半天。那个年代，领导说话你是不能辩解的。既然是不务正业，那我只好表态不做了。

回宿舍以后，我思来想去，认为这个项目是国家重点任务，和我的业务有关，是很好的项目，应该做。经过一段时间的思考，我觉得先完成学校交给的任务，剩下的时间我悄悄做业务，这总可以吧。这是我首次在"原则性"上结合了一点"灵活性"。当年学校交给我的任务还是比较重的，教学、行政（班主任）、带学生论文、给叶先生做助手、批改作业等等，在完成这些工作后，我就加班加点做这个项目。后来，我还利用到北京实习的机会，去国家图书馆查文献（那时没有计算机，都是人工查找）。结果发现这个项目确实非常好，苏联从1941年开始，三位院士（巴诺夫、费奥多谢夫、安德烈娃）在做这方面的研究，结果理论与实验的误差太大（39%），不能用于设计精密仪表；日本的赤坂隆教授、美国的哈林克斯教授也在做这方面的研究，都没做成。可见这项目多好。我率先在国内涉足此项目的研究。

1963年我开始波纹圆板研究，1965年夏天做出了结果。和以往的研究成果比较，没有明显进步。1965年9月1日，我到定西下乡搞"社教"，这项研究暂时没有条件做了。1966年8月我回到兰州后，就在家里悄悄地做研究（那时候做业务是要挨批的），看到有人来，就赶紧藏起手稿，防止让人看见有麻烦。在妻子的支持下，1968年4月，我完成了研究工作，理论值跟实验值只差1%，这就可以应用了，但没地方发表。后来，学校军宣队给我出科技专辑的时候，我想把这篇波纹圆板的文章放进去；学校虽然同意，但系里的造反派说"这个理论脱离实际，只能发表压力容器方面的文章"。所以这篇文章未能发表。

70年代初，大学开始招收工农兵学员。随后，之前停刊的中国学术期刊陆续复刊，并到高校约稿（当时很少有人写科研论文）。学校军宣队领导指示我给《力学》《数学的实践与认识》（即《力学学报》《数学学报》）提供论文。于是，我就把得意之作——波纹圆板的论文寄给《力学》，把换热器管板的论文寄给《数学的实践与认识》，这两篇论文很快就通过审查。结果只有《数学的实践与认识》发表了我的文章。直到"文化大革命"结束后的1978年1月，《力学》在改回原来名称《力学学报》后的第一期上刊登了我关于波纹圆板的论文。从1968年完成研究工作到1978年论文正式面世，整整滞后了10年啊！这年3月，我调入中科大；4月，兰大把杂志转给了我。

中科大"明星"及其对母校的谏言

刘：到中科大的第一天，我就很不高兴。我是中国科技大学近代力学系的引进人才，那时钱学森先生是系主任，郭沫若是校长。报到后，系总支书记和我谈话，他说："刘人怀，你业务好，又是党员，我们特别把你调到飞行器结构力学专业教研室；但是你政审不合格，今后只能教基础课。"

10天以后，学生因一位副教授授课质量差而罢课，我临时被派去给他们上数理方程，结果反响非常好；中国科学院因此通报表扬刘人怀助教。当年3月，在我的波纹圆板论文发表后不久，第五届全国仪器仪表弹性元件学术会议（1978年12月，上海）请我做特邀报告。这次大会认为我的波纹圆板论文达到国际水平。消息在报纸刊登以后，中国科学院再次表扬了我。教学、科研两方面都得到表扬，我一下就成了中科大的"明星"，学校马上给我加了三级工资！我在兰州大学练就的本领、做的工作，开始在新的工作单位中发挥作用，并受到赞扬。

刘人怀是由洪堡基金会选拔的首批中国学者之一

1979年，在联邦德国洪堡基金会首批遴选中国学者的过程中，初选的候选人有100多名，结果德国选择了8名，中科大就我一人。到德国以后，我又在力学专业最高级别的杂志上发表文章。很快一些权威就评价我的作品是顶尖级别，世界第一；国外一些报纸也作了连续报道。这无形中加速了我的"成名"。回国后，我担任省长顾问、副校长等职，开始步入行政之路。

访：您从学者和领导的角度，对兰州大学现在的建设和发展有什么建议？

刘：1978年以来，兰大的发展都不错，位居国内高校前列。但从地理位置上讲，现在北上广是中心，兰大则处于劣势。当然，兰大也有自身的优势。国家要发展西部，作为西部最好的大学，这就是学校的优势，要扬长避短。北上广的学校做什么，你就跟着做什么，这样不利于发展。要利用好、发挥好自身的优势，不仅要把握好适合自己的发展方向，发掘基础好、特色鲜明的工作重点，还要善于从西部发展的实践中寻找经济的、社会的、科技的研究课题……

西北人很朴实，西北的幅员也很广阔，中国的未来是非常好的。现在的形势很好，2014年9月29日，按购买力平价计算，世界货币基金组织和世界银行宣布中国经济总量第一，是全世界最大的经济体。国家已经发展到这个程度，兰大还有更好的机会。西北有这么多的好条件、好人才，兰大不要一味地跟着北上广走，要成为西北教育科技的龙头……

访：今天耽误您比较多的时间，非常感谢您给我们讲述这些故事。最后请您在留言簿上题词，谢谢！

刘（执笔书写）：感恩母校的培养 祝愿母校更加辉煌

人物访谈录
2

【人物简介】

汪受宽，男，汉族，1943年11月生，江苏东台人。中国民主同盟盟员，兰州大学教授，享受国务院政府特殊津贴专家。

1968年兰州大学历史系毕业后到青海解放军农场接受"再教育"。1970年起在青海化隆任中学教师、县文教科干事等。1978年考入兰州大学历史系深造，1981年底研究生毕业并留校任教。历任兰州大学中国古代史教研室主任、史学理论与史学史研究所所长，2008年底退休。从事中国历史文选、中国史学史、文化史、西北地方史的教学和研究。兼任中国历史文献研究会理事、甘肃省陇文化研究会会长、甘肃省政府文史研究馆馆员。曾任民盟中央委员、甘肃省民盟常委、甘肃省政协委员。著有《读史基础手册》《历史研究基础》《谥法研究》《〈孝经〉译注》《二十五史新编·史记》《甘肃通史·秦汉卷》《骊靬梦断：古罗马军团东归伪史辨识》《西北史鉴》《西北史札》《陇史新探》《史学史论文自选集》等，主编《中国历史文选》《西部大开发的历史反思》《千古兴亡史鉴丛书》等，发表学术论文约200篇。主要成果获兰州大学优秀教学成果一等奖、主干课教学优秀奖，甘肃省教学成果省级二等奖，甘肃省高校社科成果一、二等奖，甘肃省社科成果二、三等奖，被授予宝钢优秀教师奖、甘肃省高等学校教学名师奖等荣誉称号。

【萃英记忆】汪受宽

时　　间：2016年4月12日

地　　点：兰州市 兰州大学档案馆

人　　物：汪受宽

访谈人：王秋林

拍　　摄：红　叶

文字整理：代金通（2014级历史文化学院学生志愿者）

文稿审定：段小平　陈闻歌

兰大历史学科先行者的典范和带动作用

访：汪老师，您好！很高兴您能参与"萃英记忆工程"工作并接受采访。今天请您结合自己的经历，谈谈您所了解的兰州大学。

汪：我的经历就少说点吧。我主要讲讲我所知道的兰大历史系、历史学科的发展。50年代（注：指20世纪，下同）初期高校院系调整之后，兰大的文科就剩下历史系、经济系和中文系，其他（文科）系都是后来才建立起来的。

历史系的奠基与20世纪的发展

汪：兰大1946年创建的历史系，一开始的基础就很好。建系之初，辛树帜校长就诚邀顾颉刚先生为兰大历史系的教授兼系主任。顾先生是著名的历史学家，其学术贡献主要是创立了古史辨派。不过我觉得他的更大贡献还在于培养人才。顾先生扶植了好多学者，包括山东大学的童书业（注：史学家、古史辨派的代表，曾经是初中都没有毕业的印刷厂工人），顾先生看到他的一篇文章后，专门把他叫到自己跟前搞研究；还有史念海（注：历史地理学家，国内历史地理学科的重要学者），当年是顾先生将其带到兰大的。顾先生为兰大带来了好些人，自己也在兰大待了半年，专门给学生上课，主要讲西北的历史。顾先生走后，就让史念海代理历史系的系主任。（1948年10月）史念海走了，临走之前他把系主任的工作交给了李文实（注：文史学者，顾颉刚先生的主要助手）。

顾颉刚先生

80年代，我在兰大图书馆的书库里见到魏应祺《中国史学史》的手稿。我是从事中国史学史专业的，魏先生的《中国史学史》于1941年在重庆商务印书馆出版，是同类书中最早出版的一部。以上说的这些都是很不得了的学问家，是中国历史学界相关学科的开创者或带头人。顾颉刚先生实际上给兰大历史系带了个好头，奠定了基础。

到了50年代初，历史系的系主任是李天祜。李先生是河南人，1944年（国立）西北师范学院研究生毕业，曾在开封河南大学任教，1950年到兰大历史系任教授兼系主任。他是研究希腊罗马史的，后来又研究俄国史，很有成就。乘着国家支援大西北的东风，他千方百计为历史系搜罗人才。我的研究生导师张孟伦，原来是江西南昌大学的副教授，1950年7月被他请来（兰大）当教授。张孟伦先生毕业于武汉大学，是史学研究上的史料派，1946年在商务印书馆出版了《宋代兴亡史》（国内第一部研究宋史的专著）；我们上学的时候，他一直教历史文选，研究《左传》，研究中国史学史；"文革"结束后不久，他就出版了《中国史学史》（上、下册，约50万字；甘肃人民出版社，1983）；到晚年，他又出版了《汉魏人名考》和《汉魏饮食考》两部专著（注：均为兰州大学出版社，1988）。张孟伦是史学界很有影响力的老先生。前几年史学史研究所的同仁给他编了一本论文集，即将出版（注：《中国史学史论丛》，兰州大学出版社，2016年12月）。

"兰大四皓"（左起：赵俪生、李天祜、张孟伦、辛安亭，1980年前后）

兰州大学中国古代史教研室部分教师（1986）

50年代中期是兰大历史系大发展的时期。那些年好多教师（或毕业生）从国外及北大、山大、复旦等全国很著名的高校来到兰大历史系。美国明尼苏达大学留学回国的汤季芳（国际关系史专家）曾任兰大历史系主任。从北京大学来的赵辉杰、何玉畴、唐景生、李建、邹衡等先生，后来都成为世界史、中国近现代史、考古学的骨干教师。还有马植杰，三十多岁报考中国古代史的研究生（导师翦伯赞），专业考得很好，外语却没有考过；翦先生说，此人外语考零分我也要。马植杰的学问确实好得很，当研究生时就出版了国内第一本《诸葛亮传》（注：上海人民出版社，1957），80年代后期调到河北省社科院去了，1993年人民出版社又为其出版了《三国史》。北大毕业的杜经国先生是从事中国近代史研究的，他最早提出为洋务派翻案，还出版了专著《左宗棠与新疆》（注：新疆人民出版社，1983）。还有复旦来的齐陈骏先生和朱允兴先生。朱允兴先生是研究中国近现代史的，提出了很多很重要的观点，后来在美国去世。山东大学历史系毕业的欧阳珍先生讲授的世界中世纪史极受学生欢迎。赵俪生先生是1957年到兰大的，他从山东大学带来了李蔚、张大卫等，李蔚先生从事宋史研究，是西夏史研究领域很有影响的学者。当然，还有杨建新、刘光华、张代经、颉普等兰大历史系自己培养并留校任教的一批老师。从50年代中期开始到20世纪末，就是这些认认真真教书、实实在在做学问的老先生撑起了兰大历史系的一片天！

兰大历史系部分教师与著名学者张春树（前排左四）、骆雪伦（前排左五）夫妇（1989）

值得一提的是，除"文革"外，从1959年初兰大历史系被并入甘肃师范大

173

学，到1961年教育部批准兰大恢复历史学专业的这段时间，也是兰大历史学科发展遭受挫折的时期。

赵俪生其人其事

汪：现在回过头来说说赵俪生。赵先生是中国著名的历史学家、教育家。1991年在其离休之际，兰大在逸夫科学馆专门召开纪念会；1997年兰州大学和山东大学共同举办赵先生八十寿辰纪念活动；2002年兰大出资出版了《赵俪生文集》六卷本（兰州大学出版社）。赵先生说：文集出来了，我的一生也就有个交代了。

《赵俪生文集》书影（兰州大学出版社）

赵先生有着传奇的经历，这在《赵俪生文集》第五卷中都有记载。这一卷中有他个人的回忆，他写的诗、序、跋等等；其中回忆录《篱槿堂自叙》一开始由上海古籍出版社出版，经增补后收入《赵俪生文集》。后来，把赵先生的回忆录和其夫人高昭一80岁时的回忆录放到一块儿，出版了《赵俪生高昭一夫妇回忆录》（山西人民出版社，2010）。这本书好评如潮，连续好几个月都是国内十大畅销书之一。可以说，这是30—90年代间一部颇具代表性的学者个人史和时代史。

据赵俪生先生的回忆录记载，1934年，他同时被北京大学和清华大学录取；因家庭困难，上了有公费的清华，在外文系学习。不久，他发现外文系的课程没意思，于是转到文学系听课。当时他已经参加中华民族解放先锋队，是清华方面的学生负责人。"一二·九"运动期间，他一直表现积极，走在前列。北京学生到南京去请愿，他也是活跃分子之一。当时蒋南翔是清华地下党的负责人之一，有一天晚上在宿舍里跟他讲，我们看到你人很诚实，在与反动派的斗争中表现英

人物访谈录 2

勇，这说明你的革命热情很充沛；但革命热情是多变的，还需要组织的保证。言下之意，是希望赵俪生申请参加共产党。赵俪生经过长时间的思考后，给蒋南翔回话说，我是个自由主义者，不愿意受组织约束，还是留在党外吧，当个党外的布尔什维克。就这样，赵先生一辈子都以"党外布尔什维克"自居。

大学时代，赵先生翻译了好多苏俄文学作品，也当过《清华周刊》的编辑。七七事变以后，他觉得中国大地已经容不下一张安静的书桌，于是就去了山西；在那里，他被党掌握的"牺盟会"（注：山西牺牲救国同盟会）派往离石做抗日动员工作，并与高昭一结为夫妇。

1938年初，日本侵略军与山西抗日武装在离石一带恶战，赵先生他们被敌人挤压到黄河边。为了安全，组织上决定将赵先生夫妇和另外三位外地干部转移到延安。八路军120师的一位侦察员负责帮助他们乘木板筏子渡黄河。结果筏子被冰块打散了，先生及其夫人都掉进水里，是侦察员一手一个把他俩拉上岸的。先生抵达延安时，清华同学姚依林、韦君宜、赵德尊、郑天翔这些人已先期到达。赵先生夫妇在延安待了十来天，经由西安回山西前线，担任山西新军夏支队第一中队的副指导员、指导员，与日寇展开游击战争。夏支队的组织科长是70年代担任云南省委（副）书记的孙雨亭。几年后，赵先生在小说《中条山的梦》（注：海燕书店刊行，1950）中描写了这段经历，这篇小说也被收入《赵俪生文集》——虽然是篇小说，但反映的是先生经历的那段真实的抗战史。一年多以后，先生感染重病，到西安治疗。病愈后，因为国共摩擦加剧，他们无法回部队，只好在乾州、西安等地的中学教书。这段时间，先生与江隆基校长有了联系。江校长经常找他们开会，因为先生是党的外围组织的重要成员。后来，先生又去了蔡家坡的扶轮中学和雍兴工业职业学校，在那儿受中共西安城工部委托，做些情报工作。赵先生说国民党特务因此早就盯上他了，有时半夜里还往他家里扔砖头之类的，后来他之所以神经比较脆弱，与当年的精神压力、精神紧张不无关系。

抗战胜利后，赵先生作为西北代表到上海参加抗日作家复员大会；后经中央研究院史语所所长傅斯年推荐，到河南大学文史系任副教授。开封解放后，他被中原解放军护送到华北大学第四部任研究员。

明年4月是赵俪生先生百岁寿诞，此前山东大学在校园里给他立了塑像。山东大学非常重视赵先生（其实他在山大也就待了六七年），一开始给他出书，后来又想调他去（当然没调成）。2009年，兰大编辑出版了《赵俪生纪念文集》（甘肃民族出版社，100万字），一方面扩大赵先生的影响，但更重要的是赵先生是兰大文科曾经的一面旗帜！高扬这面旗帜，对于振兴兰大文科、扩大兰大在国内的影响力非常重要。

1994年前后，我写过一个有关赵先生的视频脚本，由当时学校电教中心的王成初做成片子（拍摄制片过程赵先生挺配合的），后来在甘肃台播放过几次。先生去世后，学院办公室的连亚敏找出那个片子的录像带，交由民族中心的老师将其转换成数字视频光盘。

赵俪生的学术生涯与治学识见

汪：赵俪生的学术贡献很大。在华北大学第四部（主任是范文澜）的时候，艾思奇和赵俪生作为正、副组长，从事中国近代思想史的研究。1949年赵先生被调到新成立的中国科学院，担任编译局的副局长（局长是著名考古学家杨钟健）。他们创办了《中国科学》和《科学通报》两个杂志。同时，他跟叶丁易合作创立了《光明日报》学术周刊，并担任编辑。后经艾思奇介绍，他调入东北师大，虽然待的时间不长，但据我了解，那里的一些老先生，都很感激赵俪生给东北师大带来了一种很新的风气。半年后，他接受华岗校长的邀请，去了地处青岛的山东大学。

赵先生实际上是抗战期间在关中当教师时才开始研究历史的。出于当时个人从事秘密工作的处境，他主要研究山陕学者。从明末到清初这段时间，陕西和山西的学者联合起来反对农民战争，也反抗清朝，影响很大。他就做这方面的学问，后来作为研究顾炎武的起点，他写过一本书叫《顾炎武与王山史》，这些都是40年代前期的事情。他还写了一篇《清初山陕学者交游事迹考》的文章，投到天津的《大公报》，《大公报·文史周刊》的主编胡适很欣赏这篇文章，马上就给发表了，他因此也就成名了。1949年10月，《新建设》发表了先生的《论中国新史学的建设问题》，着重谈新时代历史学的发展。这篇文章是新中国史学研究的开端和基础，受到史学史学者的普遍重视。到山东大学以后，他又跟夫人高昭一合作研究农民战争史，出版了《中国农民战争史论文集》（注：新知识出版社，1954），这是国内第一本个人研究农民战争史的论集。先生系统钻研了农民战争的史料，提出了好多相关的理论、范畴和标准。其有关农民战争史的研究因此产生了很大的影响，"文革"结束后成立的第一个历史方面的学会（注：中国农民战争史研究会）就上门邀请先生出任副会长。

到兰大以后，赵先生发表的第一篇文章《从阶级斗争和阶级关系看中国古代的古史分期问题》，实际上就是他把自己对农民战争的研究，用到古代史的分期研究上来了。这篇文章的手稿如今作为重要史料在（兰大）档案馆陈展。这篇没有被收入《赵俪生文集》的文章，体现了先生独特的学术思想。为什么这么说呢？因为在50年代，国内关于中国古代史分期问题形成了很多种说法。毛泽东支持郭沫若提出的公元前476年春秋战国之交说，但大部分学者都认为这个说法没有太多道理，范文澜就主张"西周封建说"。而赵俪生的马克思主义修养和外语水平都很高，他很重视运用马克思主义原典（原文）去研究中国历史，提出要把马克思主义理论和新中国的实际结合起来研究历史。其学术主张是"魏晋封建说"，认为直到三国两晋的时候，中国才开始形成封建社会，实际上就是地主经济社会。如果按照五种分期的说法，那汉代还是奴隶社会呢。赵先生在山东大学时，是《文史哲》的创始人之一；调入兰大后，又参与了《兰州大学学报》（社会科学版）的开创工作，这篇文章就发表在《兰大学报》人文版的创刊号上。先生后来为什么不提这篇文章呢？一是因为其学术观点犯忌；二是这篇文章的最后加了批评向达"讨厌'五朵金花'"的几百字后记，后来他自己对"五朵金花"有了新的认识，所以就再不提这件事了。

赵俪生的通史教学，被学者称为国内第一。在教学过程中，他不是单纯地教知识，主要是教你思考，教你如何提出新观点。这是他教学的最大特点。那年我们给他开纪念会的时候，山东大学的一位先生就说，赵先生的学生有搞原子弹的，有搞物理、数学的，也有搞历史、文学的，在各个领域，都是很有水平和地位的。为什么会这样呢？主要就是他教学生，不是教死的书本知识，一条材料他能给你加很多方面的问题；听他的课，你可能记不起很多史实，但往往会引起你很多思考，从而激发你的创造力。赵先生的教学之所以如此高水平，不仅因为他有着极强的责任心，还因为他总是以踏实的科学研究作为课堂教学的基础。

农民战争的根源是什么？对历史的改变在哪儿？伴随着农民战争史研究的深入，赵先生认为这一切都跟土地制度有关。所以从60年代开始，他就专门研究中国土地制度史，后来写了《中国土地制度史》。这本书一开始由学校自行印刷，80年代正式出版（注：齐鲁书社，1984）。这本书到现在还是研究中国古代土地制度和经济制度的重要参考书。《中国土地制度史》出版以后，赵先生又发现，无论农民战争也好，土地制度也好，归根到底还是文化问题。所以到80年代以后，他就研究古代文化史。因为中国文化的源头在先秦，孔子老子都产生在先秦，我们两千年的历史实际上就是先秦的一些大思想家影响的结果，所以他就着重研究先秦文化史。这个时候他已经七八十岁了，做这方面研究的精力也没有那么旺盛了，但是他仍然一步一步地去讨论先秦文化问题，写了好几篇文章。先生这方面研究的影响如今依然存在。

赵俪生的学术生涯，就是在不断创新中引领学术潮流的过程。我觉得先生1957年就把这种学术精神、学术风范带到兰大来了，其对兰大历史学科的影响是非常深远的。我觉得现在兰大的历史文化学院、历史学科，之所以能够在国内一直保持前列的学术地位，跟先生和其他前辈长期的带动和影响是分不开的。

晚年的赵俪生先生

大师示范　后学勇进

汪：50年代留校的和从外地来的一批学者支撑了兰大历史系几十年。齐陈骏从事隋唐史研究，"文革"结束后创立了敦煌学研究室（教育部人文社会科学重点研究基地的前身），开展敦煌学和河西史地的研究，其对兰大敦煌学学科的贡献屈指可数。杨建新早期开展民族学和民族史研究；70年代研究中俄关系史；80年代初改做西北史地研究，办了个刊物《西北史地》，出了几十期，在国内很有影响；90年代从事民族学和西北民族史研究，创立了兰大民族学专业，后来发展成为教育部人文社会科学重点研究基地。兰大文科教育部的重点研究基地就这两个，分别由这两位先生带动起来。刘光华长期从事先秦史和秦汉史的研究，侧重于西北地方史研究，参与组织、编写《西北通史》（是《西北通史》第一卷的主编），主编《甘肃通史》。这两部著作的出版，填补了学术空白，是兰大历史学科服务地方的成果。这几位先生的学术研究，跟赵俪生追求创新、发挥特色的学术精神和学术观点很有关系。就这样，我们在西北这片贫瘠的土地上建立了若干历史学高地，成就了兰大历史学的今天。

汪受宽（左）与赵俪生、高昭一夫妇（1992）

　　我在（兰大）历史系待了几十年，感到这些老先生对我们的影响，对历史学科的影响，对我个人的影响，都是非常大的。从兰大历史学科先行者的身上，我领悟到，做好学问，能够为高质量的教学工作服务；做历史研究，一要严谨（不能花里胡哨，要肯下功夫，坐得住冷板凳），二是选题应有创新性，三要努力为地方服务。我的研究工作都是按照这几点要求去做的。

　　我二十多年前出版的《谥法研究》（注：上海古籍出版社，1995），就是在追求古文化的创新。这本书是近一百多年来第一本系统研究古代谥法（即封建社会给予死后的皇帝、官员和有特殊贡献者的名号）的著作，至今也很有影响。日本有位教授，专门开了一门课就叫"汪受宽及其谥法研究"，这从一个侧面说明了这本专著的影响力。另外，在上海古籍出版社网站列出的近30年出版的重点图书中，有两本是我编著的，其中就包括《谥法研究》。我告诉学生，论文选题最好不要选别人做过的，否则你要超过他，困难往往不止10倍！前人没有做过的课题，你做出来了，那就是填补空白的作品。如今谥法研究也成了热门选题，好多人将其用于写博士、硕士学位论文，或写文章、写书，但都要引用我的成果。研究者可以深入探讨、扩大成果，或批评《谥法研究》某一方面的不足或不对，但都离不开《谥法研究》已经奠定的研究基础。所以，在我出版的所有著作里，《谥法研究》的引用率是最高的。

说到学术研究为地方服务，我作为首席专家完成的《西部大开发的历史反思》（注：兰州大学出版社，2009）就是属于这方面的。这是国家社科基金"十五"规划的重点项目，我们系的好多老师和研究生都帮着做。这本书系统总结了历史上的西部开发，通过追踪国家西部大开发战略的实施，发现东西部发展的差距不仅没有缩小，反而越拉越大，由此有针对性地向国家提出9条建议，企图弥补缺憾，推动西部地区的大发展。

《西部大开发的历史反思》出版后，《中国青年报》的一名记者找到我，他说你这本书我认真看了，我对里边提出的许多观点很感兴趣，因为甘肃的发展是大家共同关心的事情，西部的发展是中国的未来啊！但是究竟怎么来理解你提出来的好多观点，比如说不光要中央来关注和大力支持西部的发展，而且要特别重视西部地区基层干部的作风问题。我说我在青海待了10年，跟很多少数民族和基层的同志都有接触。我研究过历史上的少数民族反叛或者说是起义，其根源都是那些低级的官员甚至胥吏欺负少数民族的老百姓或处置纠纷不当。反叛发生后，朝廷或政府就将其视为叛乱，就镇压；镇压以后，激起了更多的人参与反抗，最后是越闹越大，难以收拾。你看乾隆年间青海循化的苏四十三起义都打到兰州来了，就是这么回事，所以基层的吏治特别重要。这些年中央抓反腐倡廉，既抓大官高官，也抓芝麻小官，既打"老虎"，又拍"苍蝇"，确实是件大事！我们研究的历史跟现实的关系是非常密切的。这位记者后来根据和我的谈话，发表了一篇文章，专门讲西部地区的开发和建设问题。这篇文章兰大校园网也转载了。

2012年，兰大出版社出版了我的另一本专著——《骊靬梦断：古罗马军团东归伪史辨识》。甘肃永昌有两千年前安置失散古罗马军人的一座叫骊靬的城市，这是20多年来各个媒体大肆宣传的"历史"。国内外很多史学家一直写文章质疑和否定这种说法，但仍然阻挡不了地方以"历史"搭台去唱经济的戏。这本书从中外文献的历史考证入手，辅以新出土汉简资料和我校遗传所DNA检测结果，以充分的理由驳斥了东归说的种种说法，还其伪史的真貌。一位很有影响的学术刊物主编称这部著作为"真李逵"，在封内"按语"中说："看来，特色社会的最大郁闷是，埋头做学问的那类'书呆子'坚守不辍，求真务实的较真者勾稽爬梳不休。忽一日李逵出场，李鬼们的面具全被扒下在光天化日的舞台中央！"我感到花多年心血做出的这个学问才是真正地服务社会。

汪受宽的部分著作

再就是最近刚完成的《中国少数民族史学研究》。这是一本研究少数民族史学史的书，2005年获批教育部重点课题。整个研究队伍有49人，包括内蒙古大学、内蒙古师大、东北师大、云南大学、海南大学的相关专家学者，当然主要还是兰大的同仁。这个课题实际上是史学家白寿彝先生提出来的。他说中国史学史的研究已经取得很大的成就，但没有少数民族的史学史，就不能称为中国史学史。所以1985年他就提出要重视研究中国少数民族史学史，使我们的史学史成为中国全民族的史学史。后来北师大的史学理论及史学史研究中心就提出这个课题，让我主持研究。最近几年，我集中精力做这个课题，到今年3月，这部70万字的书稿全部完成，交到教育部结项去了。这也是一项填补学术空白的研究成果。

另外，我还主编了教材《中国历史文选》（注：甘肃文化出版社，1998），出版了几种古籍整理校注、探讨历史文化以及关于西部和甘肃历史研究的著述。在此，我要感谢兰大社科处、历史文化学院，相关出版社的领导以及我们史学理论和史学史研究所的同仁和学生，没有他们长期以来对我学术工作的关怀、支持和帮助，我是做不出这么多成果的。

学术创新和用自己的知识服务社会，是前辈先生给我们留下的传统。几十年来，我一直沿着老先生开辟的道路做学问，现在还挺忙的。在历史文化学院的一次座谈会上我就说，咱们搞历史研究的，成果不能赶时髦，过几年就没人看了；最好能做出点传世作品，这样才不枉历史学者的身份！

【人物简介】

郭庆祥，男，汉族，1950年7月出生，甘肃文县人。中国科学技术大学教授。

1975年毕业于兰州大学化学系，1982年兰州大学研究生毕业后留校工作。1986—1989年，赴美国田纳西大学做访问学者。1994年到中国科学技术大学工作。历任 *Journal of Inclusion Phenomena and Macrocyclic Chemistry*、《化学学报》、《有机化学》、《中国科学技术大学学报》编委，《纤维素科学与技术》副主编，亚洲—大洋洲环糊精科学学会副会长，亚洲—大洋洲绿色可持续化学学会学术委员，浙江大学能源清洁利用国家重点实验室学术委员，中国科学院天然产物合成化学重点实验室（上海）学术委员，中国科学院纤维素化学重点实验室（广州）学术委员会主任，湖南科技大学教育部理论化学和功能分子重点实验室学术委员会主任。

主要研究领域：物理有机化学、绿色化学和生物质能源。在有机自由基反应机理、自由基离子的结构与反应活性、环糊精的分子识别、绿色化学、生物质能源等方面承担国家科技部、教育部、中国科学院、国家自然科学基金项目多项，在国内外学术刊物上发表论文400多篇，其中《有机化合物化学键性质的理论研究》获教育部自然科学一等奖（2007），《物理有机化学研究》获安徽省科学技术一等奖（2008）和中国化学会物理有机化学奖（2015）。多次获教育部大学生"挑战杯"优秀指导教师奖、中国科学院优秀研究生导师奖。

人物访谈录 2

【萃英记忆】郭庆祥

时　间：2014年6月19日11:00

地　点：合肥市　中国科学技术大学

人　物：郭庆祥

访谈人：王秋林

拍　摄：红　叶

文字整理：红　叶

大师立圭臬　后学更奋强

"刘先生是一代宗师"

访：郭老师，您好！您跟随刘（有成）先生多年，您对刘先生怎么看？

郭：刘先生是一代宗师。他早年去英国读书，在英国拿到博士学位以后，去美国做博士后研究，1954年回到国内。据刘先生回忆，当年他们是乘船回来的。船开到夏威夷的时候，船长把他们叫到办公室挨个儿谈话。船长说："你们如果想留在美国，现在就可以在这里下船；如果执意要回去，离开了这里就不能回来了。"结果他们都没有下船，都回来了。他们的这种爱国情怀，对国家的责任感，对新中国的认同和报效国家的决心，非常可敬。在这样的情况下，刘先生回到了国内，然后又服从教育部分配，来到兰州大学工作。

那时兰州大学还在萃英门。我听一位老师说过，当时的实验室用水都要到黄河边去打。就是在这样的条件下，刘先生还是组织研究力量，开展科学研究。到"文化大革命"之前，刘先生在有机化学这个领域里已经达到了很高的水平。"文化大革命"中，刘先生的科研工作受到了严重影响。"文化大革命"一结束，刘先生就带着一些年轻老师到兰炼、兰化去调研，到生产实际中去发现问题，然后再回来研究。很快，他们就把实验室建立起来了，工作也开展起来了。后来，刘先生又与其他老师共同努力，在兰州大学有机化学研究所的基础上，建设应用有机化学国家重点实验室（后来更名为"功能有机分子化学国家重点实验室"）。在这一段时间里，刘先生发挥了很重要的作用。现在，兰州大学的有机化学在国内处于领先地位，这跟刘有成先生、朱子清先生、黄文魁先生、陈耀祖先生、贾忠建先生、李裕林先生、刘中立先生他们当年的贡献分不开。现在一批年轻老师也成长起来了，像涂永强老师，还有其他教师，他们做得很好，基础也很牢靠。

甘肃省省长陆浩（中）到合肥开会期间看望刘有成先生（左）（2001年2月）

访：20世纪80年代的时候，好像化学系发表的文章特别多。

郭：是的，兰州大学化学学科发表的SCI论文在全国一度名列前茅。当然，对这个排名大家有不同的看法，统一认识需要一个过程，这也是中国科学发展必须经历的过程。从一开始很少有文章在国外学术刊物上发表，到后来有比较多的成果进入国际科学家的视野，需要有个过程。当初有好多高校都很重视在国际学术刊物上发表论文。当然，现在我们已经回归到理性的认识上来，还是强调工作的原创，强调工作本身的水平，本身的影响力，刊物不是主要衡量的标志。不过总的说来，好的刊物发表文章的难度比较大；一般情况下，工作比较差的论文也发表不到好的刊物上去。国外的一些老先生，他们往往不太在意文章发表在什么刊物上，而是看哪个刊物合适，就往哪个刊物上投稿。我想这应该是一种理性的科学态度。兰州大学这些年来还是不断有好的文章在国际一流刊物上发表。

刘有成（前排左二）与诺贝尔奖得主、美国加州理工学院马库斯（前排中）合影（合肥，1996）

"得益于兰州大学的培养"

郭：我在兰大先后有20年（在那里读书，毕业后出去工作过两三年，考研究生回到兰大，之后又留校工作）。在我的学术生涯里，兰州大学对我的影响很大。兰大是我的母校，学风很好，师生实干、朴实，不空谈，大家都在实实在在地做工作，一就是一、二就是二，不会夸夸其谈。老师们默默无闻地奉献，对教学、对科研都是一丝不苟；这种追求卓越、治学严谨的科学精神，在我读书期间给了我非常好的熏陶、非常好的教育。兰州大学在国内的声望和在国外的影响都是很大的。现在很多的学校、很多的研究单位都有兰州大学的毕业生担当重任，做学术带头人，并且都发挥了重要作用。我们都得益于兰州大学的培养，受到很好的教育。非常感激母校的老师，感激母校的管理层给予我们这种全方位的培养。

我经历了好多老师、好多领导，他们在系里边都非常出色、非常优秀，给我们留下了非常深的印象。那时候化学系办公室就几个老师，但他们却担负着较多的工作。像马环献老师、石玉英老师等，几个人就把系里的工作安排得井井有条。兰州大学教给的这种踏踏实实的严谨学风，让我们受益终生。

作为教育单位，学校中的每一个人（包括各个部门的领导和工作人员，包括服务行业的、支撑行业的人员）都是教育工作者，他们的所作所为都在潜移默化地影响着学生。学生从一所学校毕业，这所学校就在他的内心打上了烙印，任何时候都会有影响。所以，碰到兰州大学的校友，一谈起来，大家都有同样的感受，认为我们那些年在学校受到了很好的培养和锻炼，都非常怀念母校，怀念学校的老师、领导、工作人员。

兰州大学化学系1978级研究生毕业合影（1981）

访：您一直跟着刘先生，刘先生对您也有一定的影响。

郭：是的。刘先生做学问非常严谨，一丝不苟，对我们的影响非常深远。他注重言传身教，就是签个名，写个字，他都是一笔一画的，非常认真。实际上，先生身上有很多好的传统和作风我们都没有学到家（他给我们的一些教诲、一些影响，我们还没有完全传承下来），我们这一代人很多方面都还不如他。

"希望母校发展得更好"

访：您在兰大20年，在中国科学技术大学（简称"科大"）20年，您感觉兰大和科大有什么不同的地方？

郭：科大和兰大的办学理念、办学体系、办学目标等，大部分是相同的，不同的地方主要在于文化上有差异。兰大是一个老牌的、传统的大学，是教育部下属的大学；科大是一所科学院下属的大学，是科学院建立的大学。从建校背景上讲，兰州大学是一个全科的文理法医都有的综合性大学；科大主要是理工，还有一些理科背景的人文专业。所以，在学科构成上有些不同，在风格上也有一些区别。兰州大学崇尚学术，严谨、质朴、厚重，科大这里活跃的、创新的文化比较突出（比如评选全国十大科学新闻，科大的成果经常会入选，这是科大的强项）。管理上科大是受科学院影响（科学院当年筹建这所学校的时候，也是国家需求，为"两弹一星"培养人才，比较注重毕业生在国防领域、在尖端领域发挥作用）。另外，科大属于东部，受上海、南京等地方的影响多一些。我们兰州，根据整个国家发展的部署，在"西部大开发"这样一个战略规划里边（应该说，东部比西部改革开放要早一点）。所以，从观念上、从办学条件上，多少都会有一些差异。不同的地域、不同的经济发展水平会给学校办学带来不同的影响。

总的来说，希望母校发展得更好。我们也愿意为兰州大学的发展出点力，做一些力所能及的贡献。

访：您现在有没有和兰大的合作？

郭：现在还有一些联系，和化学学科的老师还有一些沟通。在专业领域，兰州大学的工作做得很好，我们还是给予坚决的支持。学校的声誉就是由她的毕业生创出来的，兰州大学的毕业生在全国各地都做得很不错。比如说，基金委的有机化学评议组一开会，好多（专家）都是兰大的校友，是兰州大学的毕业生。

"人才是学校发展的根本"

访：您从兰大出来看兰大，在化学这个领域，兰大化学的发展能达到什么样的程度？

郭：从管理方面，学校对化学学科给予了大力支持，对于国家重点实验室，以及有机化学专业乃至整个化学学科，还是很重视的。我认为每个学校都有她的重点学科，有她突出的领域。兰大化学，特别是有机化学还是发展得很好的，在国内外有一定的影响。学校应当有这样的部署，让一些好的学科发展得更好，然后带动其他学科一起发展（总得有个带头羊）。无机化学发展得也不错，像刘伟生他们做得很好；分析化学整个在交叉，过去传统的分析，现在由于仪器的发展，传统的好多方法已经被仪器代替了，分析化学方向的很多老师已经和生命科学结合，跟物理化学结合，跟材料化学结合。所以，学科交叉还是蛮重要的。

总的来说，我觉得兰州大学要进一步发展，还是要靠人才。科大有很多在全国、在世界上有影响的领域，都是引进人才的结果（直接或间接结果）。所以，我的希望就是，我们兰州大学要千方百计引进一批高水平的、高质量的人才。这是发展学校、发展学科的重要基础。此类问题我和涂永强老师、王为老师都聊过，兰大要在这方面下功夫，人才是学校发展的根本。过去刘先生到兰州大学，兰大的物理有机化学就起来了。现在的道理是一样的，再有一批年富力强、非常能干的教授进来，进到哪个学科，哪个学科就会崛兴。

　　访：非常感谢您的讲述。

【人物简介】

李兆陇，男，汉族，1953年7月生于上海。中共党员。

1969—1975年在兰州化学工业公司有机厂工作；1978年毕业于兰州大学化学系并留校任教，历任助教、讲师、副教授（在职博士）；1995年以后历任清华大学化学系博士后、有机化学教研室主任、基础化学实验教学中心主任、清华大学化学系党委副书记（2003—2016）。

主要研究领域：有机化学、高分子化学。主要从事受体单分子检测的荧光标记配合物合成，自由基生物抗氧化剂的协同效应研究，新型自由基引发剂合成、结构与活性聚合的关系，探索可控制聚合反应制备结构精细的双亲性纳米材料等方面的工作。承担国家自然科学基金项目、北京大学医学部血管分子研究所协作项目等研究课题。荣获教育部提名国家自然科学二等奖、国家教学成果二等奖、北京市优秀教学成果一等奖、国家教委优秀教材二等奖、甘肃省科技进步三等奖。

【萃英记忆】李兆陇

时　间：2016年8月9日9:30

地　点：兰州市 兰州大学第二化学楼

人　物：李兆陇

访谈人：王秋林

拍　摄：红　叶

文字整理：宋铖铖（2013级化学化工学院学生志愿者）

兰大是我成长的摇篮

访：李老师，您好！我们现在正在做一项工作，叫"萃英记忆工程"。请我们的老先生、老校友，甚至是兰大的老朋友，对自己在兰大学习、生活、工作的经历做一个回忆；访谈内容以录音录像的形式留存在学校档案馆。今天很高兴请您来给我们讲述一些曾经的记忆。

李：好。谢谢秋林！这是一项很好的、很重要的工作，我会积极配合并支持！

饭疏食 做学问

访：您是哪一年进入兰大学习的呢？

李：我是1975年进入兰州大学，1995年离开兰州大学的，前后一共20年。兰大对我的教育和培养终生难忘，也让我终身受益。

访：您入学的时候，化学系是什么状况？

李：当时高考还没有恢复，学生都是各行各业选送的。1971年、1972年开始，从各个地方选送优秀的青年到学校来学习。刚来的时候，学校条件比较差，我们住在拐角楼（注：原三号学生楼，已拆除），大概是7个人一间房子。那时候学生每月津贴普遍只有18元，家庭条件困难一点的同学每月只有七八元伙食费。回想起来，每天早餐印象最深的就是一碗玉米粥、一个馒头撒一些盐，中午、晚上主要的饭菜就是大白菜、萝卜、粉条和土豆，但同学们的学习激情和体育活动热情还是很高的。我记得当时每天早上6点半集体出操；下午五六点打排球，或在水泥台上打乒乓球。当时化学系拿过全校的排球冠军，排球队中就有4名队员是我们班的。在留校工作的十几年间，我一直坚持早上6点半跑步的习惯。

在教学方面，我觉得兰州大学对学生的培养以及对学生实验技能的训练，确实让人终身受益；尤其是教师认真、负责、严格的那种态度，是兰大化学系做得很好的地方。像有机实验中金属钠的操作、减压蒸馏，那时候很多学校并不要求（学生）操作，但我们却得到了强化训练，确实对实验操作经验的积累、能力的提升都有很大帮助。

访：当时任课的老师您还有印象吗？

李：我印象比较深的有叶世本老师。他是北京大学冯新德教授（注：1980年11月当选中国科学院学部委员，即院士）的研究生，对实验的要求很严格。在一个测定共聚物竞聚率的实验中，一般只要求做3个样品，但叶老师要求我做5个样品。另外，毕业留校后我被分配在叶老师实验室工作，印象比较深的有三件事：一是他让我重新做了一遍物理化学实验，在很大程度上提高了我的动手能力；二是上世纪80年代初派我去河南化学所做^{13}CNMR，测定有机化合物的立体结构；三是1984年美国著名高分子化学家George Odian教授来武汉大学讲学，叶老师破例让我去学习，大大增长了见识，认识了许多国内高分子界的同仁。

从助教到博士

李：当时留校主要做助教工作，一方面指导本科生的高分子化学和有机化学实验，另一方面协助张自义老师指导本科生毕业论文，参与物理有机化学课程的作业批改、辅导答疑和习题课工作（这项工作对我的锻炼和培养影响非常大）。记得1978级的涂永强同学（注：2009年当选中国科学院院士）就曾在我当助教的班上学习。

当时张自义老师正着手编写《物理有机化学概要、习题及解答》（那时国内少有这类书籍），我有幸参与了部分工作，主要是借鉴已有的资料做一些辅助工作——张老师把选题、文献等资料弄好后交给我，由我整理并抄写，先后整理了四稿，稿纸装满了一大纸箱，最终形成了大概76万字的一本书。这本书1989年由高等教育出版社出版，当时在中国物理有机界产生了很大的影响，得到众多师生的好评，1992年获得全国优秀教材二等奖。到清华大学后，我一直讲授高等有机化学，并把这门课建设成为精品课程，为国家培养了一大批优秀人才。这些成就离不开我在兰大接受的教育、培养与锻炼。

访：后来听说您又进一步深造，读了博士。您能谈谈那段学习经历吗？

李：随着在学校工作时间的推移以及化学学科的发展，自己越来越坚定了继续深造的想法。由于外语水平的局限，最终选择留在兰大继续深造，师从刘有成先生、刘中立先生攻读博士学位。

说起刘有成先生，我们之间还真有缘。在那"学制要缩短，教育要革命"的特殊年代，很多老先生都要去参加劳动。刘先生当时被安排在化学系办的一个工厂随班劳动，身为学生的我恰好也被分配在那里。看到那么一位风度翩翩的老先生在那里劳动，我心里很不是滋味。天气很冷，我就给刘先生披了件大衣，叫先生回去休息。刘先生将此事一直记在心里，十分关心我的成长，对我博士阶段的学业给予了悉心指导。博士毕业后，先生得知我父母和妻儿都在北京，就写信推荐我到清华大学做博士后，推荐信写得情真意切……

不忘母校情

访：您觉得在兰大的学习对您后来的工作有什么影响？

李：在兰大，我的化学基础打得比较扎实。留校期间，我听过张淑民老师的无机化学，对他讲的元素周期表的规律至今不忘；还有胡之德老师的分析化学、陈立民老师的有机化学、陈耀祖老师的有机分析……都给我留下了深刻的印象。另外，在跟叶世本老师学习期间，我重新做了一遍物理化学实验，得到了动手能力的强化训练。这一切，为我日后在清华大学化学系的教学、科研和管理打下了良好的基础。在清华大学化学系工作期间，我能够担任十来年的基础化学实验中心主任，也得益于在兰大练就的实验技能。

另外，兰大的老师确实是勤勤恳恳、兢兢业业地对待工作，这一点难能可贵。兰大的化学系就像老黄牛一样，吃的是草，挤出来的都是奶、都是财富，其长期积淀形成"团结奋进，求实创新"的精神，对学生未来发展的影响是深远的。

访：您在清华工作多年后，怎样看待两校化学系的发展？

李：我觉得两校化学系各有千秋。上世纪50年代，由于高等学校院系调整，清华大学化学系的发展一度中断；同时给兰大化学系的发展带来了机遇，一批优秀的老师从清华、北大、南开、复旦等国内名校来到了兰大，其中不乏陈耀祖、黄文魁这样的大师。在我了解的范围内，兰州大学化学系毕业的学生在各行各业都很优秀，北京大学的张锦、四川大学的冯小明和浙江大学的王彦广、潘远江等，都做得非常好。兰大化学系的名声一度比清华大学（化学系）大得多。清华大学化学系是1985年开始才逐步恢复的，后来因为北京的地理优势，加之学校的支持，清华大学化学系发展得很快。

兰大的校训非常好，前半部分是"自强不息"，跟清华校训的前半部分一样；后半部分是"独树一帜"，表明了兰大"独特新奇、自成一家"的发展定位。兰大化学系也应该走特色发展的道路。

清华大学老校长梅贻琦说过："所谓大学者，非谓有大楼之谓也，有大师之谓也。"一所学校非常重要的一点是人才。在清华大学，化学系的人才来自五湖四海，母校毕业的学生不到六分之一。我认为兰大化学系的人才队伍建设很重要，要"引得进，留得住"，要特别重视有本土、本校情结的优秀人才的引进，这一点非常非常重要。

感想与体会

访：能简单分享一下您人生的一些感悟吗？

李：像我这个岁数（今年64岁，已过花甲）的人啊（笑），对生活应该有些体悟。下面我结合在兰大、清华学习和工作的经历，谈一点感想与体会。

首先，我觉得一个人的命运和国家的命运紧密相连，国家荣，我则荣，国家强，我则强。这是我不变的信念。无论在什么情况下发生什么事情，我都是中国人。记得1996年到日内瓦参加一个国际会议，有人问我："Are you Japanese?"我说："No！I am Chinese！"

其次，一个人在人生的不同阶段，都要脚踏实地、随遇而安。我出生在上海，然后到陇西、兰州；再后来父亲调到北京，我一人在兰州，上学、生活方面基本上没有人管。我16岁分配到兰化有机厂当工人，整整6年三班倒，工作条件非常艰苦；我当时的信念就是好好工作，为国家、为社会做贡献。1976年，我们在张掖临泽的戈壁滩上开展为期两个月的军训，训练时人就一直趴在沙滩上，我至今胳膊上还留有痕迹（抬手）……那时很多事都是玩命地干，如今回想起来确实是对意志的一种锻炼，这种艰苦的经历实际上也是人生的财富。

第三，人要有胸怀，要知足、要感恩，也要得之淡然，失之泰然。刚到清华时，受过一些委屈；但对那些曾经为难过我的人，我同样非常友善。我觉得人与人之间、人与社会之间，应当相存相融、共同发展。我39岁读博士，42岁做博士后，像我这样经历的人为数真的不多。1992年，我在兰大破格晋升副教授，但1998年在清华没有破格晋升教授，当时心里还觉得不公，后来也逐渐认清了这件事。现在再想想，在清华升教授也并非易事。我坚信是金子总会闪光，最后总会被别人认可。

另外，在兰大学习和工作期间接受的兰州大学基层党组织的教育也是人生的宝贵财富。记得我刚刚入校时，我们专业的党支部书记蒲乾亨，经常深入班组做耐心细致的工作，其谆谆教导至今难忘。身为班长，每当工作和学习遇到困难和疑惑时，我经常会到一字楼（注：坐落于现丹桂苑的位置，已拆除）教工宿舍找我们系的党总支副书记付传美，向他寻求帮助；每次谈话都能给我勇气和力量。在兰大工作期间，我觉得化学系党总支是一个非常好的党的基层组织，政策水平高、工作作风扎实、密切联系群众、工作方法求真务实。记得童若兰、廖世伦、刘淑华、苏致兴和李恒滨同志先后担任化学系的总支书记，他们的工作作风和工作方法，为我后来从事十多年清华大学化学系的党委副书记工作，起到了很好的示范作用。

访：您今天讲的内容非常丰富。

李：（笑）我就是经历多一点，都是一些简单的例子，仅供参考。真心祝愿兰大的明天更加美好、更加灿烂、更加辉煌！

【人物简介】

　　彭长城，男，汉族，祖籍河南罗山，1953年12月出生于甘肃兰州。享受国务院政府特殊津贴专家。

　　1982年1月兰州大学历史系毕业后，历任《读者》杂志编辑、副主编、主编、社长，现任读者出版传媒股份有限公司总经理、《读者》编委会主任。参与《读者》从月发行量10余万册到1000万册的办刊历程，是《读者》办刊思想的奠定者和《读者》品牌的打造者之一。著有《让〈读者〉御风而行》《〈读者〉的人文关怀》。先后获得韬奋出版奖、中国百名优秀出版企业家、新中国60年百名优秀出版人物、全国先进工作者、甘肃省先进工作者、甘肃省优秀专家等荣誉称号。是中国共产党第十七次全国代表大会代表，第十二届全国人大代表；甘肃省领军人才、全国新闻出版行业领军人才、国家文化名家暨"四个一批"人才。

【萃英记忆】彭长城

时　间：2014年11月21日15:00，2015年2月13日15:00

地　点：兰州市 读者出版传媒股份有限公司

人　物：彭长城

访谈人：王秋林

拍　摄：梁振林

文字整理：梁振林　张旭东　陈闻歌

《读者》与兰大

访：彭先生，您好！作为兰大的杰出校友，请您讲述有关"《读者》与兰大"的话题。

我对兰大的深厚感情

彭：我是兰州大学1977级历史系的学生，1982年1月毕业后就一直在《读者》编辑部工作，至今已有三十多年。兰大是我接受正规、系统教育的母校。我还是兰大的子弟，我父亲彭周人是兰大化学系的教授。

我一直在兰大的环境里长大，从小就上兰大的附小、附中。我的小学还没毕业，"文化大革命"就开始了。在初中没有正规上过文化课，经历了学工、学农、学军，还有其他各种社会体验，总共一年零三个月，就所谓的初中毕业了。幸运的是，我们这一届学生90%以上都被分配到工厂。我不到16岁的时候就到兰州工农轴承厂当工人，一干就是8年。我干过专业工种，当过技术工人，也担任过厂里的班组长。那是个新厂，老工人不多，很多事情都得自己干，逼着自己看书学习，搞技术革新，歪打正着地学了一些知识。恢复高考那年，就因为在工厂里那几年没有放弃学习，很幸运地考上了兰州大学。在我的记忆中，真正地、系统地学习文化知识，就是在兰大打基础的这四年。

我在兰大几年的学习还是很刻苦的。我觉得自己的基础比较差，同学中有很多老高三、新高三的毕业生，他们完整地上过高中课程；而我的初中什么文化课都没开，什么都没学到（一点所谓的基础，都是在工厂下班后自己看书积累的）。

好在生活在兰大大院有便利条件，同学（家长大多是兰大教师）家里有书，能够借来看。我有个小学同学的父亲是兰大中文系的资料员，叫魏明安。魏先生挺有学问，我是经常地、定期地到魏先生那里去借书，还真看了兰大中文系资料室的不少书，给自己打了一点基础。我在工厂的时候自己也学着写诗，比如我看了意大利作家写的短篇小说《西西里柠檬》，这是个很悲情的爱情故事，在我那个年龄，会引起很多联想；于是，我就把它改编成一首长长的叙事诗。我自

青年彭长城

己觉得写得挺好，就请魏先生看。那时候我还看了《普希金诗集》《唐璜》《战争与和平》《安娜·卡列尼娜》《白奴》等文学作品，看了鲁迅先生的集子。另外，我还通过魏先生购买了供批判参考用的苏联、东欧的一些内部书籍，像《豺狼的日子》《你到底要什么》等。读书为我考学及从事杂志编辑工作打下了一定的基础。生在兰大，真是沾光不少。

我父亲对兰大的感情更深。他从河南考到兰大，最后留校教了一辈子的书。对父亲来讲，从1948年到2001年间，除去在吉林大学当唐敖庆先生研究生的三年，他的事业、家庭、子女、朋友都在甘肃，都在兰大。这么多年，我一直强调自己的籍贯是河南，而出生地在甘肃兰州。我对兰大的感情发自肺腑，

是兰大培养了我，给了我最美好的青春记忆！我想几十万兰大学子都会有类似的情感。

在兰大建校百年之际，我有幸作为校友代表在庆典大会上发言。能代表校友发言，我很激动，这是母校给我最大的荣誉和奖励，是我人生中一件荣耀的事。我代表兰大几十万校友，说出了对母校的真挚感情。

兰州大学的校训是"自强不息，独树一帜"，我觉得内涵很深刻。君子自强不息，这是中国传统文化赋予我们做人做事的信念。兰州大学，地处经济欠发达地区，其发展没有区位优势，必须在西北高原、在全国高校中形成具有自己的风格和特点的发展定位，必须独树一帜！那么对学生来讲，自强不息，是对自己的期待，但更重要的是在自己的工作中、在自己的职业生涯中能够独树一帜！

《读者》的创立与发展

访：《读者》在社会上很有影响。请您介绍一下《读者》的发展历程和现状。

彭：《读者》是1981年创办的。三位创办者中有一位叫胡亚权的兰大校友，是地质地理系的学生，"文革"前进校，"文革"期间毕业分配工作的，大我10岁。胡亚权上学时很喜欢在兰大图书馆读书，虽然学的是自然地理，但兴趣非常广泛，什么书都读，为创办《读者》打下了基础。当年甘肃人民出版社的总编曹克己要创办一个刊物，就让胡亚权"动动脑子，看怎么做这件事情"。结果胡亚权他们琢磨后，提出了办文摘刊物的思路。（党的）十一届三中全会以后，为了解决"文革"所造成的知识断层问题，出版社、报社纷纷创办新的报纸杂志。甘肃不是文化中心，信息不灵，作者力量薄弱，办刊必须要"出奇兵"。办文摘类刊物，既能解决稿源问题，又给编刊者提供施展手脚的机会。国外期刊界在原创刊物增加几十份之后，往往也会诞生一份文摘类的刊物。我们做的这个刊物，当初就确定了"博采中外，荟萃精华，启迪思想，开阔眼界"的办刊宗旨。

创刊第一年（1981）出了五期杂志。我是第二年元月去的，是《读者》编辑部的第四个人（当时在那里帮忙的还有几个人）。

办刊物最重要的是确定刊物的定位，也就是说要办一个什么样内容的刊物，办给什么人看的。前者叫内容定位，后者叫读者定位。当然还有广告定位、发行定位等，但核心是内容定位和读者定位。

左起依次为彭长城、郑元绪、胡亚权、曹克己、张力、丛海、高海军

根据办刊宗旨，也就是这本杂志的定位，我们采取选萃的方法，从图书、报刊等媒体刊载的包括古今中外的各种文章中，选出精华，推荐给读者，开阔视野，启迪思想。在此基础上，我们不断完善、升华办刊定位。比如，上世纪90年代，我们提出"选择《读者》就是选择一种优秀文化"的概念，进一步明确了杂志的文化定位。文化是一个民族的根，是渗入民族血脉的东西。进入21世纪，我们提出"打造中国人的心灵读本"的口号，提出"《读者》是中国人的心灵读本"这个概念，这跟当时社会的发展有一定关系。改革开放这么多年来，经济发展了，人民相对富裕了，但也出现了精神层面的一些问题。一方面，有些人心目中没有敬畏，没有道德底线，为了获取某种利益，什么都敢干。所以这时候，对一个民族来讲，对一个国家来讲，特别需要一种道德的坚守；作为一个现代人，需要有现代意识，更需要明白自己的底线是什么。第二方面，许多人的心浮躁了，惶惶不可终日。社会的发展不仅是物质的发展，人的精神文化也要得到相应的发展。社会进步的核心在于人的进步。人的进步是什么？就是形成人的现代化。人的现代化是什么？就是人的思想观念、行为方式和现代文明合拍，就是你自己心里得有坚守，知道什么该做，什么不该做。为什么现在很多人浮躁，很多人心里不安，很多人对一些错误的东西熟视无睹甚至同流合污，就因为他自己没有一种道德坚守、理想坚守、信念坚守、文化坚守。

这些年，我们结合刊物发展的需要，不断地丰富《读者》的办刊宗旨。最新的一种提法是"《读者》给你提供一种价值观"。《读者》之所以这么多年能够按

《读者》的发展历程

照这种观念、这种理念往前走，是因为她把住了社会发展的脉搏。《读者》创刊第一年，月发行量只有几万份；上世纪80年代最高达到170万份，90年代最多的时候月发行量达到450万份；进入21世纪，2006年《读者》的月发行量最高达到1000多万份。《读者》杂志在世界上的排名非常靠前，在上个世纪，连续十多年发行量排行亚洲杂志首位。在世界杂志中，《读者》上世纪90年代排第四；进入21世纪，现在已经排到前二三名。

《〈读者〉的人文关怀》书影（中华书局）

近年来，我完成了两本书。一本叫《让〈读者〉御风而行》，收录了我在《读者》发表的卷首语、《读者》重要历程的讲话、研究《读者》的论文，此书的资料价值较强。另一本叫《〈读者〉的人文关怀》，是国家"文化名家暨'四个一批'人才作品文库"的一个选题，由中华书局出版；这是一本研究《读者》办刊理念和核心内容的书，我从人文关怀的角度，从理论上归纳总结了《读者》的内容，阐释了《读者》成功的理由。2014年1月8日，中国期刊协会在北京开了"彭长城期刊编辑思想研究"研讨会，中国期刊协会的两任会长、中宣部出版局局长、教授学者以及《中国国家地理》《知音》《家庭》《故事会》等大刊名刊的总编五六十人参加了这次研讨会。这也是中国期刊协会成立以来首次为个人召开的研讨会。

《读者》与兰大的渊源

访：据说《读者》的团队里有很多兰大毕业生？

彭：《读者》的发展和她的团队有很大的关系。期刊界有个说法：杂志是主编的影子。我是从《读者》的编辑、副主编、主编、社长、编委会主任，一直做到读者出版传媒股份有限公司的总经理，在这里工作了三十多年。读者出版传媒股份有限公司，不仅有《读者》，还有8个出版社、15本杂志，是个综合性的出版集团。

《读者》的工作团队，早期有胡亚权，我是1982年去的，1986年去的兰大地理系的袁勤怀（现《读者》的副主编之一，甘肃省政协常委），1993年到杂志社的陈泽奎是兰大历史系毕业的（现读者出版传媒股份有限公司常务副总经理）。杂志社现任6位领导有5位从兰大毕业。《读者》总编、社长富康年，副总编侯润章，都是兰大中文系毕业的研究生，是林家英先生的学生；常务副社长、副总编宁恢，也是兰大中文系毕业的研究生；曾任常务副社长的康力平，是兰大无线电物理专业毕业的。《读者》杂志社里好多骨干是兰大毕业的：编辑部主任张涛、副主任陈天竺，校园版主编潘萍，杂志社品牌发展综合部主任王祎，责任编辑郑洁、李霞，发行部副主任刘志伟等，都是兰大毕业的。因为《读者》要求应聘者必须是重点大学毕业的，而甘肃只有兰州大学这么一所重点大学，所以《读者》团队中兰大毕业生比较多也很自然。这几年随着办刊规模的扩大，来自清华、北大、复旦的毕业生都有了。

因为《读者》，我当选党的十七大代表、第十二届全国人大代表。我这上半辈子就做了《读者》这件事，《读者》也成就了我的职业生涯。

中宣部出版局、新闻出版总署报刊司、中国期刊协会召开
"品味·质量·效益——《读者》之路研讨会"（北京，2004）

访：还有一个《读者》差一点停刊最后又绝处逢生的事，是不是跟兰大也有点关系？

彭：在《读者》办刊初期（大概是1983年），那时是改革开放的初期，"左"倾的东西还比较重。有人到国家的管理部门告状，说《读者》是"自由化"倾向比较重的一本刊物，举了很多例子。这件事引起了国家高层、甘肃省高层的关注。真是这么回事吗？咱们的老校长、时任甘肃省委宣传部部长聂大江安排一些专家包括兰大中文系的柯杨教授，包括我们出版社的人，这些兰大的、师大的、社科院的、党校的专家，对《读者》的内容进行了认真的审查。看完以后，柯杨教授他们都给了正面评价：从细枝末节看，《读者》可能有点问题；但是从大方向看，这本文化综合类的刊物，其主流价值观是对的。聂大江部长向省委如实反映了这个情况。当时为了审核这件事，《读者》停刊一期，搞了一个合刊。《读者》虽然走了这么一段弯路，但总体来说，世界各地的校友（包括一些领导），都很关注《读者》，对《读者》的帮助还是很大的。柯杨教授一直帮助《读者》，他不仅把自己珍藏多年的《读者》捐了《读者》杂志社，还专门给《读者》写过好几篇文章，感情很深。柯杨教授非常有才，文章情真意切、妙笔生花。

"君子务本，本立而道生"

彭：客观地讲，《读者》的社会影响力还是挺大的。我是党的十七大代表，列席了十七届四中全会，那次全会是研究加强和改进新形势下党的建设问题。在四中全会第十小组的会议上，我就谈到了《读者》，正好胡锦涛同志参加我们小组会议。我谈到《读者》的两篇文章对党的建设有启发作用。

第一篇是崔乃夫校长写的"兰大三公"（注：《兰大百年忆三公》），写江隆基、辛安亭、林迪生三位校长在兰州大学的事。江隆基校长尽管在北大受了很大的委屈，从北大贬到兰大；但对兰大是好事，他对兰大教学、科研、整体办学水平的提高以及兰大进入全国一流大学做了很大的贡献。他在党内资历很老，但总是以普通党员的身份出现，从不搞特权。林迪生校长"文革"中与破坏教学、抹黑兰大的个别领导针锋相对，学生批斗他，把他从楼梯上推下来，结果受了伤。他明明知道这是哪个系、哪个班学生干的事，但就是不说。他认为，这是教育失误造成的，是我们的教育无方；学生成这样，领导、老师有责任！辛安亭是新中国成立后接管兰州大学的第一任校长，当年做了很多工作；尽管家里很困难，但从不向组织提要求。"文革"中领导干部靠边站，崔乃夫教务长找他倾诉苦闷，他开导说现在可以抓紧时间好好读些书，情况好转后就可以为党工作了。他强调应像古人，"君子务本，本立而道生"。"兰大三公"作为有信念有理想的共产党员，是怎么看待为人民服务这个党的宗旨的，是怎么为实现党的目标踏踏实实做事的，由此也就不言而喻了。

第二篇文章，取自民国小学课本上的一篇文章。一个大口瓶里放了糖，小孩手伸到瓶里抓了大把糖，结果手取不出来了；他妈妈就说，把手张开，只拿一颗糖，你的手就能出来。这就是教育！党的领导干部应该知道什么该拿，什么不该拿，应该做到取舍有度；自己干了什么，什么是规矩，老百姓都明白的简单道理，党的干部更应该知道。首先做老百姓眼中的好人，才能够做党的领导干部。

我给胡锦涛总书记讲了这些。会后，好几位部长、省委书记对我说，他们都在看《读者》，《读者》的许多文章有内涵、有深度、有教育意义。这就是《读者》的品牌价值，这就是《读者》在我国改革开放以来的社会影响力。

一生做好一件事

彭：我为什么一直做《读者》的工作，为什么没有跳槽？实际上，从上世纪90年代以来，想聘请我的单位真不少（比如进京啊，或去南方发展比较好的省份，有的企业还承诺给我股份），但我始终没有动心。2008年原新闻出版总署拟成立中国期刊出版集团，整合总署系统的10余种期刊资源，作为中国期刊出版的"国家队"（现在的中国出版集团，就是图书出版的"国家队"，商务印书馆、中华书局都在其中），让我挑头做。但我除了对《读者》感情很深之外，觉得《读者》还有许多事没做，《读者》在传承文明、传播文化方面还能做点事，最终没有去。

后来因为多种原因，中国期刊出版集团没有成立。

《读者》第一届印刷质量评比会（1998）

在编辑《读者》的过程中，《读者》的很多文章启发和帮助过我，也可称"编学相长"。比如上世纪80年代末90年代初，国内出现了下海经商的热潮。许多下海的人为中国国力的增强、经济的增长做了很多事，有的成了大老板，也有许多人一事无成。但是另外一批人却坚守在"岸上"。我选过作家周涛的一篇文章，叫《一个人一生做好一件事》，登在《读者》上。文中写道：当下社会充满浮躁，很多人纷纷下海，不搞专业了，但是每个人都要知道自己的使命是什么。博格达雪山给了他启示，雪山在阳光照射下发出了摄人心魄的蓝色，积雪溶化，雪水流下，但不能因此就说雪山失雪了。雪山存在的意义就在于它屹立着，给人一种心灵的支撑，让我们感觉到它就在那里。同样的道理，每个人都有自己的使命。周涛认为他的使命是当个作家；如果当不了一个好作家，就当一个好公民。我是学历史的，我应该去研究历史；但我进入了编辑的行列，和同事办了这本叫《读者》的杂志，这本杂志有丰富的内容，她能传播真善美，能让我们开阔视野、培养现代意识。所以，能把这本杂志办好，就是我的使命，我的岗位在这里。我今年62岁了，我的人生追求、职业追求，全部融入这本杂志里了。

对今天的大学生、我的校友来讲，你们的一生将面临无数的选择，但你们一定要有主心骨，一定要知道自己最终要的是什么。我觉得这很重要。

学校是办教育的，《读者》是另一种教育渠道，两者共同承担着教育的使命和责任。学校更多的是教专业知识；《读者》则侧重思想启迪，帮助你树立正确的价值观，培养审视问题的多种角度，通过这些找到你安身立命的定海神针！

205

春风化雨 润物无声

彭：西方一位教育家说过：教育是什么？教育就是一棵树摇动另一棵树，一朵云推动另一朵云，一个灵魂唤醒另外一个灵魂。《读者》办了这么多年，被很多人推崇为"中国人的心灵读本"。在社会上，很多人因《读者》而受益。

我们搞过一个征文比赛，读者们写道：因为《读者》，他找到了一生的灵魂伴侣；因为《读者》，他做出了科研成绩；因为《读者》，他成了一名作家……

我自己也碰到很多这样的事情。有一次我去深圳出差，与合作方一起吃饭。席间，合作方在走廊碰到他的一个朋友，就告诉他朋友在和《读者》老总吃饭。他的朋友说，我一定要敬《读者》老总一杯酒，《读者》救过我。这位年轻朋友在敬酒时讲了他的故事：以前他是混社会的，曾经在与另一方人的冲突中吃了亏；他咽不下这口气，要和对方来个了断。有天，他知道对方在某个地方，就拿着刀去了。做事前，因为紧张，他就去了洗手间；那里碰巧有一本别人遗落的《读者》，他就翻开看，正好看到一篇讲母子情深的故事，母亲为了孩子的成长付出了很多。这时他就想起了自己的母亲。他生活在单亲家庭，是母亲含辛茹苦把他带大；现在他要做这样的事，他死了，母亲以后怎么活？想到这儿，他就把刀丢了，决心换个活法。后来他去深圳打工，开始订阅《读者》，讲经营之道的文章给他提供了思路和启发，他因此成为一个创业者。我们见面时他已是一家中型企业的老板。他说，我要感谢《读者》，是《读者》救了我的命，给了我幸福生活的源泉。现在我把母亲接到深圳，我觉得自己生活得很幸福，尽了一个儿子应尽的义务，也对社会做了应有的贡献。

这样的例子很多，我们每年都会收到类似的来信。一封读者来信说：我是新疆一个监狱的狱警，有两名年轻犯人的死刑判决书下达了，几天后就要执行。对狱警来说，这时需对犯人24小时紧盯，否则他要自杀啊或者出点什么问题，就没办法交代了。我觉得这两人喜欢看书，就把家里所有的《读者》拿给他们看。结果这两人最后的48个小时基本上没有合眼，一直在看《读者》。行刑前，这两个不到20岁的年轻人给我磕头说："我们要是早点看《读者》，就不会走到今天。"他们还回到我手里的一摞《读者》，原本折起的角都被抹平了，压得平平的，整整齐齐……

这样的故事太多太多。我说《读者》是中国人的心灵读本，实际上是在说《读者》的道德坚守，是在说《读者》一如既往地传播着一种正确的人生观、价值观。

相逢一笑泯恩仇

彭：中国改革开放这么多年，经济发展了，文化发展了。得益于改革开放的大环境，《读者》也发展得很好。

彭长城（右）与美国《读者文摘》董事长汤姆·瑞德（2003）

《读者》刚开始叫《读者文摘》，美国也有一本《读者文摘》。美国的《读者文摘》是上世纪初创办的刊物，在美国影响很大，最多时每期能发行几千万册。在那个时代，特别是二战以后，《读者文摘》被称为美国人的精神支柱，美国的一些主要领导人都是她的读者。《读者文摘》的一位总编辑说，他们对美国的贡献，除了思想文化之外，还贡献了总统，比如尼克松。尼克松是恢复中美关系的美国总统，1972年来华访问被称为中美关系的破冰之旅。中美建交30周年时，在中国历史博物馆举办了一个由美国《读者文摘》牵头的展览。开幕式上，（时任）国家主席江泽民专门有一个视频讲话。我应美国《读者文摘》之邀，参加了这个开幕式，见到了尼克松的女儿。此时《读者》登了一篇文章，谈到尼克松在任时是政治家，卸任后成了思想家。因为卸任后，他一直不停地总结自己走过的路，哪些事情做得好，哪些事情做得不好，不断反思、认识自己。我把这本杂志交给尼克松的女儿，她握着我的手说："感谢中国人民记住了我父亲。"

我们和美国《读者文摘》的关系，经历了从互为对手到互相尊重的过程。《读者》最初的刊名叫《读者文摘》。为此，美国《读者文摘》通过律师事务所给我们来函，说这个商标是我们的，你们不能办这个刊物，你们必须把所有的订户交给我们。当然这是不可能的事。当时我们也征求了国家出版局的意见，一起探讨这

207

个问题，认为：美国有《科学生活》，中国有《科学生活》，苏联也有《科学生活》；不能因为美国有《科学生活》，中国就不能办《科学生活》了。那时候知识产权的意识并不是很强。在我们办《读者文摘》的早些年，美国人一直不停地起诉，各种各样的律师事务所要和我们打官司。后来看到我们的《读者文摘》发行得很不错，甚至进入了美国，在美国华人圈中很有影响，美国《读者文摘》的董事长就主动提出同我们和解。中央电视台海外频道有一个节目，叫《让世界了解你》，我和美国《读者文摘》的老总汤姆·瑞德就通过国际卫星在这个节目上做了一次即时交流（我在中国的中央电视台，他在美国的《读者文摘》总部）。汤姆·瑞德谈到，中国的《读者》和美国的《读者文摘》有很多相似之处，我们都在做人类灵魂的工程师，都坚持着我们各自的道德和美学，往往是这些被称为保守的东西，打败了那些时尚的、流行的东西，这是我们两本杂志成功的秘诀。他认为：中国的《读者》给人们提供了一种梦一般的意境，让人们能够感受到生活的美好。从此，我们彼此由对手变成了相互尊重的朋友。

访：谢谢彭先生！

【人物简介】

王安平，男，汉族，1954年6月出生于甘肃武都。

1978年8月毕业于兰州大学化学系，留校任教。曾在化学系分析化学教研室、资料室、办公室工作，历任校长办公室秘书（1987）、管理科学系副主任（1989）、学校纪律检查委员会副处级纪检员（1991）、校长办公室副主任（1993）、校长办公室主任（1998），2001年晋升高教管理研究员。2002年任甘肃中医学院（现甘肃中医药大学）副院长；2014年退休，享受正厅级领导职务待遇。

曾从事分析化学教学与研究和高教管理研究，在化学类和高教管理类学术期刊发表论文30余篇；近年来热爱散文写作，已在报纸、杂志发表文学类作品10余篇。2016年3月，志愿受聘为兰州大学档案馆（口述档案研究中心）研究员。

【萃英记忆】王安平

时　　间：2016 年 7 月 4 日 15:30

地　　点：兰州市 兰州大学档案馆

人　　物：王安平

访谈人：王秋林

拍　　摄：红　叶

文字整理：王安平

照耀我前进道路的明灯——胡之德先生

访：王老师，您好！您是兰州大学口述档案研究中心聘请的研究员，对我们正在推进的"萃英记忆工程"有所了解。今天，您打算和我们分享什么记忆？

王：我在兰大学习、生活、工作了 27 年，现在仍然住在兰大院里。应该说，是母校兰州大学养育了我，我的每一点进步都凝结着母校领导、老师的心血。因此，我对兰州大学有着深深的难以用语言表达的情感。实际上，我在母校亲历了许多值得回忆的事情，今天只谈对我影响最大的几位老师、领导中的一位——胡之德先生。

在我人生道路的每一个转折点上，胡先生都犹如一盏明灯，照耀着我前进的方向，指引我走出困境、走出迷茫，逐步到达理想的彼岸。他不仅教我很多知识，教我很多教学的方法，还教我如何做人、如何做事。在我的心目中，他既是一位诲人不倦的恩师，又是一位和蔼可亲的长者，还是一位乐于助人的朋友。

30 多年前，我从兰州大学化学系毕业，并幸运地留在分析化学教研室工作。当时的分析教研室人才济济，许多老师学识渊博、德高望重，整个教研室学术氛围非常浓厚，教学质量名列化学系前茅。随着毕业季的临近，看到同学们一个个离开学校、离开兰州，我的心就像十五只吊桶打水——七上八下，也深感孤寂伤感。毕业的"狂喜"一下变得"恐慌"。

一天，胡先生（时任教研室主任）把我叫到他的实验室，教导我如何完成从学生到教师的过渡，如何适应新的环境、进入新的角色，并结合亲身经历和体会，教我如何读书，如何进修提高，如何处理家庭、婚姻等问题。真是苦口婆心，耐心开导。这次谈话持续了两个多小时，给我上了人生道路转折的极为重要的一课，让我受益匪浅。与此同时，他还代表教研室给我下达教学任务，让我担任分析化学课程的辅导答疑和实验指导，兼做一个班的班主任。对于这"突如其来"的安排，我一下子懵了，半天没有缓过神来。面对我的窘迫，先生心平气和地对我说："不要急，慢慢来。年轻教师都得先过教学这一关。"说完他递给我一张写满文字的稿纸，上面列出需要阅读的教科书、参考书和杂志的目录，并指定了练习题，嘱我"能有多种方法解答更好"。

胡之德教授在做分析化学实验

分析化学当时由胡先生亲自主讲，所采用的教材是1977年恢复高考后由武汉大学编写的《分析化学》，很多内容我都是第一次接触。先生讲课语言简洁、条理清楚、重点突出，板书规范工整，其深入浅出、富有激情的讲解，激发了学生们对分析化学的浓厚兴趣，更使我加深了对这门课的理解，从中学到了很多教学方法。

先生培养青年教师独具匠心。他经常有意识地出些题目，让我查阅资料，做专题讲座，磨炼教学技能，增强演讲勇气，提升专业能力。做预备实验时，他每每站在我身后，手把手地教，还不时地针对实验现象，提出各种问题；他说这是学生实验过程很可能遇到的问题，你预先弄清楚了，届时就会胸有成竹。辅导答疑时，他往往坐在教室后排，亲自"坐镇"，"监督"答疑过程，了解学生掌握课程内容的情况；答疑结束后立即"会诊"，肯定成绩，纠正问题或偏差，统一解答同学们提出的共性问题；之后他还会单独嘱咐我克服上讲台的紧张情绪，仔细听完学生提出的各种问题，然后逐一分析，"对症下药"。

先生对青年教师的要求极其严格，从来不放松教育和开导。当年居住在单身宿舍里的青年教师，经常能够见到他的身影，非常熟悉他的脚步声。能得到先生经常性的关怀和指导，我们深感温暖。他对学术的专心执着、对学问的精益求精，他严谨治学的科学态度、为人师表的道德风范，为青年教师和学生所景仰，许多同事如今谈起来依然记忆犹新。

1984年以后，先生陆续担任学校的副校长、校长，每天要处理纷繁复杂的事务，但仍不忘关心年轻人的成长，经常和我们促膝谈心。他注重培养善于思考、勤于管理、热心服务、作风正派的人，一大批年轻干部因此走上了重要的领导岗位。他常说"希望学生超过我"，告诫我们要诚实守信、踏实做事、干净做人。他关心我的成长，或让同事带信，或亲自打电话，询问我的近况，关注我的进步。后来，我调到校办工作，他又教导我做行政工作，要把群众利益放在首位，对来办公室办事的人，不论是老教授，是学生，还是工人，都要一视同仁、热情、耐心地接待，保持好的精神状态、服务态度。在这一时期，虽然离先生近了，但看到先生为学校的建设和发展呕心沥血，而我却不能为其分担，常常感到着急和无奈。

先生担任学校领导期间，正是全国教育全面改革和大踏步前进的美好时期。他瞄准机会，审时度势，狠抓教学质量，狠抓科学研究，积极推进新兴学科、交叉学科的建设。他始终坚持民主办学思想，始终坚持党委领导下的校长负责制，积极推行集中领导和民主管理的新型运行模式，充分发扬学术民主，实行决策民主，完善委员会制，充分尊重老专家、老教授的聪明才智，充分发挥教职工的主人翁作用，使教职工的治学治校积极性空前高涨，使处在西部的兰州大学人才缺乏、资金缺乏、办学条件困难的局面得到缓解，为学校后来的进一步发展奠定了非常深厚的基础。在他主持行政工作期间，兰州大学教学质量稳步提升，在CGP出国考试中连续取得全国第一的好成绩；基础理论研究领域的科研论文、科研项目取得了飞跃式的进步，1992年和1993年，兰州大学连续两年发表SCI论文数名列全国高校第三，被引用次数名列第六，引起了学术界的广泛关注。与此同时，学校的经费收入大幅增长，办学水平大幅提升，在全国的知名度大幅提高。

走上学校领导岗位的胡之德教授

身为校长，先生平易近人，没有一点架子。校园里，人们常常可以见到他推着破旧自行车穿梭的身影。不管是老师、学生，还是后勤人员，不管是在办公室，还是回家的路上，只要是向他汇报工作、反映问题、寻求帮助，他都热情接待，耐心倾听，然后竭尽全力给予帮助。他的人格魅力和谦逊态度，他的办学思想和管理经验，对我产生了潜移默化的影响。在以后的工作中，每逢遇到困难和疑惑，我都要向先生求教，而他总是结合自己的经验和经历，引导我按教育规律办事，为广大师生着想，始终保持平衡的心态。

退休以后，先生奉献社会的雄心依旧、壮志不已。他四处奔走，寻求上级主管部门、社会各界的支持和帮助，组建甘肃省老教授协会及医学委员会，组织开展"银龄行动"，多方支援农村中小学教育和医疗卫生事业……他工作出色，贡献突出，获评全国退休老干部先进个人，受到中共中央组织部的表彰，并作为先进个人代表发言；时任国家副主席的习近平在表彰大会的讲话中高度称赞了先生的银龄援农行动。

从青春年华到耄耋之年，先生几十年如一日，始终把学习、工作作为一种兴趣、一种快乐、一种享受、一种生活习惯，把严格按照共产党员的标准要求自己作为一种追求，不忘初心，不懈努力，身体力行，勤耕不辍，为社会做出了许多有益的工作，踏出了人生亮丽的轨迹，为我们树立了光辉的典范。他既是德高望重的导师，又是扶持我们勇攀高峰的阶梯、引导我们走向光明的明灯！

胡之德教授赴京受奖（2009）

胡之德教授在全国先进离退休干部表彰大会上发言（2009）

　　几十年来，在我的职业生涯中，许多老师、领导曾给予我无微不至的关怀和培养，许多同事曾给予我无私的关心和帮助，胡先生就是其中的典型代表。对此，我满怀感恩，一心想以实际行动回报先生、回报母校（这也是我参与"萃英记忆工程"的原因）。值此兰大化学化工学院建立70周年之际，做一些回忆，也是一种纪念。

访：谢谢王老师与我们分享兰大经历的故事。

王安平在"胡之德教授七十五华诞暨从教50周年纪念会"上

【人物简介】

张立群，男，汉族，1954年9月出生，河北保定人。研究员，享受国务院政府特殊津贴专家。

1980年考入兰州大学经济管理专业学习，1984年大学毕业后分配到国家计划委员会（注："国家发展和改革委员会"的前身），1999年3月调入国务院发展研究中心。长期从事宏观经济分析和经济发展战略、规划研究。参加了"八五"计划、"九五"计划、"十五"计划、"十一五"规划、"十二五"规划的研究或有关文件的起草；多次参加中央经济工作会议有关文件和政府工作报告的起草。在《求是》《经济研究》《管理世界》《中国工业经济》《经济学动态》《瞭望》《人民日报》《经济日报》《光明日报》等报纸、杂志上累计发表宏观经济分析和发展战略方面的文章400余篇。经常围绕宏观经济形势与政策、政府工作报告学习辅导、经济发展中长期规划等作专题讲座。

【萃英记忆】张立群

时　　间：2016年7月8日

地　　点：北京市 国务院发展研究中心宏观经济研究部

人　　物：张立群

访谈人：王秋林　牛景海

拍　　摄：红　叶

文字整理：刘　静（2015级化学化工学院学生志愿者）

文稿审定：段小平　陈闻歌

日拱一卒　功不唐捐

访：张先生，您好！

张：您好！

访：兰州大学档案馆正在实施"萃英记忆工程"，就是请老先生、老校友回顾在兰大学习、生活的经历与感悟。我们拍录的视频、音频资料将由档案馆永久保存，并供后人参考。您是兰大的杰出校友，长期在国务院发展研究中心工作，今天请您做一次回顾。

张：好的。谢谢！

"低调做人，严谨治学"

张：1980年，我进入兰州大学经济系经济管理专业学习。当年是经济管理专业第一次招生，所以我是兰州大学经济管理专业的首批学生。

我家在河北保定，到兰州后的第一感觉就是比较偏远。一出火车站，我就看到一些穿少数民族服装的人，感觉区域差异很大。进入兰大以后，我马上就领略到了一个比较支持人们去学习的环境。当时，兰大可能正好处于改革开放之后的新环境，大家的精神面貌都很积极，想做事；整个社会包括个人都充满理想，都在抓紧工作和学习，尽力挽回失去的时间和机会，到处充满着生机和活力。另外，相对于我原来一直工作的工厂环境，这里的文明程度比较高，大家说话、交流等各个方面都比较理性、比较文明。刚入学那阵，感觉同学之间的差异还是比较大的，有从农村来的，有从工厂、部队等不同地方不同单位来的；不过经过一段时间的相处之后，大家很快就打成一片了。校园里老师和学生之间的相互适应也没有什么困难，彼此之间的融合能力都比较强。

兰大的一个特点就是比较朴实。兰大虽然是重点大学，但在重点大学里边并不抢眼；所以大家进了兰大之后，一般都比较低调。因为低调所以努力，越是低调就越努力；越努力，学生的潜质就发挥得越充分。当时整个兰大的学习氛围、学习精神给我留下的印象非常深刻。我们班的一些同学，晚上熄灯之后还自己想办法弄个蜡烛或手电筒，加班加点学习。

兰大老师治学也是比较认真的。他们敬畏学问，乐于与学生探讨学问；对提出的新观点，他们往往都是先从理论上琢磨清楚后再传导给学生。当时的一些老师，如给我们上社会主义政治经济学的史柳宝、王廷湘，给我们上中国近代经济史的李宗植，线性规划的主讲李国璋，还有前些年回母校时见到的许宗望老师（当年主讲经济管理）和钟比昭老师夫妇，他们都没有什么架子，并且把自己严谨治学的态度和精神，传递给了我们。从他们身上，我们深切感受到了师生之间的平等，学会了敬畏学问，学会了做学问的态度和方法。还有一些老师的言传身教，同样使我获得很大的教益；但因为时间久远，恕我一下子不能一一记起他们的名字。

概括来说，兰州大学的学习风气、学习精神，包括做人的模式，都是比较有特点的，这就是"低调做人，严谨治学"！这个特点实际上也可以说是兰大的传统，她让兰大一代又一代的学子不断传承其精髓、丰富其内涵，并从中受益。

"不唯上，不唯书，只唯实"

张：后来我到了国务院的发展研究中心工作。这个中心实际上一直强调的一种精神，就是陈云同志讲过的"不唯上，不唯书，只唯实"。也就是说，研究中国的一些经济问题，我们既不能轻信书本知识，完全照搬一些理论，也不能盲从领导指示，一味地紧跟领导。研究中国的经济问题，还是要深入下去，在调查研究当中搞明白各个方面的具体情况，这实际上也是在积累对中国国情的了解。在这个过程中，我们为国务院提出了一些有一定参考价值的政策建议。正因为这样，我们中心从1985年成立到现在，一直得到国务院的肯定。我觉得这种精神和兰大的治学精神在有些方面是一脉相承的。

访：在国务院的办公环境下，您可能会听到一些对兰大（毕业生）的评价，您认为兰大的人才培养或兰大的毕业生还有哪些不足需要改进、提高？

张：我到北京之后，接触了各个方面的人，大家对兰大学生的第一反应就是这些人不能低估，他们做事情都很低调，但是有潜力、有能力。这是第一个感觉。第二个感觉就是兰大出来的一些同学在开拓精神或者是主动把握机遇这个方面，他们不如南方学校来的一些学生。也就是说，兰大的学生低调，做事情非常努力、扎实，但是在挑战风险、把握机遇，在整个思想的活跃度、开放度方面，还需要不断提升。

访：您讲得很实在，我们从不同的渠道也听到过类似的反映。勤奋朴实、踏实肯干是咱们的优点，把握机遇、勇于挑战还需要加强。

张：对。总的来说，秉承"不唯上，不唯书，只唯实"的至理名言，我在研究中国经济的过程中，老老实实面对问题，认认真真深入调查，把事情搞清楚后，实事求是地提出研究报告。这些都和母校"低调做人，严谨治学"的优良传统对我的潜移默化不无关系。

我一直对兰大心怀感恩，也一直祝福兰大能有更好的发展。当然在可能的条件下，也应当尽自己之所能支持兰大的发展（比如说为兰大的学弟学妹们做一些讲座）。我也希望兰大保持和发扬好的校风学风，促进兰大人"长江后浪推前浪"，源源不断地为我们国家的发展，为全面建成小康社会和"中国梦"的实现做出更多更大的贡献。

30年宏观经济研究生涯回眸

访：您也介绍一下自己吧。

张：1984年我从兰大毕业，分配到国家计划委员会经济研究所，由此基本上奠定了我职业生涯的发展方向。经济研究所当时有一个经济体制改革研究室，我在那个研究室研究计划体制改革。当时计划体制改革是重点，国家计委几次放权（包括定价权、项目审批权等）的过程我都经历过。当时国家计委从计划管理转向宏观调控，需要对经济运行情况做一些跟踪分析和研究，计委经济研究所为此成立了宏观经济形势分析课题组。我大概是1986年参加这个课题组的，1994年开始担任课题组的组长。后来和这个课题相联系的经济研究所成立了一个综合研究室，我是研究室的主任。在这个基础上，国家计委1996年组建宏观经济研究院，统一管理当时国家计委所属的大概八九个研究所。1997—1998年，我担任过宏观经济研究院综合研究部的负责人；1997年被国家计委评为研究员。

1995年，我参加了（中共中央）十四届五中全会文件（"九五"计划和2010

年"远景规划")的起草。起草组的组长是温家宝，一些部委的领导也参加了这个起草组。为此我们在玉泉山待了8个月左右。就是在那个起草组，我认识了国务院发展研究中心的有关领导。1999年他们几次找我，希望我到研究中心做研究工作。当时国家计委宏观院的宏观经济形势分析课题组做了一些调整，国务院发展研究中心又组建了宏观经济研究部。在这个情况下，1999年我就调入国务院发展研究中心宏观经济研究部，主要参加宏观经济形势分析课题的研究。这个课题到现在还是中心的一个重大课题，由中心的一位副主任主持，多个研究部和研究所的相关同仁参加，每个月都有一次研究分析活动。我参加宏观经济形势研究的时间比较长，从1986年到现在，差不多整30年了。

我1954年出生（属马），2014年退休。退休之后，又被国务院发展研究中心宏观经济研究部返聘，继续做宏观经济形势分析的相关工作。毕竟参加工作时间长，有些经验可能会为大家提供一些帮助。

访：您在这个过程当中，主要做过哪些工作？

张：我是中国加入关贸总协定（世贸组织）课题（1992年国家计委科研项目）的重要成员之一，研究加入关贸总协定对中国经济的影响。这个课题后来出了一本书，获得国家计委科技进步二等奖。1997—1998年，我参加"十五"计划的研究，主要研究成果获得国家计委科技进步一等奖。

到国务院发展研究中心以后，我继续国家计委的课题，研究买方市场条件下的经济运行和宏观调控，主要针对1998年之后市场供大于求的情况，从买方市场的角度对宏观调控的模式、经济运行的特点，做一些比较系统的讨论。主要成果2000年由中国计划出版社出版。另外，我参加了两个课题的研究。一个是中心领导主持的2020年中长期发展的研究课题，主要成果获得国务院发展研究中心的中国发展奖的特等奖；另一个是2010年和我的两位同事写了本书——《加快转变经济发展方式干部读本》（人民出版社，2010），对中国经济发展需求和供给的不同变化，进行了多个方面的讨论，进而研究转变发展方式问题。

总的来说，在政策咨询研究中，我是以宏观经济为主阵地，根据年度经济运行和宏观调控的跟踪研究，不断提出建议，并以调研报告等方式反映上去。另外，是关于五年计划和中长期发展战略的研究。从"八五"计划到"十二五"规划，我一直都在参加有关的研究；中间也参加过一些和五年计划相关的文件起草。从2002年开始，连续5年参加政府工作报告的起草。在这些工作中，我有机会从多个角度观察、认识中国的发展，积累对中国国情的了解。现在可供我支配的时间会多些，我在整理一些资料，做一些努力，希望能通过对中国经济发展的一些内在联系，包括独有的一些特征，经济周期性波动，宏观调控不同时期的特点、一般规律的总结，把过去这几十年对中国宏观经济的政策性研究，加以提炼和综合。

访：您的工作等于是直接给国家领导决策提供参考，或者直接起草国家的大政方针政策，像政府工作报告等，是这样的吗？

张：应该说国务院发展研究中心，就是为国务院做政策研究咨询的一个部门，过去一般都是常务副总理分管我们中心的研究工作，所以中心工作直接得到国务院领导的支持，有一些急需研究的问题（或者热点研究问题）也会以任务的形式安排下来。所以说在国务院的决策过程当中，中心还是很重要的一个参谋部。

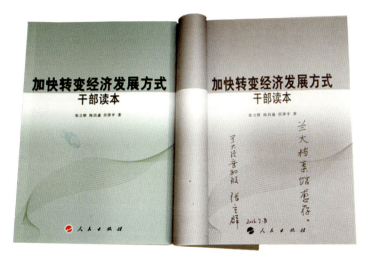

《加快转变经济发展方式干部读本》书影（人民出版社）

访：您刚才提到的一些公开发表的著作，能不能提供给我们，作为档案馆的资料保存？

张：好的，我手头就有一本书（张立群等著《加快转变经济发展方式干部读本》），您先拿去好了。

访：谢谢张先生！请在我们的留言簿上留言。

张：好。（执笔书写）：感恩兰大，祝福兰大，支持兰大。张立群

【人物简介】

程庆拾（字古生，三即斋主人），男，汉族，1959 年 6 月生于四川泸州合江，祖籍山西武乡。

1982 年 7 月毕业于兰州大学中文系。全国美学学会，新疆作协、书协、美协会员。国内著名钢笔画家、钢笔画理论家和钢笔画信息宣传工作者。中国钢笔画联盟常务理事，《中国钢笔画家》杂志编委，《当代钢笔画》杂志主编，新疆钢笔画艺术家俱乐部主席，全国"首届新钢笔画学术展"组委会委员。

美术作品和相关文章发表于《美术报》《文汇报》《中国文艺家》《文化月刊》《美与时代》《中国手绘》《建筑与文化》《新疆日报》《新疆艺术》等报纸、杂志。

【萃英记忆】程庆拾

时　　间：2017年12月21日

地　　点：乌鲁木齐市 红光山希尔顿酒店

人　　物：程庆拾

访谈人：王秋林　张晶华

拍　　摄：红　叶　张晶华

文字整理：程庆拾

文稿审定：段小平

"铁笔素宣绘美景"

访：程老师，您好！很高兴您能接受访谈。我们正在实施"萃英记忆工程"，请老校友讲述在兰大学习生活的经历，讲述走上社会以后的作为和感触。今天请您做个回顾。

负笈兰大求真学　课余雅好诗书画

程：王老师好！听说王老师也是兰大1978级（化学系）的，而且还年长我几岁，我就称您师兄吧！兰大"萃英记忆工程"要采访我，承蒙母校错爱，这让我感到诚惶诚恐。

1978年秋季，我以当年应届高中毕业生的身份考入兰州大学中文系。那是"文革"之后恢复高考的第一次全国统考，竞争异常激烈，高中同学一个班能考上的也就一两人而已。我与年长6岁的胞兄同一天接到录取通知书，他是上海师大（1980年恢复华东师大校名），我是兰大，两所大学均为全国重点大学，一时间在古老的川南小县合江引起了不大不小的震动，传为佳话，被城乡亲友、左邻右舍和许多同学羡慕不已。

入学报到后我才知道，兰大中文系1978级是个大班，人数多达66人，包括6位女生。班里最大的学兄已经三十多岁，而我们几个应届高中毕业生才十八九岁，是不折不扣的小字辈。这种特殊情形，在后来的大专院校中是难以想象的。

想当年，母校的教育教学及生活条件远不如现在。学习方面，图书馆、阶梯

223

教室往往人满为患，得提前去占位置；发下来的教材，纸张粗糙，而且大多是油印的。生活上，七八个人挤一间宿舍，常喝苞谷面糊糊，吃玉米发糕和钢丝面（一种玉米粉压制的面条）；文科食堂难得一次的炸酱面，便是我们心仪的美食；一周一两顿带肉的菜，大家就能像过节一样高兴。那时"文革"刚结束不久，国家拨乱反正，百废待兴，全社会充满着进取向上的磅礴朝气。我们这些百里挑一、来自全国各地的"天之骄子"，都非常珍惜来之不易的学习机会，大家都很努力、很刻苦。母校优良的校风学风，那时在西北（甚至全国）的高校中也是出了名的。偶与外校同学见面，也会得到大家的"另眼相看"，因为我是兰大学子！

人物访谈录 2

程庆拾在兰州火车站（1980）

四年的学习紧张而有序，大家都格外努力。我的成绩虽然不算拔尖，甚至外语还有补考的情况，但也有自己的"强项"，并被老师同学所看重——那就是课余时间爱好书画篆刻。这些我是从小就喜欢，可能也有一点天赋吧！在完成中文专业学习的同时，我还努力发展个人的书画爱好，为此分心不少，不过也有得有失。有这样一些让我自豪、值得回顾的事：

（一）与生物系的庞广昌、经济系的殷晨海、中文系的荆体峻，还有王虎（哪个系的我忘了）等十几位同学，发起成立"兰州大学学生书画社"，广昌为社长，我和另外两人是副社长，共同开展书画学习交流活动。我们先后邀请甘肃师范大学美术系的王福增、兰州医学院的聚川（注：何裕）和本校历史系的赵俪生等著名教授，为有兴趣的同学举办讲座，一时间搞得红红火火。这件事得到校党委办公室童若兰、校团委书记唐伟等领导的大力支持，学校将校党委办公所在地的一大间地下室拨给书画社，作为活动场地。在这里我们自己学装裱、交流技艺、组织外出写生，还举办书画展，大家乐此不疲，干得有声有色。在我们组织的几次联展中，母校书画水平高的不少老师，纷纷提供精品力作参展，以示支持，令人备受鼓舞。

程庆拾在兰州大学举办的个人画展上

（二）在校系领导、老师的鼓励支持下，我办了两次个人画展。几十年前，一个课余爱好美术的普通学生，能办个人画展，这在兰大上百年的历史中或许并不多见。个人画展得到了系里的支持，齐裕焜、陈淀等不少老师都认为这是件好事。再说运作也不麻烦，一间大教室挂上七八十幅画就成了。前一个画展是纯钢笔画作品，家乡风光写生；后一次画展是固体油画与钢笔画，与同班同学王治明合作，由他为我的作品配诗。相对而言，第二次展览的影响要大些，参观的师生不少。柯杨老师带了他的几个外国留学生来观看。林家英老师带着丈夫也来助阵，她说从我的一些画中品出了浓浓诗意，中文系的同学，最好一专多能，成为"多面手"云云。这颇令我汗颜，不过心里难免也有些许自豪。教我们宋代文学的李东文老师，在一次课堂上还提及我的书画爱好，说中文系的学生，若能像程庆拾这样，雅好书画篆刻，在文学、历史、哲学、美学、传统书画艺术等方面兼收并蓄，互为生发，这对学业的进步，以及今后工作中能力的发挥，无疑都是一件好事；古代不少诗人作家如李白、王维、苏轼、黄山谷、董其昌、曹雪芹，都是亦诗亦文、亦书亦画的大家。东文老师能如此肯定一个学生的小小努力，我铭记终生，至今感念不已！教我们古代汉语的祝敏彻老师，那一手中规中矩、功力深厚的行楷体板书，令大家佩服得五体投地，我更是记忆深刻。

225

兰州大学程庆拾个人画展上的部分作品（1981）

　　毕业前我的作品在甘肃首届大学生书画摄影展上还获得过一等奖。说起这个奖还真来之不易，参展时我心里颇为忐忑，担心如果连三等奖也无缘的话，会给兰大丢脸。因为参加此展的有甘肃省爱好书画摄影的大学生，包括西北师范学院和西北民族学院美术系的同学，人家可都是专业水平，我不过业余爱好。我的作品是一组大约10幅A4纸大小的钢笔画，为成都杜甫草堂的写生稿；但发挥得比较出色，钢笔画技法应用可能也有一些无师自通的所谓个性特色吧，这才赢得评委老师的一致认可，获得速写作品一等奖。此举为母校争得了一份荣誉，我自己也深感振奋，甚至因此认为自己玩钢笔画天生的感觉比较好。这也为后来我长期致力于钢笔画的深入探索奠定了信念和基础。

程庆拾参加甘肃首届大学生书画摄影展的获奖证书及作品（1981）

　　访：在校就读时还有什么有趣的记忆？

　　程：那很多呢。单说这吃吧——1978年12月24日，我记得很清楚，兰大文科食堂公布当午菜单，上有"金线吊葫芦"（标价1角），不知何物，大家觉得新奇，结果买来一看，哇，粉条烩小洋芋蛋蛋！后来学校在旁边的家属区开了一个半公开的小食堂，肉菜多，甚至有四喜丸子这样的好菜，但比较贵。当然，文科食堂有时也有卤猪肘，隔老远都能闻到浓郁的香味，但得用现金买，饭票不行。记得一只不大不小的卤肘子，得好几毛，可惜咱口袋不够丰实（我的助学金每月才15元），为解馋，往往是几个人凑钱买上一只，分而食之……

人物访谈录 2

这真是：

> 兰大四年故事多，岁月如歌感蹉跎。
>
> 纷纷酝酿成美酒，奔六古生叹且喝。

我曾自豪地刻制过一枚印章：曾读萃英门下。

我背诵过许多唐诗宋词，也开始尝试着写作。后来越来越感兴趣，常有小品保存。古典文化对我后来的钢笔画创作，同样很有意义。如果说我的画中蕴含着某些优美的意境、美好的情愫，画意与诗情并举，那一定有赖于母校的四年培养与华夏古典文化的长期浸润。

那时的周末只休息一天，在简单处理完个人生活杂务后，我常常独自（或邀上几个男女同学）去五泉山、白塔山、雁滩，甚至登上高高的皋兰山对景写生，也常常留下一些黑白照片。雁滩去得最多，包括附近的黄河沙岸一带，都曾留下我们的足迹与身影。水磨咿呀、绿柳软风、果园轻唱、雪泥鸿爪，这些景致与际遇，对提升画技，培养我对自然风光深厚而浓郁的感情，无疑颇有意义。

访：您本科毕业论文的指导老师是哪位？他给您留下了怎样的印象？

程：我毕业论文的指导老师是胡垲先生。胡先生高高的个子，微胖，脑门很高，戴着高度近视眼镜，一副读书人的儒雅风度，一看就很有学问。他还爱笑，待人和蔼，颇有亲和力。胡先生毕业于北京大学中文系的文艺理论研究生班，学术观点比较正统。他给我们讲授美学概论时还不到50岁。那时候美学研究还有一些禁区，不像现在这样自由。胡先生课讲得不错，善于引导启发。我后来对美学产生的浓厚兴趣，也与听他的课颇有关系。可能是知道我喜欢书画常常外出写生吧，胡先生建议我的毕业论文写自己喜欢并真有感受的论题。于是我结合对自然美长期的观察玩味，提出"形式美方面的初探"的毕业论文选题。胡先生对我从这个角度写的研究论文持肯定态度，认为所提观点颇有新意，最后评定为优秀。

转益多师尊校训 教学相长齐致力

访：请您介绍一下毕业以后的情况。

程：从上世纪70年代末开始，因与母校结缘，我逐渐培养起浓厚的"兰大情结"。

母校"自强不息，独树一帜"的校训，"勤奋、求实、进取"的优良学风，对我这个已经离开母体的普通学子一直产生着积极的影响，早就融入自己的血脉，我也从中受益良多。长期以来，我在没有人指教的情况下，自学钻研书画，探索将美育课程引入中专教学，特别是后来对钢笔画理论研究和技法探索的不懈努力，多少取得了一点成绩。在执着勤奋方面，自己数十年来一直坚定信念，刻苦投入，熬夜写作和画画每每成为常态；"衣带渐宽终不悔，为伊消得人憔悴"，虽事倍功半，那可能也是天资欠聪颖或努力不够所致吧！

程庆拾在"中国首届新钢笔画学术展"上与鲁迅美术学院的部分学生交流（2014）

因为受蔡元培"以美育代宗教"观点的影响，毕业支边新疆执教以来，一方面撰写了一定数量的美学探索文章，发表在《真善美》《美与时代》《艺术与时代》《新疆艺术》等报刊上。另一方面积极探索对中专学生的审美教育，在新疆数十所中专学校率先尝试开设美育基础课程，颇受学生欢迎；并到乌鲁木齐多所中专学校示范推广，得到同行好评。我还参编几本美学教材或美学知识普及读物（如《生活美学》，新疆人民出版社；《美育基础》，武汉大学出版社），在报刊开设美育基础和文史小专栏，甚至作为唯一的中专代表，应邀出席高校美学研讨会。这些探索实践，虽然可能没有什么特别的学术分量，但深入浅出，通俗易懂，接地气、见成效，我想这样学以致用，对于提升艺术创作水平，实践专业所学为教育服务、为社会服务的目的，还是具有一定普及性意义的。

2004年因所在中专停办，我转行到乌鲁木齐电信分公司，45岁的我一切重新开始。我努力学习新的通信行业相关知识与技能，较快适应了新的工作环境。

工作之余，我自学和探索钢笔画十余年，包括围绕以描绘西域原生态自然风光为创作母题之下的各种技法语言的尝试与开拓，积极参与历届全国钢笔画展的运作，从事钢笔画的理论研究，为当代钢笔画的发展繁荣而不懈努力。

程庆拾在自己的作品前接受《酒城新报》采访时（2015）

　　已故美学大师王朝闻先生是我的合江前辈。大学期间，我就拜读过当时所能找到的他的论著，深受其影响。毕业支边后，我与老先生取得联系，通过几次信；作为同乡前辈，他对我勉励有加。受其理论观点与文章风格的影响，我也尝试写开了他那种风格的美术和美学方面的文章。

　　自己这些微小成绩的取得，首先有赖于母校的悉心栽培。如果没有兰大的四年学习，让我打下踏实做人、扎实从学的较好根基，没有支边执教二十多年的长期历练，没有新疆长山大水壮美风光的感召与启迪，再加上自己"胆大妄为""无师自通"式的一份热情和刻苦钻研，这一切都将是不可能的。

　　大半生已然过去，遗憾多多，难以追悔。如此的简单和平淡无奇，可概括为求学、执教、探艺，三者互为呼应，各有长短。大学所学文学创作和文艺理论等方面的基础知识，对我书画特别是钢笔画艺术的探索，的确是"润物细无声"，既不可或缺，又受益良多。有人说，如果当年我考上的是四川美术学院，而不是兰大中文系，可能绘画技法会不错，但未必就能有如此比较深厚的文化底蕴了。这话有一定道理，虽不敢自诩自己的文化底蕴有多深。

　　近年我开始"一日一文一画"的创作实践，坚持写了数百篇，内容以钢笔画有关人事、画作为主，偶尔也涉及和文艺有关的社会现象。这些短文，常常在全国钢笔画界引起共鸣，广受欢迎，对于推动中国钢笔画事业的发展，可能也起到了很好的作用。在这样的短文后面，我常常附上几句小诗，半文半野，亦庄亦谐，读起来亲切有趣。所谓言为心声，这些小诗其实也是我心性和性情的反映，不事矫饰去雕琢，自然天成。

有朋友认为这些文章很见"作家功底"，事实上只有我自己知道，这其实更是"兰大功底"啊！

程庆拾主编的《中国新钢笔画》和《当代钢笔画》杂志

钢笔画美勤探索 十载艰辛有小成

访：前面多次提到钢笔画，请您具体介绍一下。

程：我常常说，自己一介书生，百无所长，能拿得出手没有辱没母校的，或许只有钢笔画了。数百幅画作，上千篇涉钢文章，包括钢笔画理论探讨、著名画家介绍、优秀作品赏析、钢笔画技法的推介和全国钢笔画展的评论等等，还有作为主编创办过两种钢笔画专业杂志（《中国新钢笔画》网络杂志，中国钢笔画联盟机关刊物；《当代钢笔画》，内部刊号），参与发起全国首届新钢笔画学术展，并得以在鲁迅美术学院大连校区成功举办，等等，这些便是自己努力的一个个或深或浅的蹒跚足迹。

我的钢笔风景画创作和钢笔画理论探索，目前在国内钢笔画界已有一定的影响。十年心血，积稿无算，偶有佳者，娱人娱己，便觉这半辈子没有完全虚度，也干了一点正事。

我的钢笔画以西域原生态自然风光为创作主题。从23岁大学毕业到今天，我在新疆生活工作了36年，当过二十几年的中专老师，寒暑假常到外面采风写生，南北疆跑了不少地方，对"六分之一"（新疆占全国面积的六分之一）的山川风光接触得多，感触也比较深，无论对景写生，还是拍摄资料，各地景物的地域性特征渐渐知晓，甚至烂熟于心。这既是我用钢笔描绘西域大美自然风光的"资本"，也是我的钢笔画敢于"闭门造车"（即无须参考照片资料，就能直接进行独立原创）的底气。

程庆拾绘于泥金宣纸上的钢笔画作品《西域所见》（2017）

大美新疆的山川地貌、风土人情，不但基本涵盖了内地的许多类型，甚至有些为新疆所特有。比如有的山体，似石非石，似土非土，是介乎土石之间的一种类型，鬼斧神工，奇妙之极，纹理及色彩都十分丰富多样，令人叹为观止。没有见过这种山形特征的人，看了我的画作（包括用我的"绕圈法"描绘），往往误以为这是在想当然地胡编乱造，其实不然。

辽阔平坦的冲积缓坡扇形地带，春夏之交雪水下来，浩荡冲决，留下奇妙印迹。从高处欣赏，无数道水流的痕迹彼此纠缠交织，大美无言，是那么的奇异和壮观，色彩更是丰富无比，这样的"天然图画"，画下来何其壮阔美丽。而冰清玉洁高耸入云的乔格里、博格达雪峰，神秘幽深色彩万变的库车大峡谷、温宿大峡谷，在巴音布鲁克大草原上蜿蜒蛇行，如丝带一般漂亮的河流与溪涧，同样婉转而壮美。还有烟波浩渺神奇壮观的赛里木湖、喀纳斯湖，绿宝石般起起落落的丰美草坡，直插云天的巨大雪松，抗风斗雪、与干旱与盐碱作顽强拼搏的伟岸胡杨，所有这些属于壮美风范的天然景致，我都曾一次次走近它们，并深受感动甚至是震撼，也一次次在速写本上、在照相机里为之传神写照，留下了丰富而珍贵的第一手资料。我的西域题材钢笔风景画，很少刻画人物、建筑，和与人有关的

231

一切物象，最多添两三只盘羊、野鹿与鹰雀之属而已。

程庆拾绘于老宣纸上的钢笔画作品《胡杨风骨》（2016）

新疆的自然风光壮美而神奇、丰富而多样，我的一支钢笔、一个本子岂能画够画尽？在这样的景象面前，除了引发一点发现的惊喜、观赏的豪迈，更多的只能是心生崇敬和由衷地礼赞。

风景画美在意境，但要传递出不同的意境并非易事。这与技法运用有关，与构图处理有关，与画家的胸襟、学识与情怀甚至个性有关。意境即"画之味"。有无这个味，是完全不一样的。我的创作将意境的传达放在首位，总是千方百计表现一幅画不同的意境与美感，或高远，或浩渺，或雄伟，或神秘，或幽深，必须让欣赏者在我的画中明确感觉出来，心中才会油然升起无穷的美感并得到艺术的享受。

不知道我在这种理念指导下创作的这些钢笔风景画，对于意境的刻画展示，是否达到相对理想的状态。但对于技法语言的探索，我的确是越来越看重，也越来越能找到感觉。特别是近一两年，技法上的钻研已养成自觉的行动，也逐渐形成了部分新的技法语言。我想这样长期努力下去，钢笔风景画在我的手里会日益丰富有味，变成美学家所谓"有意味的形式"。

因为探索钢笔画，我一度"隐居"，谢绝各种应酬，消失在茫茫人海间。如此数年与新疆文化界、新闻界不通音问，一门心思痴迷于钢笔画，付出几多辛劳，吃过多少苦，不是亲历者或许难以体味。

后来我才知道，母校90周年校庆时曾总结出"艰苦奋斗，自强不息，争创一流"的12字的"兰大精神"。我感到自己40来年在求学、执教、工作和发展个人爱好方面的探索与努力，背后其实正是这样的"兰大精神"在支撑着、哺育着。

访：您在艺术方面的探索追求，现在处于一个什么样的状态？

程：我不敢说自己的钢笔画目前已达到多么高妙的境界，还是借用别人的一些评语吧。

新疆著名作家赵光鸣曾说："我很赞赏程庆拾对艺术的这种探索与坚持，没有坚强的毅力、持续的热情，这样的费心劳神是不可能持久的。他的坚守与认真，让我非常佩服。程庆拾除为人真诚坦荡，快活风趣外，还在于他的兴趣广泛，文艺爱好涉及面极宽，是个有雅兴雅趣的人。开始只知他是个文学青年，酷爱写作，且不断有作品在各类报刊发表，后来才了解到，他还醉心于绘画、书法、篆刻等，尽管这些也只是业余爱好，但显现了他超乎常人的艺术感觉、艺术气质。他身上的这种气质，使他成了一个'有精神光彩的人'。"

程庆拾绘于泥金宣纸上的作品《胡杨金秋》（2017）

新疆著名作家、评论家孤岛先生认为，程庆拾的钢笔画有大气派。他不是那种抓住一角风景、几块岩石或一株树几株树就满意地画特写的画家，而是眼观八方，耳听六路，胸怀苍茫天地的全息钢笔画家。他的胸中有较大的格局。他一下笔，多数都是将古老大地、岩石的厚重，峡谷、河流的奇险，树的沧桑孤倔，和天空的浩瀚苍茫、云的聚散变化汇集在一起，他的画有天地大景，有新疆大美，有磅礴浩气、粗犷荒寒。苍茫无语、亘古永恒，有一种陈子昂"念天地之悠悠，独怆然而涕下"的意境。他的钢笔画新疆风味突出，东方情意明显。或者说，是他用新疆风景表现了大西北的精神，表现了东方人天地人合一的哲学意识。无论是那一块块或伏或立的岩石，一株株弯曲着生长、遒劲、沧桑的树，还是天上飘

233

动的流云、翱翔的鹰，都有一种傲骨，一种坚强、不屈不挠的生命意志，一种将自己放到亿万年时空里，不张狂不夸张的淡定从容，一种融入大自然后浑然忘我的无为自在的天然状态。此外，是技术笔法上的丰富与革新。他钢笔画的线条，起初大量依靠短的直线或斜弧线累积成物象，这是传统画法；后来，他尝试采用小小的圆形线条累积造型；最近，又试着用国画线描的长线条勾勒表现对象，省力又省心。同时，他还借鉴内地钢笔画家的创新方式，用彩色钢笔墨水来画彩色钢笔画，并尝试在宣纸上画钢笔画。总之，程庆拾的钢笔画是成熟了的，也形成了自己的大气苍茫、天地人合一的那种大西北的原生态山水风格。

著名钢笔画家徐鄂麒曾指出，程庆拾的钢笔画创作带给我们最深刻的印象，就是作品意境幽远而深邃，壮美而大气，神秘而奇幻。这在当代钢笔画群体中的确有些独树一帜。

著名钢笔画家吴志勇也说，程庆拾"在我眼里是一个特立独行的人，也是一位当代钢笔画艺术事业不可或缺的苦行僧和贡献者，他的能力和精神令人感动"。

程庆拾在值班（2017）

我的确太喜欢钢笔画，这些年来为之衣带渐宽，无怨无悔。我更希望今后特别是退休后，将继续致力于此，将钢笔画艺术做大做强。

钢笔画在西方美术的地位同油画、雕塑一样崇高，钢笔画之传世之作高峰不绝，艺术表现力其实十分强大。我会继续以追求当代钢笔画的更高境界为奋斗目标，希望在钢笔画艺术探索之路上走得更加稳健，不断从前人的艺术成果中吸取营养，并取得新的成绩。

母校曹红副校长在读了我的作品和文章后感叹："再一次感受到兰大校友真的是藏龙卧虎。有机会可考虑邀请这位校友带着他的钢笔画作品来学校做展览、讲学。"

我的女儿在一篇文章里说："父亲并不是职业钢笔画家，他有自己的工作，但他坚持在不影响正常工作的情况下，日复一日年复一年地参与绘画。工作为了养家，绘画则是为了在社会工作之外，保留自己的爱好、兴趣甚至是为拓展自己新的可能性。他深深地爱着西域这片他支边扎根三十多年的土地，更深深地爱着钢笔画风景里的那一笔一画。有这样一位热爱艺术并为之不懈奋斗的父亲，我常常感到骄傲，也常常催我奋进！"

今天，在自己近60年的漫漫生命历程中，有幸接受母校采访，于我无疑是个格外重要的机遇。能得母校如此垂爱，深感无上荣光。意犹未尽，我写了两首小诗，表达感念之情：

一

西出阳关历卅秋，

黑发染霜每愧疚。

铁笔素宣绘美景，

母校错爱自堪羞。

二

萃英门中一学子，

至公堂下承教时。

传道授业兼从艺，

三千桃李绽放之。

访：谢谢程老师与我们分享人生的经历和感受。请为我们留言。

程（执笔书写）：

写给兰大

我是兰大人 受母校四载哺育 没齿难忘

西出阳关 挥毫泼墨 常蕴兰大雨露之痕

永远的兰大 永远的兰大人

【程庆拾钢笔画部分作品】

【人物简介】

吕贵华，男，汉族，1960年1月出生，山东人。

1982年兰州大学生物系植物学专业本科毕业，获理学学士学位；1988年兰州大学植物生理学专业研究生毕业，获理学博士学位。现任杜邦先锋公司高级研究经理，兼未名农业集团副总经理。

李长江，女，汉族，1961年1月出生，辽宁人。

1983年兰州大学生物系植物学专业本科毕业，获理学学士学位。曾任吕忠恕先生的助理，现在先正达生物科技（中国）有限公司工作，任质量管理经理。

【萃英记忆】吕贵华　李长江

时　　间：2016年8月22日 17:30

地　　点：兰州市 飞天大酒店

人　　物：吕贵华　李长江

访谈人：王秋林

拍　　摄：红　叶

文字整理：张　虹（2013级第二临床医学院学生志愿者）

"科学研究的最终目的是造福人类"

访：吕老师、李老师，你们好！2012年3月，学校启动"萃英记忆工程"，请老校友、老先生回顾他们在兰大学习、生活、工作的经历，以及给他们留下记忆的人和事，这方面的影音资料将由学校档案馆永久保存。今年是兰州大学生命科学学院（简称"生科院"）建院70周年，也是吕忠恕先生诞辰100周年，作为早年从生物系走出的校友，请你们讲述对吕先生的印象。

导师的治学识见

吕：我是兰大生物系1978级的学生，毕业后先后做吕先生的硕士、博士研究生，在兰州生活了10年。所以兰州、兰州大学是我的第二故乡，我对这里有很深厚的感情；每当提到兰州、兰州大学、兰大生物系（生科院），我的脑海里就会浮现出许多非常美好的回忆。

首先，我非常感谢黎家院长举办吕先生100周年诞辰和生科院建院70周年的纪念活动，这说明黎家院长想得很长远，用习总书记的话说，就是"不忘初心，继续前进"。

最近，我把吕先生生前写的文章（包括综述、会议报告和研究论文）重温了一遍，我觉得有三点值得我们进一步学习：

第一，面向生产实际的学术思想。吕先生在一份会议报告里明确指出："科学研究的最终目的是造福人类。"这句话充分揭示了其一生的学术追求和学术思想。回顾先生以前的工作你就会发现，他往往都是以甘肃农业和农民所遇到的实际问题为出发点设立课题、开展研究，最后应用到实际，造福于农民。从沙田的研究、果实的贮藏保鲜，到矮壮素的应用、抗旱的机理，再到激素的研究，每一项课题他都是从实际出发，经过研究，最后再回到应用。这一点给我留下了很深的印象，也对我后来到杜邦先锋公司工作产生了重要影响。

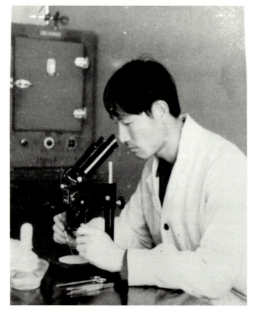

吕贵华在做博士学位论文实验（1988）

第二，高深的科学预见性。在我读博士的时候，分子生物学还处于初级阶段。而此时吕先生就已经预见到果实的成熟与其他生命过程一样，都可能受到基因表达的控制。我的博士学位论文是研究果实成熟机理的，先生的预见给了我一个前瞻性的研究方向。我按照这个思路完成的博士学位论文，受到了汤佩松先生（我国植物生理学泰斗）和匡廷云先生的好评。80年代（注：指20世纪，下同）后期，先生带领我们把兰大植物生理学的研究逐渐深入到分子水平。他在综述文章《生长调解物质与植物水分状况的关系》中明确提出了培育高抗旱品种的设想：以激素水平为指标，培育抗旱性比较高的作物；或找到与抗旱性有关的遗传基因，再通过遗传工程的手段，培育高抗旱的作物品种。30多年来的研究和应用成果证明，先生当年的设想是完全正确的。首先，许多植物的抗旱性都与乙烯和脱落酸（植物激素）的水平及其信号传导密切相关；其次，许多抗旱基因与乙烯和脱落酸的代谢途径、信号传导途径密切相关。国际上知名的生物技术公司（如杜邦先锋、孟三都和先正达等）都在运用遗传工程技术和这些抗旱基因，开发抗旱的玉米、水稻、大豆等新品种，并已取得初步成果。先生1985年提出的这个设想，比全球第一个转基因产品的商业化（1996）早了差不多11年。

第三点是谦虚、低调、踏实、认真、执着的做人和做学问的风格。吕先生在（美国）威斯康星大学攻读博士学位时的导师之一是著名植物生理学家F. K. Skoog教授（植物生长调节物质研究的开拓者，至今在植物组织培养中仍广泛应用的MS培养基的发明人之一），但是先生从未以此炫耀自己。先生低调做人、刻苦工作，这在国内植物生理学界都是公认的。

在先生百年诞辰之际，缅怀他的学术思想、学术成就和他做人做学问的风范，更加激励我们"不忘初心，继续前进"。

先生的言传身教

访：您讲得真好。李老师您也谈一些吧。

李：我是1979级的学生，刚来兰大那阵儿，对周围的一切都很陌生，不过很快就熟悉了。因为兰大的学习、生活环境，让人感觉到在学校除了读书外，随时都能感受到亲情般的温暖，老先生和老师对学生的关爱，同学之间的互助友爱，直到今天我依然印象深刻。

吕先生对果树生理造诣精深。大学四年之后我毕业留校，非常幸运地成为先生的助手，其间从先生身上学到了诸多工作和学习的方法。记得我给先生做助手后接触的第一个课题就是关于梨树水分调节方面的研究。先生从怎样开始一个课题、怎样设计实验、怎样收集数据、怎样整理总结数据、怎样应用、怎样写文章，一直到最后论文的发表等等，每个环节都对我精心指导、言传身教，逐一传导科学研究的思路和方法。与大学期间学会怎样最简单地跑个电泳，或者是做一些其他的小实验等"片段性"的学习相比，此时先生则是系统地教我如何运用所学知识，具体去制定研究计划、实施研究方案，我收获最多的就是如何去做课题。贵华1988年离开兰大，我是1989年离开兰大的。之后我们就去美国杜邦先锋从事跟农业相关的工作。实践再一次证明，跟随先生学习、工作的经历，的确让我们受益终身。

访：您讲得非常好啊！那个纪录片（注：指《一位温厚勤谨的科学家》）上有一个片段，是您和吕先生一起在做实验。您还记得当时的情景吗？

李：看到那个录像资料，感觉特别亲切，我仿佛又回到了吕先生身边。当时先生在指导我做酥木梨果树的水分蒸腾实验，从取样、测试、观察、记录到数据分析，先生都亲自指导。其中还有一段是先生与我讨论和分析数据，帮我修改文章的录像。先生一丝不苟的科研态度和严肃认真的工作作风，给我留下了非常深刻的印象。这也是先生注重培养年轻教师的真实写照。

吕忠恕指导助手李长江做实验（录像截图）

访：好像还有一个烘箱加热的实验情景？

李：是的。当年在生物系的后面有一个生物园，我们做水分分析实验都是从那里取果树材料，然后带回实验室称重，送入烘箱烘干后再称重，看前后水分损失了多少。那次我们是通过带果实叶片和不带果实叶片的比较实验，分析干旱条件下不同果枝的耐旱程度。

访：那段视频资料一直由吕先生家人收藏。前段时间，吕太平（注：吕忠恕的女儿）把它捐赠给了学校档案馆。

结草衔环

访：在生命科学学院，除了吕先生外，给你们留下深刻印象的老师还有哪些？

吕：说到其他老师，我的第一感觉就是，给我们授课的老师都是辛勤的园丁。他们从讲课到带实验，都非常细心，教得非常好，让我们学得很扎实，得到了动手能力的强化训练。加上合理的课程设置，为我们在后来的实际工作中不断成长打下了坚实基础。

梁厚果、王邦锡、杨成德、张承烈、王保民、秦鑫、曹仪植等老师，都给我们讲授过植物生理课或植物生理专题课（如植物生长发育、抗逆生理、植物激素等）；给我们带植物生理学实验的有黄久常、曾福礼、陈鑫阳、俞丽君、敬兰花、王辉、刘良寰等老师；生物系给我们授课的还有王勋陵、贾敬芬、王亚馥、杨汉民、叶涟漪、段金生、葛瑞昌、王勤、康文隽、孙彬、王静、高清祥、林璋德、赵松岭、王宏年、冯清平、彭泽祥、蒲训、张耀甲等老师。当时生物系的老教授（郑国锠、仝允栩、陈庆诚等）和领导（张鹏云、王邦锡、郑国钰、郑荣梁等）也非常注重教学和培养学生的工作，刘宏勋、禄秀珍老师是我们的辅导员和班主任。我们衷心感谢所有培育过我们的老师。

李：特别幸运的是我们上学的时候，年富力强的老师都在第一线授课。老师对待学生就像对待自己的孩子一样。那年我们班去天水、兴隆山实习，带队指导老师是彭泽祥和王静。进山时，他们叮嘱我们戴草帽系绑腿，防止蚂蟥叮咬；采集标本时，他们不断提醒大家注意安全，避免发生意外；回到宿营地，他们又不顾劳累，教同学辨别标本科属及其实用性。那段时间王静老师还和我们一起吃住，现在回想起来依然很亲切。

吕：作为校友，我们感谢母校当年的精心栽培，同时也希望能为社会、为学校、为学院做点事。我们两位都是从农村来的，我们梦想能为农民做点事，比方说，培育高产的品种、抗旱的品种等，这样既可以帮助农民提高收入，也能解决粮食安全方面的一些问题。

吕贵华、李长江夫妇在兰州大学正门合影（2016）

这次院庆70周年和吕先生百年诞辰纪念活动，其实是一种很好的联系校友的方式。这类活动，只要时间允许，老校友往往都会来参加的。这次学院还邀请了中科院植物所的种康和黄芳、山东大学的谭保才、美国斯坦福大学的王志勇、美国塞缪尔·诺贝基金会的文江祁等，无形之中增加了相互之间的联络。

访：这种交流活动对学校的建设和发展也会产生一定的促进作用。

吕：对，我也是这么认为的。从每个人的内心出发，在力所能及的范围内为学校做一点事情，大家都是很愿意的。

李：这样的活动会把兰大生科院的老校友重新凝聚起来。

访：对，大家都愿意回来参加这样的活动。你们现都在北京吧？具体在什么单位？

吕：我在未名农业集团工作，它是北京大学下属的一个公司，与杜邦先锋公司有一个合作课题，双方都让我来领导这个课题。我们的目标是建立一个水稻的突变体库，从中发现抗旱、氮素利用效率、高产等性状基因，然后通过分子标记手段、转基因、基因组编辑等遗传工程技术，培育新的高产和抗逆性比较强的品种。这是双方共同的目标。

李：我现在在先正达生物科技（中国）有限公司做质量管理方面的工作。很高兴有机会和国内的同行交流学习。

西北植物生理学的奠基人与通向世界的生科院

访：吕先生的好多品质在你们身上都有体现，你们把先生的优良传统都继承了下来。

吕：我俩都直接受到吕先生的教育。

李：亲聆教诲、耳濡目染，我们真的很幸运。

访：当时吕先生在国内、国际上已经很有名气了。

吕：是的。吕先生1951年在美国威斯康星大学获博士学位，1952年在兰大创建植物生理教研室。他很注重团队建设，60年代带领研究团队，开展创新性的白兰瓜果实呼吸代谢和物质代谢方面的理论和应用研究，主要成果发表在《科学通报》等学术期刊上。由于先生及其团队突出的研究成果，早在60年代中期，兰州大学植物生理教研室就被教育部遴选为部属植物生理学重点研究室；汤佩松先生先后将兰大的植物生理教研室誉为中国研究呼吸代谢多条途径和功能的三大研究中心之一、中国植物生理学五大研究中心之一。90年代，先生被誉为"西北植物生理学的奠基人"。

李：吕先生在果树生理上的研究工作非常突出，其《果树生理》（国内第一本果树生理专著）被西南农学院等十几所大专院校作为教材使用。

吕：那本书1988年还被评为甘肃省高等学校优秀教材。

访：你们现在等于是走上了国际舞台，从这个大视野上再回过头来看兰大和兰大的学子，你们有没有什么要说的？

吕：我参观过实验室。兰州大学生科院各方面条件都有了很大的改善，无论是教学水平还是实验室条件，都是一流的，不比国外的实验室差。另外，我们生科院毕业的学生，不管是在学校还是在公司工作，都有做得非常好的，比方说斯坦福大学的王志勇（生科院植物生理专业毕业生），现在是美国有名的教授；中科院植物研究所的种康所长是吕先生的最后一个博士生（注：2017年当选中国科学院院士）。

我想借这个机会，跟生科院的本科生和研究生分享一点个人的看法：兰州大学生科院是通向世界的，而且将来不论是在国内还是到国外工作，不论在科研院所、高等学校还是到公司工作，兰大生科院的学生都能够大有作为。

李：咱们兰大现在的条件非常好，除了硬件设施，软件方面也很好。现在有黎家院长和安黎哲副校长，有众多优秀的教师，还有老校友之间的相互沟通，所以说兰大不是闭塞的，是通向世界的。咱们的学生现在有这么好的条件，有这么好的设备，一定要好好把握；在校学习的时间说短不短，说长也不长，在这有限的时光里，希望大家能够静下心来，踏实地把老师教给我们的知识和方法，真真正正学到手。兰大生科院一定会再创辉煌，生科院的学生前途无量！

访：非常感谢你们接受今天的采访，谢谢！

【人物简介】

谭仁祥，男，汉族，1960年6月生，江苏盐城人。中共党员，教授，博士生导师。1997年获国家杰出青年基金并入选国家"百千万人才工程"，2000年受聘教育部"长江学者奖励计划"特聘教授，2008年成为国家自然科学基金委创新群体科学基金项目的学术带头人。

1983年和1986年在中国药科大学分获学士、硕士学位；1986年考入兰州大学，师从贾忠建教授攻读博士学位；1989—1990年以联合培养身份在德国柏林工业大学有机化学研究所完成博士论文（师从F. Bohlmann教授），并由兰州大学授予理学博士学位。1990—1992年在兰州大学从事博士后研究，随后历任南京大学副教授、教授、博导以及系主任、副院长、代院长、校长助理。2016年5月起任南京中医药大学副校长。

长期从事天然药物化学研究。主持（完成）国家"863计划"的主题项目、重点项目等，主持国家自然科学基金委的"创新群体""杰青"以及重点项目等；在 *Nat. Commun.*、*Proc. Natl. Acad. Sci. USA*、*Angew. Chem. Int. Ed.*、*J. Am. Chem. Soc.*、*Chem. Rev.*、*Nat. Prod. Rep.* 等国际刊物上发表论文300多篇，论文已被他引万余次；主编专著4部；取得授权发明专利26项。先后获教育部科技成果一等奖（2项）、Natural Product Report Lecture Award（英国皇家化学会，2007）、国家自然科学二等奖（2009）等奖项。现任英国皇家化学会会士、*Natural Product Reports* 等SCI刊物的（顾问）编委等。曾任国际天然产物发展协会主席、国家自然科学基金委医学部专家咨询委员会委员、教育部第四和第五届科学技术委员会生命科学学部委员，《中国抗生素杂志》主编等。

【萃英记忆】谭仁祥

时　间：2015年7月30日11:00

地　点：长春市 长春紫金宾馆

人　物：谭仁祥

访谈人：王秋林

拍　摄：红　叶

文字整理：徐睿智（2015级草地农业科技学院学生志愿者）　陈闻歌

嚼得菜根才能做得学问

访：谭先生，您好！兰州大学档案馆正在实施"萃英记忆工程"。这项工作主要是请老先生、老校友回顾一下在兰大学习和生活的经历，并形成资料在馆内永久保存。作为兰大的杰出校友，今天请您谈谈有关情况。

谭：好。杰出校友不敢当，但见到母校的老师总是很开心。略谈几点，仅供参考。

恩师如母

谭：在我心目当中，有三位女士必须放在同一高度予以尊重、孝敬。第一是我的母亲，她给了我生命并哺育了我；第二是我的岳母，她含辛茹苦，赋予了我

247

的另一半；第三位就是我的恩师贾忠建教授，她教给我做人、做事的道理和严谨求实的科研探索精神，她有许多感人的事迹给我留下了深刻的印象，她的言传身教在后来的几十年里激励我创新、鼓励我坚持、鞭策我前进。经常提醒我的是贾老师语重心长的一句话：要静下心来嚼菜根、做学问。

贾忠建教授

我在兰州大学攻读博士学位期间，贾老师的胆囊炎经常发作，而且一旦发作，就得输液；因此她经常是边打着点滴边修改论文。当年的"经典情景"尚在眼前：在条件还很简陋的兰大校医院里，冬天暖气不足，北风夹带着沙子打在窗玻璃上发出"嚓嚓"的响声，这些她全然不顾；只见她头靠枕头，身裹厚厚的棉衣，扎着针的左手按住稿纸，右手拿着圆珠笔不停地圈圈改改。她严谨的治学态度和非同寻常的拼搏精神，对学生的成长就是难忘的示范和永恒的鞭策！现在我们再苦再累也没有贾老师当年那么苦那么累。她是上海人，在黄土高原一干就是大半个世纪，为兰州大学的发展倾注了毕生精力。我也有过留在兰州大学工作的想法，后来由于家庭的原因没有实现。我很感谢恩师和母校的理解！

为母校自豪

谭：兰大的人才培养氛围和教学质量有口皆碑。以我曾经就读的有机化学专业为例，在东部，有以吴云东（北京大学）、周其林（南开大学）等院士为代表的杰出校友继续弘扬传播着兰大的精神和风格；在西部，有涂永强院士（兰州大学）、冯小明院士（四川大学）等杰出毕业生不断拓展着兰大有机化学学科的特色。很荣幸，我和涂老师是博士研究生阶段的同学，他当时搞的也是天然产物有机化学；后来他从分离鉴定做到了有机合成，方向转得比较快，并且取得了非常重要的成果，在有机化学的主流领域发挥了更大的影响力，值得学习！我在南京大学医药生物技术国家重点实验室，研究工作也慢慢转向天然产物的化学生物学，内容涉及具有重要生物活性天然产物的发现、结构修饰和生物合成途径。这些工作虽然仍属于天然产物有机化学的范畴，但需要与药学、分子生物学等相关学科紧密结合。经过多年的探索和实践，我深深感到天然产物的生物合成工作很重要，也很有趣！动植物和微生物应其生存竞争之需，会在特定的时境以特有的方式合成有机分子。当今有机化学领域的重要任务之一，就是诠释动植物和微生物是通过何种机制把各种各样的有机分子定量地构建出来。动植物和微生物在基因、酶的精确控制之下，无须"高温""高压"等苛刻的反应条件，就可以把复杂的有机分子合成出来，而且"精确量化"（够用即止）。然而，破译天然产物生物合成途径远比推导其结构要复杂，既需要化学，特别是有机化学的功力，又需要生物学，特别是生物化学与分子生物学方面的基础。现在，生物合成过程的精巧玄妙正为基于生物合成规律的仿生有机合成（biomimetic organic synthesis）奠定基础，从一个侧面促进有机化学、化学生物学、绿色化学等学科的发展。

谭仁祥回兰州大学开展学术交流

此外，我还有幸见到其他专业的兰大校友：气象学家秦大河院士（国家气象局原局长）、生物学家舒红兵院士（武汉大学）、地学家陈发虎教授（注：兰州大学，2015年当选中国科学院院士）等。他们的杰出工作进一步固化了我对兰州大学的深刻印象——西部明珠，英才辈出！我作为兰州大学的校友，对此感到特别自豪！

兰大品格

谭：据我观察思考，兰大培养的人才大致有以下几方面的风格：

第一，善于思考。一个学者、一个干部、一个技术骨干，首先要学会思考、善于思考、勤于思考。只有充分思考了，才能出思想。一个人的成就，在很大程度上取决于他在思什么、想什么、怎么做、坚持到什么程度。只有经常在脑子里反复琢磨，不断探索，才能触及并解决一些关键问题，才会有比较重要的作为。在我目之所及的学术界，这些优良素质在绝大多数兰大毕业生身上都能得到体现，很难得！

第二，甘于寂寞。因为对荣誉和利益考虑不多，故能宠辱不惊、盈虚随缘，静下心来做学问；找个问题琢磨琢磨，有几本书念念，有几件事干干，就很满足了，而且能够沉下去，一钻就钻得很深！这就是"兰人精神"、兰大风格，就是嚼菜根、做学问的意志和品格。因为菜根嚼得烂，所以学问做得深，对科学问题分析拿捏得比较准，取得的成果和发现也更有价值。

第三，与人为善。做人做事，做人为先。兰大人总能得到周围人的认可和支持，这十分利于"兰大精神"与风格在校外的广泛传播。兰大毕业的学生，在不同单位或多或少都有一些与众不同的地方。南京大学就有好几位教授是兰大校友，他们表现都不错。曾跟我在同一实验室工作的李卫东，现在重庆大学做学术带头人；中科院上海药物研究所的岳建民（注：已故陈耀祖院士的学生，2017年当选中国科学院院士）、中科院昆明植物所的刘吉开、中国医科院北京药物所的石建功（都是贾忠建老师的学生）等，均为顶呱呱的天然产物化学家。这些兰大校友的共同特点就是我刚才说的，一善思考，二喜静，三会做人、对人善。

访：您刚才讲的第二个是安静的静吗？

谭：对，安静的静。不静肯定不行，特别是做学问，不静必生浮躁。浮躁就是浮和躁的组合体，因为"浮"所以显得"躁"，因为"躁"所以沉不下去，"浮"就在所难免。反之，如果静了，就能沉得下去，就能感悟到问题的关键、科学的真谛。因此，我觉得这是特别值得继续弘扬的"兰大品格"。

"愿母校更辉煌"

访：能不能分享一下您对科学研究的见解？

谭：关于科学研究，我谈三点认识。

第一点，要么顶天、要么立地。这是科技界的一句老话，意思是说科研工作要么瞄准学科前沿，要么针对国民经济发展的迫切需要。地处甘肃省会的兰州大学，应该能为甘肃省的经济发展提供某些科技支撑和服务。坦率地说，兰大作为一颗"西部明珠"，能够为地方经济做一点贡献，这也是每个兰大校友很想看到的。但服务地方的成效又在很大程度上取决于技术受让方的条件和基础，只有科学家的创新与企业家的创业"无缝对接"、高度互动了，才可能把先进技术转化成现实生产力。依我一孔之见，包括甘肃在内的大西北地区有许多重要问题可让科学家大有作为。例如——

粮食问题：怎么利用干旱土地生产粮食或其他经济植物（如中草药）就是个大课题。一个鲜活的例子就是以色列，这个国家的自然生态环境没有任何优势可言，但其干旱农业技术却在生存压力的驱使下发展得很好，处于遥遥领先的国际地位。

资源环境问题：西北地区的地表虽然很干，但地下的宝藏可能堆积如山，如何发现并加以科学利用就是个好课题；西北的地质地貌很具特色，大量的地学之谜有待科学家去诠释。

社会学问题：玉门曾是一座新兴的石油城市，我在兰大学习时，那里很繁华。但随着石油开采区的迁移，玉门市人口急剧减少，城市发展陷入空前困境，给我们出了一道涉及产业规划、就业、住房建设等方面的社会学问题。这还使我联想到楼兰古城的消失。楼兰古城曾是西域的交通枢纽，在商贾云集的古代丝绸之路上居于极为重要的地位，从而得以繁荣发展；但随着海上运输的蓬勃兴起，沿海城市发展了，丝绸之路沿线上的多个繁华城市逐渐走向了衰亡。可见，城市的繁荣程度在很大程度上取决于其社会功能的与时俱进。因此，如何从具体情况出发，不断焕发城市发展的新活力，就是一个利国利民的重要课题。我不了解兰大的人文社会科学学科，但从玉门兴衰折射出的城市发展问题，确实是值得关注的"西部问题"。

第二点，事在人为。没有人才，特别是视野宽、判断力强、兼有容人之量和用人之策的领军人才，要想出大的、让世界瞩目的工作是比较困难的。兰州大学已有一批杰出学者活跃在各自领域的前沿，对巩固提升兰大的学术地位发挥着重要作用。若能想出更多好办法再吸引一些高端的杰出人才，则兰大的整体地位还会快速跃升。

第三点，保持定力。兰大是一所文理兼长的学校，如何把特色打牢？看来还得从办学的客观规律出发，继续保持办学定力，固化亮化自己的办学特色。二十多年来，我一直关注兰大，我很欣慰地看到兰大在这方面一直坚持自己的办学方向，很有定力，特别是在投入不算多、人才规模不算大的情况下，还能发展得如此之好，堪称奇迹！当然，中国的科教事业已经出现了万马奔腾、群星竞灿的大好局面，兰大如何发扬优势、保持特色、再上台阶，还需要兰大人更为艰辛的努力。

访：非常感谢您对我们工作的支持。请您给母校留个言。

谭（执笔书写）：我以兰大为荣！愿母校更辉煌！

【人物简介】

吴王锁，男，汉族，1960年7月生，陕西澄城人。理学博士，兰州大学教授、博士生导师，核科学与技术学院院长，国家"万人计划"教学名师，享受国务院政府特殊津贴专家。

长期从事放射化学与核环境、核技术应用等教学与研究工作，主持各种科研项目30多项，发表学术论文250多篇，获省部级科技进步奖3项。主讲的课程走近核科学技术获批中国大学精品视频公开课并向社会开放。荣获宝钢教育奖优秀教师、甘肃省教学名师奖、教书育人奖、师德标兵、全国优秀教师等荣誉。

【萃英记忆】吴王锁

时　　间：2015年1月26日15:00

地　　点：兰州市 兰州大学核科学与技术学院

人　　物：吴王锁

访谈人：王秋林

拍　　摄：红　叶

文字整理：陈闻歌　祁　苗

"核以道和"

访：吴老师，您好！档案馆正在实施"萃英记忆工程"，以录音录像的形式记录兰大建设发展的经历。今年是兰州大学核学科建设与人才培养60周年，请您介绍一下有关情况。

吴：好。我主要谈四个方面。

核学科的发展现状

吴：兰州大学核科学与技术学院（简称"核学院"）的起点是1955年筹办的现代物理系（简称"现物系"），1958年招收第一届学生，1965年南开大学的原子核物理和放射化学两个专业整体并入（教师、学生、仪器设备、图书资料整体搬迁过来）。学院具有全国首批批准的博士、硕士学位授权专业，有国家重点学科、国家基金委特殊学科、教育部特色专业、甘肃省核科学技术人才培养基地等；2014年底教职工总数83人。

核学院的学科发展现状和基层组织，我将其概括为"12345"。"1"是指我们有"一个中心"，就是"教育部中子应用技术工程研究中心"；"2"是指有两类学科，就是学科分属理学、工学两大学科门类，所以学科特点是军民融合，理工结合；"3"是指有"三个系"：核物理系、核化学系、核工程系；"4"是指"四类研究生培养的学位授权专业"：核科学与技术（博士学位授权一级学科）、粒子物理与原子核物理（博士学位授权专业，国家重点学科）、放射化学（博士学位授权专业，国家自然科学基金委特殊学科）、核能与核技术工程（专业硕士学位）；"5"是指"五个本科专业"和"五个研究所"：其中传统专业两个（原子核物理、放射化学，现纳入"核科学与技术基地班"培养），新增工学专业三个，包含两个教育部特色专业（核工程与核技术、辐射防护与核安全）和核化工与核燃料工程专业，还有五个基层组织（研究所），分别是：原子核物理研究所、中子物理与技术研究所、辐射物理与核材料研究所、核能与核技术研究所、放射化学与核环境研究所。

兰州大学核科学与技术学院党政领导班子（2015）

学院现有一些实验平台、科研实验室。另外还有一批大型设备，这些设备在国内高校同类学科中都是具有展示度的，其中我们自己研制的中子发生器安装在榆中校区。

兰州大学核科学与技术学院大型实验设备

一、人才培养

"文革"以后，现物系培养了詹文龙、夏佳文 2 名院士。近年来，学院本科生一次性就业率在学校一直名列前茅；工程硕士专业学位研究生现在招生人数不多，但学术型研究生的培养还是很好的，目前在读研究生二百多人。

二、学科专业

理学学科门类的物理学一级学科下有粒子物理与原子核物理、原子分子物理专业；化学一级学科下有核化学与放射化学专业。工学学科门类的核科学与技术一级学科包含核技术应用、核能科学与工程、核燃料循环与材料、辐射防护与核环境专业，另外还有工程硕士专业学位（核能与核技术）授权领域、核工程与核技术专业。

三、队伍建设

学院师资队伍中缺乏特别突出的领军人才，目前只有兼聘院士，没有自己的院士，没有"杰青"和"长江"。但我们培养的学生中已有 2 名院士、9 名"杰青"、15 名中国科学院"百人计划"入选者，国内相当数量涉核企事业单位的主要领导是我们学院（现物系）毕业的学生。

四、教学改革

学院现有走近核科学技术视频公开课、原子核物理国家双语教学示范课程（也是国家精品课程）和 3 门省级精品课程（放射化学与核化学基础、原子核物理、原子物理学），同时拥有甘肃省核科学技术实验教学示范中心、省级教学团队。"核科学与技术类人才培养体系的建设与改革"获得省级教学成果一等奖。

五、科学研究

这几年学院科研经费呈逐年增长趋势，研究论文的数量、质量不断提高。我们研发了强流中子发生器，还有应用于航空航天领域的一些设备。历史上，学院曾获得国家自然科学奖、科技进步奖，国防科工委战略武器尖端科技成果奖，高等学校教材建设一等奖等；还有国家教委、省上的一些奖项。

六、合作交流

我们承办了一些国内外的学术会议。每年 11 月定期开展面向学院老师、研究生、本科生的"学术活动月"活动，请一些人来做学术报告；学院还有一个面向学生层面的"核科普活动月"。另外，我们每年从合作交流的角度"走出去"，参加国际会议，或选派人员出国（境）交流学习；同时邀请国内、国外的一些专家学者来校讲学。我们与美国、日本、新加坡以及欧洲等国家和地区

（的有关高校和研究机构）都有长期的合作关系，并跟国内很多大专院校、科研院所建立了非常好的合作关系。所以，以前我们取得的成绩，要致敬前辈，要感谢同仁！

核学科的主要贡献

吴：我把兰大的核学科总结了四句话，得到了业内的认可。

第一句话，"兰州大学是国内最早设置核专业的两所高校之一"。1955年8月13日，高等教育部党组《关于在北京大学和兰州大学筹建物理研究室的报告》提出，按照周总理的指示，为了培养原子能的干部，决定在北京大学和兰州大学各设立一个物理研究室，作为训练中心，分别由该两校党员副校长、校长（北大江隆基、兰大林迪生）直接领导；并决定在北大和清华设置相关专业，以培养从事这方面工作的科学研究和工程技术人才。该报告总共有六七页，包括为这件事专门成立的五人小组，具体到人员配备等等，都说得很清楚。

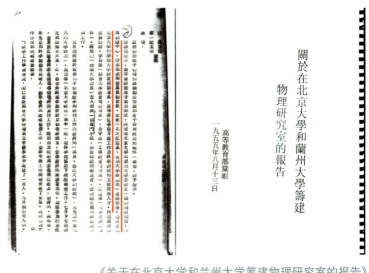

《关于在北京大学和兰州大学筹建物理研究室的报告》

第二句话，"兰州大学是从来没有中断过（核专业）人才培养的少数高校之一"。这在全国高校都是很少见的。搞"两弹"时期，很多重点高校都有核专业。为了培养"两弹一星"工程所需要的人才，兰州大学1955年筹建物理研究室，设立核专业（包括原子核物理和放射核化学两个专业领域）；1955年划地，在现在的二分部（注：兰州市定西路176号）盖了几栋楼，之后才招学员。当时的物理研究室归口二机部（注：第二机械工业部，后改称核工业部，现名中国核工业集团公司）管理，代号505，通讯地址为兰州市44号信箱，行政隶属兰州大学。经过三年的紧张筹备，1958年学校成立原子能系（注：由原子核物理研究室、物理系理论物理原子核专门化、化学系放射化学专门化合并组成），同年招了首批学生（从三、四年级的在读学生中选拔），1959年第一届学生毕业。江隆基校长到任以后，原子能系改名为现代物理系。当时所有重点大学设置的核专业，都叫"××物理系"，没有一个重名的。兰大的"现代物理系"与北大的"技术物理系"、清华的"工程物理系"、中科大的"近代物理系"等相对应。实际上"××物理系"都是两个专业，一个核物理，一个放射化学，都是为搞"两弹"设置的。

第三句话，"在我们国家最艰苦的地方支撑起了一片'兰天'"。涉核企业都在偏远地区，中国原子能科学研究院、中国工程物理研究院、西北核技术研究所、马兰基地等，像四零四、五零四、八二一、二零二等好些个企业的一把手都是我们现物系（毕业）的学生。可以说我们的毕业生在偏远艰苦地区支撑起了一片"兰天"。

第四句话，"在最困难的时期为核行业输送了一大批人"。在那个"迷惘"时期（后面我再解释），好多学校都撤了（核学科），但兰大没有撤，我们坚持培养并输送了一大批人。相对于国内高校的同类学院而言，目前我校的核学院是其中专业设置最齐全的之一。现在我国70多所高校有相关专业，其中27所有核学院，但像我们学校专业设置这么齐全的并不多。

前面总结的四句话，就是兰大对国内核科学技术领域（人才培养）的贡献。概括来讲，可以说我们"起步和北大一样早，坚守和清华一样好"！

发展核学科的理性思考

吴：对学院的建设和发展，我有一些想法。第一，是理清面临的问题；第二，是问题的解决之道。现在的学院不同于原来的现物系。现物系是纯粹的理科，而核学院是理工科交叉，这是不同之处。我们有光辉的历史，也有重要的地位。全国设置核专业（或核学院）的高校一共72所，在上次学科评估中，包括科研院所在内，我们排名第七，还可以。但是将来怎么办？我们的优势是理科基础好，而劣势是工科底子薄。所以我们强调"协同创新"，一定要跟大家一起合作共事，才能有比较好的出路。

对学院未来的发展定位，我认为首先要以（党的）十八大精神为指引，围绕学校的工作主题，做西部文章。具体有四个方面："理清思路，创新理念，落实措施，营造环境"。展开了讲就是"理清发展的整体思路，创新发展的办学理念，落实发展的具体措施，营造发展的良好环境"。

整体思路，就是创建一流学院，用两句话来概括，就是"创建一流学院，实现三个中心"。一流学院的建设目标与学校一致，即"国内一流，国际知名"，而且还要"高水平研究型"；三个中心就是"人才培养中心、科学研究中心、科技开发中心"。

创新（办学）理念，就是"聚人才、创优势、强特色、鼓干劲、促发展"。虽有点口号式，但也有"师""实""史""是"的具体内涵。学院的发展要把教师的利益放在第一位，这就是"师为本"；另外"实为效"，你说得再好你得干啊，你做不出点实绩来就都是空谈；特别强调的是"史为鉴"，我们过去发展的历史经验教训是非常深刻的，只要不折腾，只要大家团结一致，就肯定能干成事，所以我说"不折腾，讲团结，能成事"；再就是"是为准"，只要实事求是，扬长避短，我们肯定能走出一条适合自己的发展道路。

关于实现学院建设目标的具体措施，我们提出"以国家需求为动力，以师资队伍为核心，以学科建设为龙头，以人才培养为基础，以科学研究为重点，以合作交流为活力"，还有需要特别强调的一点就是"以有效管理为保障"。

"以国家需求为动力"，国家需求在哪里？过去讲"两弹一星铸就辉煌"，那个时候我们不计代价；但现在形势不一样了，将来"核能发展前途无量"，要围绕核能发展做文章。

实现建设目标要"以师资队伍为核心"。我们现在缺乏拔尖人才、领军人才，师资队伍建设要"稳定用好现有人才，培养引进优秀人才，引导调整人才结构，吸引夯实后备人才基础，着力提升青年人才水平"，青年人的水平上去了，学院就能发展，否则就没有可持续性。

"以学科建设为龙头"，就是要加强重点学科（粒子物理与原子核物理）、稳固特殊学科（放射化学）、办好特色学科（2个教育部特色专业）、扶持新兴学科（核化工与核燃料循环）、"力争一流学科"。另外，我们现在有3个研究所，在物理学、核科学与技术、化学3个一级学科下对应有5个本科专业。

"以人才培养为基础"，说的是以本科教育为基础，确立本科教学的中心地位，加大投入力度；以研究生教育为重点（因为是研究型学院），注重学术型研究生的创新能力培养，侧重专业学位研究生的实际应用能力培养。

关于"以科学研究为重点"，我总结了三句话，就是"基础研究敢创新，应用研究求突破，成果转化有进展"。搞基础研究，一定要瞄准国际前沿；搞应用研究，必须立足核能开发，服务国防建设；成果转化有进展，主要是强调贡献，兼顾效益。国家需求在哪里？前沿基础核科学、国家安全反恐、军工的一些科研项目，再就是核能的可持续发展。当然还有更宽泛的，就是核科学技术在很多领域的应用。因此，科学研究同样需要瞄准国家需求，凝练研究方向，突出地域特色，发挥传统优势。

还有一个是平台建设。我现在比较着急的就是我们缺平台。上世纪70年代末、80年代初，教育部批准了兰州大学两个研究所，有机化学研究所和原子核研究所。结果有机化学研究所很快就建成了国家重点实验室，而原子核研究所至今连个省级重点实验室也不是。去年我们做了几件事情，其中一件很重要的事就是搭平台，要建一个重点实验室。我在院里的会上说，我是农村出来的，农村要唱戏，一定要有戏台；没有戏台，只能是自娱自乐。平台建设是这几年我着重要抓的事。

再就是协同创新（"两弹一星"是协同创新的典范）。我们计划搞一个协同创新中心（2014年我往外跑了好多趟，跟同行沟通；在校内，我们还可以跟物理院、化学院、医学院等沟通），目前我们跟中科院、中核集团等许多单位都有很好的合作，下一步可以围绕核燃料循环领域搞一个平台（什么层次的先不说，得有这么一个平台）；另外还要进一步扩大与国内、国外的合作，把学院办成开放式的，即开放办学。

最后一点是有效管理。2015年，我们学院的关键词是"规范化"，就是规范化管理。把所有规章制度装订成册，形成体系。无论做任何事情，如果没有制度保障，肯定做不好。总的来说，要"凝心聚力促发展，建功立业续辉煌"；要围绕大局，努力改善办学环境，"加强队伍建设，打好营盘，不怕流水兵；加强能力建设，水涨船高，期待跃龙门！"

我心目中的核科学技术

吴：今年是我国核工业建立60周年。兰州大学的核学科及相应的涉核专业，与我国核工业同时起步，到今年已经整整60年了。60年一甲子，对核科学来讲，我们有过辉煌，也有过迷茫，有过很多的艰难困苦、酸甜苦辣。但不管怎样，我们坚守过来了。

一、关于核行业

如果把我们这个行业总结一下，可以概括为四句话——

第一句话是"过去成就辉煌"。核科学技术是20世纪人类最伟大的科技成就之一。从国内来讲，"两弹一星"奠定了我们的大国地位，所以说"成就辉煌"。

第二句话是"曾经骄傲迷惘"。这里"骄傲"指的是我国老一辈核行业人，他们为"两弹一星"工程，为新中国在国际上有今天的大国地位做出了贡献，他们有骄傲的资本。"迷惘"的刚好就是我们这个年龄段（50岁出头）的人。为什么"迷惘"呢？1986年苏联切尔诺贝利核电站出事后，整个核行业受到了沉重的打击，全世界都不知道接下来的路该怎么走，国内同样也失去了原来的国家目标，大家都走了比较长时间的弯路。我算了一下，从1986年到2004年，真正走出这段弯路（"迷惘"）我们整整花了18年时间！

第三句话是"现在蒸蒸日上"（主要指核能发展）。伴随着我国经济的高速发展，能源需求量越来越大；加上国际气候变化的要求、碳排放的控制，使得人们不得不寻找煤（碳）以外的替代能源。从这个角度讲，核能是目前能够大规模替代以碳为代表的化石能源的最好能源，其重要地位已经凸显。目前从国内的情况看，核能已经有了一个很好的发展，并带动了整个核科学技术行业，所以说"蒸蒸日上"。

第四句话是"将来前途无量"。我上课的时候给学生讲，至少在我能看见的将来，（核行业的）前途是光明的，前途是无量的。这个说法我在很多场合（包括行业会议上）都讲过，大家很认可。

二、"核科学技术的又一个春天"

在学科战略发展研讨会上，我讲过"核科学技术的又一个春天"。

"第一个春天"是"两弹一星"时期。那时除了"两弹一星"这个最重要的成果外，还有一个非常重要的成果，那就是培养了一大批杰出人才。许多人曾经在这个行业里取得了突出成就，做出了卓越贡献，后来成长为两院院士。国际上也是这样，许多诺贝尔奖得主原来都在这个行业里工作过。所以"两弹一星"时期我们称之为"黄金时期"，是"第一个春天"。

那么怎么解释"又一个春天"呢？我将其分为五个阶段——

第一阶段叫"春之序曲"，就是"迷惘"时期的前前后后。

第二个叫"春风拂面"。2004年的时候，我们的党和国家领导人，从最高层一直到部级领导，都对这个行业做了重要批示。在新中国的历史上，为同一件事同一个报告做出那么重要的批示，是非常少见的。我把领导的关怀称之为"春风拂面"。

第三，"春暖神州"。"春暖神州"是从核燃料循环的角度说的，包含两层含

261

义：一是"春风吹绿江南岸"，说的是我们现在所有的核电站都规划在沿海一带，不是在江南就是在海岸。第二层含义叫"春风将度玉门关"。核能发展的迅猛势头，不可避免地要产生大量的核废料，其"处理"和"处置"是关系到核能可持续发展的两个最重要问题。如果核废料不能妥善处理，也不能安全处置，那核电站就得关门。我国核废料的处理和处置，初步的选址都在甘肃。所以我说"春风将度玉门关"。

第四个阶段叫"春色满院"，这个"院"是科研院所的院、高等院校的院。自2004年中央领导做出重要批示开始，从科研院所到高等院校，核学科有了很大的发展。以高校为例，2005年12月哈尔滨工程大学（原哈军工）成立了核学院，紧接着许多学校陆续成立了核学院，有叫"核科学与技术学院"的，也有叫"核科学与工程学院"的；与此同时，很多高校恢复了被撤销的核专业。所以说"春色满院"。

最后一个阶段是"春光无限"，也是在一系列事实基础上说的，大家也很认可。

三、"核以道和"

"如果谈到核，你会想到什么？"任何一个人都可能问这样的问题，可能会有各种各样的回答。我们的说法是，"核"就是"和"，和平的和、和谐的和、和睦的和。"核"英文形容词是"Nuclear"，"和"我认为是"New Clear"，是个清新的答案。

位于兰州大学核科学与技术学院大楼前的"核以道和"理念墙

我们学院大楼前的理念墙上写着"核以道和"。我这么解读这四个字的含义：不管是核电、核武器、核动力、辐射发生器等等，都是围绕着和平利用核能来发

人物访谈录2

展的。核电是能源骄子，是核能和平利用的一个典范，叫"核能聚和"；核武器是"国之大器"，没有核武器，就没有我们今天的国际地位，就没有大国的发言权，我将其称之为"和平之盾"；核动力是"动力之最"，没有什么动力能与其相比拟，具有"核聚和力"的功能；辐射发生器，我们经常接触，比如医院用的X光，医学影像学涉及的拍片子、CT扫描、PET、SPECT等等，全是在这个基础上做的，所以辐射发生器实际上是可以被和平利用的。在2014年核安全峰会上，习总书记在阐释中国和平发展基因"四观"时谈到"爱和平、谋和平、护和平、享和平"，就是和平发展。"核以道和"也意味着我们要把这种和平发展的理念传导给学生。

核科学技术不仅影响着当今的世界格局，也关系到我们的日常生活。核武器、核能、核医学等等，核在很多领域都有应用。所以，核科学技术是20世纪人类最伟大的科技成就之一，关乎国家安全、科学前沿、能源需求、人民健康、环境保护等等。

四、"可怕的不是核辐射"

人们常说，搞核的（人）会被辐射。对此，我曾经以"核与辐射，不得不说"为题做过科普报告。实际上，辐射是个笼统的概念，辐射处处存在。形象一点说，上有来自太空的宇宙射线，下有地壳中的原生放射性核素，还有人为产生的各种各样的辐射，包括工农业生产的各个领域，都会有一些辐射。所以我们都生活在一个辐射的环境里，只是大家"身在'辐'中不知'辐'"而已。

日本福岛核电站出事后，我在网上发了一篇题为"可怕的不是核辐射，而是核恐慌"的文章。实际上，对于核的危害性，媒体有时候会出现误导。你说什么事情没有危害？事物往往都有两面性，不能只看到一面，而看不到另一面，要一分为二。我在视频公开课上，把"核"和"火"做了一个比较。我们学化学的都知道，火是建立在碳基础上的。我们现在很多能源都和碳有关，比如煤、石油、天然气等（注：都是碳或碳的化合物）。建立在碳基础上的这些能源我们称为化学能，可以用"火"来概括。另一个是铀（铀对应的是"核"）。实际上这两个元素都跟能源有关，只不过一个对应的是化学能，一个对应的是核能；但从能源的角度来说，两者是一样的。对于火，形成火灾的负面影响是很大的，可实际上大家都离不开。对老百姓来讲，要是一天没有火，日子就没法过了。核也一样，谁都离不开，只是它的好处很多人没看到而已。

263

五、"LD精神"

我们有"热爱祖国，无私奉献，自力更生，艰苦奋斗，大力协同，勇于登攀"的"两弹一星"精神，我们还有"兰大精神"（其含义的表述方式各种各样）。我曾在兰大的院长论坛上说，"两弹精神"也好，"兰大精神"也罢，都是"LD精神"，就是"凝练核学特色，争创一流；弘扬LD精神，再续辉煌"。"LD"包含着"两弹""兰大"的双重意思。

热爱兰大的核学人

吴：现在简单说说我自己。我是恢复高考后的第二届学生，从1978年来兰大上学到现在，数年头的话都38年了，不知不觉也算是兰大的"老人"了。我对兰州大学有着非常特殊的感情，我的本科、硕士、博士学位，都是在兰大获得的；工作经历也很简单，从1985年研究生毕业留校到现在，一直在兰大学习和工作，其间2003—2004年在法国约里奥·居里实验室做访问学者。个人获奖情况就不具体说了，有全国性的，有省内的，去年获得了"全国优秀教师"称号。另外，我（代表学校组织）主办过一些国内外学术会议，也参加过各种各样全国性的、国际性的会议，并在一些国际学术会议上做过大会报告。

吴王锁参加国际学术会议及论坛

2014年，我受邀在中央党校讲了三节课。中共中央组织部要求中共中央党校求索音像出版社协助中组部党建中心完成课件制作，课件最终的播放平台是"共产党员网"。中央党校要提高大家的科学素养，新增了一个叫文化科技类的系列选题。当时在全国范围内先选了5门文化科技类的课程，我的视频公开课是其中的一门。我是6月份去讲的，见我戴着兰州大学的校徽，中央党校的人说："你是我们见过的第一个戴自己学校校徽来上课的教师，说明你对兰州大学非常热爱。"

访：谢谢吴老师!

吴王锁在"共产党员网"讲课（2014）

【人物简介】

石岗，男，汉族，1961年1月生，陕西勉县人。1981年9月加入中国共产党，法学硕士，工程师。

1978年10月—1982年8月，在兰州大学地质地理系气象专业学习；1982年8月—1988年5月，任国家海洋局环境预报中心预报员、助理工程师，办公室秘书、副主任；1988年5月—1991年9月，在华东政法学院攻读国际法专业硕士学位；1991年9月—1992年8月，任国家海洋局环境预报中心工程师；1992年8月—1994年11月，任深圳大学法律系教师、党总支副书记，兼职执业律师；1994年11月—1999年8月，任深圳市人民检察院预防处副处长、检察员、办公室副主任；1999年8月—2001年8月，任深圳市福田区人民检察院副检察长；2001年8月—2003年7月，任深圳市司法局副局长、党组成员，市司法鉴定工作委员会办公室主任；2003 年 7 月—2007 年 3 月，任深圳市司法局副局长、党委委员，深圳监狱第一政委；2007 年 3 月—2009 年 8 月，任深圳市法制办公室副主任、党组成员；2009 年 8 月—2014 年 7 月，任深圳市政府法制办公室副主任、党组成员；2014 年 7 月—2015 年 6 月，任深圳市人大常委会党组成员、办公厅主任；2015 年 6 月至今，任深圳市人大常委会秘书长、党组成员、办公厅主任。

【萃英记忆】石 岗

时　　间：2016 年 3 月 7 日 14:00

地　　点：深圳市 福田区福中三路市民中心

人　　物：石　岗

访谈人：王秋林

拍　　摄：红　叶

文字整理：石文晶（2015 级历史文化学院学生志愿者）

求学兰大的那些年

访：石秘书长好！作为兰大七八级校友，能分享一下您求学兰大的"别样记忆"吗？

石：有幸进入兰州大学求学，有幸宝贵的青春岁月在兰大度过。兰大虽偏居西北一隅，然而师资雄厚、学风纯正；特别是我在校时，师生之情真挚，老师对学生的学习、生活十分关爱。这些师生之情、关爱之情，一直温暖着我、鼓舞着我。

那些年，兰大的老领导

石：刘冰同志是我入学后的第一任校长，在校时多次聆听他的教诲。有几件事至今记忆犹新。

记得 1981 年 9 月的一天，刘校长应我们的邀请参加纪念鲁迅先生诞辰 100 周年大会，刘校长被安排在最后讲话。平时同学们比较少见到校长，此刻大家都全神贯注，饱含期待。但刘校长只说了一句话："今天，我们纪念鲁迅先生，就是要像鲁迅先生那样去学习、去生活、去战斗!"话很短,但把纪念鲁迅先生的意义讲得透彻明白。

刘冰校长对青年学生有特殊的感情。大学毕业前夕,校长让秘书赵洪涛老师问我愿不愿意留在甘肃工作。我那时不明白是什么意思,就一口回绝,表示想去北京工作(后来我毕业分配到北京,我想应该有这方面的因素)。毕业临走前,我到省委组织部转党组织关系,觉得应该向校长道个别。那时年轻不懂事,我直接闯进了刘冰同志(时任甘肃省委副书记兼秘书长)主持会议的会场。会场上的人很惊讶,但老人家见我之后很开心,立即停下会议,一直把我送到省委大门口,并嘱咐我好好工作,有什么事可以给他写信。毕业后,只要有机会我都会去看望他老人家,听他讲过去的故事,特别是在清华大学的风雨岁月。

兰大那时有一位副校长叫辛安亭,是延安时期的教育家。大学时我是校田径队的队员,每天早上天刚蒙蒙亮就出去跑步,基本上都能看见穿着呢子大衣、裹着围巾的辛老也在锻炼身体。可是有段时间不见辛老来锻炼,感觉有点不习惯。于是我就向当时的聂大江副校长询问原委,他告诉我辛老病了。辛老那时候全身浮肿,但查了很久都不知病因;最后经过反复周折,在一个偶然的情况下发现辛老得的是严重的营养不良。大家都很震惊,辛老是高干,工资不少,家里没有任何负担,怎么会营养不良呢?后来才知道辛老把他工资的大部分捐给了学校的贫困学生,资助他们的学习和生活,自己只留了一点生活费;而且他主要的饮食习惯就是在延安时期保留下来的南瓜汤,这才导致了严重的营养不良。这件事是聂校长亲口跟我讲的,他说谁都想不到辛老得的是营养不良。兰州大学的老领导为我们树立了光辉的榜样!

我是七八级的学生,当时学校的校舍、办公条件十分紧张。为了给教学提供更多的空间,校党委毅然决定将整个校部机关搬到图书馆后边(注:现逸夫生物楼坐落处)的破旧平房办公,条件十分简陋。学校的"高官"和主要处室都挤在那里,连教育部蒋南翔部长到兰大调研,几次召开学生座谈会也都在那小平房里(我是在参加学校向蒋部长汇报学生工作的会议时,听到校部机关搬入平房的原委)。一切为教学让路,这是当年兰大领导们的所想所为。

有一年发大水,通往兰州的铁路中断,学校在全国几个主要交通枢纽设点,派长途汽车接同学返校。我是在西安火车站坐上学校的长途客车,翻山越岭到的兰州。虽然面临很多困难,风险也很大,但学校为了保证按时开学,还是果断采取了这样的行动。试想,一旦出事(比如交通事故),领导得承担多大的责任呀。

这就是当时学校领导的气魄和担当！

校运会闭幕式上刘冰校长为石岗颁奖

那些年，兰大人的专属记忆

石：兰大四年，印象最深的一件事，是每个学生都在书包里装着一个海绵垫子——"屁股垫"。进校以后，我发现高年级同学的书包里都能掏出一个折叠的海绵垫子，到了教室往座位上一放，就可以长时间坐着读书。对此新生们一开始不以为然，后来发现长时间坐着读书，屁股很痛，于是大家也陆续都有了这件宝贝。当年如饥似渴、超强度地读书学习，即使坐上这么厚的海绵垫子，屁股上还是长出了老茧。"屁股垫"成了兰大一道靓丽的风景。

当年兰州大学总务处的安敬先处长（听说参加过"百团大战"）非常让人尊敬。虽然只是个"七品官"，但他为兰大学生的学习、生活呕心沥血；在学生学习生活的每一个角落，人们往往都能看到他老人家的身影。我在校时当过一届学生会的主席，记得有一次向他反映教室里灯光不（够）亮的问题，没想到他马上就安排更换所有教室的日光灯；天冷的时候吃饭排队人多，饭菜保温困难，他立刻想办法增加供应窗口……他可以说是"老粗式"干部，但他对大小知识分子都非常关心和敬重。我很喜欢安处长的工作方式，举重若轻，乐观勤勉，交往多了也成了忘年交。我在北京工作时，安处长到教育部开会，我俩还在一个馆子聚过。

石岗在校运会4×400米接力赛中

兰大地质地理系是一个很有特色、很优秀的系，老师很认真，同学很勤奋，科研教学成绩卓著。听说当年的一个系现在已经发展成几个学院了，出了不少院士、科学家。真心佩服那些优秀的同学校友，也真心感谢我们的老师！

兰大的校友我接触得有限，但是在有限的校友接触中，包括听到用人单位（对兰大毕业生）的反映都是非常不错的。兰大学生身上的一个共性就是朴实、勤勉、认真，大部分人不会投机取巧。兰州大学的精神在兰大学子身上得到了承传，希望这种精神可以继续发扬光大，希望兰州大学越办越好。

那些年，兰大的师生情

石：我们进校时的校长是刘冰，毕业时的校长是聂大江。聂大江是刘校长去省里工作以后接任的校长，所以我的毕业证上盖的是聂校长的大印。由于我担任过校学生会主席，毕业后又到北京工作，所以与聂校长打交道的机会比较多，老人家给我留下了深刻印象。聂校长说话声音非常好听，浑厚的男低音，普通话特标准，听他说话就是一种享受。当年聂校长经常穿一件发旧的灰色中山装，兜里揣着一本发黄的小书，一有时间就拿出来认真阅读。这是聂校长给我留下的第一印象。

1982年大学毕业以后，我被分配到北京工作。聂校长后来也调到北京，在国家广播电影电视部任副部长。校长刚到北京时住在广电部后面的宿舍楼里。

那时候秘书还没有完全到位，夜幕下我经常陪老人家在长安街散步聊天，听他讲述在甘肃、在兰大工作的许多往事。后来校长搬到了北大朗润园家属楼，我经常在周末骑自行车去家里看望。每次见他、每次聊天都在受教育，明白了许多事理。聂校长调任中共中央宣传部副部长后，有一次到深圳调研，还专门把我叫到市委迎宾馆的住处聊天，陪他逛深圳东门的书店（那时候我在深圳大学读研究生，通讯条件比较落后；为了在深圳大学找到我，市里费了很大的周折）。1992年我从北京调到深圳工作，临行前校长又专门给深圳市委的某领导写信，希望能对我有所帮助。由于种种原因，我没有去找这位领导，但校长对我的关心一直温暖到现在。

到深圳工作以后，见校长、聆听他教导的机会就少了，但我每次到北京出差都会去看望他老人家。记得有次去中宣部看望他，他让我11点以后再到办公室。好久不见有说不完的话，他问了许多深圳的情况，也给我讲了许多北京的事情。说话间秘书两次进来示意我该走了，但我看到校长丝毫没有让我走的意思。快到吃饭的时候，我说我该走了，校长却要我留下吃饭。我知道校长有午睡的习惯，所以还是表示要走，但校长执意留我吃饭。恭敬不如从命，就同他去了部长的小餐厅。服务员端来一碗肉丝面还有一点小菜，校长让我先吃，说他的饭立刻就上来。我竟然端起来就吃。等到快吃完的时候，我发现校长的饭还没好；这时我才意识到，校长原先只订一份饭，我把他的饭给吃了，食堂正在重新给他做。事情虽然过去二十多年了，但我常常想起。

聂校长搬到北京翠微西里一带的部长楼居住后，我又去看过他多次。我在北大进修的时候，还带兰大的其他同学一块儿去看过他。那时候知道他眼底有黄斑病变正在接受治疗，我还从深圳买了眼药水带给他。最让我难忘的是，有一次在送我走的时候，他突然拉着我的手说，石岗，以后你每次到北京都要来见见，我们俩见一面少一面。听了这话，我当时就哽咽了。后来再见到校长时，发现他手在发抖，说是患了帕金森症。我帮不上任何忙，只能带点保健品，跟他说说话，宽慰宽慰他老人家。好在老人家读书万卷，遇事无数，明事理，脸上看不出多少悲观的情绪。聂校长走了，他一生孜孜不倦地学习，勤勉工作，勤俭生活，永远值得我们学习。校长永远活在我们的心中！

【人物简介】

　　王铁山，男，汉族，1962年5月生于辽宁沈阳。兰州大学教授、博士生导师。

　　1979年考入兰州大学现物系核物理专业，1983年毕业后到中国科学院近代物理研究所工作；2003年从德国回国后通过兰州大学"萃英人才计划"回母校，被聘为教授、博士生导师；2006年核科学与技术学院成立，任副院长，主管研究生培养和对外合作交流工作；2008—2013年在兰州大学外事处任职，负责学校对外学术交流与合作；2013年回核学院，主管科学研究和对外合作交流工作。现任中国核物理学会常务理事、中国核学会辐射物理分会常务理事、中国科学院大学兼职博士生导师，是甘肃省第一层次领军人才、甘肃省政协第十一届委员会委员。

在30余年的科研实践中，主持完成国际合作项目4项、国家重大专项课题2项、国家自然科学基金项目5项、国防基金项目4项、中国科学院各类基金课题4项、教育部基金1项、横向课题10余项，主要参加多项国家、国防项目；出版专著1部；发表各类学术文章100余篇（其中SCI、EI收录的刊物文章60余篇、国际会议文章逾30篇）；参加国际会议30余次，在国内外做邀请报告40余次；累计指导博士、硕士研究生70余名；讲授各类课程7门。

【萃英记忆】王铁山

时　　间：2015年3月9日

地　　点：兰州市 兰州大学核科学与技术学院

人　　物：王铁山

访谈人：王秋林

拍　　摄：梁振林

文字整理：王铁山　陈闻歌　贾天聪

我对教育的一点思考和实践

访：王老师，您好！今年是兰州大学核学科建设与人才培养60周年，我们为此开展了系列访谈活动。您作为兰州大学核科学与技术学院（简称"核学院"）的教授、副院长，能否谈谈您的感想？

王：非常感谢你们对核学院工作的大力支持。兰大是国内最早建立理科核人才培养的基地之一，自1955年高教部批准在兰州大学建立物理研究室至今，已经走过了60年的历程，为国家培养了近4000名核科学技术人才。他们在全国乃至世界各地的核科学与技术教学、科研、生产机构中发挥着日益重要的作用，其中一批杰出人才做出了出色的成绩，还有一些为我国核工业的发展做出了重要贡献。他们是兰大核学院的骄傲。

访：您也是兰大毕业的吧？

王：我是兰大现代物理系（简称"现物系"）核物理专业1979级的学生，1983年毕业后到中国科学院近代物理研究所工作了整整20年；2003年从德国回来后，通过兰大"萃英人才计划"回母校工作，被聘为教授、博士生导师。2006年核学院成立时，我担任副院长，主管研究生培养和对外合作交流工作；2008—2013年，我在学校外事处任职，负责对外学术交流与合作；2013年我回到核学院，主管科学研究和对外合作交流工作。

访：您长期在科学院、兰大工作，多次在不同国家访学、交流，在兰大又参与了学院和学校外事方面的管理工作。能否结合您个人的经历，谈谈对高等教育的认识和体会？

王铁山（右二）出席第26届固体中原子碰撞国际会议（匈牙利）

王铁山在美国太平洋西北国家实验室访问

王：我非常愿意就教育和教学问题谈一点个人的思考，也可以介绍一些我们在研究生培养中的实践和感想。

我在大学毕业后的32年间，1989年去德国留学，1996年前往日本大阪大学做客员研究员（访问学者），2000年又到德国做了近三年的马科斯·普朗克客座研究员（马普学者）。在学术交流与合作的过程中，我又短期访问过三十多个国家的数十个国际顶级大学和研究机构，从中感受到了中外教育理念、教学方法和科学研究水平的差异。西方发达国家无论是高等教育还是科学研究，都比我们要早起步数百年；其教育、科研体系非常完善，引领着世界的潮流。我国现代高等教育起步晚，至今只有120年的历史；而现代科学研究体系的建立也只有几十年的历史。尽管我们过去这些年取得了巨大成绩，但差距依旧很大。

"教育"一词在《说文解字》中是这么解释的："教，上所施下所效也；育，养子使作善也。"前者讲的是"传授与传承"，后者说的是"养育与教化"。英文中的"education"（教育）其实就是指对人们的培养、启发和引导。英语里以字母"e"开头的词，通常是指由内及外的意思。education的内涵也就是指"通过一定手段将人的自然属性和潜在能力唤醒、激发出来，使其成为现实的一种发展状态"。四川大学校长谢和平认为"教育不是灌满一桶水，而是点燃一把火"。最好的教育就是激发人们自身的内力，只有将受教育者内心的学习动机、愿望激发起来，其潜能才能得到最大程度的发挥，进而熊熊燃烧；反之，灌输式教育灌进去的水则浇灭了受教育者内心的火，断送了其想象力、创造力和创新进取的精神。

我认为知识由四个部分组成，有书本知识、生活知识、社会知识，还有工作知识。书本知识是前人的智慧总结，可以通过系统的学校教育活动和自我阅读获得；生活、社会、工作三个方面的知识则源于各自的实践活动。应试教育模式往往是以高强度的书本知识灌输为主要方式，将学生"囚禁"在书山题海和课堂校园里，以读书替代学习，主要的学习目的就是应付考试，其核心是获取文凭，脱离了社会、生活和工作环境；由此走出校门的学生严重缺乏生活、社会和工作知识，更谈不上能力了。

知识固然重要，但能力更为重要。汉语很有意思，"知识"是一个名词，如果把这两个字分解开来，却是"知"和"识"两个动词。"知"是认知、学习的过程，是对前人产生的信息、资讯的学习、掌握和占有的过程；"识"是运用自己拥有的信息、资讯，产生个人的思考、观点和判断的过程。因此，人的想象力和创造力来源于"识"。如果我们的教育更能关注于"识"的开发，更注重启迪人的智慧、提升人的能力，我们的教育将会更有效率。

访：那您认为好的教育应该是什么样的？

王：我认为教育的宗旨应当是"人格的构建、智慧的养成和能力的提升"。什么是人格？人格就是做人的态度、精神、信仰、道德和操守，是人生观、世界观和行为方式的集成。智慧是什么？是观察力、思辨力、判断力和决策力的集成。能力则是执行力的体现。好的教育首先要立足于"育人"，培养讲文明、懂礼貌、遵纪、守法、仁爱、爱人的公民；然后培养人的观察、思辨、判断、决策能力；最后才是培养、提升被教育者生存和发展的专业技能。

我国著名教育家蔡元培先生说过："教育是帮助被教育的人，给他能发展自己的能力，完成他的人格，于人类文化上能尽一分子责任；不是把被教育的人，造成一种特别器具。"这句话揭示了教育的目的和内涵。美国耶鲁大学前任校长理查德·莱文（Richard Charles Levin）说过："如果一个学生从耶鲁大学毕业后，居然拥有了某种很专业的知识和技能，这是耶鲁教育最大的失败。"在他看来，本科教育的核心在通识，是培养学生批判性独立思考的能力，并为终身学习打下基础；耶鲁大学毕业的学生应该具有一种素质，就是干什么像什么，干成什么！这就是世界现代教育的追求，值得我们学习和借鉴。教育必须去功利化！

王铁山团队在兰州国学馆大成殿举行毕业纪念活动

访：看来我们在教育理念上应该反思。

王：前几天读到台湾一位校长高振东先生的讲演，他说"天下兴亡，匹夫有责"应该改为"天下兴亡，我的责任"。他说得很对，如果通过教育使得每个公民都关心国家、民族的发展和社会的进步，并为之贡献自己的力量，那么我们的教育就离成功不远了。我是（甘肃）省政协委员，所以建言献策，也是我的职责和义务。

访：您的这些思考非常可贵。作为老师，您在具体的教学活动中通过哪些尝试，去完善对学生的培养？

王：古语说："师者，（所以）传道、受业、解惑也。"所谓"传道"，就是"授人以渔"，教会学生做人做事的道理、道德、道行、智慧，就是启发人的思辨能力，树立正确的人生观、价值观、思维方式和行为方式；"受业"就是"授人以鱼"，教给学生知识、技能，培养他们一技或几技之长，使其自强、自立；而"解惑"则是指导和帮助学生摆脱困惑、走出困境。所以，我借鉴古今中外先贤、智者的智慧和方法，在本科教学和研究生培养中开展了一些教学实践活动，取得了一些积极效果。

在本科教学方面，2007年我响应学校号召，率先开设通识选修课人生物理学。后来结合自己的物理学知识和人生感悟，我写了《人生悟理——透过物理看人生》（名列2013年7月光明日报社、教育部联合推出的"中国高校出版社书榜"第六位，其他9本书的作者分别是林毅夫、罗国杰、张岂之、路甬祥、寒震、杨

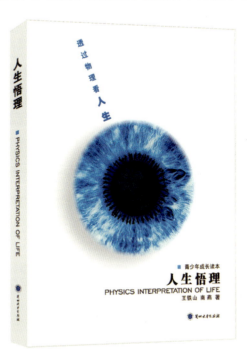

《人生悟理——透过物理看人生》书影（兰州大学出版社）

耕、樊锦诗、王金柱、达·芬奇；该书榜每月推出一期，每期推荐10种人文社科类精品图书。同年8月18日《光明日报》发表专稿书评，高度评价并推介该书），作为这门课的教材。基于这本书，我在国内外数十个高等学校、研究机构、企事业单位做了几十场专题报告，传递我对人生、社会、爱情、婚姻、家庭、教育、学习、工作、生活和自然的物理学解读；累计听众数千，社会反响很好。我的人生物理学（课程）每年向全校所有专业的学生讲授，是选课率高、反响好的通识选修课之一；目前正在积极建设慕课、进行英文翻译，希望能够在全国公开授课，并在国外出版。

这是一种本科通识课教学的探索和实践。我希望在哲学的框架下，跨越文理界限，将物理学的思维方法和分析手段应用于社会生活的方方面面，启发人们建立正确的人生观、世界观以及行为和思维方式；同时启迪人们的智慧，让人们更乐观、豁达、自信地生活、学习和工作。这项工作得到了普遍的认同，并必然会和传统的教学思维发生碰撞，但学生和社会的反响给了我前行的信心和力量。

另外，在本科生的基础课和专业课教学中，我努力推动启发式、讨论式教学，授课过程尽量穿插教材之外的知识，拓展学生的学术视野。因为大学生已具备一定的自我学习能力，照本宣科式的教学无法激发其学习兴趣，反而会"钝化"自学能力。为什么大学生会逃课？是不是我们的授课内容缺乏吸引力？这方面的问题值得我们认真反思。比较而言，发达国家的高等教育，老师只有讲义和参考书，不指定教材，授课内容丰富多彩，很多最新科学技术进展穿插其中；在教学方法上，大量使用教具、影视、实验、讨论，学生课堂学习效率很高，谁不来上课就学不到东西，也就很难通过考试。正因为这样，外国学生很少有逃课、上课睡觉的现象。所以，好老师应该是一名博学多能的学者，应该围绕教学大纲，拓展授课内容，讲教材外的知识，教无字的书！因为最重要的知识、智慧往往来自生活和社会实践。

这样的教学方法得到了同学们积极的响应和参与。但由于思维和行为的惯性，一些同学可能还需要有一个适应的过程。为了考证这种教学尝试的效果，我在每门课结束前都征集学生对授课内容、方法的意见和建议，同时请大家送我一句话留作纪念。目前已收集了千余份"教学信息反馈表"，成为珍贵的历史记录。

访：王老师，您的教学方法和思考确实很新颖，是否有推广的可能？

王：不同的老师对教育教学有不同的理解，因此，会采取不同的教学方法，可以互相交流、学习、借鉴。推广我的教学方法，不仅涉及学生的适应能力问题，对老师的素质和能力也会提出新的要求。比如：授课有读课、背课、讲课和侃课四种境界。当不少教师还停留在"读课""背课"阶段，你却要求他去"侃课"，那是做不到的，甚至可能侃得漫无边际而收不回来。

访：王老师，我知道您在团队建设和研究生指导方面也有不少新的尝试，是否也给我们介绍一下？

王：我现在有一个由9名教师和20余位研究生组成的研究团队。团队内打破导师界限，实行导师小组制，充分尊重研究生的个人兴趣，让他们自主选方向、选课题，每个人都有相对独立的研究内容。运行上实行例会制，每两周开一次大例会，全体教师和研究生都参加，全面总结、安排实验室的工作，并穿插1到2个学术报告。这样从事不同研究方向的老师和同学可以彼此交流、了解工作，学习好的思维方法，可以大大拓宽各自在本领域的知识面，并提升其专业素养和思辨能力。不开大例会的那一周，各研究方向安排小组例会，研究解决具体问题，落实具体工作。我每周还与博士生见一次面，了解工作进展，给予必要的指导。

团队之歌

除了培养方案中的课程之外，我们团队内部还结合实际工作需要，自主开设专业课（研究生自己组织，老师和研究生分工讲授）。近年来，我们先后开设固体物理导论、射线与物质相互作用、材料科学基础等课程。大家在获得与研究工作密切相关的专业知识的同时，语言表达能力得到了锻炼。最近，我们又举办"科学研究方法"讲座，由我与其他教师共同讲授科学研究的方法、经验和体会。

我们团队的理念是："以人才培养为目的，以科学研究为载体，以丰富多彩的文化生活为手段，培养社会认同度高的有用之才。"为了弘扬团队精神，记录团队的成长历程，传承团队的科学与文化，我们每年编撰一本《年报》，记载团队成员、毕业学生科学研究的成果与进展，报道实验室国内外合作交流的动态，记录团队的动态变化；同时，为教师和学生抒发个人感想留出一定的空间。每期《年报》的封二都印上我写的一首诗：

> 我有一个梦想，在物理的天空翱翔；
>
> 我有一个愿望，将科学的生命延长；
>
> 我有一个期待，让种下的桃李芬芳；
>
> 我有一个追求，让思想的火花绽放。

这首诗抒发了一名物理教师的理想和追求，我请甘肃省的一位书法家写成条幅，挂在实验室墙上，激励团队成员。封三是每年在兰州国学馆举行毕业纪念活动的照片。封四是毕业仪式上我们在孔子像前朗读的《祭先贤辞》。《年报》已成为我们实验室的交流平台和成长记录，并构建了往届毕业生与在校师生之间的学缘和学脉关系，对同学们后续的发展以及他们之间的合作起到了助推作用。

毕业仪式上研究生在孔子像前朗读《祭先贤辞》

访：王老师，我看过你们的《年报》，很有特色。记得您还给档案馆赠送过一本文化沙龙《文集》。

王：是的。在团队建设和研究生培养的过程中，我感到现在的学生人文修养不足，表达、沟通能力不够。近些年来，教育越来越功利化，文理分科导致我们的学生文章写不好，分析问题、解决问题、认识问题比较片面、肤浅；做事情比较功利，找一个程序模拟一下，出点数据，然后发几篇SCI文章就觉得自己很了不起了。其实人走向社会需要的是综合素养，而综合素养源于教育。为此，我们在实验室建立了图书资料墙，除了专业书、工具书之外，我们还购置了很多历史、文学、哲学方面的书籍，包括小说、《读者》杂志等，希望同学们在学习之余博览群书。

实验室图书墙

　　为了进一步提升研究生的综合素养，我们每两周组织一次文化沙龙，老师、同学自愿参加。文化沙龙开办以来，已经组织了数十场。前年我讲了"我爱你中国"，后来我又讲了"世界上最后一片净土"（介绍肯尼亚东非大裂谷）。2014年，我给大家作"教育漫谈"，什么是教育，我们教什么、育什么、学什么、怎么学等等，谈一些对教育的思考和理念，还做了一些中外教育的比较。其他老师和同学有的谈音乐、谈诗歌、谈历史、谈经济现象，有的谈房地产、世界杯、屏幕病、人生观、互联网时代等等，还有的谈访问（中国）台湾地区、日本和美国的感想。如果硕士生在这里待3年，他可以听60场报告；如果博士生待上五六年，他可以听100多场报告。经过多年的积累，自己做报告、听报告，相信每个人的视野都将得到拓宽，境界都将获得提升。

　　每年年底，我们将主要报告的PPT讲稿编撰成年度文化沙龙《文集》。我会为每个《文集》写序，去年我写的是《文化构筑灵魂》。我们不仅要有知识，更重要的是要有文化；不仅要有文凭，还要有水平；不仅要有学历，更要有能力。文化在人生中发挥着重要作用。我们的文化沙龙只是为理科学生提升文化修养、开阔视野提供的一个平台。现在《文集》已成为实验室文化交流的品牌，并作为礼物送给已毕业的学生和来访者，非常受欢迎。

　　有人说，你们理科的实验室搞人文讲座，是不是不务正业。我不这么认为。在编撰《文集》时我写了四句话：

人文构筑灵魂

科技促进发展

艺术提升品位

文化丰富生活

这就是我们的认识和理念。人文修养是塑造一个人人生观、世界观、价值观的基础，是决定一个人最终是不是有才能、有贡献、有责任的重要前提。我们实验室在教育理念上，更强调理科学生既要有良好的科学素养，更要有良好的人文修养；一名优秀的学者应该上知天文、下知地理，博古通今，懂文学，通艺术，善运动。但是我们现在的差距还很大。

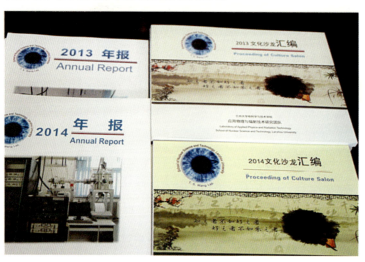

历年的工作《年报》及文化沙龙《文集》

南怀瑾有一句话，我将其改成这样：

道为骨，儒为表，真为本，大度看世界；

才在身，技在手，思在脑，从容过生活。

横批是"道德文章"。道德指做人，文章指做事。所以说，一个人光会做事不行，更要会做人。做人的关键是有"道"，有道行的人就会淡泊名利，淡泊了名利自然就会"大度看世界"；才能、才学、技术固然重要，但更要有思想，有了这些本领，当然可以"从容过生活"啦！我把这句话印在《文集》的扉页，作为团队的座右铭。

学生的业余生活是丰富多彩的。除了文化沙龙之外，我们团队还经常开展研究生自行组织、自愿参加的各种集体活动，促进了师兄弟之间关系的融洽，团队凝聚力明显提升，形成了团结、和谐、奋进的团队氛围。十几年来，没有一名学生到我这儿说跟谁闹了矛盾、吵了架；更多的是他们遇到有些困难（偶尔有些烦恼）来找我谈谈，内容不局限于专业上的，很多是生活中或者就业上的问题，包括爱情婚姻问题。我觉得教师的作用，最重要的不是教给学生知识，而是教会他们一种思考方法、思辨能力、处理问题的手段，这就是所谓的"授人以渔"。传导知识和技能固然是必要的，但不是最根本的；根本的是要教会他们生活、工作、学习，教会他们独立去完成任务，使其成为成熟、独立的人。

为了提升学生的综合素质，我们还开设了一些特殊的能力训练课。"用英语作报告""唱卡拉OK""游泳"就是我给学生开的附加课。作为专业人员，说英语非常必要，何况我们这儿经常来外宾，国际交流比较多。因此，我要求二年级的硕士生要在seminar room（学术研讨室）学会用英语作报告，让每个人张嘴就能说英语。"唱卡拉OK"这门课既可以娱乐，更可以锻炼心理素质，锻炼学生在公众面前自如表达的能力。游泳则是受过良好教育的人应有的基本素质。多数研究生毕业时都通过了这些课的考试，一些毕业生反映从中受益匪浅。

王铁山（前排中）的研究团队（2014）

我们实验室对外合作交流比较频繁，正常情况下总有七八人在国外学习、工作；我希望每位博士生都有在国外的这种经历，于是积极推荐他们出国留学（实际上我的多数博士生都出过国）。这种做法不仅可以借助国际合作来完善我们的研究方法和手段，提高培养质量，更重要的是可以让学生开阔视野、增长见识、更新观念，带回新的理念、文化和研究方法。

访：听说你们每年还举行毕业仪式？

王：是的。每年研究生通过学位论文答辩后，我们都会在兰州国学馆为他们搞一个纪念仪式。下面这张合影背后的碑文上分别写着"己欲立而立人，己欲达而达人""天行健，君子以自强不息；地势坤，君子以厚德载物"。这些都是很好的国学精神。

王铁山向毕业生赠送特制纪念品

在孔子像前，我们要朗诵《祭先贤辞》（描述国学馆的场景，抒发作为学人要继承先贤遗志、发愤图强、报效祖国的愿望）。另外，我还给毕业生赠送三样礼物，一个是我写的《人生悟理》，另一个是他们朗诵过、有我签名的《祭先贤辞》，再就是一个水晶盘子。这个盘子的图案跟《人生悟理》的封面一样，是一只眼睛，中间是地图，周围站了一圈人，然后是蓝色的大气层、宇宙，透过这只眼睛看天地人、看世界、看宇宙。我就是想告诉学生：眼睛是观察世界、认识世界、揭示自然规律的窗口；要胸怀祖国，放眼全球。盘子的底座印的是我们的队训。盘子的背面是最重要的，刻上了毕业生的名字、毕业年份、取得的学位；这是我亲手刻上的（水晶很硬，我刻不好，但我是认认真真为每位毕业研究生刻写），是送给学生独一无二的永久纪念。我希望他们都有一颗水晶般的心、有水晶一样的光明前途。

访：您所做的这些非常让人感动。您的这些做法有没有想过向学院或学校推广？

王：无法复制，因为核学院不止我一个教授。对同样的东西不同人的看法也不一样，各有各的理念，各有各的方法，实际上其他老师的很多做法也值得我学习，这也是大学的特点。大学应该讲究文化的多样性、观念的多样性、思想的多样性、方法的多样性。我可以在我的团队里推广，大家也认同；但我不能在核学院强行推广，尽管我是核学院主管科研、对外合作交流的副院长，过去也管过研究生培养。我只能在我的工作中尽量地去宣传、推动，但不能强制，更不用说在学校层面了。多样性和丰富性是未来最需要的，没有丰富性、没有多样性就不会有创新。尺有所短、寸有所长，各取所需，最重要的是培养合格的人。

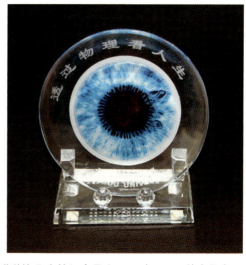

王铁山赠送毕业生的纪念品之一：独一无二的水晶盘子

访：您最早的学生是哪年毕业的？现在已经培养了多少研究生？以前培养的学生现在都在哪里工作？

王：我2003年到学校工作，最早的博士生是2009年毕业的（第一批硕士生2006年毕业）。我名下培养的博士、硕士加起来差不多有70名（含在读研究生）。已毕业的学生，国外有一些；国内就业的多数在科研院所、核工业集团公司、高等学校和环保系统，遍布全国。他们都愉快地工作着、幸福地生活着。个别进步快的已经成长为教授，副教授、副研究员也有好几位。这一点我还是比较满意的。

如果说2003年我回兰大时种下的小树苗如今已枝繁叶茂，结出了几十个果；那么我相信，这些果又在国内外生根发芽，长成了小树，将来一定会结出更多的果，形成一片林。这也是我作为一名教师的梦想、期望和骄傲。

关于教育和我们的一些实践谈得很多了。最后，我还是回到核学院的发展上来吧。我们学院历经风雨，已经走过了一个甲子；经过几代人的不懈努力，取得了当下的业绩。我们这一代人应该承前启后，努力开拓创新，在未来的一个甲子中，把学院办得更具特色，为我国核科学事业培养出更多优秀的人才。当然那个时候，我们可能都不在人世了，但我们的知识、思想、理念、精神将会得到传承。

访：谢谢您的讲述！预祝核学院和您的团队在未来的教学、科研中取得更大的成绩！

【人物简介】

任中洲，男，汉族，1962年12月生，河南南阳人。南京大学物理系教授、博士生导师。

1983年毕业于兰州大学现代物理系核物理专业，获学士学位；1983年9月—1985年8月，在兰州大学现代物理系原子核物理专业师从徐躬耦先生攻读硕士学位；1985年9月起，在南京大学物理系理论物理专业攻读博士学位（提前攻博，导师徐躬耦）；1988年6月研究生毕业并获得博士学位后留校任教。1992年2月—1993年2月，在法国GANIL国家实验室从事博士后研究；1997年9月—1999年6月，任德国洪堡研究员（Humboldt Research fellow），在德国Tuebingen大学工作；1999年9月—2000年9月，任日本文部省（教育部）COE教授，在大阪大学工作。

1998年获教育部科技进步二等奖（第一完成人），2001年获国家杰出青年基金，2003年受聘教育部“长江学者奖励计划”特聘教授，2013年获中国物理学会吴有训物理奖。

【萃英记忆】任中洲

时　间：2015年5月16日14:40

地　点：兰州市　飞天大酒店

人　物：任中洲

访谈人：王秋林

拍　摄：红　叶

文字整理：陈闻歌　红　叶

感念母校　难忘师恩

访：任教授，您好！请为我们讲述一些您在兰州大学学习和生活的记忆。

任：好。我叫任中洲，1979年考入兰州大学现代物理系（简称“现物系”）。我在这里上了四年本科，读了两年硕士研究生，导师是徐躬耦先生。当时的生活虽然艰苦，但是大家的学习热情都很高，基本上每天就是在宿舍、教室、图书馆之间来回活动。那时候没有什么娱乐，也没有网络，同学们一心就想学习。我们每天晚上都上晚自习，早上有时候买个馒头就赶快从现物系（二分部）跑到地处校本部的旧文科楼（注：已拆除）阶梯教室占位置，到了中午又赶回现物系吃饭，每天就这样来回奔波。我们一个星期上六天课，只有在礼拜天休息的时间里，大家才抓紧洗洗衣服，做点自己的事。当时的生活条件和现在很不一样，尤其是到了冬天，食堂里提供的基本上就是大白菜、土豆、萝卜，粮食由政府定量供应。尽管当时国家对大学生还是挺照顾的，每人每个月都有35斤定量供应的粮食，当然，其中有30%是粗粮，但是大学时代正是我们长身体的时期，特别是平时还要运动，这些粮食还是不够吃；于是大家就吃窝窝头、喝玉米面糊糊，这些食物如今都成为人们餐桌上的“健康食品”了。

始建于 1955 年的现物系 1 号楼（局部）

原现物系教学区一隅

　　本科毕业以后，我考上了兰州大学现物系原子核物理专业的硕士研究生；我的导师徐躬耦先生当时已经是兰大的校长。研究生上了一年以后，平时我要和导师讨论科研问题，徐先生就会约我，比如某天晚上几点钟到他那里去。有一天晚上7点，我应约按时到先生家里，结果他也刚刚下班回到家。先生让我先等一下，然后简单吃了点饭就和我讨论问题。当时的工作条件非常艰苦。为了和徐先生讨论学术问题，我往往需要把过去的一些期刊一本一本地都抱过去，因为复印费用较高，而研究经费相对较少。在兰大，我跟着先生做了一年的科学研究，其间徐先生的夫人和孩子都已经去了南京大学；先生一个人既搞科学研究又兼行政管理，既指导研究生又要料理个人生活，其辛苦程度可想而知。当然，这也激励着我格外珍惜接受徐先生指导的机会，勤奋学习，努力工作。记得研究生二年级的寒假和春节期间，回到家里度假的我，依然自觉开展科学研究。功夫不负有心人，经过一个寒假坚持不懈的努力，我的研究工作取得了重要进展，得到了徐先生的褒扬。后来先生不再担任兰州大学的校长，回到了南京大学；我就通过报考先生的博士研究生，跟随先生到南京大学继续深造，从事科研工作。在南京大学获得博士学位以后，我留在南京大学当教师，成为先生的助手，与先生合作多年。

徐躬耦先生

兰州给我留下的印象非常好。我16岁就来到兰州大学上学，离开的时候是22岁；我工作、学习进步最大的几年就是在兰州度过的。大学期间，我经常回顾上一阶段自己在学习和为人处世方面的得与失，每每感觉都有比较大的进步与收获。从老师和班级同学那里，我不仅学到了科学知识，还学会了如何更好地与人相处、学习别人的长处。大学本科和硕士研究生期间，我每天早晨坚持早起跑步，积极参加体育活动（如打排球、打篮球、踢足球、打羽毛球等），还曾经到皋兰山上（的兰大林场）参加植树劳动。从16岁到22岁，可以说是人生最重要的时期之一，我在兰州充实地度过了这段人生，收获颇丰（后来我从事科学研究所需要的基础知识大多是在兰大学到的）。本科四年，老师教学非常认真，要求也十分严格，从而夯实了我们的基础知识和基本理论；硕士研究生阶段按照培养方案，我又学了不少课程，专业知识得以加强，学术视野得到拓宽。真正到了博士研究生阶段，我们的课程已经很少了。所以我的基础知识主要是在兰州大学学习的，这对后来的科研有非常大的帮助。另外，在兰州大学的六年间，我结交了许多很好的同学，也和很多老师一直保持着联系。我祝愿兰州大学能够蒸蒸日上，取得更大的成绩。在兰州大学核学科建设与人才培养60周年之际，我祝愿兰州大学核学院能够取得更大的成绩，培养更多的好人才。

访：谢谢任教授！

【人物简介】

焦亚平，男，汉族，1963年1月出生，河北赵县人。中共党员，正高级工程师，兰州大学河北校友会会长。

1982年毕业于兰州大学化学系有机化学专业，获理学学士学位；同年8月参加工作。现任石家庄市油漆厂董事长、党委副书记，赵县人大代表，兰州大学兼职教授。历任河北省第十届、十一届、十二届人大代表。兼任中国涂料协会理事、《中国涂料》《涂料与涂装》编委等社会职务。荣获"全国能源化学系统五一劳动奖章""全国安康优秀企业家""中国涂料行业年度十大风云人物（2014、2015）""2015年度中国涂料行业精英奖""中国涂料工业百年杰出企业家""中国十大冀商精英""河北省劳动模范""河北省五一劳动奖章""河北省科技进步先进工作者""河北品牌建设领军人物"等荣誉称号。

【萃英记忆】焦亚平

时　　间：2017年6月14日9:00

地　　点：石家庄市 石家庄市油漆厂

人　　物：焦亚平

访谈人：阎　军

拍　　摄：阎　军

文字整理：陈　真（2015级文学院研究生志愿者）

文稿审定：段小平

弘扬母校精神 成就自强企业

访：焦董事长，您好！今天请您谈谈对母校兰大的记忆，对老师、同学的记忆，以及您自身的成长经历。

焦：谢谢阎老师！我是1978年考入兰州大学化学系、1982年8月毕业的学生。大学毕业后我被分配到石家庄市油漆厂，先后担任过技术员、车间技术主任、厂长助理、副厂长、总工程师、副总经理、副董事长、总经理、董事长等职务。1986年8月开始，我走上了企业的领导岗位，之后担任正职领导18年。作为组织培养的后备干部，我多次放弃政府组织为我安排的副县长、局长等行政职务。为了企业的发展，我与企业成了"一家人"。

访：考进兰大的时候您多大？

焦：我是"文革"后恢复高考第二年考上大学的，那年我15周岁。记得高考志愿是中学老师帮我填的。那时候我的老师都是"文革"前的大学生，水平特别高。全国哪所大学好，哪个专业好，他们都十分清楚。老师告诉我，兰州大学在全国重点大学里的排名比较靠前，化学系则名列前茅。于是，就为我填报了兰州大学化学系。

访：这可是成就您一生的选择。

焦：是啊！能够考上兰州大学，我是幸运的。四年的大学生活，兰大的学风、校风深深地影响了我。大学毕业以后，无论是技术工作，还是管理工作，兰大"自强不息，独树一帜"的精神，一直鼓舞着我，不断地催我奋进。

兰州大学化学系有机化学专业1982届毕业留影

记忆中的师长

访：您对兰大老师还有哪些印象？

焦：兰大的老师，无论是学业还是生活，对我的影响都很深远！

我的本科毕业论文是化学系的系主任、有机化学家周耀坤教授指导的。周老师指导我完成毕业论文后，用商量的口吻问我："想不想跟我做个课题呀？"我当时明确表示想试试。于是，周老师就对我说，有个环戊二烯转换成环戊烯的方法，既有原料转化率的要求，又有反应选择性的要求。这个课题前几届学生都做过，但没有结果。你若有兴趣，我给你说说，你来做。我当时非常愿意在周老师的指导下做这个课题。在掌握基本思路以后，我就去了实验室。经过两个多月坚持不懈的实验研究，我创造性地采用三元复合催化剂，实现了环戊二烯向环戊烯的转换，而且转化率和选择性均高于此前法国石油公司的同类反应。研究成果以"负载型钛茂催化剂的合成及其催化加氢性能的研究"为题，1983年发表在《兰州大学学报》（自然科学版）上。现在想想，那时候化学系主任一级的大专家，不仅能给本科生指导毕业论文，还能结合课题为本科学生指导研究方法，真是让人受益匪浅。能上兰大我真的是很幸运！

难忘并让我感动的还有我们的辅导员周玲老师。周老师就跟长辈一样，特别关心学生的成长，从学习、生活两个方面，给予我们无微不至的关怀。同学们遇到困难，都愿意去找周老师。为了让年轻学生开阔视野、增长见识，提高综合素质，周老师设法联系刘家峡水电站，带我们前往参观学习，并利用节假日，组织我们现场观摩兰炼集团，强化理论与实践的结合。难以忘怀的是，毕业离开兰州时，我刚登上回河北的火车，周老师就紧赶慢赶地前来为我送行，一边从车窗给我塞进一串香蕉，一边上气不接下气地嘱咐我"无论在哪儿，都要好好工作啊"！毕业后的一段时间里，我跟周老师保持着书信联系。周老师也在信中多次鼓励我，要不断追求上进，要有所作为，不能荒废了青春。现在回忆起来，仍然感动不已！

访：确实，我听了也很受感动。对兰大的其他老师，您还有印象吗？

焦：还有蒋士其老师。蒋老师当时是刚毕业就留校的老师。论年龄，我们班长比他都大，但师生之间的关系就像朋友一样。记得刚入学的前几天，蒋老师白天负责新生报到登记，晚上还要深入宿舍帮助我们解决各种困难，没日没夜地忙着。每每回忆起这些往事，我都会感恩蒋老师大哥般的关心呵护，是他让我们这些第一次出远门的外地学生备感温暖。

印象深刻的还有刘冰老校长。我在兰大的四年，也是刘冰调任兰州大学党委书记兼校长的四年。清晰地记得，每个月刘校长都要到化学系食堂吃顿饭，和化学系的老师、学生一起蹲在院子里，围成一圈儿，边用餐边唠家常，还不时关心我们的学习和生活。学校综合食堂建成并投入使用以后，老校长仍然关心师生能不能吃好饭、能不能吃饱饭，甚至在食堂窗口为大家打饭。此举感动着在场的师生，大家自觉排队，领略着老校长的关怀。还有，老校长的身影不时地出现在食堂的作业间和打饭窗口，他要求食堂的厨师、打饭的师傅戴好工作帽、扎好头发，还亲手为打饭师傅正过工作帽。这些都是我亲眼所见。

兰大学风助力企业发展

访：焦董事长，兰州大学的学术风气对您后来的工作都有什么影响？

焦：兰大的学术氛围以及兰大教给我的知识、技术和方法，对我的影响是深远的。参加工作以后，我通过企业平台，传承兰大"勤奋、求实、进取"的学风，为企业的创新发展注入活力，经过长期不间断的努力，取得了显著成效。

多年来，无论是在车间跟班生产，还是后来当了生产副厂长，我一直没有离开过实验。我们厂属于技术密集型企业，走上企业领导岗位以后，我比较重视产品的科研资金和人力资源投入。到现在我们企业已拥有500多位技术人员，20多个专业实验室，400多平（方）米的原材料及成品检测中心，2个国家标准恒温恒湿室，以及1个省级涂料研究所。企业年均投入的科研经费占年销售收入的3%以上。

随着涂料行业用漆标准的逐步规范化，以及企业出口产品的逐年递增，我们在行业内率先建立了完善的质量管理体系，取得了一系列认证资质，不仅获得ISO9001、ISO14001等国际通用体系认证，还通过了CRCC铁路产品、防火产品、十环标志、中国船级社认证和汽车行业16949认证，并获得了国际公认的英国水务认证、劳氏认证和ROHS认证等几十项公认的"三方认证"。这些"三方认证"已成为企业金鱼产品打开国际市场的"敲门砖"。

雄厚的技术力量，推动了企业产品的研发。我们企业的金鱼工业漆、重防腐漆、水性工业漆、建筑涂料等产品均已达到国际领先水平，成功地应用于高原机车、铁路客车、船舶、电力、桥梁、压力容器、军工用漆等60多个行业领域，服务客户多达3600余家，为中高端市场提供服务。为了交流经验，学习先进技术，我们还与荷兰、加拿大、英国、奥地利、美国等国外的先进涂料厂家和科研机构进行技术合作。企业研发产品多次荣获省市级技术创新奖，得到行业部门、客户的普遍好评。鉴于企业为国家GDP增长和提高广大人民生活水平做出的应有贡献，我们先后荣获"全国劳动关系和谐模范企业""全国五一劳动奖状""全国厂务公开、民主管理先进集体暨示范企业""全国石油和化学工业先进集体""中国驰名商标""中国涂料工业百年百强企业""中国化工企业500强""全国守合同重信用先进企业""中国涂料工业百年最具影响力企业""中国十大工业涂料品牌""工匠楷模"等荣誉称号。国家安全管理监督总局、中华全国总工会连续12年授予我们"全国安康杯竞赛优胜企业"，其中2010年还授予我们"安康竞赛示范企业"称号。

访：焦董事长，据说您后来又开展了很多产品的技术研究。

焦：是啊。参加工作以后，我又完成了一批课题，其中20多项属于省市级鉴定项目。我也因此获得了"石家庄市新长征突击手""全国能源化学系统五一劳动奖章""河北省劳动模范"等荣誉称号，这些都是对我的鼓励与鞭策。

焦亚平及其企业所获表彰、奖章和证书（部分）

改造老企业

访：您在企业工作了三十多年，其间担任企业正职领导就有18年。您是如何把一个老企业改造成现在这个样子的呢？中间过程一定很不容易吧？

焦：是很不容易。上世纪90年代，国内大量化工类乡镇企业开始"不计环保、不计能源、不计代价"地"红火"发展，涂料行业的市场竞争日趋激烈。为了求生存、谋发展，我们积极进行企业内部改制、产品结构调整、市场结构调整，紧紧依靠职工办企业，不断进行经营模式创新、经济技术创新。

一是健全法人治理结构，完善现代企业制度。充分发挥股份合作制企业的集体智慧，建立了劳动分配与资本分配并重的运行机制，促使职工利益与企业命运相一致，职工愿景与企业目标相一致，形成了企业新时期规模化发展的共识和"企兴我荣、企衰我耻"的文化价值取向。

二是积极调整产品结构。当醇酸漆产品受到市场的挑战与威胁后，为了满足行业客户对工业漆产品的需求，我们转向工业漆的研发与生产。目前，企业产品由18大类6000多个花色品种构成，成为同类产品市场占有率的龙头企业。进入新时代，为了响应政府号召，满足环保要求，我们在完成第一轮产品结构调整的基础上，进行第二轮结构调整，加大力度发展高固体份涂料、无溶剂涂料、光固化涂料、粉末涂料和水性化产品等不同类型的环保涂料。

三是与产品结构调整相对应，在运行模式上，建立了"技术＋销售"的市场运行模式。1988年，我们把技术开发部转型为集"技术＋跟班生产＋销售服务"于一体的运行模式。1999年，我们又把河北涂料工业研究所下属的每个研究室，转变成按用户行业划分的各个分公司，还是把"技术＋销售"捆绑到一起。通过内部核算、内部出资入股，建立起36个销售部和31个内部分公司，构建了利益共享、风险共担、合作、平等、共赢的新型企业关系。

四是坚持分灶吃饭，推崇以创业者为本。与市场运行模式相配套，内部生产上推行生产工段主体承包，实现生产作业方式转变。建立企业经济运营监督队伍，形成企业工程项目管理"五步工作法"，采购管理"四步工作法"，规范了企业经济的运营行为。同时，健全安全生产责任制，落实主体责任；坚持以人为本，明确职工是企业改革发展的主体地位。我始终认为"企业的发展离不开人力、产品和资金，而人力是企业发展的第一资源"。

访：您的企业目前发展状况如何？

焦：2016年企业的销售额是10.2亿元。2017年将以30%的速度发展，销售额预计达到13.3亿元左右。

访：按照30%的发展速度，那您提出10年100个亿的发展目标肯定能够实现呀！

焦：我们企业现在主要涉及油漆、房地产、土地资产这些业态，我希望能够走出一条土地、房地产、工业联动的企业生存与发展之路。资产经营上，着重抓好现有资产的保值增值，不断创新经营方式，采取多样化的资产变现方式，保证资产与资金的合理配置，落实土地资产的扩容增值。现阶段，我们围绕"十年百亿"的发展目标，通过制订"三年规划""年度计划"分解目标，希望带领企业经过10年的再发展，实现"十年百亿"的目标！

访：现在的"一带一路"，对企业未来的发展有没有影响？

焦：有啊！伴随着中国与"一带一路"沿线国家经济合作伙伴关系的发展，企业的很多产品都能跟着中石化、铁一建、铁二建这些大企业、龙头企业"走出去"，这也有利于促进企业竞争力的提高啊！

访：焦董事长，能否介绍一下咱们企业的搬迁情况？

焦：从2003年开始，我们企业主动响应市政府"退二进三"的号召，积极谋划"退市进郊"。在保证"安全、保质、及时、低耗"有序生产的前提下，企业采取"政府主导，加大安全投入"的方法，千方百计推进项目建设和搬迁工作，确保"人员不能搬散、人心不能搬散、企业不能搬散"。整个搬迁过程历时10多年，最终成功地把作为甲类危化企业的油漆厂顺利搬迁到赵县化工园区，实现了企业搬迁建设"与技术改造相结合、与节能减排相结合、与技术水平提高相结合、与管理水平提升相结合"的工作目标，成为石家庄市乃至河北省化工企业搬迁的成功典范。

心愿与祝福

访：您对母校还有什么期望呢？

焦：当然是希望母校兰大越来越好啦！我有个不成熟的建议：由于目前国内很多综合性重点大学地处城市的中心区域，化学楼往往没有完全具备有效处置废液、废气、固体废弃物的实验条件，存在一定程度的安全隐患和环保问题。兰大的榆中校区远离市中心，我们完全可以利用好兰大一流的化学实验条件，与实力雄厚的合作伙伴共同经营有特色的"大手笔"——将榆中校区打造成面向全国，服务化学专业的"产学研"相结合的化学实验教学基地。在这个基地里，化学专业的学生可以充分利用各种特色设备，开展有机、无机、综合，或者是放大样等等各类化学实验，不用担心"三废""危险品"的处理以及实验过程中的环保是否达标等问题。由此打造出的兰州大学"独树一帜"的化学实验教学基地，有条件、有能力满足全国各地化学专业的优秀学生都有一段"在兰州大学接受实验训练"的要求。这是一件很有意义的工作，我们金鱼涂料集团非常愿意成为母校这种实验教学基地的承办者、合作者与推动者。

离开母校已有30多年，但母校经历永远是我生命中最珍贵的记忆。兰大求学四年，正是我人生观、价值观的形成时期。母校兰大的文化对我学术、做人和做事的影响极其深远！

我为兰州大学的进步和发展骄傲，也希望母校越办越好，希望"自强不息，独树一帜"的"兰大精神"历久弥新、传承久远！谢谢！

人物访谈录2

【人物简介】

张成如，男，汉族，1963 年 7 月出生于江西上饶。教授。

1986 年毕业于兰州大学化学系，获理学硕士学位；1995 年毕业于山东大学化学系，获理学博士学位。1996 年主动放弃出国机会，自主创业，投身环保能源高科技领域。现任山东大学教授，山东星火科学技术研究院（集团）院长，济南联星石油化工有限公司董事长、总经理，山东省政协委员，济南市政协常委，全国工商联石油业商会副会长，山东省工商业联合会常委、石油与清洁燃料业商会会长。连续多年主持完成国家、省、市的火炬计划、创新基金、科技攻关计划、科技成果产业化计划等各类科研项目，累计主持完成百余项具有自主知识产权的高新技术成果和专利，多数成果具有国际先进水平，部分成果属国内首创或位居国内领先地位。领导开发了一系列高技术、高附加值、高市场占有率的科研成果，并顺利推向市场，尤其是在新型石油化工、高效节能与环保两大领域中成就突出。

2000 年获第三届济南市青年科技奖；连续三年获评山东省优秀创业者称号（1997—1999），先后获得济南市先进科技工作者（1999）、山东省十佳民营科技企业家（2000）、中国优秀民营科技企业家（2002，2007）、发展省会经济优秀创业者（2006）等荣誉称号。

【萃英记忆】张成如

时　　间：2016 年 10 月 23 日 11:00

地　　点：济南市　市区行进中的车上

人　　物：张成如

访谈人：王秋林

拍　　摄：红　叶

文字整理：王儒婷（2015 级萃英学院学生志愿者）

文稿审定：段小平

创业诚不易 同学须努力

访：张先生，您好！兰州大学档案馆正在做"萃英记忆工程"，请老校友追寻兰大记忆，分享毕业后的收获和体会。

谈成就感念师恩

张：感谢王老师！我本科是在江西师范大学读的，一毕业就考上兰州大学化学系的研究生，学的是有机化学专业。

访：您的导师是谁呢？

张：我 1985 入学读研究生，1988 年毕业；导师是周耀坤老师和尹荣鋆老师。三年的研究生生活，是我一生最美好、难以忘却的学业经历。我为什么报考兰大呢？因为兰大化学系闻名遐迩，学术水平和学风都非常好，有机化学在全国非常有名。在这所美丽的大学里，我学到了终身受用的专业知识、研究技能和做人做事的道理，为后来走向工作岗位，从事新能源、新材料、新环保及相关领域的工作奠定了坚实基础。

访：毕业后您分到哪里工作？

张：研究生毕业后，我被分配到山东大学化学系。遵循导师的教诲，我兢兢业业做事，本本分分做人，在本职岗位上注重工作能力和学术水平的不断提高，最后成长为山大化学系的教授。如今我在两条战线上奋斗，一是教育战线，教书育人；二是科技战线，创新创业。

1998年，我创立了山东能源集团有限公司（山东星火科学技术研究院），主营业务领域为新能源、新材料、新环保生物技术、现代农业技术等。集团下辖的研究院、实体公司、投资公司、科技服务公司等控股公司超过16家；设立济南、北京双总部，还有上海公司、深圳公司，辐射全国拓展业务；现有员工500余人，2015年主营业务收入20亿元。集团承担国家科技支撑计划、国家火炬计划、国家创新基金等国家及省部级各类项目100项，大部分实现了成果转化，同时获得了很多奖项。

这一切成绩的取得，得益于我在兰州大学期间的收获。当时我的导师与企业谈合作，特别是上海的企业主动上门谈合作，给我的耳濡目染，确实让人震撼：化学这么神奇，科学如此奥妙，科技成果居然可以很好地应用于社会、服务于社会。我们研究的二茂铁，其功能可以在实际生产中被开发利用，经化学合成还能转化，这给我留下了很深的印象。因为在学校接触过研究成果实际应用的案例，毕业后又受到邓小平视察南方谈话的启发，我利用国家的好政策，开展科技创业，在新能源和环保方面做了大量工作，在创新创业上获得了许多成功。

访：周耀坤和尹荣銎是您的导师，他们给您留下什么记忆？

张：周耀坤先生是我最亲的先生。他淡泊名利，事必躬亲，作风严谨，工作很认真；他特别关心小一辈的成长，悉心指导学生的学业，手把手地为我们传授实验技能；他很愿意放手让研究生在开展专业研究的过程中发挥主观能动性。

访：尹荣銎老师呢？

张：尹老师实验严谨、扎实，近60岁了还坚持深入实验室，亲自指导我们。在具体教学的实践中，他严格、认真、求实的治学态度给我留下了很好的印象。他注重实验室成果的产业化，往往在创造研究成果的过程中，就同时探讨研究成果中试放大的可能性。相对来说，尹老师科技成果产业化的意识还是比较超前的。

立基业直面困难

访：能否介绍一下您现在的工作？

张：现在我们的工作，从产业的角度说，主要是清洁能源和新能源。就是用新技术改造传统石油化工和煤化工，还有生物原料。把这些原料通过高新技术工艺，生产成超清洁的汽油、柴油等环保燃料和生物柴油、乙醇汽油、甲醇汽油等生物能源。我们的专利非常多，又有自己的生产基地，目前也在全国进行商业模式复制。

访：商业模式复制？

张：嗯，就是在全国推广。

访：您的创业过程一定历经艰难困苦，能否给未来选择创业的学生一些建议？

张：目前的大学生和研究生所处的环境和我们那时候还不太一样。我们是赶上了改革开放，特别是邓小平视察南方以后，神州大地掀起了经商潮，人们（政府官员、教师等）纷纷下海，政治经济环境和现在不大一样。目前来看，如果要创业，特别是尝试创业，首先要有一种非常强的进取精神，要有坚持不懈的精神。对于现在的大学生，一定要注重商业意识的培养，特别是注重和社会多接触。在国家倡导大众创业、万众创新的环境下，对于每一位有志于创业的大学生来讲，既是机遇，也是挑战。创新创业是一件非常辛苦、非常艰苦的事，创业者既要有成功的愿望，又要有失败的准备，关键是要脚踏实地，要坚持不懈地去实践、去尝试、去总结经验教训。创业也好，创新也好，都是长期的过程，需要在漫长的摸索中一步步提高。

访：您在开创公司的过程中，都遇到过什么困难，有什么经验？

张：在创业的过程中，我们随时随地都能遇到困难。当企业规模比较小的时候，或者说在创业初期，对经验（尤其是经营管理类经验）的积累，对市场的把握往往比较重要；企业逐步发展壮大的时候，要着重解决与金融结合的问题，扩大企业首先你得解决融资难的问题；再进一步发展的话，在有好项目和充裕资金的情况下，首先需要解决的是人才问题。换句话说，要克服企业发展过程中的具体困难，除了适应社会环境以外，自身经营管理素质的提升非常重要。在创业初期，怎么去凝聚团队？在企业发展中，如何突破融资难的瓶颈？企业进一步要在全国范围（甚至国际范围）内发展的话，如何解决好人才问题，如何凝聚人心，如何发挥人才的作用？都是一些绕不过去的具体问题。

念母校寻求合作

访：公司里面，除了您和夫人车春玲女士，还有没有其他的兰大毕业生？

张：一开始，我们主要招聘当地的毕业生，后来就更加注重从兰州大学吸收优秀的创业人才和专业化人才加入我们的团队，我相信他们在这里能够得到更好的发展。

张成如（上图左一）与曹红副校长（下图右一）一行座谈校企合作（2016）

访：前两天车总（指车春玲）到兰大，也和招聘员工有关？

张：是的。后续我们可能要和兰州大学深入合作，建立总经理等高级管理人才的初级培训班，从中挑选一些有专业素质、有创业意识、有吃苦精神、有抱负有能力而且自愿来我们企业的创新人才，着力打造未来的总经理。这就是我们的想法。

访：您和车总对母校的感情很深。这次曹红副校长来这里，也是想通过沟通和交流，寻找相互间合作发展的契合点。对此您有什么考虑？

张：曹校长今天专门与我们企业座谈。目前，我们企业集团是产学研一体的，有工厂、有研发，也有贸易（包括国际贸易和金融）。我们初步谈了四个方面的问题。一是我们集团和学校共同创办未来总经理培训班，这个和MBA还不一样，不光要学课程，可能会更注重实践。集团和兰大之间可以形成互动，同学可以到我们企业实践，企业也可以在学校创造一些模拟创新平台，校企共同打造未来的总经理。当然，我们也可以培养专业人才，包括新材料、新能源、环保方面的专业人才。二是项目合作，比如把兰州大学的实验室成果，通过我们企业以及商会，搭建成果转化平台，实现科技成果的产业化。我们还可以和兰州大学联合开展研发和产业一体化的项目申报，争取国家项目立项，研发部分以兰州大学为主，产业化方面以企业为主。第三，希望与其他校友一道，在兰大的大力支持下，通过学校的软资源（如社会其他企业家、金融业的校友），共同为母校建立一个融资平台，打开一条通道，做一个基金（或资金）平台，为学校发展吸纳更多的资金，为母校做一些贡献。第四，我们的企业（或商会），可以借助"一带一路"，借助兰州大学的影响，在甘肃投资或者发展。我们可以让东部的企业在甘肃投资发展，既推动企业发展，也可以为兰州大学做贡献，为彼此提供更好的合作和发展机会。

张成如创办的山东星火科学技术研究院

访：这是互惠互利的发展方向，希望能落在实处。

张：关键需要兰大的大力支持，我们也会积极去推动这件事，从小事开始做，从容易的事开始做，一项一项去落实。我们希望可以逐步做成有大的贡献力的事。

创辉煌琴瑟和鸣

访：谢谢张先生！您在兰大接受了研究生教育，同时收获了爱情和家庭，这方面的故事能不能也做个分享？

张：爱情确实是我在兰州大学最重要的收获之一。在那里，我认识了有全国金品牌的山东好姑娘车春玲，她是兰大化学系1982级非常能干的学生，可以说是上得了厅堂、下得了厨房，对家庭关心备至，为我们共同的事业做了很多工作。想当初，虽然我们都有稳定的职业和收入，但她积极支持并主动配合我创业。在拥有相当稳定的工作、非常好的收入、位子也不错的情况下，她却放弃出国机会，毅然投身我们共同的创业实践，确实做出了非常大的牺牲，对此我心存感激！在做事业的同时，对家庭对孩子的教育培养，我们也是共同付出了大量心血。如今相对于其他同龄的孩子，我们的孩子也算是比较优秀的。总之，我的事业和家庭都得到了我妻子的大力支持，我深感幸福！

访：车总工作上是您的搭档、助手，在家里是您的妻子、帮手。

张：在单位，我们是一个团队的成员。她不光是助手，完全能够独当一面，成就很突出。

张成如夫妇合影

访：因为客观原因，您不再担任社会团体的负责人。于是您就将山东校友会会长的主要工作交由车春玲负责，结果她把这块工作也做得有声有色。这当中是否也有您的贡献？

张：我是兰州大学山东校友会的创办者之一。那时候校友们的热情很高，急需一个联络平台。在这个背景下，我们创办了校友会，我担任首任会长。后来换届，校友提议由车春玲做会长。她任会长后做了大量的工作，积极探索校友工作有效的方法和途径。比如怎么联络本省校友？怎么组织校友活动？怎么和兰大校友总会对接？怎么与兄弟省市的校友会链接？等等。作为校友，作为校友会的前负责人，我必须大力支持她的工作，帮她出谋划策，和她一起总结校友工作的经验。当然，校友会更多的是为大家提供平台，为校友做事。会长不是职务，要的是热心，讲的是奉献。

讲奋斗厚积薄发

访：年过半百的您，如今家庭和事业都非常成功。对此，您有什么感悟？

张：谈不上非常成功，我们都在探索。我觉得一个人的人生，第一要有奋斗精神，要打造奋斗家庭。为什么要奋斗？因为每个人都需要从自身做起，为促进社会发展、为实现自身价值做贡献。第二要扎实工作，具备脚踏实地、坚持不懈的作风，这一点非常重要。第三要建立共赢共享的理念，朋友之间、企业和员工之间，只有逐渐树立起这种理念，达成这种共识，彼此的发展前景才会越来越美好。

访：您刚才提到"奋斗家庭"，以前好像很少听到这种说法，您的家庭是怎么奋斗的？

张：我们也没有很大的成功，但是我们确实做了一些事情。人的精神非常重要，我一直强调这一点。王健林在万达说过一句话：人生就得奋斗，奋斗是一生，不奋斗也是一生。为什么不奋斗呢？我们一直在奋斗，当然在奋斗的过程中，事业、家庭、健康，以及和大家庭（父母）怎么有效结合，都很重要。有奋斗意识，我们就会有自信。在未来比较短的时间内，我们或许会有爆发性的发展；这种结果，只有长时间的奋斗和积累才可能拥有。因为时间长了，一个人曾经的奋斗所做出的奉献，总有厚积薄发的机会。

访：现在您和车总回家在一起，工作也在一起，你们之间有没有什么矛盾？

张：我们在一起，总的来说还是配合得很好的。我们性格比较互补，虽然出现过观点不一致的情况，有争论，也有过争吵，但这很正常，不可避免。由于我们的价值观很接近，彼此之间的认可度比较高，所以一旦出现摩擦，我们往往都会静下心来自我剖析、自我检讨、自我批评。我们会经常一起讨论，以前儿子在身边的时候，我们每个礼拜都会有一次家庭会议，会上各自多做自我批评，让对方帮助自己改正缺点，完善自我，最终达到更好地融合。

访：您对车总有什么评价？

张：她是一个非常好的妻子、非常好的母亲，也是我非常好的工作搭档，三个非常好（大笑）！这还得感谢王老师您。您是她大学时代的辅导员，您的教育对她的成长至关重要。

访：车总说的在兰大学习期间的一些具体事情，我都不太记得了。我上次来山东没见到您，但受到了车总的热情接待。当她得知"萃英记忆工程"遇到资金困难的情况后，及时伸出了援手。据说她还专门就此事和您商量过，得到了您的首肯。非常感谢你们的大力支持！

论家教真知灼见

访：你们的孩子现在在做什么？

张：孩子现在在中央部委当公务员。

访：车总说过，你们的孩子非常优秀。在教育孩子方面您有什么心得？

张：那年儿子参加国考（考公务员），过五关斩六将，的确不容易。其实现在年轻人就业的途径很多，当公务员是孩子自己的选择，我们尊重他人生道路的自我设计。在孩子的教育方面，我们虽然没有投入很多的时间和精力，但确实用心在做。教育孩子我的优势得天独厚，因为我的第一学历学的就是教育。当然我还得感谢我的博士生导师严先生。2000年，我带着9岁的儿子去严先生家拜年，谈及孩子的教育问题时严先生提醒我：事业再成功，也不要忘记对孩子的教育。因为我们两口子创业非常忙，平时更多的是在素质教育方面（比方说孩子上进心的培养、良好习惯的养成等）努力为孩子提供帮助；而具体的知识教育，主要是采取托管的办法——为孩子选一些优秀的家庭教师，帮他做各方面的跟进。我们高度重视与老师和班主任的沟通，学校的家长会往往都是两个人一起去。再就是我们经常跟孩子沟通，特别是我，在父子之间的沟通方面我做得特别到位，这一点是可以自我表扬、自我骄傲的，这叫作严父加朋友（我儿子这么说）！除此之外，我们更多的是培养孩子的独立性，教他努力形成自己的一些风格和特点。教育孩子确实是个大问题，就学校、社会和家长来说，我认为家长是第一位的。我很早就意识到，就算再忙，在孩子成长的关键阶段，父母亲该承担的责任是不能缺位的。

访：您刚才说"严父加朋友"，能不能举个例子加以说明？

张：严父加朋友，就是父亲在严格要求孩子的同时要讲究人格平等。哪怕孩子还很小，在一些家庭事务上也要平等相处。当然，孩子成长过程中的知识积累、习惯形成、素质培养等方面，必须严格要求、约束，绝对不能妥协，这时候的父亲就应当是"严父"。那么什么时候父子之间是朋友呢？我认为孩子是需要陪伴的，在陪伴的过程中父子之间的友谊自然也就形成了。记得当年几乎每个礼拜我都陪孩子登山、旅游，此时父亲扮演的就是"朋友"的角色。另外，日常生活中有些事情要主动跟孩子商量，这样，孩子一旦遇到困难和问题，也就愿意跟家长商量了。

访：感谢您接受采访！

【人物简介】

夏佳文，男，汉族，1964 年 7 月出生，重庆涪陵人。研究员，博士生导师，中国工程院院士。

1987 年兰州大学现代物理系原子核物理专业本科毕业，获学士学位；1990 年中国科学院近代物理研究所加速器物理及技术专业研究生毕业，获硕士学位；1993 年中国科学院高能物理研究所加速器物理及技术专业博士研究生毕业，获博士学位。1990 年至今，在中国科学院近代物理研究所从事加速器物理及工程工作。其间作为访问学者多次赴日本理化学研究所（RIKEN）、德国重离子研究中心（GSI）、美国布鲁克海文国家实验室（BNL）开展合作研究。1998 年入选中国科学院"百人计划"，1999 年获国务院政府特殊津贴，2002 年入选中国科学院优秀"百人计划"，2003 年获国家杰出青年科学基金，2013 年当选中国工程院院士；是国家重大科学工程"兰州重离子加速器冷却储存环（HIRFL-CSR）"总工程师。现任中国科学院近代物理研究所副所长，兰州重离子加速器国家实验室副主任，中国首台国产化"重离子肿瘤治疗专用装置"工程总工程师。

【萃英记忆】夏佳文

时　　间：2015 年 2 月 4 日 16:00

地　　点：兰州市　中国科学院近代物理研究所

人　　物：夏佳文

访谈人：王秋林

拍　　摄：梁振林

文字整理：陈闻歌　贾天聪

一生做好一件事

大学时光

访：夏先生，您好，今天请您为我们做个回忆。

夏：在兰州大学读本科期间，现物系（注：现代物理系的简称）的老师给我的教育，对我后来的科研起了决定性作用。

最开始我们的基础课高等数学没有辅导老师，后来是现物系副系主任杨亚天（一位非常优秀的老师，我们的辅导员）为我们辅导高等数学。当时的高等数学是上大课（几百人一起上课），学生没办法跟授课老师具体交流，我们主要是跟辅导老师交流。杨亚天老师的辅导和启示往往非常细致，不会漏掉每一个细节。

我的本科毕业论文是孙别和老师指导的。他给我的印象至今难忘，也可以说影响到我这一生的科研工作。孙老师（不用直尺）在坐标纸上随手画一条线，跟我用直尺画的基本上是一样的，特别工整，包括图的标注都非常清楚、干净。从孙老师身上，我能感受到很深的专业功底。他用行动教育我们，作为科研工作者，无论做什么事情都要心中有数，都要讲条理。这是孙老师给我留下的深刻印象。

兰州大学很注重基础教育，还有基本实验技能的训练。

当时现物系设置的课程和采用的教学方法，很适合核物理或从事核技术应用方面的人才培养，学生毕业以后无论是开展核物理基础研究，还是到核电站从事核技术应用，或者到医院从事放疗工作，都具有很强的适应性。

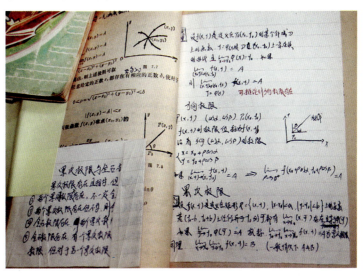

夏佳文大学期间的学习笔记

记得当年现物系的实验课，要求学生实验前写预习报告，实验时做过程记录，实验后写实验报告，三个步骤绝不可少。可现在有些高校的本科生教育，实验方面的基础训练不够。为什么呢？问题出在就业。就业追求分数（学习成绩）的价值观，导致本科生的教与学只注重学习知识，不注重创造力训练或基本实验技能训练。学生（入职前）面试的时候，我问他在大学里做过哪些实验？实验名称是什么？结果刚刚大学毕业的学生居然记不得这些。我说你说不出实验名称，那总共做过多少次实验？他也说不清楚。咱们现在每次做实验，运行、调试加速器，都要做笔记；而他记不下来，他没有这个习惯。这也是我最担忧的问题。所以我现在不管到哪儿，都会把我当年的调速笔记，做研究生时的笔记或论文手稿，找出来让他们看。我说当年我是怎么做的，你们照此做就行了。

我们上大学的时候，有一种追求"60分万岁"的现象，许多学生不去追求学习成绩；大学毕业后，继续深造的也只是少数人。我们班除了三位同学被推荐上研究生外，考上研究生的只有一两个人，大部分同学都直接去工作了。大学四年，我并不觉得自己学习上有什么过人之处，但羽毛球水平还算比较高（笑）。我在班上组建了一支羽毛球队，拿过学校比赛的冠军。现物系作为一个小系，体育项目在全校夺冠实属不易。

大学期间夏佳文（左二）与羽毛球队队友

我现在从事的科研工作和大学本科阶段的学习基本上属于同一专业。因为重离子加速器是为原子核实验服务的，是原子核实验研究的平台。我一直工作在原子核领域，当年在学校学的那些课程基本上都能用得上，比如理论力学里的分析力学、相空间、哈密顿量等一些概念性的知识，原子物理知识、核物理知识等，都是搞加速器必备的；线性代数、数理方法、热力学也是必须要用的，尤其是电动力学，非常重要。

我的学生马力祯（教授）说，在他的学生中流传着我在兰大上学时用过的《电动力学》教材；我说你赶紧给我找回来（他不说我还不知道那本书去哪儿了），那上面肯定还有我写写画画的一些东西。前些时候我找到了关于重离子加速器的第一本工作笔记，上面清清楚楚记载着当时的一些思路、发展过程、基础知识、理论储备，是了解这个大科学工程最原始的历史资料。这本笔记找出来之后就被咱们所（注：中国科学院兰州近代物理研究所，简称"近物所"）的办公室拿去复制，现在连原件也由所办保存。

科研基础

夏：兰州大学的本科教育对我后来的职业生涯产生了决定性的影响。1987年本科毕业后，我被保送为近物所加速器专业的研究生。研究生阶段的第一年我们集中在北大上基础课，我因此遇到了两位老师，是他们改变了我，奠定了我这一生的科研基础。

第一位是陈佳洱老师。陈先生（时任北大副校长）给我们讲加速器物理。他工作虽然很忙，但仍坚持每周给我们上两节课。先生的教学方法与众不同：他让每个学生自己讲一节课（因为没有现成的教材，学生根据指定题目查资料），可以任意发挥。这样无形中就培养了我们调研、总结和发散思维的科研能力，激发了创新力。这是我研究生阶段最早接受的科研基本训练。

当时集中上课的有来自近物所、北大、清华、原子能科学院、21基地等一些与核物理加速器相关专业的研究生。加速器物理这门课陈先生给了我95分，是所有学生中最高的（他认为我的那节课讲得很好）。有一次，为了了解专业的一些细节，我有意在课堂上"发难"；然后经先生讲解，我心服口服！后来我发现，先生能把一些细节的东西非常工整地记在本子上，写得密密麻麻。从那时候开始，我学会了用铅笔非常详细地做笔记的习惯（如今我记笔记基本上也是用铅笔）。按理说做实验用铅笔记录不合规范，但用铅笔写便于修正，写错了可以改。这是我养成的一个习惯。

另一位是我的博士生导师、原子能科学院的谢羲老师。谢先生那年受聘于北大，给我们讲电动力学。说来奇怪，我从小学到大学从来没有哪门课得过满分，但是读研究生时电动力学考试居然得了100分。谢先生对此可能也有"想法"：这么多不同单位的学生集中上课，怎么就你得了100分？为此他两次到近物所讲学，专门考察我（这是我事后知道的）。考察之后，他非要收我为博士生。当时近物所没有博士学位授权专业，也没有博士生导师；而谢先生是恢复研究生招生后的第一批博士生导师。就这样，我成了谢先生的学生，并从先生身上学到了严谨和细致。我的第一篇学术论文，先生修改了十几遍——跟批改作文一样，一个方格写一个字，一个逗号占一个方格；一句一句地改，一个词语一个词语地改。改完以后先生对我说，我给你改了这么多遍，你以后就知道怎么写论文了。仿效先生的做法，我也这样带学生。我的学生何源（现已是一个大科学工程ADS的负责人）的第一篇论文我改了25遍。

谢先生教导我无论是写科技论文还是作学术报告，必须给人以美的感觉。论文不能写了让人家看不懂，或让人家看了很头疼；作报告也不能让人家觉得不舒服，听起来很厌烦，否则说得不好听点就是谋财害命。他说中国有句古话叫"一寸光阴一寸金"，你如果浪费了别人的时间，你不就是在谋财害命吗？从此以后，我也这样教学生：文章通篇一定要干干净净，写出来要漂亮，要通俗易懂；再深奥的理论，只要是上过大学或者是高中毕业的人都应该能看懂。这应当也是一种师承吧。

追梦历程

夏：1992年，我完成了博士学位论文。我的博士生导师有两位，一位是魏宝文（时任中国科学院兰州分院院长），我们研究所加速器专业的老师；另一位是谢羲老师。有一天魏老师（把我叫到办公室）对我说："我的老师杨澄中先生（近物所的创始人）做了第一代大工程，就是'一五'计划期间做的小的回旋加速器（SFC）；这代回旋加速器为我国氢弹、原子弹的爆炸是做出贡献的，当时有些基本数据就是在这个加速器上测的。我这一代在'七五'计划期间（1988年）建成了一台非常大的分离扇回旋加速器（SSC），这种加速器全世界有五六台，亚洲只有两台（日本理化所、兰州近物所各一台）；这台加速器奠定了近物所重离子核物理的基础。这个工程让我们研究所的科研领域在一个方向上持续了20年……到了你们这一代，你想想近物所的未来是什么？"随后，经过几个月的调研，我提出了在这两台回旋加速器、这两代大工程的基础上，增建重离子冷却储存环（即"兰州冷却储存环"）的计划。兰州冷却储存环的概念是1992年提出来的，在此后的整整20年时间里，我也就干了"兰州冷却储存环"这么一件事。从1992年开始概念性设计、研究，一直到2000年开工，做了将近8年的预研工作；之后，又花8年时间建造，2008年建成；直到2012年，我们在性能改进、提高等方面做了很多物理工作，通过了发改委的后评估，获得国家科技进步二等奖。这三代大科学工程，每隔20年，都将我国的重离子加速器加速的重离子能量提高一个量级。也就是从"一五"时期的小回旋加速器，将碳离子加速到每核子10兆电子伏；到我的老师那辈的大回旋加速器，将碳离子加速到每核子100兆电子伏；再到我这辈建立的冷却储存环，将碳离子加速到每核子1000兆电子伏。依此类推，我就跟我的学生说，期待20年后你们把加速的重离子能量再提高一个量级。

1992年我在做概念性设计的时候就有个梦想，就是造一台重离子加速器，在世界上要占有一席之地。因为当时国家财力有限，我们做不到世界第一，但至少要在亚洲做个第一。20年后这个愿望实现了。我们现在的重离子加速器超过日本，成为全亚洲最高能量的重离子加速器，排名世界第四。2012年以来，我们又积累了一些经验，为我国未来重离子加速器的发展做了一些谋划、布局，国家科技领导小组为此批准了一个"十二五"的大科学工程，耗资15个亿。这个加速器将把重离子在原来冷却储存环的基础上再提高一个量级，建成后的流强将会是世界第一。从这几代大科学工程来看，在这个领域，中国科学家"一五"时期求拥有；"七五"时期紧跟世界科技前沿；"九五"时期与世界水平同步，并驾齐驱，至少位于前五。再过20年，也就是我的下一辈，应该能在这个领域发挥引领世界的作用。

重离子在生物、材料、农业、核科学、核能等方面的应用很广泛。例如重离子治癌，就是将重离子加速器小型化、专用化，在医院推广；重离子治癌将以其独特的优势，成为造福癌症病人的一种非常好的手段。所以发展小型化重离子加速器，为国计民生服务，是我的下一个目标。

1987年大学毕业到现在已经28年，我基本上就做了这么一件事。有关重离子加速器的应用前景，我讲究"两个极端"，也就是接下来我想再做的一两件事：一是重离子加速器小型化，服务于社会；二是带领团队做一个更大型的加速器，服务于科学前沿。我的机会好，一生当中可以做两三件事。其实一个人一生能做好一件事就足够了。

引首以望

夏：兰大培养的学生比较实在，坐得下来，能够脚踏实地，愿意去干具体的事情。母校一直保持着这样的传统，我很欣慰。但是要培养杰出的人才，我觉得还得注重两点：一方面要培养科研实验的基本技能；另一方面要训练、培养创造力，让学生自己去思考问题、解决问题。习总书记去年在两院院士大会上的讲话中引用了法国作家雨果的一句名言，大意是：学习别人（前人）的东西很容易，创造发明要比学习难上百倍、千倍（注：雨果名言"已经创造出来的东西比起有待创造的东西来说，是微不足道的"），以此鼓励科学工作者不断开拓创新。所以培养学生的创造力是最重要的。具体到兰大核科学与技术学院（简称"核学院"）未来的发展，我谈两点看法：第一，要以科研为导向，通过实践活动培养学生。首先要把中子发生器建成、出束，在科研活动中培养学生（包括本科生和研究生）；中子发生器是一个很好的科研平台，做好了在全国都是很有特色的。第二，根据社会需求，希望兰大以核学院为主，联合医学院设立核医学专业（这是一个非常有前景的发展方向）；如今学医学的不懂核物理，核医学专业大部分的知识需要核科学而不是医学，所以应当以核学院为主设立这个专业。

接下来我想结合自己成长的体会，对学弟学妹们谈一点对学习、对人才的认识，也算是忠告和建议吧。在学校学习前人的知识并不是最重要的，第一重要的是学会创造（具有做实际具体工作的基本技能才是最重要的）。对研究生、本科生和职工的教育，我都说要能够做具体的事情。其实我对人才的定义很简单：会做、能做具体小事情的人就是人才。学位、头衔并不是"人才"的象征。你是硕士、博士，只能说你具备做某方面科研工作的能力，并不代表你就会做；教授、研究员、院士，也只能说是对你过去工作的一种肯定，并不代表你以后就能有新的创造发明。为什么说做小事情、做具体事情很重要呢？因为，再伟大的计划、再伟大的科学工程，都要分解成一件一件具体的小事情来做，小事情集合起来才是大事情；如果你小事情都不会做，你说你会做大事情，那谁也不会相信。所以我经常教育学生、青年职工要学会做小事情。

有一位大学校长说，现在的大学毕业生找工作难。为什么难呢？实际上是想找一个安逸的、收入又高的工作（既要收入高，又要少干活），这样的工作当然难找。实际上社会需要的岗位多的是，只是许多毕业生不愿意去而已；大家都想挤在北京、上海等大城市，不愿意去西藏等边远地区和基层。还有一个问题，尽管制造业是我们国家的基础，但为什么很多年轻人都不愿意去干？所以，价值取向出了问题。没有了基础，何谈工业强盛？实业兴国更不可能！另外，现在的年轻人普遍抗压、抗挫折能力比较差，我认为主要是心理上出了问题。因此，不管是职工、学生还是一些下属，我会经常跟他们谈心，做一些心理疏导。建议兰大针对本科生开展挫折教育，帮助学生增强心理承受能力。

我们的重离子加速器长年累月每天24小时运行。新入职的员工，我都安排他们到中控室待上三个月，之后我大体就能对其有没有这方面的"前途"做出判断。新的学生来实习，我也是让他们先到中控室调试加速器，运行加速器，做物理实验，接受实验过程的熏陶。中控室是各类人群汇聚的地方，也是学术讨论的场所。在那里待得时间长了，你对人和事也就熟悉了。否则你待在办公室半年见不着人，跟你坐在宿舍、图书馆看书没有什么区别（实习生也是如此，待在宿舍里跟待在学校没什么区别）。实习的学生如果实习一个月，我还要求他至少值一个大夜班（晚上12点到早晨8点），体会一下。

访：谢谢您的讲述！请在留言簿上留言。

夏：我的字不好看（执笔书写）：要学会做小事、做具体事。夏佳文2015.2.4.

访：谢谢夏院士！

【人物简介】

刘敬泽，男，汉族，1964年10月生，河北冀州人。中共党员，教授，博士生导师。

1986年兰州大学生物系毕业，获学士学位；同年7月分配到河北师范大学，历任河北师范大学生命科学学院副院长、院长，科技处处长，副校长。1994、1997年在北京师范大学生物系分获生态学硕士、博士学位。河北省有突出贡献的中青年专家、河北省教学名师。

研究方向为生态学。担任国际SAAS理事，中国动物学会理事，中国昆虫学会理事，中国昆虫学会昆虫生理生化与分子生物学专业委员会副主任、蜱螨专业委员会委员，国际 *Systematic and Applied Acarology* 等8种杂志编委。负责河北师范大学生态学博士学位授权一级学科、博士后科研流动站、河北省"双一流"建设学科、河北省重点学科以及河北省动物生理生化与分子生物学重点实验室工作。主持科技部国际合作项目2项，国家自然科学基金7项，教育部高等学校博士学科点专项基金（含优先发展领域）、国家林业局项目以及河北省科技厅重大专项、重点基础研究项目等23项，发表研究论文182篇，出版专著1部，获国家授权发明专利3项、教育部自然科学二等奖、河北省自然科学奖4项等。

担任教育部高等学校生物科学专业教学指导委员会委员、河北省高等学校生物类教学指导委员会主任委员。负责国家级生物学实验教学示范中心、生物科学特色专业、人体与动物科学教学团队的建设和国家级生物科学专业的综合改革试点，主持省部级教学改革课题8项；发表教学研究论文16篇，主编著作6部，获河北省教学成果一、二等奖3项。

【萃英记忆】刘敬泽

时　　间：2017年3月12日

地　　点：石家庄市　河北师范大学

人　　物：刘敬泽

访谈人：阎　军

拍　　摄：阎　军

文字整理：陈　真（2015级文学院研究生志愿者）

文稿审定：段小平　陈闻歌

传承师者典范

访：刘校长，您好！我们正在实施"萃英记忆工程"，请老先生、老校友讲述在兰大学习、生活的记忆和感受。今天请您做一些回忆。

刘：好的。

访：您是河北师范大学的副校长、二级教授、博士生导师，是兰州大学1982级生物系的校友。鉴于您多年来的工作实绩和突出贡献，您还获得了河北省五一奖章。我想请您谈一下兰大求学经历对您成长的影响，以及这些年来您在工作中的一些体会。

刘：我1982年到兰州大学学习，1986年毕业并获得学士学位。毕业后就来到河北师范大学任教，其间在北京师范大学攻读硕士、博士学位。您提的问题，我多年来经常回忆、经常谈起且感触很深。兰大的四年学习，老师们在爱岗敬业、立德树人、言传身教、关爱学生等多方面深深地影响了我的成长，师者典范成为我人生宝贵的财富，并在我走上工作岗位后的教学和科研工作中得到了传承和运用。

我对兰大的回忆，或者说兰大给我留下的记忆和感受，可以用三个关键词来概括——难忘、进取和传承。

难　忘

刘：兰大四年，我收获的不只是专业知识，还有学习能力、思维能力、实践能力的锤炼与成长。其中难忘的事情、美好的回忆和获得的激励很多。

一是难忘的校园。从我步入校园的那一刻开始，兰大就给我留下了特别深刻的印象。作为我国著名的高等学府，兰大在国际上也很有影响力，有非常好的校园环境、校园文化和办学条件。印象深刻的是，每天吃完晚饭，我们都会自觉地背着书包去教室自习（温习、预习功课，理解、消化知识），累了就去校园转转，然后再回来学习。我是生物系动物学专业的学生，实验比较多，经常在实验室做实验，和老师、同学交流。在实验室，我的动手能力、实践能力、科研思维能力得到了充分的训练和提高。

二是难忘的校风学风。兰大在办学历史中长期积淀、不断传承的校风学风，激励着在校学子努力学习。母校有一批扎根西部、立志为高等教育事业献身的优秀教师，他们在本职岗位上传播、弘扬并实践着兰大的校风学风。在生物系，我所接触的每一位老师都非常敬业，他们有能力、肯付出，忘我工作、爱护学生，注重立德树人。母校优越的办学条件、良好的校风学风，以及作风过硬的教师队伍和以学生为本的办学宗旨，影响并促进了学生的成长成才。在人生发展的关键期，兰大四年是我非常重要的转折点，能够进入兰大学习我深感荣幸。

三是难忘的专业学习。我非常喜欢自己的专业，高考时填报的第一志愿就是兰州大学生物系。虽然那时候自己对生物学了解甚少，但我知道兰大生物系非常不错。从一入学我就爱上了动物学，专业思想牢固，学习动机明确。当然，除了喜欢之外，还有很重要的一点，那就是自认为学习也好做事也罢，都应该"干一行爱一行"，有了动力就要奋发努力……

进 取

刘：第二个关键词是进取。在兰大期间，努力进取、脚踏实地一直是我的自觉行为。当然，这种感悟都是我工作后总结出来的。为什么进取？因为我很喜欢动物专业，于是就围绕专业主动开展多方位的学习、理解和思考，丰富专业知识，完善实验技能和综合能力，不断进取；所谓脚踏实地，就是珍惜大好时光，迈一步进一步，迈一步稳一步，努力学习。有了母校进取精神的感染，有了这种人生的态度，就没有什么不可做的，也没有什么做不了的。当然，我追求的是力争做得更好。

访：刘校长，这些年来在高层次人才培养方面，您主要做了哪些工作？

刘：我每年招收博士生1到2名、硕士生2到3名，在读博士生、硕士生保持在12名左右。另外，我每年还接收1到2名博士后。我指导的研究生，已经获得博士、硕士学位者超过100名，他们有的在加州大学伯克利分校，有的在堪萨斯州立大学、美国农业部；在国内的大多分布在中国科学院、中国农业科学院、高等学校、研究所，以及质量监督局、检验检疫部门等，他们在各自的领域里，得到了比较快的发展，做出了优异的成绩。

刘敬泽在美国德州州立大学与 Ivan Vastro-Arellano 教授开展合作研究（2015）

访：您在培养人才的过程中，一定也创造了不少研究成果吧？

刘：大学毕业后，我一直在高校从事教学和科研工作。在高校，教学是培养人才、传授知识、教书育人；这方面我下了很大的功夫，先后承担5项教育部关于生物学方面的教学改革课题，主编出版了6部教材，其中3项成果分获河北省教学成果奖一等奖、二等奖。另一方面，大学需要通过科学研究来创造知识。多年来，包括担任行政管理工作以来，我不间断地开展科学研究，主持国家科技部、国家自然科学基金、教育部、林业局以及河北省地方政府等（国家级和省部级）科研项目多个，指导研究生、博士后通过实施项目研究，在科技创新方面取得了一些成果，在本领域知名、有学术影响力的杂志上发表了系列研究论文，出版了国内首部系统的《蜱类学》专著，获得教育部自然科学二等奖（2016）、2项河北省自然科学奖和3项国家授权发明专利。鉴于在教学、科研方面的贡献，我被授予河北省教学名师奖（2010）、河北省有突出贡献的中青年专家、河北省优秀科技工作者、河北省五一奖章等荣誉称号。

刘敬泽所获教育部自然科学二等奖和河北省五一奖章证书

访：您做得还真是不错。

刘：一般吧。我感觉这都是一些正常工作。

访：您太谦虚了！

刘：不是谦虚，是实事求是。咱们兰大杰出的校友太多了。

访：您在生物系担任过系主任？

刘：我担任行政管理工作时，生物系已更名为生命科学学院，我担任了3年副院长、7年院长。这10年间，我们把生命科学学院由一般水平建设成为河北师范大学最强的学院。其标志性成果包括：建立了生物学和生态学2个博士学位授权一级学科、生物学和生态学2个博士后科研流动站、2个河北省重点实验室、2个河北省重点学科、教育部重点实验室等组成的研究平台；建成了以国家级生物学实验教学示范中心，国家级生物科学特色专业、教学团队、精品课程、专业综合改革试点、资源共享课等为支撑的人才培养体系。为教学、科研、学科的有机结合、相辅相成、共同促进、快速发展提供了保障。

访：这与您的辛勤劳动分不开呀。

刘：这是广大教职工共同努力的结果，是抓机遇、谋发展、不断开创新局面的成绩。

访：下一步您有什么打算？

刘：我想还是要从实际出发，不忘初心，牢记使命。要立足校情，把握高等教育发展的国情，有目标、有措施地不断推动各项事业的又好又快发展。就拿管理层面的工作来说，是组织和教师的信任让我到了副校长的岗位，我应该做好本职工作。河北师范大学被河北省人民政府列入"双一流"第一层次建设的高校，学校制定了明确的"十三五"规划，我们需要围绕学校发展实际，走创新之路、特色之路、错位发展之路。

访："错位发展"是什么意思？

刘：错位发展，就是结合自身优势和社会需求，选择尚未涉及和很少涉及的领域，谋求发展，而不是盲目地追求热点。因为一味跟随的结果可能会越跟越远，甚至背离初衷。坚持错位发展，从地方经济和社会发展上选题，比如围绕河北泥河湾（探索人类起源的重要领域）、京津冀区域生态环境、AR-增强现实技术、现代农业和生物制药等，提出富有突破性、前瞻性的规划，通过有效、有力的措施加以落实，就有可能实现重要突破、形成区域特色。

传　承

访：刘校长，能否请您分享一下人才培养、科学研究的动机或动力？

刘：这就是我要谈的第三个关键词——传承。什么事情都有因果关系。我选择在高校教书育人、从事科学研究的动力，如果要追溯源头的话，来自母校兰大，是对"兰大精神"的传承。离开母校之后，"兰大精神"不时地会在心中涌动，促使我一步一个脚印地践行"兰大精神"。我关注学生培养，特别是人才培养的理念，很多都是从我老师那里学来的。因为在兰大学习的时候，我的老师就是这样教我的，所以参加工作以后我也就这样去教学生。我想这应该就是一种师承吧。

母校给我带来影响的老师有多位。我想首先应该说的就是刘迺发老师。刘老师是母校生命科学学院动物生态学领域的学术带头人，在国内很有影响力。从生态学课堂教学，到野外实践教学、指导本科毕业论文等，我处处感受到了刘老师渊博的学识、无私的奉献、耐心的启迪、不断的激励和无微不至的关爱。刘老师曾经带领我们在麻家寺开展为期数月的生态学科学研究。他不辞辛苦，带着采集用具走很远的路，并向我们传授采集标本、调查研究的方法，传导学术思想；他从方案设计、组织实施和工作总结等各个方面，给我系统的启发和指导，为我后来的科研工作奠定了基础。另一位难忘的老师是施伯昌老师，他对学生的关心、授课时的耐心和渊博的学识都让学生叹服。还有一批老师，如王香亭、唐迎秋、王子仁等，他们对科学教育事业的奉献精神和具体实践为我们树立了榜样，教育并感染了我们这一代人。走出兰大后，我们又继承前辈老师的衣钵，去教我们的学生……

教学、科研、管理在传承好传统的同时，还需要不断创新，需要投入大量的时间和精力。时间都是挤出来的，从八小时内挤，从八小时外挤；从今天挤，从明天挤，从后天挤；从假期挤，从周末挤，日积月累，积少成多。我热爱自己的工作，始终以饱满的精神对待工作。目前，我每天的生物节律大概是：早上6点起床，进行一个半小时的专业（学术）工作；之后去办公室，处理学校的行政事务；下午下班后去实验室，通常晚上8点左右回家（这个时段往往学术工作的效率特别高）。周末和假期，我基本上都在学校。

访：长期如此紧凑的工作，您的身体吃得消吗？

刘：我身体还行，五十多岁了，处于亚健康状态。不过我经常运动，打打乒乓球，劳逸结合。

访：大学毕业后，您还和学校保持联系吗？

刘：虽然离开兰大了，但每当在教学、研究和工作中遇到问题需要帮助的时候，我依然会寻求母校老师的指导。多年来，我和母校一直保持着联系，基本上每年回兰大1到3次。凡是会议、学术交流，一到兰州我就会去母校看看老师和同学，看看教学科研楼和宿舍。这些年，我真真切切地感受到了兰大办学条件发生的变化，硬件设施（实验室的仪器设备）属国际一流；人才队伍特别是教师队伍建设虽然有很多区域不利因素，但如今的兰大依然充满朝气，非常有影响力，很值得骄傲。另外，从这么多年来的所见所闻，我能感受到母校的特色、水平和创新。如果用生态学专业的话来说，兰大是一个可持续、有序、高级的生态系统。

最后，我想对母校说几句比较概括、总结性的感受。第一，我永远热爱母校兰州大学；第二，感谢兰州大学对我、对所有毕业生的培养；第三，兰大是所有学子的根，是我们的家，我们应该从多个方面关心兰大、了解兰大、支持兰大；第四，祝愿兰大越办越好，特别是在国家统筹推进"双一流"大学建设中，希望母校越办越好。我相信，通过不懈努力，兰大能够建成名校、成为一流大学，能够建成多个国际和国内的一流学科。

【人物简介】

王彦广，男，汉族，1964年11月出生于陕西扶风。教授、博士生导师，享受国务院政府特殊津贴专家。

在兰州大学化学系接受全日制本科（1981—1985）、研究生（1985—1988，1990—1993）学历教育，获得理学学士、硕士和博士学位。历任天津大学化学系助教（1988）、讲师（1989）、副教授（1993），浙江大学化学系博士后、副教授（1994—1997），香港中文大学化学系博士后研究员（1997—1998）。1998年至今，任浙江大学化学系教授、博士生导师。曾任浙江大学化学系系主任（1999—2005，2010—2017）。现兼任浙江省化学会理事长，中国化学会理事，中国化学会有机化学学科委员会委员、化学教育学科委员会委员、化学生物学专业委员会委员，教育部高等学校化学类专业教学指导委员会委员，以及《应用化学》《高等学校化学学报》（*Chemical Research in Chinese Universities*）和《大学化学》等编委。

主要从事有机合成方法学、药物与生物活性有机化合物的合成、小分子荧光探针等研究，曾主持国家自然科学基金重点和面上项目、国家重点攻关项目、"973项目"子课题等多项国家级科研项目，已发表SCI收录论文180余篇，编著教材和专著5部。获中国化学会青年化学奖、宝钢优秀教师奖、浙江省高等学校教学名师奖、教育部高等学校青年教师奖，以及全国教育系统职业道德建设标兵等荣誉称号。

【萃英记忆】王彦广

时　　间：2015年7月31日

地　　点：长春市 紫金宾馆

人　　物：王彦广

访谈人：王秋林

拍　　摄：红　叶

文字整理：任丽臻（2015级基础医学院学生志愿者）

我与兰大的"化学反应"

访：王老师，您好！兰州大学正在实施"萃英记忆工程"，邀请老先生、老校友讲述对兰大历史的记忆。您上世纪80年代初在兰大化学系学习，母校给您留下了什么印象？对您产生了什么影响？

集体的温暖与良好的学风："化学反应"的外部条件

王：我是1981年入学的，1985年本科毕业后继续深造，1988年获得硕士学位；之后去天津大学工作，1990年考回兰州大学攻读博士学位，1993年毕业。我在兰大学习、生活了大概10年时间。记得1981年入学时正碰上发洪水，由于铁路局部中断，我们入学报到迟了10天左右。

访：您是从什么地方过来的？

王：陕西。当时还有其他几位同学和我一起来兰大报到。虽然我上高中的时候也住校，对集体生活并不陌生，但是换到一个新的地方，心里还是有点"诚惶诚恐"。结果到兰大以后发现，其实同学之间特别友好，班主任、年级辅导员也很关心我们。那种不踏实的感觉很快就烟消云散了。

访：当时你们住的宿舍是3号楼吗？

王：不，是刚刚建好的靠马路边的6号楼。刚入校的时候，由于铁路中断，最后我只好坐飞机过来，因此带的铺盖不太够，只有一床被子和一条床单（后来是家人把褥子、床单等给我邮寄过来）。一到学生宿舍我就傻了眼，床上没有床板，只有钢条做的支撑。这不铺褥子怎么睡呀？后来是家在兰州的同学伸出了友爱之手，借给褥子解了我的燃眉之急。

兰大给我留下深刻记忆的还有"小西湖"（注：毓秀湖）。刚入学的时候，学校在修化学楼旁边的人工湖（湖边还有假山和烈士亭），班上也会组织同学到那里参加义务劳动。有一次，刘冰校长也来到现场和我们一起劳动，大家在振奋之余，深受感动并备受鼓舞。后来同学们把亲身参与修湖挖土的人工湖称为"小西湖"，除了上课、做实验之外，大家常常在湖边休息、活动；"小西湖"周围遍布我们的足迹，并留下了许多美好的记忆。除此之外，我们还多次和学校绿化队的员工一起，扛着铁锹、拿着铲子和树苗上兰山（兰大林场）植树造林。这些记忆至今难以忘怀，特别温馨。

还有兰大的学风给我们的影响也是蛮深远的。在化学系，老师、研究生严谨踏实的工作作风和敢为人先的进取精神，为我们树立了很好的榜样，对我们后来事业发展和个人成长的影响还是蛮大的。

如果说兰大10年是我人生的一段"化学反应"，那么诸如前面所说的此类"小事"和"记忆"则构成了实现"化学反应"必要的外部条件。

扎实的基础与娴熟的技能："化学反应"的基本原料

访：走上社会以后，您觉得兰大和其他学校相比有什么特点？

王：感触最深的是兰大给我们奠定的基础比较扎实。比方说有机化学的王清廉老师，还有无机化学的张淑民先生，他们的课都是很吸引人的。王老师特别熟悉课程内容，我想哪怕不用备课，他拿着粉笔也能讲一个学期。在他的影响下，我对有机化学产生了浓厚的兴趣。记得当年有本"有机化学习题集"，我可是认认真真地逐题作答。应该说本科阶段的有机化学课，对我继续深造以及职业生涯的专业选择影响还是蛮大的。后来身为人师的我，也组织编写出版了一本《有机化学》（注：化学工业出版社）教材，并一直从事有机化学的研究。

最主要的还是在兰大得到了实验技能的强化训练。那时候其他学校开设的实验课不是很多，但是兰大的实验课时数多，特别是仪器分析实验、有机合成专业实验，特色和优势比较明显。记得在我们上专业课的时候，兰大用世界银行贷款建立了分析测试中心，并利用先进的仪器为学生开设仪器分析实验。在我读研究生的时候，像核磁共振、X单晶衍射、红外等实验我们都自己做。一些仪器分析（比如顺磁共振）的工作原理，一开始我们听得似懂非懂，但做过实验就有了印象；至少让我们知道，以后在研究工作中出现什么问题可以用到这个分析技术。另外，有机合成实验的张老师，以其高超的技能和经验，向我们传导实验技术。比如废金属钠的处理，他教给我们的方法（把钠打成钠沙的技术）一般书上你找不到；再比如在柱层析分离法的学习中，好多细节书上并没有介绍，只有靠有经验的老师或师兄传授。当年在有机合成专门化实验室，我学到了很多实验技术。到后来我做研究生的时候，这方面的技术经常被用到。现在我也会给我的学生传授这些技术。

可以肯定，离开了扎实的专业基础和娴熟的实验技能，我人生的"化学反应"将成为"无本之木"。

可敬的良师与可亲的益友：提高反应速率的"催化剂"

访：您的研究生导师是哪位？

王：陈耀祖先生。研究生阶段我是做抗癌药物的，用到氮氧自由基的自旋标记——顺磁共振技术。在生物方面，我们和兰州医学院（注：2004年并入兰州大学）合作。兰州医学院的药理教研室有个和我同年级的研究生，他负责生物部分；我不光负责化学部分，还要通过顺磁、氮氧自由基标记的方法研究药物在动物体内的分布情况。当时我们合作得很好，药理研究生要等我合成的化合物做活性研究；我则将他研究过的动物脏器研磨成匀浆，通过顺磁共振测信号强度（定量分布研究）。由于那个时候在这个交叉领域我们已经有了一个比较好的合作关系，所以我的硕士学位论文进行得很顺利。

访：陈耀祖先生给您留下了什么印象？

王：一开始我其实蛮怕他的（笑）。因为陈先生的名气太大，我甚至都不敢报考他的研究生，怕录取不了；后来我还打算找其他老师帮忙，看能不能给陈先生说一下。其实我特别喜欢药物化学和有机分析方面的研究，当年陈先生招生的主要研究方向就是天然产物、质谱、药化，与我的兴趣点正好吻合。后来陈先生同意我面试。到现在我还记得，面试时陈先生让我做的实验是用薄层硅胶板检测胆固醇的纯度，然后再做个重结晶。我大概用了不到两个小时完成了这个实验。面试结束，陈先生说"OK"！

访：当时面试还要做实验？

王：要做实验的。陈先生学识渊博，面试的一个实验就考查了我的多个知识点和动手能力。他大概在胆固醇里加了杂质，然后要我通过重结晶的方法把杂质分开，再点板通过薄层色谱来检测胆固醇的纯度。这个实验我是第一次做，条件要自己选择，主要产物是胆固醇，但是不知道里边的杂质是什么。相对于本科毕业生来说，这个实验还是有难度的。后来接触多了，我发现陈先生这个人其实很nice，有时候就像个小孩（老小孩）。后来大家熟悉之后，师兄也说陈先生很nice。陈先生平易近人，经常和我们开玩笑，课题组也搞一些活动。有了陈先生这样的良师益友，我学到了许多科学研究的方法，学位论文的过程少走了不少弯路。所以将陈先生比喻为我人生的这段"化学反应"的正向催化剂，真的恰如其分。

硕士研究生毕业后，我去了天津大学工作；1993年完成博士学位论文后，我随陈先生调入浙江大学。

访：那您跟涂永强（注：中国科学院院士）是同门师兄弟了？

王：是的。我们那时候一起的还有王锐（注：2017年当选中国工程院院士）、岳建民（注：2017年当选中国科学院院士）。

研究的本领与未来的发展：母校赐予的"反应产物"

访：您现在从事的是哪方面的工作？

王：有机化学。硕士、博士研究生阶段我的主攻方向是有机分析，由于这一时期兰大教给我的理论基础、操作技能都很扎实，过硬的研究本领使我对有机化学专业研究的适应能力比较强。现在我主要做的是有机合成（有机化学专业下的另外一个研究方向），比如合成方法、药物合成的研究。药物合成和简单的多步合成都不是太复杂，我主要是设计一些新的合成方法，然后把新方法应用在药物或者是具有潜在药用价值的一些化合物的合成当中。在我刚开始工作的前10年里，药物化学做得比较多，后来由于研究条件的制约（药物化学的研究需要药理试验的合作与配合），这方面就做得少了，现在干脆回到了纯有机化学方面（笑），开展有机合成化学的研究。不过为制药公司做的项目还比较多。

访：吴安心（华中师范大学教授，兰州大学1981级校友）好像也在做化学合成？

王：是。他主要做有机合成里的多组分串联反应，我们也开展类似的研究。我跟吴安心有一个国家基金重点项目。同一个大题目，设立了三个子课题，吴安心、席婵娟（清华大学教授，兰州大学1982级校友）和我分别作为负责人。

访：现在兰大化学系的校友都发展得挺好，是吧？

王：我们都是母校"化学反应"的"产物"，毕业后的发展都不错。1981级最厉害的是冯小明，现在是中国科学院院士；还有一位是中科院山西煤炭化学研究所的所长，叫王建国；王有治也是1981级的，现在是成都硅宝科技股份有限公司的总裁。其他年级除了前面提到的涂永强、王锐、岳建民以外，还有像中国科学院上海药物所的南发俊（新药研究国家重点实验室副主任，兰州大学1987级校友）等，都干得相当好。对了，姜标（中国科学院上海高等研究院副院长，兰州大学1979级校友）老师也出席了这次会议（注：指中国化学会第九届全国有机化学学术会议。出席本次会议的兰州大学校友还有"国家杰出青年科学基金"获得者、首批"长江学者奖励计划"特聘教授李卫东，"国家杰出青年科学基金"获得者、"长江学者奖励计划"特聘教授、南京大学校长助理谭仁祥等）。

访：我们相信很多校友都会有更好的发展。我们希望通过这种访谈的形式，和校友交流有关兰大的记忆。刚才提到的由您主编的《有机化学》教材等著作，学校档案馆希望能够珍藏。

王：好的好的。

【人物简介】

吴维学，男，汉族，1965 年 10 月出生，山东临朐人。兰州大学海南校友会会长。

1981—1985 年，在兰州大学现代物理系原子核物理专业学习。1985—1995 年，在北京某原子能利用研究所工作，期间曾担任中滦水产养殖场场长三年。1995 年南下，曾任海南崖州农副产品综合批发市场总经理；现任海南荣深电子有限公司董事长，江西万安椿林焱电子有限公司董事长，东莞市科深电子有限公司董事长。

【萃英记忆】吴维学

时　　间：2017年12月11日09:00

地　　点：海口市　国商大酒店

人　　物：吴维学

访谈人：阎　军

拍　　摄：阎　军

文字整理：曾小珈（2016届文学院毕业生志愿者）

文稿审定：段小平

不越沙丘　怎见绿洲

访：吴总您好！兰州大学档案馆正在实施"萃英记忆工程"，请校友回顾大学学习和生活的有关情况。今天，请您谈一谈母校的师德师风以及学校教育对您的影响。

吴：谢谢阎老师！

敬业的老师和融洽的师生关系

吴：1981年，我考入兰大现物系原子核物理专业。为什么要报考兰大呢？因为小时候我就有搞原子弹的"企图"，后来听说兰大的核物理比较厉害，于是就报考了。在兰大学习期间，老师的敬业精神和严谨的治学态度给我留下了深刻的印象。改革开放初期，在"团结起来，振兴中华"的时代最强音中，老师们身体力行，积极投身教学和科研，营造着浓郁的学术氛围，续写着兰大"勤奋、求实、进取"的校风学风；用现在的话说，就是给校园、给学生带来了满满的正能量。

那时候我们的基础课在学校（注：盘旋路校区）上，专业课在现物系（注：二分部）上。基础课的几位老师给我留下了非常美好的记忆：物理系的蔡汉森老师，讲课幽默诙谐，学生想走神都难；研究真空镀膜的宋长安老师，非常敬业，还会武术……在教与学的过程中，师生关系非常融洽。到了上专业课的时候，我们系小人少，老师和学生的关系就更加密切了。

访：都这么多年了，您还记得这些往事，说明您当年就是个好学生啊！

吴：也谈不上好学生。我当时在班上年龄小（入学时不到16岁），比较调皮，每天还在现物系的果园里跟小孩们练武术。为什么会有这些记忆呢？一是我们的老师都很敬业、很认真，把知识、把方法都传授给了学生，让我们终身受益；二是老师平易近人，像苏桐龄老师、宋世战老师，家里一做好吃的就喊我过去。当时我们的宿舍楼和老师的家属楼挨着，我下楼拐个弯就可以到他们家吃饭去。这种关系非常的纯洁、非常的亲密。老师的善良和他们对学生的爱护，影响了我后来的为人处世，如今我对自己的下属也是非常友善的。

难忘的丝路骑行之旅

吴：最深刻的记忆就是1983年我参加了"兰天"丝路骑行考察队。

访：当年兰州大学的"兰天"丝绸之路骑行考察队在社会上的影响很大。

吴：对。这是改革开放以后第一支大学生考察队。当时尧茂书（注：西南交通大学职工，"漂流长江第一人"）还没漂流长江，余纯顺（注：上海人，徒步穿越罗布泊时遇难）也没有走进沙漠。记得当年我是在一食堂看到招募考察队员的布告，报名的条件是思想品德好、没受过处分、没有补考，等等，于是我就报名了。很荣幸，现物系只有我被选上。当时我还不满18周岁。考察队员历时43天，骑行了差不多1万里（注：4411公里），横穿腾格里沙漠，翻过当金山山口，直到青海的德令哈、茶卡盐湖后返回。此行让我真正体会到了什么叫读万卷书、行万里路，其对我人生的影响一直持续到现在。

访：长途骑行很苦啊！

吴：那时候骑着天津自行车二厂的加重自行车，平均每天行进100多公里。回想起当时的好多事，即便再苦再累，实际上坚持一下也就挺过来了。

访：这一路海拔挺高的。

吴：是啊！当金山山口非常高，常年会有积雪，我们在山下穿短袖，到山顶穿羽绒服。1984年第10期的《中国画报》还刊登了我们的照片。当时，"兰天"丝路骑行考察队的活动很轰动，《中国青年报》《人民日报》都作了报道。此行很苦，回来后我写了段感想：

　　　　我曾在沙漠里跋涉。饥渴扼住了我的咽喉，我没有绝望地向死神低头，而是勇敢地走出了那荒无人烟的地方。生活告诉我，翻过前面的沙丘，那里就有一片如茵的绿洲，那里就有一股潺潺的溪流。

最近在一次会上，我与云南师范大学教授、当年的考察队员张虎才相遇。回忆起丝路骑行往事，他说："你还记得山丹军马场吗？在雨后的'搓板路'上，大家只能推着自行车走，那种'前胸贴后背'的饥饿感，我至今难忘。"我当然记得，我们推车前行，走一会儿又下开雨了，真是又累又饿又冷；快到军马场的时候，雨过天晴，漫山遍野的油菜花香扑面而来，令人心旷神怡。那时候山丹军马场（丛珊、朱时茂主演的电影《牧马人》的拍摄地）由军队管理。就在我们快到军马场的时候，只见马群洪流般地涌了过来，我们很激动。紧接着部队招待我们吃饭。大家都饿坏了，甩开腮帮大吃了一顿。张虎才说他吃了四碗面条三个馒头，我说我吃了四碗面条四个馒头。丝路骑行考察的历练，对我后来的职业生涯产生了重要影响。大学毕业后，我先是在北京从事核辐射对生物体损害等的研究；中国宣布不进行地面核试验后，我又开始原子能和平利用、辐射育种、低剂量辐射刺激生长方面的研究；后来我到海南转向热带农业，还投资了一些别的行业。为什么会去挑战如此之大的行业跨度呢？因为"兰天"丝路骑行启示我：大学教会了学生思考问题的方法，毕业生不一定必须从事"专业对口"的工作。事实上，社会上许多房地产老板都不是学工民建的，军人出身的企业家也并不鲜见。为什么呢？因为商场和战场的思维方式和观念往往是相通的。如今企业的顾问、总工中，不乏经济管理、财务专业的毕业生。我是学理科的，那时候文科很活跃，我就加入了文学社、武术队、演讲协会等等。核物理跟我后来搞的这些行业几乎没有什么关系，但我觉得兰大使我有纵向的、横向的甚至是T形的综合发展，这是我最大的收获。

"兰大精神"的浸润

访：您现在经营企业，其精神动力也来自于兰大？

吴：正是。我1995年来海南，那时候很苦很难，事业处于低潮，但我坚持下来了。

访：您是怎么做的？

吴：当时北京的生活有些平淡，而我内心的激情还在。我觉得再这么平平淡淡地过日子，可能就会像温水煮青蛙似的，面对安逸的环境产生各种松懈。我得出去闯一闯。

访：您是如何迈出这一步的？为什么不迈向广东，而是海南？

吴：那时候海南是大特区啊！可到了海南后，我才觉得这地方非常艰苦、落后，满目疮痍。但转念一想，海南的热带条件在全国为数不多，搞热带农业应该还是有前途的。

访：一开始是搞农业？

吴：对。海南农管委下属有个经济作物开发总公司，这个公司当时在三亚崖城有个农贸商品批发市场，我在那儿当总经理，接触热带高效农业。现在看来热带高效农业谈不上有多高效，也有它的弱点。有些菜大棚里种不出来，种出来的反季节蔬菜也不是原先那个味道。当然，也有一些特殊的，比如海南的香蕉比广东的品质要好，早熟的荔枝可以提前上市，等等。后来，我又从农业慢慢地转向其他行业。总之，专业是次要的，主要还是思维方式，还是在大学里形成的那种思考问题的方法。

访：那您后来怎么又不搞蔬菜了？

吴：这是一个偶然因素导致的。一位兰大校友搞电子行业遇到了一些困难，让我帮助他；结果后来他又不做了，我只好接着做。现在看来当时的确很冒险，我完全不熟悉这个行业，也不认识这个行业里的任何人。我是从不熟悉到熟悉，一步一步走过来的。我现在主要从事滤波器、网络无线充电器等产品的研发，其中无线充电产品在国内算是比较早的。如今华为手机、三星手机、苹果手机上的很多部件都是我的企业在生产。我是很偶然地闯入了电子行业，中间也走了很多弯路，但后来坚持下来了。

访：坚持就是胜利。

吴：当时虽然完全不懂电子行业，也没有人脉资源，但我觉得一件事要干就得干好，于是就坚持下来了。我认为做事的根本还是做人，厚德才能载物，"德不配位，必有灾殃"，说的也是这个道理。世界上没有不劳而获的事情，一个人付出很多未必就有收获，但不付出肯定是什么也得不到。换句话说，你不播种，永远不可能有收成；可种子即便撒到石头缝里，一场雨后就可能发芽、生长、开花、结果。这就是我的理解和认识。所以，做事先做人，立业先立德，之后的成功还需要依靠努力和智慧。兰大不仅让我学会了思维的方式和做人做事的本领，还向我传导了"自强不息，独树一帜"的"兰大精神"。想想这所"最孤独的大学"之所以能够长期生存并持续发展，一定有其顽强的生命基因；这个基因遗传给了学子，对我的影响很大。相对于其他一些优秀学校，我觉得兰大赋予我们的境界和能力更踏实一些。

访：除了电子行业，您现在还在做什么？

吴：还有一些医药和传媒方面的投资。医药方面我们有几个专利，主要是模拟医药的发酵过程，开展纳米粒度的在线测量等。还有就是三维照相，媒体微直播，无人机监控、航拍等等，做得还可以。其实做实业是非常累的，但很充实，最起码还能解决很多人的就业问题。我给自己定了三个小目标：健康、快乐、照顾好家人，许多事情我还是愿意放手让年轻人去做。我相信年轻人一定会比我们做得好，因为知识的更新是非常快的。就拿编程来说，一直从事编程的专家未必就比新学编程的学生做得好，他们思维的活跃程度往往赶不上年轻人。

访：大家都说您只讲奉献，不讲索取。现在又出任兰大海南校友会的会长，对此您是怎么想的？

吴：校友会会长首先需要讲奉献。海南的接待任务比较重，来的人比较多，总得有人出面接待，我有能力提供这方面的资金保障。当然，我们不能利用"会长"来为自己做事。作为海南山东商会的副会长，我曾经说过，我们千万不要以商会的名义为自己谋一分钱的私利；大家信赖你，是相信你还有这么点小能力，因此，你就得为大家多做奉献。

访：您将热心和财力奉献给了海南校友会，使其成为兰大校友之家，工作做得不错。

吴：海南校友会比较热闹。具体工作基本上都是校友会秘书长周大卫他们在做，当然还有很多海南大学的老师，一些新毕业的学生、公务员，大家很团结，都在奉献，众人拾柴火焰高，我很感激他们。

寄语母校

首届兰州大学海南校友发展论坛暨兰州大学海南校友会成立大会（2017年）

访：毕业这么多年了，您对学校有什么建议？

吴：许多高校现在不是都在建设"双一流"大学吗？我最近见到兰大的几位

校领导，觉得他们在推进"双一流"建设方面很有紧迫感。学校领导对校友和校友工作的重视，激起了广大校友反哺母校的热情，许多校友都想找机会回母校看看，希望能为兰大的建设和发展做些力所能及的事情。

我认为，今天的兰州大学需要一流的校领导，需要不断营造尊师重教的校园文化和办学环境。只有这样，我们才能稳定和吸引一批教授、大师，才能建成高水平的师资队伍，才能培养出高质量的学生。最近40年，从计划经济到市场经济，兰大虽然经历过一些痛苦和波折，但我欣喜地看到如今的兰州大学还在上升。兰大招生的分数虽然比不上北大和清华，但是经过四年的培养，我们的学生能够"脱胎换骨"，能够成长为一流的学生，这就是母校兰大的伟大之处！

访：谢谢您的母校情怀！今天就谈到这里。欢迎您常回学校看看。

人物访谈录2

【人物简介】

　　冯治库，男，汉族，1965年12月出生于甘肃靖远。研究生学历，博士学位，中国火炬创业导师。

　　1982年考入兰州大学，先后获学士、硕士学位；西安交通大学应用经济学博士。现任甘肃省科技发展投资有限责任公司董事长、甘肃省高科技创业服务中心主任、甘肃省科技风险投资有限公司董事长、甘肃省科技创业孵化协会理事长、白银科技企业孵化器有限公司董事长；西安交通大学经济与金融学院，兰州大学管理学院、化学化工学院，兰州理工大学管理学院兼职教授；兼任全国创业中心专业委员会副主任委员、行业自律与评价分会会长，中国高新技术产业开发区协会理事，甘肃省高层次人才科技创新创业扶持行动专家委员会委员，国家火炬计划项目评审专家。

　　多年从事科技创新创业工作，积极推动甘肃省孵化器建设，先后联建、共建科技企业孵化器5个，孵化面积30万平方米，开创了甘肃省科技企业孵化器事业发展的新模式；积极主导、成功举办7届甘肃省大学生创新创业大赛，承办3届中国创新创业大赛甘肃赛区赛事；培育、扶持各类企业，累计服务企业2000余家，为企业争取各类项目资金2.5亿元，培训人员5万余人次。先后发表学术论文30余篇，出版专著2部（《中国人的第一哲学：对庄子重要篇章的再解读》，中国社会科学出版社，2011；《无之基本问题——中西哲学对无的辨析》，人民出版社，2013）。承担国家级项目10项、省部级项目8项。获得"中国创业技术协会科技创业贡献奖——优秀创业辅导师奖""白银市科技创新市长奖""白银科技企业孵化器建设发展特殊贡献奖"，被授予"国家科技计划（火炬计划）实施20周年"先进个人、甘肃省先进工作者等荣誉称号。

人物访谈录 2

【萃英记忆】冯治库

时　　间：2016年8月17日9:00

地　　点：兰州市 甘肃省科技发展投资有限责任公司

人　　物：冯治库

访谈人：王秋林

拍　　摄：红　叶

文字整理：王嘉文（2014级化学化工学院学生志愿者）

志存高远　见贤思齐

访：冯先生，您好！我是兰州大学档案馆的王秋林。我们开展的一项工作叫"萃英记忆工程"，就是请兰大的老先生、老校友对自己的学习、生活、工作经历做一个回顾，学校档案馆以录音录像的形式记录留存。今天很高兴请您给我们分享一下曾经的记忆。

冯：好。谢谢！

孵化抚育事业与反哺母校情结

访：先请简单介绍一下自己和您现在的工作情况。

冯：我是兰大1982级放射化学（简称"放化"）专业的本科生，实际上是化学系的学生。我们在化学系上了三年的（基础）课，然后在放化学习半年专业课，做了半年的毕业论文。我的硕士研究生是无机化学专业的。所以，我是兰大的本科生和硕士生，毕业之后先在研究所工作，后来逐渐走上了管理岗位，从事创新创业工作。

我现在的工作主要是培养企业家，孵化和抚育科技型企业。在兰州、白银、兰州新区我们有3个科技园（总计30多万平方米）、300多家在孵企业。还有一部分工作是管理投资公司，对中小科技型企业进行债权和股权融资，帮助企业成长。因此，我的工作可以看成是培养具备专业技术而创业和创办企业的人。我们通过前期项目筛选，到企业初创孵化、抚育其成长，再到融资投资，最后帮助把企业做大。我是中国火炬创业导师，先后孵化、抚育了500多家科技型中小企业，其中不少是兰大毕业生创办的企业。

访：您如何看待当今大学科技园这种模式？

冯：大学科技园是我工作的一个板块，也就是孵化器。我与兰大科技园有着很深的合作关系，我们一起举办大学生创业大赛和企业大赛，合作孵化一些科技型中小企业。在我们的孵化企业中，兰大学生做得好的企业就有10余家。这些企业家有本科、硕士研究生学历，博士研究生学历的也有。每个公司都是从几万元开始创业，现在普遍做到了几千万元甚至上亿元的规模。

目前，我和兰大合作共建兰州大学白银产业技术研究院，以兰大化学化工学院为依托，发挥学校的先进技术和学科优势，将能产业化的科技成果进行转化。兰大化学之前在科研方面数一数二，名列前茅；未来将在产业化方面显现其作用和能量。

如今在国家层面上，"双创"（注：指"大众创业、万众创新"）工作已被提到了一个新的高度。培养知识分子成为企业家，将成为我们重要的发展方向。我希望通过与兰大的深入合作，回报母校。

说到这里，我建议学校创造条件、提供平台，吸引兰大毕业的企业家反哺母校。我了解到麻省理工学院毕业的很多成功人士（企业家）将自己收入的10%捐给母校。母校培养了企业家，企业家回馈母校；大手拉小手，资助更多的困难学子，或资助母校的建设和发展（包括举办有意义的活动）。兰大应当多途径调动和发挥校友的积极性，在多方关注往届毕业生校友的同时，继续传承关爱在校学生的传统，不断增强应届毕业生的归属感。当年我的导师经常叫研究生到家里吃饭，教我们做饭，那温馨的师生情谊是我一辈子都忘不了的，也是兰大留给我的美好记忆之一。

"兰大全方位培养了我"

访：您1982年进入兰大，能否给我们回顾一下当时的学习生活情况？

冯：我在兰大学习、生活了7年，无论是迎新报到，还是课堂、实验室，给我留下的印象都是那么的深刻而又美好。那时候大学生比较少，人称"天之骄子"，再加上兰大对学生的重视，老师也非常关爱学生，让我度过了人生最美好的青春时期。是兰大全方位培养了我。

在校期间，兰大给我最深刻的印象主要有五个方面：

一是专业教学扎实。给我们上四大化学基础课和结构化学的老师，个个顶尖，各有特长，授课各具特色。无机化学的张淑民、分析化学的王怀公、有机化学的王清廉、物理化学的路宝田、结构化学的李笃等等老师的课堂风采，还有我的研究生导师杨宏秀的指导风格，如今依然刻骨铭心，挥之不去。是他们，帮助我夯实了专业基础，指导我学习了科学研究的方法。

二是注重技能训练。我以有机合成实验为例加以说明。合成实验过程原料的添加次序、温度的高低把握，往往都对反应结果具有决定性的影响。教师通过定量关键原料、指导操作方法、控制产品质量、计算反应产率，实施实验技能的强化训练，由此养成了大家细心、大胆、守规的工作习惯，练就了比较过硬的实验本领，对我后来的工作产生了深远的影响。

三是公共课很精彩。上世纪80年代，"学好数理化，走遍天下都不怕"的口号被众多理科生及家长奉为圭臬，中学阶段的我因此不喜欢语文。可是精彩的大学语文公共课的学习，让我得益匪浅（现如今日常工作中我能说会写，总结工作时我得心应手）。还有，生动的普通物理公共课，让我对物理学的知识体系有了更加系统、深入的认识……

四是学术氛围浓郁。从中学到大学，我感受最深的变化就是大学的学术活动频繁、氛围浓厚。校园里经常能够看到科普的、自然科学的、人文社会科学的学术讲座的海报，鼓励不同学科的人去听。我的体会是：听讲座是拓宽知识面、提升个人素养的有效途径，也是学习不同学科知识，观摩顶级学者界定问题、阐述问题、解决问题的绝佳机会。

五是重视体育锻炼。早晨，学校要求学生走出宿舍，在校园里跑操；下午5点，老师要求同学走出教室，到操场上运动。体育课有各种球类、田径、体操，冬有滑冰，夏有游泳。当时我们的口号是：健康工作30年！大学时代的校园生活可以用"团结、紧张、严肃、活泼"来诠释，严肃的课堂，紧张的学习，丰富多彩的体育活动，团结向上的和谐氛围！

访：您认为兰大的教育对你事业的成功有哪些影响？还有哪些缺憾？

冯：兰大教育赋予我勤奋踏实的工作作风、深厚扎实的专业基础、独立思考的辨析能力、诚实守信的为人品格，这一切为我后来的成长、对我事业的成功产生了深远的影响。如果说兰大的教育还有哪些缺憾，我觉得主要是学生的眼界还不够宽，视野还不够广阔，踏实得有些"死板"。这是兰大学生普遍存在的"短板"。如果能补齐这些"短板"，相信我们的学生还能走得更远一些，成就更大一些。

访：您对兰大未来的发展有什么建议？

冯：首先，要鼓励学生踏实学习，不虚度年华。我生在农村，没有任何背景，如今的发展依靠的就是通过学习积累的知识和能力。大家知道，一流的人才是知识的创造者，为人类思考问题、解决问题提供方式；二流的人才是知识的应用者，用已有的知识去解决实际问题。不学习就谈不上应用知识，创造知识更无从谈起。大学期间，我们就是要通过学习获得知识、技能和方法，锤炼赖以生存的能力。随着社会的进步，能力越来越为人们所看重，有能力的人才能为社会做出较大的贡献。而能力需要有理想、有抱负的学生去学习，需要有视野、有水平的教师去培养。我敬佩留在经济欠发达地区的兰州培养各类人才的兰大老师！

其次，一流的大学是由一流的教师构成的。在教师队伍建设方面，我们既要招聘、引进一流的教师，又要注重调动现有教师的积极性，也要充分发挥校友在学术交流、人才培养、就业指导中的重要作用，充分发挥校友在提升研究成果产业化能力中的重要作用，不断增强兰大人才培养、科学研究、服务社会的能力和水平。

见贤思齐

访：离开校园这么多年了，您对人生有什么感悟？

冯：感悟可以用先贤孔子的几句话来总结吧："志于道，据于德，依于仁，游于艺。"

志于道。就是说每个人的心中都要有一个高远的目标。我在上学的时候，就立志成为一名科学家，或一名好的工程师；要求自己平静内心，坐得冷板凳，啃得硬骨头，踏踏实实做一流的学问。

据于德。说的是做人要诚实，做事要宽容；要心怀慈悲，严于律己，宽以待人。如今我虽然管理着9个公司，我也会批评同事，但从内心深处我都是宽容他人。要求别人做到的事情，我自己首先要做到。人要学会"厚德载物"，要有担当。

依于仁。一个人充满慈爱之心，他就是仁者。仁者爱人，仁者具有大智慧，仁者能够凝聚团队人心。换句话说，聪明是做事的重要前提，而一个人满怀爱意的道德修养则是成事的必要条件；你公平地对待每一个人，实际上也是公平地在对待自己。

游于艺。就是说人不能自满，要注重提高业务能力，不断完善做事的本领；只有这样，才能在工作中"游刃有余"。就我而言，尽管事业有所成就，但仍然在不断加强学习，拓宽自己的视野，增强对工作的适应能力。另外，我还通过太极拳和书法，放松自我，从中体会如何将一件事做好，甚至做到玄妙的层次，不断超越自己。

子曰："天之所助者，顺也；人之所助者，信也。履信思乎顺，又以尚贤也。"就是说想要成就一件事情，一要靠天（客观规律）的保障，要顺应时代潮流；二要靠人，获得同行专家、同事朋友的帮助，离不开信用。在顺应潮流、诚信为人的同时，一定要见贤思齐，学他人之所长。现在是创新创业的时代，是实现中国梦、人尽其才的时代，是知识能够得以发挥的时代，我们要尊重知识、尊重人才，向更优秀的人学习，杜绝嫉妒之类的不健康心理。一个人的能力越大，心态就越好；心态越好，人就越开放；人越开放，正能量就越多；正能量越多，也就更有可能成就一番事业。

访：今天谈的内容很丰富。非常感谢！

冯：您客气了。一家之言，仅供参考。衷心希望兰大越办越好！

【人物简介】

尚峰，男，汉族，1966年3月出生于甘肃景泰。

1984年考入兰州大学法律系，1988年毕业并获法学学士学位。之后在甘肃省人大法工委、办公厅工作，期间参与多项地方性法规的立法工作；先后在《中国法学》《经济与法》《人大研究》《人民之声报》发表了《立法与公民参与》《论土地承包制度的法律调整》《消费者的法制保护》《彩票制度的立法建议》《承包企业短期行为的法律对策》《论民营企业发展的模式与方法选择》等研究论文。1997年辞去公职，创办兰州民族贸易城有限公司，如今已发展成为集房地产开发、矿产开发、综合商业经营管理、餐饮、娱乐、物业服务业等多种业态为一体的跨行业、大规模、综合性的大型实业集团，资产总额20亿元。

秉承"名远德为尚，山高人作峰"的精神，长期致力于公益慈善事业，捐资助学，帮贫扶困。持续向灾区、贫困地区捐款捐物，为家乡建设捐资达数百万元。2008年在兰州大学创立"尚峰校友奖助学金"，累计注资350万元。2014年出资10万元，资助"萃英记忆工程"成果《我的兰大——人物访谈录1》的出版；2016年再次表达出资10万元支持《我的兰大——人物访谈录2》出版的意愿。

【萃英记忆】尚 峰

时　　间：2015年6月4日9:30

地　　点：兰州市 民城集团董事长办公室

人　　物：尚 峰

访谈人：王秋林　段小平　花 蕊

拍　　摄：段小平

文字整理：赵妍妍　杨旭娟

我从兰大出发

访：尚总，您好！兰州大学档案馆正在实施"萃英记忆工程"。通过对老先生、老校友的访谈，了解兰州大学历史文化的发展过程。今天，请您回忆一下您在兰大学习、生活的情况，以及您走出兰大后服务社会的经历。

经师人师 作育英才

尚：兰大法律系是1984年恢复重建的，我是（新）法学院的第一届学生。当时一个系只有我们一个年级一个班，班里有41名学生。那时的很多事情我至今记忆深刻，每一个同学、每一位老师的形象画面到现在都还历历在目。

法律系恢复重建初期，师资力量相对薄弱，有些课程开设比较困难，需要请一些"外援"。不过由于学生数量少，能够得到老师的关心爱护比较多，师生关系非常融洽。这种关爱，无论对于学生成长过程中能力的培养，还是对于人格的形成、道德的修养都有很大的好处。

因为是第一届学生，相对于当时法律系的师资力量，大家都不太看好我们。事实上法律系的老师为这届学生做出了挺大的努力，像李功国、周林彬、蔡永民、禄正平等老师，都给我们上过课。李功国老师当时主要研究民法学，讲课注重理论知识与能力的结合。禄正平（后来任亚欧副总，负责亚欧上市；现在美国）是最有潜力的老师，对我的影响很大；我的毕业论文就是他指导的。

吴文翰老先生给我们讲法制史。作为一个法律人，不管是法官、律师，还是检察官，最重要的是要有法治精神，有"正义"概念。如果法律失去了公平、正义，那么社会的公平就没人去主张，这个社会也就没有什么希望了。吴先生做人的骨气及其正义感，深深感染并影响着我。记忆中还有杨军老师（19岁北大毕业后就到兰大教学），我们年龄相仿，交流方便；班主任贾登勋老师，人厚道，彼此来往很多，每次同学聚会他都会来参加……

说到兰大对我的影响，我感觉还是挺大的，没有兰大可能就没有现在的我。兰大四年，我觉得收获比较多的还是各方面的锻炼。那时的学习比较轻松，除了上课外，几乎就是每天早上跑跑步、下午打打篮球。记得我在兰大10公里越野跑中，成绩最好的一次还进入过前十名。至于篮球，我们班25个男生中有6个人打篮球，我们打入过学校的前四名（笑）。

从毕业到现在，我们班同学之间的感情很深厚，真正地从原来的同学友情上升到亲情关系。上学时我们班总共41人，现在我们相互间保持联系的仍然是41人。

多年以前，法律人才比较少。我们虽然是本科毕业，但做律师、法官、检察官，以及从事教学的同学挺多的，大家工作方面取得的成就都比较好。我们班丁霞敏、高连城、罗新超同学，现在都是市级检察院的检察长。同班同学三人同时工作，再同时当上检察长，概率为百分之百，这的确少见（笑）。我的同学孙文俊，是江苏致邦律师事务所（2005年全国优秀律师事务所，号称华东第一大所）的主任；他在所里的讲话内容被司法部转发全国律师学习。

"树叶落了，意味着新叶要发芽"

访：请您谈谈毕业以后的经历。

尚：我1988年毕业，被分配到甘肃省人大常委会（简称"人大"）。先到法工委（注：法制工作委员会）做地方立法工作。法工委在人大算是最重要的一个部门，也是工作任务最重的部门。那几年进法工委的学生比较多，能力水平也都比较好。相对而言，我觉得兰大毕业生的基础还是可以的，所以我很快就适应了工作。

甘肃省地方立法的事务全部归口法工委；此外，全国人大、国务院一些法律法规出台前的征求意见工作也在法工委。可以说我们参与了国家的这些立法。制定甘肃省的法律法规（例如《土地法实施办法》《城市规划法实施办法》等）是我们工作的重点，其中《甘肃省人大常委会关于禁止痴呆傻人生育的规定》引起了美联社、塔斯社等著名新闻机构的关注，国际舆论有赞成的（日本、德国、俄罗斯等），也有反对的（美国、英国、法国等）。作为全国第一部地方性优生法规，能产生如此大的影响，是甘肃地方法规中的唯一。后来这部地方性法规被废止了，感觉有些遗憾。我在法工委工作几年后，被调到办公厅做基建；在做基建的时候，我介入了房地产。

人大的工作经历让我得到了锻炼，也让我终身受益。当时的几位同事（都是在行政岗位上当过领导的老同志）水平很高。宋启明，28岁任秘书处长，38岁时是副秘书长；张文麒，在政治经济学研究方面很有建树，是学者型领导；李黑虎，兰大校友，是经济学界当时"南豹北虎"中的"北虎"，进人大时就已经有13部专著、160多篇论文问世。他们工作努力，学习积极性很高，对国内几个主要报刊的法学、经济学理论文章几乎每期必读，对法学和经济学研究的理论动态也都很熟悉。在周围同事的影响下，我的写作能力也有了很大的进步。1991年《经济与法》头版头条发表了我的第一篇论文《论土地承包制度的法律调整》。后来，我给《中国法学》寄了《立法与公民参与》（16000字），郭道晖总编认为"质量比较好"。之后，我又陆续在甘肃《人大研究》《人民之声报》等刊物上也发表了多篇论文。

当时省人大常委会有八九个地方部门，每个部门仅有几个人，能够提供的机会比较多；大家都认为我们年轻，机遇很好。1992年邓小平视察南方谈话以后，我就发现社会正在转型。中国有13亿人口，市场广阔，经济处于起步阶段，各行各业门槛低，机会很多。邓小平同志讲话中最关键的一句就是"社会主义也可以搞市场经济"。这是对当时中国社会的一个定性，也是对中国未来的一个定性。我觉得自己应该到市场上去，因为对我来说机关有些平淡，市场更适合我的性格。于是我借了3万元，批了10亩地，从辞职到（公司）建成共用了13个月……

我们公司的第一个项目是六一商城，即小西湖民贸城，之后做房地产。房地产我们做了雁滩的望河丽景、红山根的祥瑞人家、西固的华都天韵这几个楼盘。

人物访谈录2

现在又合作了天水的天忠花园、景泰的锦绣家园，在老家黄河石林建设运营尚家堡酒店，江苏常州投资控股了万德沃游乐设备制造公司。此外，我们也做矿业——彤辉矿业大概投入4000万元资金，现探明储量比较大的铁可能有上亿吨，办理采矿权大概需要一两年的时间。

尚峰（右二）在建筑工地（2010）

访：你们把这么大的一个事业做好，挺不简单。这也是学校的骄傲！您刚才说是南方谈话把您点醒了，看到了前景，并很快投入转型，这很了不起。您是如何想到这么去做的？

尚：大学毕业后我写过一篇论文，题目是《宪法与政治体制改革》。研究认为，中国的政治体制改革必须在宪法框架下、必须在共产党的领导下进行，这是两个前提，是体制改革的先决条件。我们的行政机构太庞大、太臃肿，不适合市场经济的发展。中国的经济要发展，必须进行政治体制改革；政治体制改革，要求先行行政体制改革；而行政体制改革，必然需要减人员、减机构。"与其到时被减，不如现在主动减"，当时我的脑子里就有了这么个想法，行政这条路太拥挤了，还是走吧。

访：您搞经营这么多年了，而且搞得这么好，您的经营理念是什么？

尚：实际上最重要的就是把握机遇。有些机遇出现在你面前，你不一定看得出来，不一定认为那就是机遇。1991年，我跟当时的法工委主任去海南出差，碰到一位辞职在海南做生意的干部，他告诉我们怎么做生意；我听了一会儿就明白了，并将其称之为"魔术师经济"。当时大家都没钱，但是当你把手伸到口袋里的时候，钱就有了；因为你注册了一个公司，公司依靠借账、银行贷款等投资运行。小西湖那栋楼启动时我只有3万元，我就用这笔资金把楼盖起来了。不可思议吧？

从去年开始，工商局在设立公司这一块，把审查制变为注册制，即提出申请，不需验资，一经注册就可成立公司，鼓励创业。这种变革给每个人都带来了新的创业和发展机遇。时代在发展，好多企业已经不适应了、倒闭了。我对这个现象的看法并不像好多人说的那样，"哎呀企业倒闭了，现在企业多么多么困难，这么多人失业……"好像这是多么坏的事。我认为，秋天到了，树叶落了，意味着新叶要发芽；经济发展到一定阶段后都是螺旋式上升的，中国经济肯定会走上一个新的台阶；只要迈过这个阶段，以后中国经济的各个方面都会朝着好的方向发展，大数据、云计算、网络经济会彻底改变生产，改变生活，改变世界。如今的餐饮业、旅游业、健康、文化体育等等，都是新的方向，这些产业会让中国人过得更好。以前我们有时间都坐下划拳喝酒，以后可能就是跑步、登山、游泳……我坚信，只要太阳还从东方升起，机会就永远存在；明天必将会更好！

为有源头活水来

尚：去年国务院李克强总理提出"大众创业、万众创新"的口号，"双创"一词由此走红。实际上创新、创业就是目前中国社会需要解决的两个问题。第一是创新问题，主要是指技术创新或体制创新。要创新企业的体制机制，调动所有的力量，把各种资源（人力、资金、土地、设备等）的效能发挥到最好。所谓技术创新，就是从制造大国向创新大国转变，推动中国制造向中国创造转型；在这个过程中，每一个企业都会有新的机遇。第二个问题是大众创业。中国发展到了今天，金融性资产、非金融性资产都有了不少的积累。在这个时候，中国社会要变化，市场经济要向资本经济转化，需要大量的股东把整个社会的资金调动起来。于是就有了"倒逼"概念，也就是说经济发展的形势逼迫行政体制、管理体制、规章制度的改革。这也符合经济基础决定上层建筑的理论。我们有理由相信，"双创"必将成为助推中国经济增长的源泉和动力。

访：您是学法律的，却去搞了企业。兰大所学对您后来的发展都有什么帮助？

尚：满达人先生给我们讲授的日本经济法，对我以后的工作影响很大。为什么呢？因为日本的经济管理确实比较先进。在法工委从事地方法规工作时，有些现成的经验我都用得上。比如在出台质量监督条例（甘肃的质量监督在国内搞得还是比较好的）之前，我们的质量监督很乱，有煤炭的、建材的、轻工的……不同行业各自为政。后来我们借鉴日本的经验，提出先由省质监局对这些质监站进行认可规范，把以分散管理为重点的分散型质量检验体系改造成以专业为重点的全面质量检验体系。就这样，我们很快就把这些监督系统统一了起来。

访：这说明课堂上学过的知识、方法对实际工作还是有指导意义的。

尚：法学是一门应用学科。在人文社会科学学科里，法学的实用性很强。比如说什么是抢劫罪，抢劫罪如何构成等等，在法学层面都是很具体的。

修德不期获报　自然梦稳心安

访：据我所知，您在捐资助学方面做了很多有益的事。您是怎么想起要做这件事的？

尚：对我来讲，挣的钱够吃够花了，再多的钱也没太大的用处。所以，我就想把这些钱用到需要的地方去。选来选去，我觉得首选的还是教育，教育是最需要资助的地方。你帮助一名学生，就有可能改变其一生的命运；这种资助，不仅仅是钱的问题，还能给人以信心。

尚峰（右）向兰大捐款（2015）

访：我记得您也来自农村家庭，上学的时候家里应该也挺困难吧？

尚：还行。我父亲那时候是汽车司机，相对而言家境还可以。

访：张文轩（注：原兰州大学中文系主任、教授）先生曾给我们讲，他是国家助学金的受益者，所以大学毕业以后就一直惦记着如何去回报国家、回报社会。

尚：对。教育这一块，尤其是兰大，贫困学生量大面广，确实应该得到国家、社会、个人更多的资助。假如学校每年能把贫困学生的名单、基本情况等梳理出来，我想在国家、社会资助的同时，尽自己所能做些捐助，争取做到兰大没有一个困难学生，或者每一位困难学生都能得到有效的资助。如果我能够把这件事做到，那就太有意义了。

学校应该想办法把资助贫困学生的事做好。社会捐赠最主要的问题是，大家不知道这些钱用到哪里去了。如果把贫困学生梳理出来，然后再有针对性地去做，这样的效果应该是可以的。

访：对做社会公益您怎么看？

尚：一个人在寺庙里当义工、上香磕头，往往是为了获得心理上的平衡，期待的不是现实，而是来世的回应；但是如果去资助学生，这种回应都是看得见、摸得着的——你能看到学生的成长，看到他的变化。我也接触过一点宗教知识，从净空法师讲的《十善业道经》中领悟到很多道理。你为一个人做点好事之后，你得到的是快乐和幸福；但如果你做了一个贪污受贿的官员，今天你拿了一笔钱，你得到的是什么？是晚上睡不着觉，是内心的愧疚！人高高兴兴活一辈子，和每天愁眉苦脸、担惊受怕的一辈子，哪个好？

访：修德不期获报，自然梦稳心安。

处世态度："一方面是努力，另一方面是坚持"

访：您比较乐观，生活理念好。给我们分享分享您的成长环境和生活感悟吧！

尚：我父亲是司机，是雷锋的战友，这就是我的名字"尚峰"的来历。父亲曾在东北当兵，一直开车。他公私分明，从小到大我就没见过他"沾"过集体的、国家的东西；哪怕我们动一下、摸一下他的汽车，那都是不行的，因为那是公家的东西。他从部队回来以后，先是当信用社主任，但由于没上过学，所以不会算账。之后拖拉机站来了一台拖拉机，他就去开拖拉机，当拖拉机站的站长。到（20世纪）70年代末，乡里有卡车了，他就一直开车。父亲当了一辈子的司机。我妈比较开朗，对家里的贡献和影响比较大。

从一个人的成长环境来讲，我认为吃点苦没啥不好。我从小在农村，五六岁就开始干活，先是拾粪，背个粪背篓满山走，所以我五岁的时候就是"驴友"了（笑）。到了十一二岁，我就开始去外地干农活，住在山上，几天回不了家。像犁地、耙地、耩地等技术性农活，我到现在都会干。现如今有的人干点工作（比如写个文章、加个班）就觉得有多累。说实在的，前几年我就不知道累的感觉；忙忙碌碌一天下来，只要睡上一觉，起来又是一个生龙活虎的我。在事业上，我夫人对我有很大影响。有时候企业遇到困难，今天打官司，明天账付不出来，民工在闹事……只要夫人坐下来陪我吃顿饭，听我聊上几句，我就啥烦恼都没有了。

访：遇到难题的时候，您一般是怎么处理的？

尚：这种情况比较多。有阵子五六个官司连着打，而且都是被告，每天光接法院的传票都让人受不了；有时候拆迁户或施工单位的民工，几十人把我团团围住……诸如此类的事怎么处理？其实也没啥好办法，就是一个坚持。俗话说，没有过不去的坎儿，只要你坚持，啥事都能过去。最困难的事发生在2000年，当时我的一个部下抵押了六一商城，贷上几千万元，然后拿着钱走了。过春节的时候，我一个人坐在山里想这个问题，总觉得这是一个责任问题。如果我走掉，买我房子、租我商场的人，还有给我施工单位供应材料的人，这些人怎么办？如果老板（我）在这儿，债务虽然存在，但还是能挣上、还上的，困难总能过去。可老板一旦走了，很可能好多家庭将因此家破人亡。另外，2000年的房地产还不行，但我判断中国的房地产肯定会有一个大的发展机遇。留下来，事情还能做下去；跑了，你这辈子就啥都干不成了。这个商场好不好无所谓，只要能打开局面，熬过这个难关就行。最后我对自己说："熬吧，熬时间。"一方面是努力，另一方面是坚持。

后来，我决定投资房地产（做住宅），这就开始有了雁滩这个地盘。2003年，我把这块地征下来，然后开始建设。就在这一年，兰州房地产开始起步了。征地时新港城房子每平方米均价1700元左右，后来升到了1900元、2000元；到我们销售的时候又涨到2500～2600元，而且一直在涨……望河丽景项目做完之后，依次是华都天韵、祥瑞人家，在中国房地产市场的上升期，我们做了3个楼盘。可以说我每一次对机遇的判断和把握还是比较准确的。

我们公司这两年在房地产开发上放慢了投资，自己没上新项目。为什么？我通过员工大会告诉大家：根据我的判断，从整个房地产供求关系来讲，目前市场处于饱和状态，不像原来那样需求很旺盛。未来的房地产肯定是改善性需求大于刚性需求，人们都想住得更舒适些；这就给房子提出了新的标准和要求。假如不考虑涨价因素，我们楼盘的房价还维持原来的水平，这个项目会不会盈利？这就要考验你的管理水平和经营能力了。管理者需要根据市场变化重新审视企业未来的发展。

访：2012年实施"萃英记忆工程"以来，我们做了约250人次的访谈。我们的主要工作是：在学校档案馆永久保存访谈的音像资料；同时通过整理、加工、再创作等手段，将访谈资料以系列丛书的形式出版，或以专题片的形式在学校网站发布，着力打造兰大的文化宣传品牌。感谢您对"萃英记忆工程"的资助！只要兰大在，"萃英记忆工程"就一直会做下去。

人物访谈录
2

【人物简介】

车春玲，女，汉族，1966年5月出生，山东荣成人。兰州大学山东校友会会长。

1986年毕业于兰州大学化学系，1986—2011年在山东省科学院分析测试中心工作，1998年任山东星火科学技术研究院副院长，2013年任山东联星能源集团执行董事长，2014年任山东星火知识产权服务有限公司总经理；是全国工商联新能源商会副会长、山东省知识产权运营联盟理事长、山东省专业技术拔尖人才、民盟山东省科学院支部副主委。1998年在山东大学MBA班学习，2003年参加北京大学EGP高层管理者课程学习，2005年参加复旦大学卓越女性课程班学习，2012年至今在中国文化书院三智道商国学院中国地标文化游学班学习，2013年至今在清华大学学习积极心理学等。

长期带领团队开展集团研发工作，连续多年主持或参与完成国家科技支撑计划、国家创新基金、国家火炬计划等各类科研项目，拥有专利93项（其中发明专利65项），研发的多个高新项目均顺利通过科技成果鉴定，经专家认定达到国内领先水平。先后个人捐资12万元，专门支持"萃英记忆工程"。

【萃英记忆】车春玲

时　　间：2016年9月23日

地　　点：兰州市 兰州大学档案馆

人　　物：车春玲

访谈人：王秋林

拍　　摄：红　叶

文字整理：王嘉文（2014级化学化工学院学生志愿者）　黄飞跃

文稿审定：段小平　陈闻歌

朋友们说："兰大有你，我们也想去兰大"

访：车春玲校友，您好！我们正在实施"萃英记忆工程"，这您已经知道，并给予了大力支持（不仅自己出资赞助，还宣传动员您的同学也来支持我们），在此特向您表示感谢。今天请您回忆在兰大学习、生活的一些往事，同时介绍一下您毕业后的一些经历。

亦师亦友的先生

车：我是16岁那年考入兰州大学化学系的，大学四年给我记忆最深刻的是我们的老师，以及校园环境给我带来的影响。

谈到老师，我记忆最深刻的第一位是无机化学的完颜辉老师。作为辅导老师，她每天晚上陪同学上晚自习，我们白天没弄懂的问题，晚上就向她请教，这种情况现在大学里都很少见。第二位是教授无机化学的张淑民老师。他讲课深入浅出，非常易懂。第三位是指导我毕业论文的路宝田老师。他教我开辟了一个新的领域，叫化学震荡。印象最深刻的那就是我们的辅导员王老师您了。您像对待孩子一样对我们，我们生活、学习中遇到的任何问题，您都会认真指导帮助我们，让我们有一种安全感。

再一个印象就是学习的氛围特别好。我觉得我们当时的学习应该是仅次于高中的那种紧张状态，对每门课的学习都特别认真——老师教得很认真，我们学得也很认真。记得我上的第一门课是无机化学，第一次考试好像我考了年级第三名……我们还会经常组织一些其他活动。我曾经代表兰州大学参加兰州地区的外语竞赛，在兰大选拔的时候，我考了第三名，获得三等奖；但是在兰州地区的竞赛中只得了优秀奖。

路宝田（左一）在指导学生做实验（右一为车春玲）

大学四年，我觉得最重要的是师生之间能够和谐相处，老师和学生之间相处得特别纯真，特别融洽。虽然那个时候生活比较清苦，但是大家都觉得很快乐。在后来的工作中，我才发现当年置身于那种和谐的氛围下，我们的学习特别扎实。我曾经从事与化学相关的工作，遇到专业上的问题，我就知道上哪里去寻找解决问题的办法。我觉得这方面特别受益。

引以为豪的过往

车：作为兰大人，虽然我大学期间对兰大的历史了解得比较少，但是在参加工作之后，社会上对我们的认可，却增加了我的一份自豪感。

高考前，是（中学）老师给我填报的志愿。在我收到录取通知书的时候，高中语文老师对我说："你去吧，兰州大学化学系是最好的。"那是我第一次听到对兰大的褒奖。来兰大报到入学的时候，我才知道行程需要一天汽车、两天两夜的火车。当时学校安排我与1981级的同学住在一个宿舍，我的第一感觉就是将来可能不能经常和同年级的同学一起玩了。但事实并非如此，后来我因此还结交了很多别的年级的同学，认识了很多人（包括1983级、1985级的同学）。现在看来，一切都是最好的安排。通过广泛的交往，我了解了不同年级同学的学习和生活状况，从他们身上获得了许多有益的经验。

我第二次听到对兰大的褒奖是在工作以后。我们省测试中心（注：山东省科学院分析测试中心）的老所长是山东大学毕业的，当听到有人对我作评论时，他脱口而出："兰大的（毕业生）都很好。"在老所长的心目中，兰大的学生都是非常好的。当时所里有3名兰大的学生，当需要作自我介绍的时候，大家都会很自豪地说："我是兰大化学系（毕业）的。"

车春玲（右三）等校友参观兰州大学档案馆陈展厅（2016）

如今在兰大档案馆做的口述档案项目中，看到了这么多有关兰大的历史，我再一次受到了震撼。原来我对兰大的认识是那么肤浅。大学期间主要关注学习、生活，就是没有关注兰大的发展历史。当我看完你们制作的视频《让历史开口说话》后，很受感动。这个视频和口述档案的其他资料，对以后的学子了解和认识兰大都是十分珍贵的。实际上人们的尊敬和尊重，都是在比较完整地了解事物的本质以后形成的一种情感。所以，现在的我对兰大的这种自豪感就显得更加深沉。得知你们在做（口述档案）这件事以后，我就特别想尽我所能支持这项工作，让其不断地延续下去。百年兰大也好，两百年也好，一直留着她的历史，让每个兰大人都能够通过这个载体，完整地了解母校的发展历史。这样，我们每个（兰大）人的自豪感就会因此油然而生，并不断得到传承。今天下午参观了档案馆的陈展厅，这种厚重感和自豪感更是愈加强烈。

《我的兰大——人物访谈录1》给人带来的自信是非常不一样的。我的许多同学、朋友都说："从'萃英记忆工程'能够看到，兰大真的不一般。"可是兰大毕竟在甘肃，离我们山东比较远，从前人们报考的时候往往都不去考虑，觉得（路途）太远了。将来通过这方面的宣传，我相信许多优秀的学生会选择（报考）兰大。这是非常有意义的一件事情。

自强不息的特质

车：兰大四年是我人生的第一个成熟期。这个时期学校对我的影响可以用四个词来概括，那就是扎实、坚韧、用心、谦虚。我们在低调里体现了一种真正的谦虚；这种谦虚促使我在工作岗位上再一点点地去学习、去充实、去成长。兰大人当中特别浮夸、特别张扬的比较少，这是兰大的老师和校风给我们带来的一笔非常宝贵的财富，她已经融化到了你的血液里，让你永远不骄傲、不满足，因为你还要成长，还要进步。就我而言，到了50岁，大家认为我做了点事情，但是我觉得一切都还早着呢，只是越来越觉得自己被赋予了特别多的责任；很多人觉得你可以做这样一件事情，但对我来说，这其实就是一种责任，你责无旁贷。今天看到档案馆里陈列的这些展品，包括老校长、老前辈以及我们的大师兄们留下来的实物，很受教育。我觉得自己也得不断努力，为弘扬"兰大精神"贡献自己的血液，哪怕是发挥一根毛细血管的作用。这也是我这次回母校特别大的收获。

之前我的工作是和化学相关的，在山东省科学院做分析检测和部分研发工作。后来，跟我先生（注：张成如，1988届兰大化学系硕士研究生）一起创业，也没有离开过化学，都是一些跟化学有关的技术研发。当然，由此也延伸出来一些管理工作。

今天有位大学生问我，创业好还是传统意义上的就业好？我觉得创业也是就业的一种形式，是你自己创造的职业。选择了创业，就是选择了一条独创的路，一条需要你自己去开拓的路，并带领一批人沿着这条路不断前行。走自己的路和走已有的路是不一样的。我不想去强调我们是怎么创业的，但我想告诉大家，你一旦选择了创业，就不能是单纯地赚钱；单纯赚钱那是生意人的事。创业，首先是创新，需要作为事业去追求。创业者作为事业的先驱者或引领人，在前进的过程中难免会接触到特别多、特别复杂的人和事，随之而来的接触面也非常广。这个过程对一个人来说是很好的历练，也是比较艰难的过程，很多人都很难坚持下来。今天有位同学还问我，身为女性你为什么选择创业？我回答是"被逼的"

（笑）。

其实兰大还有一点对我的影响比较大，那就是极强的适应性。如今我拥有特别强的自我调节能力，柔韧度、自信心和接受新事物的程度比较好。这个特点就是在大学期间形成的。据统计，中国企业的平均寿命是3～5年。我们做的企业，生存了20年还能发展，这是非常不容易的。可以肯定，我今天的成就得益于兰大的培养和熏陶，是兰大赋予我们包括我的先生坚持和适应的气质。张成如本科就读于江西师大，同学里面创业的很少。而在兰大接受研究生教育的他，身上同样也有很多兰大人"自强不息"的特质。

1982级化一班女同学在校园中心喷泉（前排中为车春玲）

衔环反哺的情怀

车：王老师你们做了件非常有意义的事。我认为，"萃英记忆工程"是一件"功在当代、利在千秋"的好事，一定要坚持做下去。我愿意通过这个平台，跟学弟学妹们分享自己成长过程的一些感悟，给他们一些引导，让他们在未来的成长道路上，避免走一些不该走的弯路。

另外，我先生认为咱们兰大的科研能力特别强，工作很踏实，科研成果比其他一些院校做得优秀，只是缺少推广和产业化的窗口。我们设想在各地做一个窗口，通过这类窗口实现科研成果的转化。这方面的运作模式已经很成熟，其中的资金模式和商业模式我们都比较熟悉；老师们只管在学校里搞研究，其他的都由我们来做。这样的话，从研究开始我们就可以进行知识产权保护；随后的孵化，我们可以通过知识产权运营，实现研究成果的最大价值。高校的科研成果一部分是前沿的理论研究，另一部分是为实际应用服务的。我们在科研成果产业化方面为高校提供服务窗口，目前在上海、北京、深圳以及香港，我们已经进行了具体的实践，有了这方面的工作基础。此外，我们有很多企业的平台和企业家的平台包括新能源商会、环保协会和知识产权运营联盟。现在，我们在山东筹建一个知识产权交易中心，这是一个很大的工程，同事们看好我，让我牵头；我相信自己的"发心"比较好，只要我往前走，就会有人来帮我，就能做出成果来。

兰大理论研究和应用研究的成果都非常优质，但学校和社会的对接相对较少。现在我们拥有各种平台，希望能和兰大建立合作关系。如果大学生愿意创业，我们可以提供一个基地（创业平台），让学生来基地实习，有好的项目我们可以让他们去做。

访：就是提供一个场所，给予一个平台，让学生来参与，从中得到历练。

车：对，这只是一个方面。我们还可以为学生提供就业指导服务。我在山东大学上过MBA班，现在担任山东大学校友会企业家俱乐部的副理事长，是山东大学学生就业的导师。所以，我们也可以为大学生做就业创业指导。我接触过一批孩子，发现现在的孩子目标感特差，亟须有经验的导师去引领。前段时间我辅导了一个孩子，是山东大学金融数学专业毕业的研究生。他学的专业在全国也是很有影响的，但他就是不知道自己该去哪里就业。父母建议他去银行工作，我说那不就屈才了嘛！经过一番指导，他告诉我：长这么大都没有人和我谈过这些问题，从来没有人告诉我未来的路该怎么走。所以我觉得现在的孩子特别需要指导，而我们也愿意去做。当然，我也欢迎母校有理想、有抱负、有能力的毕业生来我们企业工作。

访：这个想法非常好。我们现在做的"萃英记忆工程"得到了学校的关注和支持，学校批准建立了"兰州大学口述档案研究中心"。我们有信心在各位校友的帮助和支持下，把这个中心建设成为"人文社会科学研究的学术平台，学生社会实践施展的教育平台，以及兰大精神文化传承弘扬的宣传平台"。我们已经组织了一批学生，给他们设置项目，配备指导老师，由学生具体开展工作，让他们在参与中受到熏陶和教育。

厚积薄发的力量

车：我觉得你说得这个特别好。孩子们在参与"萃英记忆工程"的过程中，自豪感就会油然而生；有了自豪感，他们对学校的认同感也就会随之得到提升，进而带着对学校的感情认真踏实地去做这件事。做好一件事，情感的驱动很重要。在兰大求学的时候，老师做得好，我们之间特别容易建立感情，社会责任感也比较强，无论是学习还是（班级、系里的）公益工作，大家的热情普遍都很高。最近化学化工学院举行70周年院庆，又一次把校友凝聚在一起，大家回报母校的热情再次被激发，我又有了新的动力。我一直相信，我们兰大的学生普遍基础非常好，很扎实；如果给他们提供一个较好的机会，加上对母校的认同感、归属感、自豪感，我想很快就会形成厚积薄发的态势。

我今年50岁，我先生53岁。回想我们的人生历程，现在总算找到了做企业的感觉。在这之前，我们积累了很多的资源。这些资源一旦发挥作用，其效益难以估量。兰大人做人都不错，当你把人做好之后，你就会有很好的想法，这时人脉资源就起作用了，很多人就会愿意和你合作。举个例来说，我提出筹建知识产权交易中心的时候，同事们或甩开膀子为我设计；或让我讲清楚事情的来龙去脉，他再去想办法提供帮助。这方面的事例很多，往往我想要做什么事，就有人说，你来当董事长，具体的事我来做。这一切在以前真的难以想象。我这人在大众面前讲话都有点紧张，有些事我甚至怀疑自己能不能做到。可我的同事说，你"发心"很好啊，你做事不带太多的功利，我们支持你！刚才看到一条谚语，大意是：如果你想成功，就不要在意是否成功；你只要去努力，成功自然而然就会来。这也是兰大给我们的"慢功夫"积累出来的思维模式，这个思维模式让我受益无穷。

访：有意练功，无意成功，功到自然成。

车：对。我现在也有这个体会了。有一次，我和一个挚友开玩笑说，如果哪天我成功了，那就叫"大器晚成"（笑）。之前我上大学的时候，王老师你也没看出我有这个潜质吧？我来兰大报到的时候个子还不到一米五，当时你大概也想象不出这个小女孩将来能做成什么事吧？我的学习成绩最多也就是中上游，我们班上学习最好的是陈德武他们那一批保送生。我在其他学校的时候，也不太引人注目。后来我才发现，原来只是自己觉得没被人关注而已。在清华大学学习心理学的时候，我才开始觉得一个人的成长需要有个过程。我现在经常在朋友圈里发我们兰大人的状态，他们就会说："兰大有你，我们也想去（上）兰大。"所以说每个校友都是兰大的名片。看到你是兰大人，看到你很好，自然而然地就会对自己的孩子做宣传。但这并不是说校友的正面影响在很短的时间内就会形成。我毕业30年了，我是一点点积累起来的。大家都说，因为你在兰大，我们会对兰大有很好的认识和印象。越是受到这样的褒奖，我就觉得自己越要做一个好的兰大人，不断地被正向激励……

车春玲在做毕业实验（1986）

宁静致远的境界

车：特别感谢我先生让我选择了这条路。跟他出来创业以后，我感觉收获特别多。就像刚才有位同学问我，你不像50岁啊！你这么累，家要照顾好，工作也要做好，但看不出你老。我回答道，之前有个小孩跟我说你不敢笑，怕笑了有皱纹；而我认为，笑就要开怀大笑。当脸上的肌肉都得到锻炼的时候，就不会有皱纹了。人是累不老的，关键是心态要好。而心态又和你的经历、见识以及你能不能理解和包容这些过程密切相关。我觉得自己现在已经到了一个很好的状态。经历过很多事情，不管好坏，我都能把它接纳下来，然后从中得到收获，让自己有一个成长的理由。也就是说，我要不断地去成长。做企业是一件特别宽泛的事情。如果一直在测试中心的话，退休之后，我只能被称为是一个好女人；但是由于创业，我觉得自己已经发生了质的变化。现在我学画画，很多人都不信。其实我们每个人都有这方面的潜能，只是你想不想和你愿不愿意去发掘。我画画也是从零开始，跟一个艺术学院的学生学习。王老师，你见过我的画吗？我给你看一下（展示画作）。

访：您是初学者吗？还真看不出来，挺漂亮的。

车：对，这是水彩画。其实很多东西在心灵开放的时候，只要你愿意，潜意识里的能力都可以发挥出来。学画画之后，我最大的体会是，只要静下心来，你就能画出好的画；你只要把构图做好，然后大胆地去画就是了。每个人都能画出画来，很漂亮的画。下一步，我想学习中医，学习针灸；将来我还打算学习一种乐器，初步考虑学古琴……

从心理学的角度说，人都有种自我保护的意识。有的人遇到好的事情会开放，遇到不好的事情会封闭，最难的是在逆境中依然能够保持开放的心态。开放的心态能给人留下幸福的东西，留下更多的财富。画画给我的感受是，当你心没静下来的时候，你的画就会很"紧张"；其实画都在你的心中，你手不要紧张，画也就行了。摄影也一样，你只要保持开放的心灵，把心中的画面拍下来，就有可能获得好的作品。当然我们不可能做到大智慧者那种慈悲、安忍和包容，所以还需要不断修炼。其实很多事情对或不对，都是个人的看法，只是人们站在某个角度对客观事物做出的评价而已。我觉得我现在这种状态，就是在创业的过程中历练出来的。如今对我来讲，没有什么东西是握得紧、放不开的。这一点我得感谢我的先生，工作中、生活上做什么学什么，他都让我客观、清醒地看待每一件事情。

访：您先生给了您很大的启迪，很了不起。

车：孔子说"四十不惑，五十知天命"，而我们80%的人达不到这样的程度，很多人四十依然不会不惑，五十依然不知道天命。我觉得，人到了一定的年龄就需要经历这个年龄应该经历的事情。否则，一步步地往后推，势必"不经打击老天真"（笑）。最后我想说，一个人的成长历程，跟其受教育的环境息息相关。我们的教育，不应该过多地重视知识，而要更多地注重思维模式和做事方法的培养。在当今时代，我们想学什么都能学到，也可以学会；而思维模式和做事方法则需要长期养成，需要好的习惯去养成。

访：非常感谢您接受我们的采访。

【人物简介】

张曙光，男，汉族，1967年5月出生于甘肃兰州。兰州大学广州校友会副会长。

1990年毕业于兰州大学物理系金属物理专业。现任广东奥迪威传感科技股份有限公司董事长兼总经理，兼任广州市番禺区工商联合会执委常委、番禺区厂商会副会长等职。

1992年开始，一直从事传感器及应用领域的生产管理、产品技术研发、市场销售和全面管理；1999年发起创办奥迪威电子有限公司，凝练并提出"做好人，做好产品，共创美好生活"的经营理念，先后获得超过50项的专利，为行业的技术创新和产品换代，为完善现代企业制度、提高企业整体竞争实力做出突出贡献。在激烈的行业竞争中，奥迪威屡创佳绩：2008年获评"广东省高新技术企业"；2011年入选"中国最具投资价值企业50强"；2012年登上"福布斯2012中国最具潜力非上市公司"排行榜；2015年成功登录新三板，在资本市场荣获年度最佳公司创新奖项，接着又被推选为新三板最具投资价值企业之一，得到业界及资本市场的高度认可。

作为中国红十字会百分之一基金的发起人之一，热心慈善公益事业，积极组织员工参与政府募捐，多次以私人名义向中国红十字会捐款。2010年获中国红十字会人道服务奖章。

【萃英记忆】张曙光

时　　间：2016年3月6日9:50

地　　点：广州市　渔民新村酒店

人　　物：张曙光

访谈人：王秋林

拍　　摄：红　叶

文字整理：孙琳琳（2014级历史文化学院学生志愿者）

文稿审定：段小平

我在兰大接受了真正的思想启蒙

访：张曙光校友，您好！我们正在实施"萃英记忆工程"，请兰大的老先生、老校友讲述在母校学习、生活的经历和感受。今天请您讲述曾经的记忆。

印象：母校的先生与思想启蒙

张：1986年我来到兰大物理系，1990年毕业。转眼间进校至今已经30年，离开母校也有26年了，可大学四年的记忆好像就在昨天。我是兰州人，考大学时曾经希望自己可以走得远一些。来兰大之后，我觉得这里和西北的其他地方比较，还是很漂亮的。随着时间的推移，我接触了来自全国各地、山南海北的同学，大家虽然南腔北调，但都上进、聪明、自信；我遇到了学富五车、满腹经纶的先生，领教了他们各具特色的智慧与风采，深感受益匪浅、不虚此行。

教学大师高崇伊。记得第一学期上普通物理基础课，高崇伊老先生教我们热学。他熟悉教学内容，教学经验丰富、方法独特，推导数学公式和物理公式逻辑严密、游刃有余，熟练程度堪比大厨师烹饪，让我大开眼界：原来高人在这里！

精神领袖段一士。当时物理系的系主任段一士老先生，很开明，很有智慧，是物理学子的偶像，我们都非常崇拜他。段先生虽然没有直接给我们本科生上过课，但他群众威信高，很有号召力，是我们的精神领袖。

中国量子物理界"四剑客"之一的钱伯初。大学期间，能够听钱伯初老先生讲量子力学，幸之！钱先生聪明过人。在一场科学讲座上，先生讲过一个有关电磁波的小故事，对我影响很大。他通过对三个不同时期原子模型的推导，饶有风趣地阐述了电磁波传输的基本振荡方程，解释了电磁波传播的过程和原理，最后告诉我们：科学没有对错，只有精度的不同，这是第一；第二，从错误的门进去，不见得就不能从正确的门出来。这话我只听钱先生讲过，当时觉得很好奇。后来在实际工作中，当遇到对某事迷惑不定、不知该怎么做的时候，这句话对我产生了很大的影响，那就是先去做——哪怕从错误的门进去！另外，很多事未必在科学上有对错，只是精度不同罢了；只要努力，就有可能从正确的门出来。兰大百年校庆时，我见到了钱先生，并提起了这个故事；大概时隔太久，先生没有直接回应。但几十年来，我始终铭记先生通过这个故事揭示的方法论。

人师单纲。另外一位老先生是物理系的单纲书记。他是兰大中文系毕业的，人非常好，很宽宏，称得上是人师。单书记教我们做人的道理，会用实际行动演绎教育的基本理念。这种引导，对学生成长的影响不可或缺。

在兰大，几乎每位老师都有诸如此类的故事。能遇上如此良师，真是一件幸事。

还有，20世纪80年代，兰大学习的氛围、学术的氛围非常好。记得我们物理系的男生，几乎每个人的床头至少摆有三本哲学书、两本有关宗教的书；平日里还要参加各类活动，听各种讲座。我觉得这是真正的一种思想启蒙。能在大西北、在兰大碰到这种宽松的氛围，并从中获益，的确难能可贵。后来，我遇到很多同年代的同事、朋友，他们很少有人会有这样的机会。而这种机会对我有着深远的影响。在兰大这种氛围下学习，我收获的不仅仅是专业知识，更多的是整个思想的升华、认识的升华，是世界观的改变。这种氛围不仅影响了我，也影响到我的下一代。在家里，我不会刻意让孩子一定去学什么，考试要达到多少分数；但我会注意发现、培养他们的兴趣，引导他们在认识事物的过程中长见识，开阔眼界，然后再去学习。我相信这种教育方式的形成跟我在兰大的经历是有关系的。毕业都这么多年了，但我与兰大的情结始终没有变。我心系母校、关心母校，并与母校保持着各种渠道的联系；而我对兰大的认识，也伴随着阅历的加深，不断提高，就像酿酒一样，时间越长，感觉越醇。

愿景：成为世界传感器的主要供应商

访：请介绍一下您现在的工作。

张：在我参加工作的那个年代，社会正处在发展期，到处都缺人。所以，我也就没有经过精心选择，误打误撞进入了传感器行业，做各种传感器。当时做传感器的企业很少，一开始我也没有特别的想法，一心就是要把传感器做好，就这样一做就是20年。如今我们的超声波传感器，在测距、测速、测流速、测位置方面已经做到全国第一、全球第四的水平。现在我有了新的目标，那就是把传感器做得更好、做到最好。我想这也是在弘扬兰大的学风。我们企业未来的发展方向、企业愿景，就是在传感器领域成为世界的主要供应商。这是我们未来10年努力的方向。说实在的，这个世界其实没有想象的那么难，只要你努力去做，5年、10年，成为行业的领航者也不是没有可能。

去年年初，受工信部委托，南开大学龚克校长率领一个调查组，在全国各地开展互联网调查，其中一站就在我们这里（因为互联网的感知层就是传感器）。见到我们有一个已经成规模的有影响力的传感器公司，调查组的专家就问我："你为什么做这个东西呢？"我说："不知道，十多年前误打误撞就进入了这个行业。"他说："我们在全国做了为期两三个星期的调研，我看到的这方面的厂呢，大多是些初创、没有成规模、由海外回来的留学生办的……十多年前你就知道做这个，而且做成规模了。"然后他又问："你是学什么的？"我说："我是学物理的，是兰大物理系毕业的。"他说："你看，这也算是专业了。"其实我开始做的时候，只是把传感器当作一类材料，后来做着做着就做回到专业上去了。这就是本心。当然我也相信，用这种本心，在快乐享受工作的同时，我们的企业也会越做越好的。

访：听说您个人有50多项专利，可以给我们介绍一下吗？

张：我们公司有100多项专利，其中接近一半跟我有关系，我本身就是"业余发明家"。不过严格来说也并不业余，因为我的发明现在都用于生产实际了。在常人看来，我的发明似乎有点多。这个"多"源于我的兴趣爱好，到现在我还觉得发明挺好玩的。当然，光好玩、单纯有兴趣，要做发明是远远不够的，你还得有这方面的素养和本领。说到这里，我还得感谢兰大，在那里，我接受过严格的方法论的训练；是母校，赋予我物理学、数学的基本理论和技能。

寄语：拓宽视野 强化自信 脚踏实地做小事

访：您讲得很好。根据您的经历，您对兰大的发展、对在校学生的成长有什么期待？

张：我觉得"勤奋、求实、进取"是兰州大学几代人培育并积淀而成的学风，影响了一代又一代兰大学子的成长。从兰大毕业生的身上，我们或多或少都能见到母校为其留下的烙印，那就是勤奋的特质、求实的作风、进取的精神。无论是当年的"学霸"还是"学渣"，这种优良学风对其潜移默化的作用是难以磨灭的。有些当年学习吃力、成绩一般的同学，后来不是也取得了很好的成就吗（甚至在学术方面）？我想这就是对我前面所作的基本判断的佐证。如今兰大学风的影响力和冲击波依然存在，并将长期保持，这一点无须我们担心。不过我想提醒兰大的学生和老师特别是青年教师，拓宽视野、强化自信往往比掌握专业知识更重要。为什么这么说呢？因为生活经历告诉我，在实际工作中，我们在学校里学到的专业知识都是不够用的（无论你在学校里多么用功）。有人说学校学到的知识在工作中没有用处，我不同意这种说法。理由是说这话的人大概应用知识的能力或者认识有问题。事实上，学习是一辈子的事情；相对而言，大学里开阔视野方法的建立与传导、自信心的培养，就显得格外重要。其实兰大在保持好的学习、学术氛围的基础上，教育教学、人才培养方面的工作已经做得很好了，我们毕业生的作风、能力也是比较过硬的。我只是希望母校更加注重拓宽学生和老师的眼界，进一步关注学生自信心的培养。这样，毕业生的适应能力还能再上新台阶。

另外，我给兰大的师弟师妹一个建议：学习上、工作中，一定要坚持做好每一件小事情；这样，你就有可能到达理想的彼岸。凡事不要想太多，否则很多事情就没法做了。这是我人生的一点体会。钱先生的那个小故事，教育了我一辈子。我们做任何事情，只要本心是好的，哪怕是从错误的门进去，也可以通过坚持、费点周折、费点时间，最终走到正确的路上。多年来，我们奥迪威公司的发展依靠的就是坚持，就是脚踏实地。在过去的四年中，奥迪威连续保持每年增长35%的水平；在当前的经济形势下，我们的企业去年在新三板挂牌，其表现还是非常出众的。

访：非常感谢您接受我们的采访。祝您的事业兴旺发达！

张：谢谢！

【人物简介】

马文军，男，汉族，1967年5月出生于包头，内蒙古托克托人；中共党员；研究员级高级工程师，享受国务院政府特殊津贴专家。

1989年6月兰州大学化学系应用化学专业毕业后分配到中核北方核燃料元件有限公司，先后从事检测、科研生产和企业经营管理等工作；历任公司中央分析室技术员、副主任，科研科科长，计划处处长，副总工程师兼计划处处长，厂长助理兼副总工程师，公司副总经理，公司执行董事、总经理、党委副书记等。主持完成数种新型实验堆燃料元件科研工程转化，并实现批量生产；研制的特种材料标准物质，填补了国家核材料标准物质空白；其带领的企业创新团队取得了大量的科技成果，为公司创造了显著的经济效益和社会效益。特别是担任公司主要负责人以来，积极组织争取落实了国家科技重大专项、国家重大安全基础、武器装备预研、核能开发等十多项重点科研项目，以及核电燃料元件生产线等重点工程建设项目，完善提升了公司核燃料元件的研制和生产能力，促进了公司军民支柱产业的融合发展，为公司长远健康稳定运行奠定了坚实基础。多次获得省部级科技成果奖励，荣膺包头市劳动模范等荣誉称号，当选总装备部技术专业组专家，兼任中国核能行业协会副理事长、中国核学会理事和副秘书长等职。

【萃英记忆】马文军

时　　间：2015年9月25日

地　　点：兰州市　兰州大学逸夫科学馆

人　　物：马文军

访谈人：王秋林

拍　　摄：红　叶

文字整理：任丽臻（2015级基础医学院学生志愿者）

兰大人的朴实和坚守

访：马文军校友，您好！兰州大学档案馆正在开展一项工作叫"萃英记忆工程"，邀请校友回忆在兰大的学习、生活情况，以及毕业后的成长情况，访谈资料将在学校档案馆永久保存。今天借您来母校参加学术会议的机会，请与我们分享一些您曾经的记忆。

马：好！我是1985年入学的，是兰大化学系应用化学专业的第一批学生。从入学到现在，已经整整30年了。今天我非常高兴地回到学校，同时也非常感谢学校给了我一个汇报过往的机会。其实来之前我也一直在回忆从入学到现在这30年的经历（笑）。

我是从内蒙古考入兰大的。我们家在包头202厂（注：1958年创建的中国军用核材料、核燃料元件研制与生产的重点军工企业）。该厂最早隶属核工业部，现为中核北方核燃料元件有限公司。我从厂子弟中学考上兰大，在兰大学习了4年。1989年毕业后我又回到这个工厂，一直从事核材料和核燃料元件的研究和制造工作。所以说，我的人生经历很简单——在202厂上的幼儿园、小学、中学，之后到兰大接受本科教育，毕业后又回到工厂。

紧张愉快的大学生活

马：记得我是1985年8月31日晚上9点多下的火车，第二天一早到（兰大校本部）南门食堂前的广场报到，之后我就和一帮同学去了雁滩。我们班的同学来自8个省，不到半天彼此就熟悉了。就这样，大家开始了大学生活。

在兰大第一次看电影是在大礼堂，第一堂课是无机化学实验。刚进实验室的时候，大家都很惊讶，从来没见过这么大的实验室。当然，一开始我们在实验室里也闹了很多笑话。

大学的集体生活还是很愉快的，给我留下比较深印象的是足球运动。记得入学时老师说化学系的足球不行，后来经过大家的努力，我们八五级成了化学系足球队的主体，而且一直保持着全校前三名的地位。辅导员周玲老师因此对足球队的男孩偏爱有加，给予了很多的鼓励和支持。当然，男孩嘛，都淘气，足球场上推推搡搡的事并不鲜见，甚至还发生过上树摘果子的荒唐事……现如今回想起来，这都是些难忘的往事。

马文军（后排左六）与同学在兰州大学体育馆前（1985）

总的来讲，大学期间的学习还是挺忙的。记得我们入校后不久，化学楼就开始维修，一年级的实验课只好暂停；结果第二学年我们的课就多了，光实验就有3门——除了正常的物理实验、分析化学实验外，还要补一年级的无机化学实验。

二年级那年，从9月1日进学校，到元旦那天第一次出校门，在盘旋路上，目之所及都让我"迷茫"。那是我们最忙的一学年，礼拜六或礼拜天都要去物理楼上高等数学。不过紧张过后，大家对学校的生活好像也就适应了。很多同学其实都很怀念那段生活。学校百年校庆那年，恰好是我们毕业20周年，化学系那一级近100名同学返校；去年是我们毕业25周年，我们班又在杭州聚会；今年是我们入学30周年，同学们又云集石家庄。其实每回聚会，大家都在回忆上学的时光，都在回忆二、三年级忙不过来的岁月。那时候面对课程调整，很多同学还是非常紧张的；但紧张之余，生活趣味不减，彼此间的感情不断增进。我们班30位同学之间的感情特好，第一次聚会时来了23位；第二次聚会时来了26位，班主任张所明也专程从上海赶来参加这次同学聚会。

印象深刻的青年老师

访：大学四年，给您留下印象的老师有哪些？

马：那时候大多是上大课，我们跟任课老师的接触比较少，反倒是跟年轻的辅导老师比较熟。让我印象深刻的第一位就是无机化学的辅导老师李小静，他是我们上课时最早接触的老师。结构化学的辅导老师姓景（注：景欢旺），景老师和我们的接触也比较多，他的字写得很好。当时给我们带实验课的老师有武小莉等。当然，印象最深还是辅导员周玲老师。记得那时候我们每天早晨都要跑操，6点半到7点之间要签到，周老师每天都要早起，到现场监督同学签字，很辛苦，真不容易。

化学系1989届应用化学专业毕业生合影（后排右一为马文军）

我本科毕业论文的指导教师是分析测试中心的邱文元老师，论文内容涉及拓扑结构、激光拉曼光谱的初步研究两个方面。

访：邱文元老师不久前去世了。

马：哎哟（惊讶、肃然）！他年龄不大啊。我们2009年返校的时候还一起跟他聚会，跟他照过相。哎呀，真没想到（哀叹）。

还有一位老师，姓曾（注：曾正志），教我们中等无机化学，曾老师讲课还是比较风趣的。

职业生涯的重要基石

访：您学的是应用化学，后来却从事核（工业）工作，一开始是否能够适应？

马：我觉得没什么不适应的，因为兰大化学系的学生在学期间接受了很好的训练。从我个人来讲，大学毕业后所做的许多工作都跟课本知识没有太大的关系，但老师教给我们的思维方法、学习方式却很有用。刚到工厂的时候，我在中央分析室主要做铀（注：一种天然放射性元素，最重要的核燃料）材料的化学分析，操作方法比在兰大化学系学到的要简单得多，所以也就没觉得有什么不适应。另外，大学无机化学不涉及铀材料，但是教授的学习方法却成为我职业生涯的重要基石。我大概用一年的时间自学了与铀化学和铀化物相关的知识，搞清了铀的化学性质和化学反应。后来我又去做等离子光谱分析。我在分析化学这个行当里做了8年的铀材料分析。随着工作的深入和岗位的调整，我的研究范围也就更加广泛了，除铀材料的化学分析外，还涉及化工，更多的是基础铀材料、陶瓷材料和核燃料元件的制造。

党的十八大以后，习主席反复强调核安全和核工业的重要性，李克强总理也不断提出中国核电"走出去"，这给我们这批搞核能的人提供了一个很重要的再次发展的机遇。在即将步入知天命之年，赶上了这样一个好时代，我很珍惜。毕竟机遇难得啊！

访：咱们厂里还有没有其他兰大校友？

马：据我所知，1963年兰大化学系来了三位毕业生；1983年分配来的一名毕业生，现在是厂里的副总工程师；继我之后，陆陆续续又来了一些，现在厂里的兰大校友有二十多位。

访：他们在厂里的表现怎么样？

马：兰大毕业生拥有从母校获取的职业生涯基石，拥有共同的朴实特点。一些年轻的后来者，还多了一些阳光和冲劲。从整体上看，兰大校友的表现都很好，特别是年轻人，他们专业功底好，人朴实、善吃苦，很努力、能坚守。

马文军（左）代表中核北方核燃料元件有限公司签订协议（2014）

前行路上的不变信念

访：从中央分析室技术员到总经理，这中间的一步一步您是怎么走过来的？

马：其实也简单（笑）。回到了这个工厂，就等于回到了家。我是在工厂最困难的时候回去的，作为家庭成员，我有责任、有义务为摆脱家庭困境效力。因为"兰大精神"赋予我一种信念：本分做人、踏实做事，爱国从爱家做起。是这种不变的信念，支撑着我脚踏实地、不断前行的。

大学毕业离开学校之前，在化学楼走廊里遇见了一位老师，我告诉他我要回家了；老师说"你别把烧杯打破了"。这句话我当时没听懂，到工厂后还一直在琢磨。随着时间的推移，我终于领悟了这句玩笑话其实是在提醒我，要认真做好每一件事，不要把最简单的工作给做砸了。这句话对我影响颇深，如今我经常用其教育我们新录用的员工。

所以说，本分做人、踏实做事，然后用学校教给你的方法去学习新技能，是每个专业技术人员不断前行的两个非常重要的基础。

在人生路上，从职业生涯来讲，我遇到了很好的领导——中国核学会理事长李冠兴院士。有一次，我出差去找他签字，他问我是哪个学校毕业的，学的什么专业？之后李院士就记住我了。后来厂里要搞一个项目，李总（注：李冠兴）说："一室有个兰大的，姓马，把那个小伙叫过来。"于是我就逐渐开始参与厂里的活动。后来根据工作需要，我又进了机关，不过还在继续钻研技术。厂里最困难的时候我搞了很多研发，也有深度地参与研究工作。慢慢地，厂里的很多大事就交给我去做，先是技术上的，后来是管理上、经营上的事。交办的事，无论专业内外，我都踏踏实实去做；在做好每一件事的过程中，往往还能学到很多东西，并赢得领导和职工的信任。我就是这样一步一步走过来的。从前的一位老厂长给我的评价是：马文军从来不推事。

马文军在生产线检查（2014）

思考和建议

访：您对兰大及其核学院的发展有什么建议？

马：先说兰大吧（深思）。

第一，要建设好环境和硬件条件。甘肃是财政比较困难的省份，对学校的支持大概也是心有余而力不足。兰大地处甘肃，还能如此坚守，并在学生培养和科技创新方面取得了不错的成果，已经很不容易了。但我觉得，学校发展困难的局面本质上还是没有发生太大的改变。所以从兰大的角度上讲，在经济欠发达的大环境下，要多方改善环境和硬件，然后想办法引进国内外优秀的师资力量、科研人员。只有提高了环境、硬件、人才三方面的水平，才会有好的发展。

第二，要有点经营思想。兰大的老师和学生都很朴实、踏实，这是优点。但社会发展那么快，我们一方面需要培养学生如何去策划自己、包装自己；另一方面要善于包装学校，由此争取更多的政策支持。其实大家都明白，很多事情都是事在人为。这些年兰大坚守得不错，化学系在学界的影响力还在，清华大学核研院对兰大化学系放射化学的学生还是很认可的；核学院在全国的排名也不差，我们能力还有，底子不错。兰大人的朴实，事实上也是言而有信的一种特质，我们一定要经营好这种特质，争取尽可能多的科研项目和政策支持。一旦获得项目和政策支持，我们就要组织力量，用足政策、做好项目，树立良好形象，形成良性循环。我认为在西部、在甘肃，硬件上、政策上、思想开放上，只有更加超前，才能有一个良性循环。我经常跑北京、上海，也跟这些地方的学校交流、沟通，他们的思想非常开放，可以从国家、省市获得很多的支持和帮助，这方面很值得我们学习。记得90年代（注：指20世纪，下同）中期兰大就提出"做西部文章"，我个人觉得气势有点不够。兰大在50年代高校院系调整中就被确定为国家14所综合性大学之一，我们上学的时候兰大在国际上的影响力还是很大的。所以目标可以定得再高一点，思想要解放，行动也要解放。

马文军（左）在公司生产线现场（2014）

第三，就我看来，社会对兰大其实还是很认可的，但也有种很无奈的认识，同情心理比较多。我觉得我们还是先把自己的事情做好，把学生照顾好，千方百计化解或降低发展过程中的各种困难。我们可以通过校友资源，大家齐心协力、共同呼吁，一起推动学校的发展。

关于核学院，我觉得国家核电的发展，给核学科带来了新的机遇。核电是一个比较小的特殊行业，是1955年伴随着国家发展核武器应运而生的。在今天会议

（注：兰州大学核科学与技术发展论坛暨核学科建设与人才培养60周年纪念大会）的交流中，同行们提出了很多好的建议，特别是夏佳文院士提出发展核医学，这是一个很有远见的看法。核学院一要守住，守住目前的优势；二要跟上，要跑得比别人快，进行必要的"扩张"。路怎么走？不光要有学科带头人，还得有行动带头人，要建立一个好的学术平台。

访：您所在工厂有不同高校的毕业生，请您从领导和专家的双重角度，对在校大学生提出建议，帮助高校改进教育教学，增强毕业生的适应能力。

马文军在中国核学会年会论坛核材料分会场上作学术报告（2013）

马：首先，我也是从学生时代走出来的。除了时代不同，如今本科教育的本质并没发生变化，学生在大学的第一要务就是学习。如果学生在校期间课业没学好，毕业后就很难再有提高。其实当代大学生的某些观念我并不认可。比如有的学生一味强调上学期间锻炼自己各方面的能力，这种认识我不能苟同。我认为，大学期间学生最需要培养和锻炼的是学习能力，这也是学生未来生存和发展的看家本领。基于这种认识，我在招聘应届毕业生的时候，往往不大关注应聘者在校期间担任过的学生工作职位。

其次，我觉得无论哪个系的学生，都要熟练掌握现代通用工具，比如外语，一定要学好。以前我们兰大学生的外语水平普遍不够高，因此吃了很多亏。现如今外语是基本工具，学好的话你就能比别人多一条发展的途径。还有计算机和网络技术的应用，这也是现在做任何工作都离不开的工具。另外，我觉得在工作和生活中，每个人都要注重情商的培养。工作中难免有情感交流，提高自己的情商可以和他人融洽相处，也能把工作完成得更加出色，这一点很重要。

第三，表达和理解。有一部分刚刚走出象牙塔的大学生，他们的表达和理解不够准确、完善和系统，造成工作中的某些纰漏。

这三点就是结合我个人的职业生涯体会，针对我接触过的学生提出的建议。精力充沛的同学可以多方位锻炼自己，但学生还是应该以学业为主。

访：我们今天就先谈这么多。谢谢您！

【人物简介】

王建文，男，汉族，1967年11月出生，新疆奇台人。高级工程师，兰州大学新疆校友会会长。

1984—1988年在兰州大学化学系分析化学专业学习。1988年分配到新疆，先后在玛纳斯电厂、独山子石化、乌鲁木齐石化公司工作；历任技术员、助理工程师、工程师、高级工程师，副主任、主任、党支部书记、检测中心主任等职务。2004年去加拿大发展，2013年回国创业。现任新疆排云环保科技股份有限公司董事长、乌鲁木齐市奇台商会副会长、新疆羽毛球协会副主席等职。

【萃英记忆】王建文

时　　间：2017年12月20日

地　　点：乌鲁木齐市 红光山希尔顿酒店

人　　物：王建文

访谈人：王秋林

拍　　摄：红 叶

文字整理：王桂良

文稿审定：段小平

"选择往往比努力更重要"

访：王会长，您好！谢谢您接受访谈。兰州大学正在实施"萃英记忆工程"，请老校友回顾有关母校的记忆和感触。本次访谈的音像资料将在学校档案馆永久保存。

王：谢谢！我有点诚惶诚恐，没做出啥成绩啊！

校园记忆

王：我是1984级兰大化学系分析化学专业的学生，1988年毕业离校。

我们高考的时候是先报志愿后考试。我那时候就喜欢学化学，化学学得也比较好，于是第一志愿就报了兰大化学系。那年兰大化学系在新疆只录取两名新生，我是其中之一。

入学后，我们接受的第一个教育确实很感人，就是学习我们兰大化学系的黄文魁教授。黄文魁出差途中，因飞机失事在广州白云机场殉难，学校宣传黄文魁的事迹，号召大家向黄文魁学习。这件事给我留下了很深的印象。当时兰大的化学学科在全国都是一流的，化学系有刘有成、陈耀祖、朱子清教授，加上黄文魁教授，反正有名的老师很多。能到兰大化学系上学，我感到很自豪。

进入兰大，对我来说是一种全新的生活。我的感受就是学风比较朴实，老师和同学都比较友好。老师就像父母（年轻些的就像兄长）一样，带领我们认识世界，教给我们好多知识。印象比较深刻的有鸳鸯湖（注：毓秀湖），我们常在湖边散步、背诵外语、学习交流。再就是图书馆的座位特紧张，需要提前占。兰大人老实，你只要在座位上放个坐垫，就不会有人再去使用这个座位了。无论是在图书馆还是教室里，大家都是轻声轻气、轻手轻脚的。大学四年，我们大部分时间都在忙学习。每到春天，学校还会组织我们上皋兰山义务植树。

王建文（后排左二）在兰州大学门口与同学合影

王建文与同学在人工湖（毓秀湖）合影

大学生活方面，我讲一个细节。当时我们住在拐角楼，那是兰大很有特色的老楼，臭虫比较多（笑）。我们脖子上、身上，到处都被臭虫咬得一个小包一个小包的，又红又肿，奇痒难忍。一到晚上，我们常常点蜡烛找臭虫。后来我在美国、加拿大，还有欧洲，见了好些同学，大家一聊起校园生活，就会想起臭虫，戏称那是"兰大的臭虫"。想想就在那么艰苦、办学条件不是那么好的情况下，学生住在有臭虫的宿舍里，依然刻苦学习，的确难能可贵。

在兰大，我们除了学到扎实的基本功和知识之外，还学会了如何做事。从兰大出来的人，大多踏实、务实、不浮躁，大家撑得下、守得住。今年，我们举行新疆兰大校友迎新会，会上我就给大家讲"选择与坚守"。我说选择一定要慎重，作为兰大人，一旦选择了，我们就得坚守，或许三年、五年、十年、二十年，才能看到想要的成果。我经常说选择往往比努力更重要，方向不对功夫白费。选择干一件事，我们就要一步一个脚印地走下去，这才是兰大人的学风和做派。

坚韧与执着的秉性

王：本科毕业后，我按照指令性计划分配到新疆干部局。报到后，干部局问我有啥要求？我说，我是从农村出来的，家庭生活比较困难，哪儿工资高就去哪儿。后来我就选择去电力局下属的玛纳斯电厂，一个比较大的电厂。在玛电待了一段时间后，我又到独山子、克拉玛依，到靠近乌鲁木齐的乌石化转了一圈，最后选择了石油化工。我在乌石化干了近二十年，从最基层的一线开始，和工人吃住在一块儿，从基础的事一点一点干起，由技术员到助理工程师，一直到高级工程师。我是1998年评上高工的，是当时中石油最早一批、最年轻的高工。之后我也做了一些行政工作。企业对我比较重视，送我去首都经贸大学读了三年MBA；然后我又被中石油系统选拔为工程管理硕士，在中国石油大学读了三年研究生；毕业后我获得中石油英国壳牌石油奖学金，出国交流学习。

后来，我想做点事，就从国外引进了一些先进技术，在国内开始创业。

创业确实很辛苦。刚开始我是白手起家，就凭着咱兰大人那种坚韧精神，那股韧劲，一年一个台阶往前走。现在我的公司发展成了股份制企业，在新疆小有名气。这件事让我再次认识到选择比努力更重要！一个人再能干也干不过一个团队，一个团队再能干也干不过行业发展的趋势和大方向，在这里选择行业很重要。五年前，环保行业还不那么热，国家光提倡但没有强制执行。当时的感觉是环境越来越糟糕，于是我首选环保行业。其次是体育和健康产业，因为人需要健康，需要锻炼。我就选择这两个行业。当时转行也比较难。转行前，我做的是公司的老本行，包括实验室仪器、仪表、化验。当时业界有一种说法，你不转吧，等死！转嘛，找死！好多人对我说，你做得挺好，还是别转。我想，凭着兰大人的坚韧，我还是转吧；就算是找死，我也得试一下。实际上我的转型很成功，好多项目都做到了新疆第一和全国第一，甚至是世界第一。今年，我们在阜康甘泉堡工业园做气膜防尘大棚，跨度达到世界最大。我的气膜防尘大棚的跨度为120米（此前的世界纪录是110米），面积达36000平方米，很多领导客户都去参观。因为我们的产品独特，技术又先进，好多客户都找上门来。

王建文（左三）陪同兰州大学党委书记袁占亭（右二）一行参观自己投资建设的全民健身中心（2017）

兰大有"自强不息，独树一帜"的校训。我想，在这个校训、这种精神熏陶下成长起来的兰大学子，应当有自己的秉性：没有靠山，自己就是山；没有路，那就逢山辟路，遇水架桥！

全民健身活动中心内外景

"血脉"里流淌着兰大的"血"

王：我有个理想，就是在我退休之前，给母校多一些回馈，为兰大多做些贡献。其实我后来读研究生，也输入了一些别的"血液"，但我依然认为，自己"血脉"里流淌的还是兰大的"血"，这种情怀怎么都改变不了。我17岁进入兰大，21岁毕业，当年意气风发的同班同学中，现在博导也有一大堆，在国外的也比较多。兰大的确是"墙内开花墙外香"，在美国、加拿大，一提Lanzhou University，马上就有人说very famous（比国内排名靠前一些的高校还要有名气）。其实现行的有些排名，其选择的评估指标（参数）体系未必合理；我想假如按照投入产出比、按照输出毕业生及其对社会的贡献来评估，兰大的排名一定会更加靠前。尤其是兰大化学系，确实闻名遐迩。美国陶氏化学的首席科学家刘育，就是我的同班同学。

访：同班同学？

王：是的，还是一个宿舍的，戴个眼镜，您应该认识，我们常联系。在加拿大，我们班也有好几位同学，也都有联系。这也是我作为兰大人引以为豪的一点。我没有做出啥惊天动地的成绩，但也在为社会做贡献——我的公司一方面解决了一批人的就业问题；另一方面每年给国家纳税，为发展社会主义经济，为发展社会主义科学、文化、教育、卫生事业，为加强战备、巩固国防，造福劳动者做贡献。对此，我也感到自豪。我们还做体育产业，这完全是响应习总书记的号召，做全民健身，产生了较好的社会效益，得到了当地领导的好评和认可；自治区体育局因此授予公司"全民健身活动中心"的牌匾。其实要说挣钱，开KTV、桑拿什么的，可能挣钱更快；但我觉着我们目前做的这些事更合适一些。现在社会上浮躁的心态比较多，好多大学生刚走上社会就想着要拿多少工资，想着明天就能如何如何。这怎么可能呢？你啥也不懂，怎么可能走得长远？所以我说"只有时间才能换来空间"，基本功扎实才能走得长远，这都是兰大教给我的。事实上，我之所以能够沉下心来干事业，也源于兰大的教育。在学校我们只有扎实学习本领、攒足发展后劲，才能厚积薄发，才能走得更远。

人生感悟

王：我们1984级的同学经常在自己的校友群里沟通、讨论，大家都非常关心母校的一举一动，关心兰大的发展。兰大虽然受区域经济发展程度等因素的影响，改革发展步履维艰，但是新一届领导班子提出"发挥兰大的地缘优势、人才

胡杨（拍摄：王建文）

优势、学风优势，做祖国西部文章，创世界一流大学"的思路和定位还是很恰当的；就像新疆校友会成立大会上"发扬胡杨精神，建设大美新疆"的愿景一样，很鼓舞人心。胡杨活着三千年不死，死后三千年不倒，倒后三千年不朽，九千年！您到胡杨林去看看，很震撼的。到夏天、秋天，看看新疆的胡杨，就知道其顽强的生命力，自强不息啊！我到胡杨林看完以后，感觉我们兰大人身上就有这样一种坚韧不拔、自强不息、独树一帜的胡杨精神！

在胡杨林面前，我感觉人在这个世界上其实是很渺小很渺小的。你想想，宇宙这么庞大，如今为人类所认知的不到3%，还有暗物质，还有很多不清楚的东西。量子世界有多大？不清楚。人生是一种量子纠缠，是一种缘分，一种感情。你和胡杨站在一块儿，你心胸就很宽大。兰大是用一种很大的胸怀在教育我们，那种胸怀能够包容世界。这些年来，我通过工作学习，也悟出一点浅显的道理，比如说为人处世，就是"人道"。天地人为大，"人"字加一横便是大；天地人为大，左右两笔画，本来有长短，何求他无暇。

王建文在胡杨林留影

访：本来有长短，何求他无暇？

王：这是我这几十年的人生感悟。人定胜天，人是决定的因素，事是人做出来的，不是说出来的，这就叫"务实"。天地人为大，就是在天地之间，人是最大的；左右两笔画，指的是"人"字的撇捺两笔，我的理解是做人要简单；本来有长短，一撇一捺可长可短，我理解为人都有长处和不足，优点和缺点，人无完人，所以也就"何求他无暇"了。

兰大人要扬长避短，干事要发扬团队精神。什么是团队精神？补短嘛！在团队里面，把彼此的长处集中起来，短处就不见了。汉字其实很有意思，两人在一起是"从"，三人在一起叫"众"，合起来就是"众从"。从文化上讲，团队的"团"是人才在一个框框里面，而"队"是耳朵和人的结合体，团队就是人才在有限的范围内听一个人指挥，不听指挥的那叫团伙。这就是我总结出来做事的经验。

换句话说，一群人才在一起，如果没有组织纪律，没有共同遵守的规矩，那也只能称得上是团伙。在学校，有些教授可能科研有专攻，但在项目实施的过程中，只有依靠团队的智慧，互相取长补短，才能创造大成果；否则，则可能一事无成！古人说三十而立，四十不惑，五十知天命；一个人应该知道自己从哪里来、到哪里去，什么时候该干啥、要干啥。就这些，谢谢！

访：讲得好，谢谢您！请在我们的留言簿上留言。

王（执笔书写）：做祖国西部文章，创世界一流大学。祝兰州大学明天更美好！

【人物简介】

刘向兵，男，汉族，1967年12月出生，甘肃庆阳人。中共党员，管理学博士，研究员。

1986年考入兰州大学生物系，1990年获理学学士学位后留校工作；1995年在中国人民大学获法学硕士学位并留校工作；2005年在中国人民大学获管理学博士学位。曾任中国人民大学党委常委、副校长；中国人民大学教育学院研究员；挂职任宁夏回族自治区中卫市委常委，市政府党组成员、副市长。现任中国劳动关系学院院长、党委副书记，兼任中国劳动经济学会副会长、中国劳动学会劳动科学教育分会副会长、全国工会学研究会副会长、中国教育发展战略研究会常务理事、国家自然科学基金委员会项目评审专家、北京市教育科学规划学科专家。

主要从事高等教育管理、大学战略管理、思想政治教育、应用型本科教育等领域的学术研究。主持和参与研究课题13项（其中省部级课题5项）。出版专著和主编、参编《大学战略管理导论》《大学战略管理散论》《中国人民大学纪事（1937—2007）》《求是园名家自述》《劳动的名义》等著作15部，发表论文50多篇（其中核心期刊30多篇）。

【萃英记忆】刘向兵

时　　间：2016年7月7日18:00

地　　点：北京市　中国劳动关系学院

人　　物：刘向兵

访谈人：王秋林　牛景海

拍　　摄：红　叶

文字整理：朱丽祯（2014级历史文化学院学生志愿者）

文稿审定：段小平　陈闻歌

奉献的基调和精神

访：刘院长，您好！兰州大学档案馆正在实施"萃英记忆工程"，请老先生、老校友讲述兰大故事，回忆兰大教育对其成长的影响；通过访谈，留存老校友曾经的记忆和影像，为后来者了解、认识兰大留存资料，同时结合研究、宣传，弘扬"兰大精神"，对在校学生、青年教工开展校情校史教育。这本书（注：《我的兰大——人物访谈录1》）就是"萃英记忆工程"的系列成果之一。今天请您给我们做一些回忆。

刘：好的。谢谢！

再回首，兰大情难忘

访：您是学生命科学的？

刘：对。我1986年参加高考，是我们县上当年的理科状元。那时候"21世纪是生命科学的世纪"这个说法很流行，加上我中学时也很喜欢生物，于是就选择到生物系深造。

我在兰大读书四年、工作两年，这六年对我人生的影响是很深刻的。一是学习、学业，包括学习方法、思维方式的培养，都是非常扎实的；二是形成了好的、我认为以后很受益的价值观和为人处世的基本理念。这是最重要的两大方面。第三方面是收获了情感，师生的情感、同学的情感，在学校工作时我还谈了恋爱，后来建立了家庭。

一、知识、学业的收获

兰大生物系有著名的学者，有非常好的系风。中科院院士郑国锠教授虽然没有直接给我们授业，但是我们经常见到年逾古稀的他在实验室工作，朴实得就不像个大学者。系里的老师也经常给我们讲郑先生的一些故事，比如说他对实验设备、仪器怎么爱护，做切片如何洗了再用、如何节省。这么大的名家居然如此细致、非常节俭，的确很令人敬佩。生物系还有很多非常朴实的老师，像杨汉民教授，如果他站在田间地头，你会觉得他就是个农民。我想这种朴实、踏实与奉献就是生物系系风的一个显著特征，并影响着一代又一代学子的成长。

在教学上，动物学的施伯昌教授、植物分类学的蒲训老师、植物实验的安黎哲老师，等等，他们的课都讲得非常好，在传授知识的同时，培养思维方式，传导学术思想，训练实验技能，还教给我们获取新知识的方法，让我们受益终身。此外，还有一些先生，像吕忠恕、仝允栩、王香亭等，虽然没有给我们上过课，但是我从年轻老师那里了解到，是包括他们在内的几代人，书写着生物系厚重的历史，传承着严谨、求真的科学作风，这一切对我后来的职业生涯产生了深远的影响。如今我会觉得上课努力学习、课外认真自习、实验规范操作、考试考出佳绩……就是学生的本分，学生就应该这样读书。可见兰大给我打上了多深的烙印。

二、价值观、人生观的养成

那时我们班是个20人的小班，同学关系特亲，学风也特别好。班主任王小兰老师就像大姐一样，关心我们的生活和学习。她每周至少跟我们见一次面，一般安排在周末晚上。她往往是先到女生宿舍，再到男生宿舍，跟大家聊学习、聊生活；那种关注、关爱、关怀学生的情感，非常有感染力。还有我们的辅导员、团总支书记黎军老师，党总支副书记刘宏勋老师，都非常关心学生的成长。这一切，对我们的学识积累、学风塑造都很有帮助。后来我虽然没有做生物学研究，但这些帮助所带来的影响依然存在。在学生教育上，我觉得制度设计得再好，还是需要团学组织、党团组织，还有班主任、辅导员、专业老师去落实。那时候我就知道生物系都是把我们这些孩子当成精品、当成人才去打磨、去培养的。后来我也当过班主任、辅导员，当年生物系老师许多好的工作方法就成为我仿效的

"模板"。

兰大的校风是"勤奋、求实、进取"。我理解，"勤奋"就是努力学习、培养本领；"求实"就是不炫耀、不张扬，脚踏实地、默默前行；"进取"就是要上进，不甘平庸。这就是兰大的奉献基调、奉献精神，是兰大人的特质。如今兰大校友遍布全国各地，他们大多在中央国家机关、高校等各行各业传承兰大校风，富有担当精神和发展后劲。在这种校风中，兰大还赋予我们认识问题、观察问题、分析问题的方法。20世纪80年代后期，西方思潮（注：指"资产阶级自由化"思潮）一度猖獗，但是咱们主流价值观的教育并没有放松，学校和系里在包容大家看法、问题的同时，引导大家思考，同学们在探索中学会了如何正确看待国家、看待社会，如何理性爱国。

三、情感收获

兰大风气很好，师生之间平等关爱。老师把学生当成自己的孩子，给大家一种比较民主、平等的包容，师生关系非常融洽，同学情谊也相当深厚。

访：您妻子也是兰大的？

刘：是的。她是我同专业的师妹。

访：您后来留校做了辅导员，是吧？

刘：是的，我本科毕业后留校任生物系的团总支书记。我觉得我们这届同学（我们班20人、我们年级120多人）之间的关系非常好，现在有了微信群，联系、沟通就更加方便了。我这辈子最好的朋友大多都是这个时期认识的，我的爱情、家庭也是在兰大建立的。好像兰大人找兰大人（做配偶）的比较多，在北京好多同学一家都是兰大人。

访：相对而言，兰大人找兰大人的成功率比较高，而且坚守到底的也比较多。

刘：对对。你们总结得很好。

访：这话好像是上一次北京校友聚会时，在"重走红地毯"活动中总结出来的。

刘：那个活动挺好的，我都想参加。可惜的是那时候我在外地挂职。

访：以后还会有机会的。"重走红地毯"已经成为保留节目了。

刘：总的来说，兰大给了我们很好的塑造和熏陶，这方面的影响刻骨铭心。后来我到了中国人民大学（简称"人大"），这是（中国）共产党创办的第一所新型正规大学，也有相似的精神，比较朴实、有担当意识。在人大，我觉得兰大的教育让人非常受益，我的脾气、秉性都能对得上。后来，兰大毕业生到人大工作的也不少，（人大党委副书记）吴付来就是兰大毕业的（史学硕士）研究生。

忆往昔，成长趣事多

访：您留校担任生物系团总支书记，印象比较深刻的工作都有哪些？

刘：生物系（学生的）体育比较强，当时在全校能够跻身前三位。所以每年运动会的组织方面，我们都很努力。系里有一批很优秀的运动员，但不是特招的。

访：那时候没有"特招生"政策。

刘：另外，是生物系的"爱鸟周"。这是生物系的特色活动，每年3月份的某一周，我们都会在东方红广场展示鸟类标本，给老百姓讲解鸟类识别、爱鸟护鸟方面的知识。我当学生的时候，就多次参与"爱鸟周"活动，积累了一些经验；担任团总支书记后，我就把这个活动拓展成"爱鸟周暨野生动物保护月"，活动内容除了标本展示外，还向甘肃省林业厅、野生动物保护局争取活动经费，组织中学生开展风筝大赛，同时组织全校性的征文比赛、演讲比赛。在我离开兰大时，刘宏勋老师说，刘向兵当团总支书记的时候，争取到的活动经费是有史以来最多的。

"爱鸟周"活动的拓展还得益于我当时选修的公共课。学理科的我总是不太安分，对新生事物比较感兴趣，老想多学点知识，于是就选修了文化学、人类学、社会学、世界经济等人文社会科学类的课程。正好王维平、穆建刚，还有李磊（后来也到人大读博士），他们一起开了一门当时很时尚的课——公共关系，我觉得课堂上讲的那套理论很有用，之后就将"公共关系六部曲"的理念运用于"爱鸟周暨野生动物保护月"活动，从分析形势、制定方案、策划、实施，到最后开展宣传、完善方案，形成完整的流程，不仅把活动搞扎实了，其产生的效应也是很全面的。活动结束后，我要求所有参与活动的团学干部，每人写一篇论文。最后，我把大家思考、钻研写出的论文汇编成册，为后人开展此类活动提供借鉴。

还有一件记忆深刻的事就是一年一度的"兰花杯"学术论文比赛。支持这项活动的是兰州兰花研究开发公司总经理谷祝平教授，每年我们都找他赞助、给他冠名，最后搞成了学校理工科里比较有影响的学术活动（文科比较有影响的学术活动是中文系的"好望角"论文比赛）。后来，生物系毕业的许多学术型人才都首先在"兰花杯"学术论文比赛中崭露头角。

留校之前我还是生物系学生会的主席。当时校学生会秘书长张跃进老师基于干部交流的考虑，让各系学生会主席兼任校学生会各部的部长。我兼任了校学生会伙食管理委员会的主任，积极发动学生监督伙食，跟食堂对话。校领导刘淑华等也与我们一起到食堂用餐、体验。

其实兰大对青年学生还是很包容的。我上学的时候也有点不安分甚至是"刺儿头"，但后来学校经过选拔，还是让我留校了。校团委、生物系的老师，刘宏勋老师等，对我都非常包容，一句"娃娃年轻嘛"，就很柔和地把一些事化解了，最后让我自己去思考、去成长。如果当时这些老师打一打、压一压，可能从此我们就对这些事物反感了，甚至价值观都可能发生变化。是学校给了我们成长的空间和过程，我们就是在这种呵护、包容下，慢慢走上了成熟成长的道路……

看今朝，母校新发展

访：离开母校看兰大今天的发展，您有什么建议？

刘：在社会主义市场经济大潮中，兰大应该是受冲击较大、受委屈最大的一所高校。我觉得咱们学校这么多年来坚持"做西部文章"的办学定位、办学特色不动摇，实属不易，值得钦佩。应该说在目前的大环境下，立足西部"创一流大学"的发展战略是符合校情的。接下来，我就咱们学校未来的学科发展，从两个方面谈谈认识——

一方面要立足西部，彰显特色。兰大化学、物理、生命科学、地质、地理、大气、资源环境等自然科学学科都很好，敦煌学、民族学、文史哲等人文社会科学学科也都有自己的优势，马克思主义、经济学等方面也都不错，这些学科跟西部的经济建设、科技进步和社会发展相关，其建设对于开发、利用和保护西部特有、独有的自然资源，促进企业的技术创新和产品换代意义重大。学校要继续加大支持力度，营造有利于人才脱颖而出的学术环境（包括激励机制），构筑不同学科吸引人才、稳定人才的研究平台，进一步强化优势、突出特色。

另一方面，紧抓"一带一路"机遇，在搭建学术资源共享平台、服务"一带一路"沿线国家和地区的经济社会发展等方面积极作为。兰州在"一带一路"的重要节点上，这几年兰大在中亚、在阿拉伯国家已建立很多合作关系，接下来可以把与美国、欧洲的交流做得再扎实些。兰大已经联合国内外很多高校成立了富有前瞻性的"一带一路"高校联盟，我曾建议人大也加入。"一带一路"对北京的高校未必有太大优势，但对兰大就不一样，而且兰大有条件高举这面旗帜。

关于建设新校区，要放在学校长远发展、百年大计的高度好好规划。现在全国很多高校都是多校区办学，人大也要搞通州校区，距离中关村主校区50多公里；中国劳动关系学院在河北涿州有个校区，汽车单程需要70分钟。多校区办学是每个学校都面临的问题，关键是要落实管理机制和交通安全，不能影响教学质量。

访：今年是兰大生命科学学院建院70周年。您对学院正在筹划的系列活动有何建议？

刘：生命学科70周年的消息微信群里还在转，我在考虑是否返校。我后来离开了生物学，见了老师、同学总觉得有点不好意思。他们讨论的话题，很多我已经跟不上、听不懂了，有点心理障碍。不过我觉得生科院可以抓住院庆契机，好好策划，利用新媒体，好好展示和宣传，特别应注重宣传吕忠恕先生、郑国锠先生这些名师、大师，宣传这些年涌现出的杰出人才。中科院不是有个"兰大军团"吗？其中相当大的一部分是咱们生科院培养的，像杨维才、路铁刚，是我们师兄；跟我年龄差不多的也有些所长、书记。另外，召开国际前沿学术研讨会，这是学术交流难得的机遇，咱们完全有实力办好生命科学高水平的学术会议。

访：您毕业后基本都在教育行业，能否根据您的经历和经验寄语在学的学弟学妹？

刘：我可以告诉学弟学妹，兰大值得你热爱，并为之骄傲一辈子。这几年在招生咨询中遇到一些好友，我都会推荐他们的孩子上兰大，"这么一所'985'高校，她的影响、她的地位、她的价值可以说是被低估了；其实这所学校能够成就人才，值得去读"。如果要说建议，我建议大家热爱这所学校，直面艰苦条件，不要妄自菲薄，不怕落寞，不怕吃苦，像一代又一代兰大人那样，坚定、朴实地去努力。我相信，在中华民族伟大复兴的征程中，兰大人会有自己的担当！

访：谢谢刘院长！请您留言。

刘：好。（执笔书写）：兰大是我们学习知识、培养情操、收获真爱的生命家园，是值得广大师弟、师妹热爱的一方热土。

兰大是我们学习知识、培养
情操、收获真爱的生命家园，
是值得广大师弟、师妹热爱的
一方热土。
刘向兵
二〇一六年七月七日

人物访谈录2

【人物简介】

李卫东，男，汉族，1968年1月出生于甘肃酒泉。"国家杰出青年科学基金"获得者，教育部首批高等院校"长江学者奖励计划"特聘教授，国家"有机化学创新群体"学术带头人。

1993年12月在兰州大学获理学博士学位（导师李裕林教授）。1995年9月—1998年8月、2002年11月—2004年8月，先后在哈佛大学化学与化学生物系师从诺贝尔化学奖（1990）得主E. J. Corey教授从事博士后合作研究及访问研究。历任兰州大学教授、博士生导师，功能有机分子化学国家重点实验室副主任，甘肃省高等学校跨世纪学科带头人，南开大学特聘教授，重庆大学特聘教授、博士生导师。现任西南交通大学特聘教授、博士生导师。获得国家教委科技进步奖2项（1995，2001），中国化学会青年化学家奖

（1995），首届药明康德生命化学研究奖（2007），首届中国化学会-英国皇家化学会青年化学家奖（2008）。

　　主要从事合成有机化学的教学和科学研究，专长于合成有机化学，特别是天然产物的全合成新策略和新方法研究。近二十年来发展了一系列仿生合成新策略和相应的合成新方法、新反应，先后实现了系列具有重要生理活性的倍半萜、二萜、生物碱等多种类型的复杂天然产物及天然药物分子的全合成和首次全合成。这些基础研究工作对于合成有机化学的发展及在生物医药、新型功能材料领域的应用，具有重要的学术意义和积极的应用价值。

【萃英记忆】李卫东

时　　间：2015年7月30日10:00

地　　点：长春市 东北师范大学

人　　物：李卫东

访谈人：王秋林

拍　　摄：红　叶

文字整理：张　虹（2013级第二临床医学院学生志愿者）

文稿审定：陈闻歌　段小平

传承敬畏　学问天下

　　访：李老师，您好！兰大档案馆通过实施"萃英记忆工程"，以访谈的形式将校友对母校的记忆与认识记录、保留下来。今天请您讲述一些对兰州大学的回忆。

　　李：兰州大学是我的母校，在那里我度过了专业学习最重要的一段时光。在母校攻读博士学位期间（1989—1993），我曾在南开大学元素有机化学国家重点实验室学习和工作了近一年，所以南开大学是我的第二个母校。这两所学校的学风和传统对我的影响都非常大，尤其是兰州大学。我觉得母校对我个人的专业生涯来说，就像母亲一样，一点一滴的教化使我受用终生；兰大的记忆对我来说是一生一世的，就像您做的这个"萃英记忆工程"一样，无论我们走到什么地方，无论是学习、工作还是生活，母校的记忆已经融入我们的血液，甚至是融入到我们的骨髓里面。

自强不息：精神的传承

李：兰大对我们的影响，我觉得是全方位的、跨时空的。在我的一生，无论是任何场合或是任何阶段，这种影响都是最深刻的。记得我有幸去哈佛大学做博士后的时候，在异国他乡的种种经历，更能显现我们在母校得到熏陶的宝贵。刚进入哈佛大学实验室从事博士后工作的那段时间，在母校养成的独立思考、独立解决困难和问题的习惯与毅力，帮助我很快适应了那里研究工作的环境和氛围，也获得了合作导师 E. J. Corey 教授的充分信任，极大地促进了合作科学研究工作的顺利展开和几年后合作科研成果的获得。换句话说，兰州大学教给我的，或者说我从母校汲取的营养，给了我很多精神方面的支持，让我有能力去完成在世界名校的研究、学习和工作。值得欣慰和自豪的是，在我之后有四位兰州大学的师兄弟也陆续来到 E. J. Corey 的实验室开展博士后研究，并取得了重要的研究成果。从某种意义上讲，母校哺育学子长大，在这个过程中培养我们的技能、训练我们的思维，其实更重要的是给予我们一种精神的力量，在精神层面上支撑我们。我们对待工作、对待学术、对待科学研究的态度，以及我们的人生观、价值观和世界观，在人生的不同阶段都会有一些变化，但其雏形就是在母校学习期间形成的，并且都会伴随我们的一生。我所接触到的同班同学或者是其他校友，他们对此都有同感。我想这种同感，就是源于精神传承的力量。这种力量不是在哪里都可以学会的技巧或生存能力，而是母校给我们留下的无形的、精神方面的财富和影响，就像兰大校训里面说的"自强不息"。只要能做到自强，无论他是当老师、做科研，还是从事其他职业，我觉得他就能够真真正正地自立，然后对这个社会做出更多有意义的贡献。

研究生阶段对我影响最大的，就是我的导师李裕林先生。李老师是兰州大学有机化学学科老一辈的专家学者，也是兰大功能有机分子化学国家重点实验室的元老之一，培养了众多的年轻学子。我从李老师身上看到了他当年读书、工作、成长的印记。而李老师对待学问、对待工作的态度，还有他的"三观"，也都被我们传承了下来。

我觉得（精神的）传承是一所学校能够影响年轻人的最重要的一个方面。因为学校有一种无形的东西，虽然我们脑海中记住的是这个校园，校园里的某一个喷泉，或者是某一棵树、某一栋楼、某一间实验室，或者是导师们的一言一行，但是实际上这些印象的背后，是一所学校的精神以及导（老）师们为人处世的态度和他们对待学问的方式。

低调内敛：伟岸的新姿

访：我印象中好像李裕林老师不太爱说话？

李：李老师从来都是这样。我觉得这就是他的低调，亦可称之为伟岸。伟岸不见得非要在聚光灯之下，低调之中透露出的伟岸往往更加珍贵。因为做学问的人，首先要非常虔诚和敬畏。我们从李老师的低调、认真的人生态度以及做学问的态度上，最能体会到的就是这一点。无论你是做学问，还是对待你的专业或是你的职业，只有心存敬畏，你才会去认认真真、踏踏实实、真真正正地把它做好。我觉得这是最基本的态度。

李裕林（右三）在指导研究生（右二为李卫东）

访：李老师平常是怎么要求学生的？

李：李老师一般不会刻意要求学生。因为要求别人做的，他自己先示范了，也就是说他以一种榜样的风范通过各种细节在教诲你。记得我们刚进实验室做实验的时候，他就关注很多实验细节；而他关注的细节往往就是他当年受到的教育，比如黄文魁先生传授他们、教诲他们的，他又以同样的方式传递给了我们。事实上，只有当你心存敬畏时，你才会去心无旁骛地关注这些实验研究的细节。

其实无论是直接的还是间接的影响，我想都是以李老师为代表的这一辈老先生，将兰州大学化学学科的优良学术传统传承给了我们。兰大毕业的众多优秀学子，如今在各行各业、各个领域都取得了杰出的成就，这足以说明这种传承的意义了。这种影响还包括后续的学子乃至整个中国的有机化学领域，在更久的将来意义深远。

启迪心智　激发潜能

访：那么李老师是如何指导你们的？

李：我觉得李老师的指导更像是一种引导。他会提供更大的空间让你自己去发挥，也就是让你自己去启发自己，或者是他给你一定的启发，然后你自己去展现你对这个专业的理解和体会，以及你的创造力。我认为这种培养方式在现在来说更加难能可贵。人们经常说的一句老话"师傅领进门，修行在个人"。"领进门"的作用，也就是我刚才说的引导，是一个导师最重要的作用；在我做了研究生导师以后，对此就有更深的体会。因为很多非常有潜力的学生，不需要你过多地去灌输，点到为止地引导就足矣。我感觉我当年求学深造的过程和现在指导研究生的过程是一样的，我也是以同样的方式在影响我的学生，虽然这种影响可能很有限，但我觉得对他们是非常重要的。其实这一点也是兰大老一辈教育家留给我们的非常珍贵的经验，他们不会用照本宣科的方式灌输，因为科学研究本身也没有一个固定的模式，导师就是要通过学术思想的启迪、研究思路的开拓，最大限度地激发你的潜能。

访：上次李老师八十寿辰的时候，好多学生都到场，我感觉李老师虽然不太说话，但是他的影响力非常大，学生对他都非常尊重。

李：对。作为导师，李老师与研究生的关系更像是父子，彼此之间既是师生，又是无话不说的朋友。他对我们起到了引领人生的作用。

敬畏之心：超然的境界

访：李老师的学生好像世界各地都有，我感觉这些学生在各自领域里的表现都很出色。

李：是的，李老师说话很少、声音也很小，但他用行动告诉我们，做学问要有敬畏之心。李老师把对专业敬畏的态度传递给了学子，然后体现在我们身上，这是影响我们成长、成才的一个重要方面。你说具体学了哪个专业哪些知识，从某种意义上讲，这只是一个形式和载体而已；但这种精神方面一点一滴的影响，的确是李老师他们这一代人言传身教的过人之处。

敬畏之心在任何时候都非常重要。比如说黄（文魁）先生，虽然（我）没有亲眼见过其人，但我从他给李老师、潘（鑫复）老师等带来的影响，就能感受到他对学问的敬畏之心，这是非常值得琢磨的。还有当年在哈佛大学工作的时候，我虽然没有见过合成大师 R. B. Woodward 先生，但从他留下来的学术论著以及演讲、报告的字里行间，我们都能感受到他对大自然、对科学、对学问的敬畏。有了敬畏，我们就能持之以恒地去克服困难，以积极、乐观的态度去发掘和解决科学难题。

访：虽然没见过他，但他就活在你的心里。

李：对。精神是一种无形的东西，但无形的东西同样需要载体。这些科学家对我们的影响可能就是以你所记住的他们的一言一行、他们对待学问的态度为载体，告诉我们时时刻刻都要专注种种细节和整个过程。对科学研究而言，细节无处不在，细节就是一切；只有敬畏当头，你才能有正确的出发点，并用坚定的态度去对待一切。

访：听说研究生当中流传有一句话，说是"给老板打工"，或叫"给老板干活"，您怎么看待这个问题？

李：这种说法是非常庸俗的。如果说打工，那真的完全没有我刚才说的这种敬畏之精神了。师生之间的关系完全不应该是这样的。在"三观"里面除了世界观之外，可能在学校里面能够形成的，更重要、更具体的一点就是价值观。你为什么喜欢它、为什么敬畏它，那是你认为无论是对你个人、对他人，还是对整个社会，它都是有价值的。如果一个人无所敬畏，那么他从何做起？很多事情、很多时候可能都没有出发点！

访：你经历了兰州大学、南开大学和重庆大学这三所学校，这之间你感觉有什么差别？

李：还有一所学校——哈佛大学。我两次去哈佛大学留学，我在哈佛大学的导师E. J. Corey先生是一位杰出的有机化学家，对我的影响非常深远。其实不仅是E. J. Corey先生本人，还有哈佛大学这所名校，她在教育和学术方面的传统和理念，对我的影响之大，就像兰大一样。我有三个母校，兰大、南开和哈佛，我觉得每一所学校都传承了各自的精神和传统，虽然她们有所不同，但是她们都把重要的价值观传给了我，这一点上都是一样的，令我受益终身。

访：请您给学校写一段寄语吧！

李（执笔书写）：愿母校学术传统和（治学）精神发扬光大。

访：谢谢李老师！

【人物简介】

车全宏，男，汉族，1968年8月出生，甘肃定西人。中控集团（中国）投资有限公司董事长。

车全宏一家三代人均系兰州大学校友。1930年，其祖父车晓岚就读于兰州中山大学法学科；1965年，其父车军毕业于兰大化学系；1991年，车全宏毕业于兰大物理系。车氏祖孙三代的母校情结已成为兰州大学历史上的一段佳话。

为支持教育事业的发展，表达对母校的感激之情，2013年5月，车全宏向兰大捐赠100万元人民币，以其祖父车晓岚之名设立"车晓岚奖助学金"，帮助家庭困难的兰大学生完成学业。2015年，车全宏再次捐资200万元，设立"车晓岚大学生综合素质教育基金"，并与"车晓岚奖助学金"共同组成"车晓岚教育基金"。

【萃英记忆】车全宏

时　　间：2016年3月7日18:20

地　　点：深圳市 中控科技办公室

人　　物：车全宏

访谈人：王秋林

拍　　摄：红　叶

文字整理：郭若清

独特兰大气质　濡养一家三代

访：车总，您好！我们在做的一项工作叫"萃英记忆工程"，就是请我们的老先生、老校友回忆一下在兰大学习生活的情景，谈谈对兰大教育的印象与感悟。另外，我们知道，您的祖父、父亲和您三代人都是兰大学子，在传承"兰大精神"，支持母校的建设和发展方面做了很多贡献。你们家祖孙三代的母校情结是许多兰大人关注的焦点，也请您一并做个介绍。

车：今天比较突然，我也没准备。我觉得您刚才说了三个方面的事：一是我在兰大所经历的一些事情和感悟；二是说一下我家三代兰大人；再就是我对"兰大精神"的理解和实践。

宽严相济的育人艺术

车：第一个方面我说说发生在大学里的两件事情。

第一件是跑早操。一年级的时候，每天早上我们都要跑操，要求6点半起床。刚开始，相对于紧张的高考来讲，我们觉得上大学跟放假也差不多，很轻松。谁知道每天还要跑早操。最初几天大家还能坚持，但慢慢地就起不来了。我们的辅导员牟克雄老师（现任中国科学院理论物理研究所党委书记）为此每天早上敲窗敲门，准时叫醒每个寝室的同学。记得有一次我因为头天晚上和同学聊天熬夜，早上起不来床。牟老师过去"唰"一下掀了我的被子："车全宏，起床！"仗着跟他熟（军训期间我们之间培养了感情），我说："牟老师，能不能让我再睡会儿？天天这么折磨人。年轻人不用锻炼，我们身体都挺好的，是不是？"见我讨价还价，牟老师严肃地说："你知道纪律吗？你知道纪律代表什么吗？"就在我不知所措的时候，他接着说："纪律是约束个人行为的规则，是集体成员必须严格执行的规范。自觉遵守纪律，反映的是你的人格，代表的是你在践行承诺，你有能力做好每一件小事，进而去实现你的理想！"听罢牟老师简简单单的几句话，我"腾"地坐了起来……从此，我每天早上不用叫，都是6点多起床，这个习惯一直保持到现在。上次牟老师到我家住，后来又陪我回学校；见我每天都是6点多起床，他问我为什么，我说都是因为您。其实牟老师的这番教导一直伴随着我成长。后来我把这段话稍加修饰之后挂到公司深圳研发中心的墙上："纪律是反映人格的星星之火，在你实现理想的道路上，每天陪伴着你。如果你不坚持你的理想之火，你这辈子所有的梦想都实现不了。"上次我把这件事讲给咱们学校的王寒松书记听，王书记当时就说："牟克雄老师可以评为我们的最佳辅导员。"

现在有些年轻人一味讲自由，忽视了纪律对人格塑造的作用，这是不对的。事实上，我们搞素质教育，讲究德智体美全面发展，其本身就是人格养成的过程，而决定一个人人格素养的是世界观、人生观和价值观。世界观决定你怎么看待这个世界；人生观决定你怎么看待你自己；价值观决定你如何选择，扬弃什么，坚持什么。所以，要注重引导学生树立正确的"三观"，教育学生讲规矩守纪律，多方落实人格养成教育。这实际上也是"立德树人"的题中应有之义。

再说第二件事。大学时期我算是比较调皮的学生，有时爱逞强、打抱不平。曾经因此发生过一次打群架事件，学校保卫部都介入了。其实，当时我只是顺道"帮忙"，没想到最后把自己帮成了主角；看来事情比较严重，只能等待发落。结果系里的单纲书记、牟老师，几天都没找我谈话，这让我愈加忐忑。于是我就跑到教学楼，推门一看，单书记、牟老师正好都在。我就问学校是不是在调查这件事？没想到单书记回答道："你为了同学义气，又不是去做坏事。这件事我们跟学校说了，解释过了。"我从小在严格的家教下成长，跟我爸爸妈妈的交流，感觉到的都是严格，无论做人做事还是做功课，要求都非常严。单书记的这番话，给我的感觉就是包容和宽容，特别的温暖。而我自己事后并没有因此而放松自我要求，自责和反思仍然在继续……

说了处理方式截然不同的两件事，一件严格严厉，一件包容宽容。宽严相济，无不显示出老师、领导育人的良苦用心和巧妙艺术。这两件事对我的影响非常大。

车：第二个方面，我说说我爷爷和我父亲的事，他们都是兰州大学的学生。

1930年，我爷爷到兰州大学读书，当时的兰大叫中山学堂（注：应为兰州中山大学）。后来爷爷去了南京；从南京回来后，在家乡岷县办了一个私塾学堂（当时可能家庭条件比较好）。岷县地处定西、天水、陇南、甘南的交会处，是多民族聚居的地方，有藏族、回族等多个少数民族，当年有很多当地人来我们家读书。后来，爷爷又到岷县二中当校长。新中国成立以后，由于各种原因，爷爷失业了，我大伯又意外去世，家境一落千丈，一度靠拆老房子卖木料度日。为了维持生计，爷爷他老人家还摆过小摊。我曾经问过爷爷，从以前到现在，生活差别这么大，您对我们有什么要求？老人家就说了两个字："读书！"我从小到大，印象中的爷爷每天早上都要写两个小时的毛笔字，从来不耽误。后来老人家又自学中医养家，虽然"半路出家"，但在我们那一带，他的医术还是很好的。爷爷曾经对我说，人的一生必须坚持做好两件事情：第一，要读书，通过读书长本领，做一个正直的人；不要因为钱、为了赚钱丢失了人格，就是卖茶叶蛋也要有人格。第二，要学会感恩。我说为什么要感恩？他语重心长地说："'淡看世事去如烟，铭记恩情存如血'……你不知道，在我们家最困难的时候，有人给我们寄钱，是他们帮助我们家渡过了难关。对别人给予的帮助，我们必须心存感激，有条件、有机会的时候，还应当予以回报。"仔细一问，我才知道原来是爷爷的学生听说我们

车全宏家庭合影（1984）
祖父车晓岚（前排中）、父亲车军（后排右二）、车全宏（后排右一）

家的困难后，从美国、（中国）台湾（地区）给我们寄钱寄物。很多人帮助爷爷、帮助我们家，这件事已经成为我们家几代人不断传说的佳话。可以这么说，我是从爷爷身上领会了读书的重要性和感恩的必要性。

车全宏的父亲车军在日本讲学

　　我爸爸是兰州大学化学系的学生，1965年毕业。在兰州上大学的时候，有一次爸爸去宁夏，不幸途中遇上翻车事故，死了好多人。爸爸虽然活过来了，但最初也相当于半个植物人。他在兰州的医院里度过了半年，结果神奇般地康复了。车祸发生后，我的爷爷奶奶都很担心，因为家里没有钱给孩子治病。好在当时的医疗福利特别好（虽然医疗条件不如现在），在父亲治疗和康复的过程中，家里一分钱没花。从这点上讲，我们家对政府、对社会、对兰大也是一直满怀感激。

　　1991年我从兰大物理系毕业。我曾经向学校表达过一个愿望，就是寻找祖父求学兰大的痕迹。让我万万没想到的是，后来学校给了我一份礼物——我们家祖孙三代学籍材料的合订本，内容包括我爷爷的入学通知书，我爸爸的入学通知书、成绩单、毕业分配审批表，我的录取通知书、成绩单、毕业论文等。从这份珍贵的礼物中，我分明再次领略到母校兰大严谨的校风、学风和工作作风！

　　王乘校长对我说过，你让你的孩子有机会也上兰大，这样你们家就是四代兰大人；三代已经是佳话，四代那就是奇迹了。我说，我不清楚他们有没有机会上兰大，反正上不上我得让他（们）去一年。

车全宏一家三代人的学籍材料

"兰大精神"与企业文化

车：最后，我要说的就是关于对"兰大精神"的理解和兰大校训对我自身发展的影响。

兰大的校训是"自强不息，独树一帜"。下面我要说的事情跟我的辅导员牟老师有关。大学毕业后，我与在科学院工作的牟老师经常见面。他曾经跟我说，你要做企业，一定要自主研发，要有自主知识产权。就在我还在给美国做代理的时候，我说美国这个公司怎么这么大，世界最大的公司，我能做吗？他说只要你想做，就能做。"兰大的校训不是'自强不息'吗？老一代兰大人不就是这么发展兰大的吗？"看来经过"兰大精神"熏陶的牟老师，对兰大校训的内涵也有自己的见解。

再说"独树一帜"。我觉得自己在兰大的时候就养成了脚踏实地、别具一格的质朴性格。这种质朴的形成，除了"兰大精神"的感染外，我想与咱们大西北的黄土大山、沙漠戈壁、民俗风情等的耳濡目染不无关系。基于此，我做任何事情绝不人云亦云、亦步亦趋，我只专注于自己的事业！我已经把这种质朴的风格带给了中控公司。目前，我们公司的管理人员特别少，不到（员工总数的）百分之三，其他都是具体做业务的。我们的目标就是依靠这支团队，做中国梦的践行者；用实际行动，做好自己的产业，做好技术创新，使我们的公司成为行业标杆，独树一帜！如今在全球同行业里，中控是具有发明专利最多的企业，欧美任何一个同行也没有我们多。

思想成就品牌，文化铸就未来。长期以来，我通过企业文化建设，传播和发展"兰大精神"，丰富"兰大精神"的内涵。

我们知道，企业的发展离不开经济。我认为抓经济工作，价值观是种子，文化是大树，员工的心态是土壤。基于这种认识，我们企业的新员工上岗前都要经过三个月的培训。在培训过程，我就说八个字：责任、正直，求实、卓越。责任、正直，是做人；求实、卓越，是做事。一个没有责任感的人，他不会正直；而不正直的人往往没有底线，做人不坦荡、不大气，小事都做不好。同样，一个人做事不实在、不求实，虚头巴脑的，何谈卓越？你不卓越，你不做最棒的，人生得不到应有的回报，谁人认可你？

中控科技的企业文化（1）

我们的企业还有这么一段话："人生十分，八九不如意，苦难到底是财富还是屈辱？当你战胜了苦难，它就是你的财富；当苦难战胜了你，它就是你的屈辱。人生成长其实就是战胜困难的征程。"员工能把这段话弄明白，其心态也就好了。事实上困难未必就是坏事，越困难越能带来成功的机会。"心态决定人生"，我经常跟年轻人这么说。

"思想就是坚守价值观的力量，抢占思想高地就可以把中控人团结在一起，这样我们才有转型的基础；否则业务发展不了，优秀人员也会逐步流失。""思想就像一个钟，你不上发条他就会停摆。如果你把思想变为了战斗力，我们的事业将无限光明。"这是我们企业文化的另一种表述。

中控科技的企业文化（2）

"大音希声，大象无形。"员工的认识一致了，心智凝聚了，产品的创新就做好了，产业的品牌也就有了，企业自然就能遐迩闻名了。

【人物简介】

宋维山，男，汉族，1972年1月出生，河北承德人。研究生导师、副教授。

1997年兰州大学文化传播方向研究生毕业，获文学硕士学位。主持传播学和广告个案研究（河北师范大学首批和第二批重点课程）建设；获评2009年中国"新闻传播专业最受欢迎的十大教授"（评师网），河北师范大学"教学名师""教书育人模范教师""优秀共产党员"。是中国广告教育研究会理事、中国广告协会学术委员会委员、《中国酒业营销师》主编。现任河北师范大学新闻传播学院广告系系主任、河北省广告研究院执行院长、河北省广告协会学术委员会主任。

【萃英记忆】宋维山

时　　间：2017年3月12日

地　　点：石家庄市　河北师范大学

人　　物：宋维山

访谈人：阎　军

拍　　摄：阎　军

文字整理：宋雅璇（2016级文学院学生志愿者）

文稿审定：段小平　陈闻歌

"在恩师们身上，我看到了兰大的精神和脊梁"

访：宋老师，您好！

宋：您好！

访：兰州大学档案馆开展了一项工作叫"萃英记忆工程"，请老先生、老校友回顾在兰大学习生活的情景。您是兰大的校友，今天请您做一次回顾。

宋：谢谢您！您的话语勾起了我对兰大生活的美好回忆。记得著名作家柳青在《创业史》中说过这样的话："人生的道路虽然漫长，但紧要处常常只有几步，特别是当人年轻的时候。"对我而言，兰州大学和兰州大学的恩师，就出现在我年轻时人生道路最紧要的时候。

我1994年本科毕业于河北的一所地方院校，之后被保送到兰州大学攻读文化传播方向的硕士学位，师从中文系的吴小美先生和新闻系的刘树田先生。从此，我和兰大及兰大恩师们的一生情缘再难分开！

国务院学位委员会、国家教委1997年颁布的《授予博士、硕士学位和培养研究生的学科、专业目录》正式在文学学科门类中设置新闻传播学一级学科。经过国务院学位委员会第七批学位授权学科专业审核，1998年兰州大学传播学专业获得硕士学位授权。在此之前，兰大新闻系研究生培养的教学与研究一直处在探索阶段。吴小美先生和刘树田先生，还有兰大西北文化研究中心的戴元光先生（当时从美国东西方中心传播学创始人施拉姆教授处访学归来，后任中国传播学会会长）创造性地把传播学引进文化研究领域，在中文系的中国现当代文学硕士学位授权专业下开设了文化传播方向，培养了国内最早一批传播学方向的研究生，开创了学界先河。我有幸成为兰州大学文化传播方向的第三批研究生。从那时起，我在兰大度过了年轻时代最重要的三年。这也是影响我一生的三年。

兰大的校训是"自强不息，独树一帜"。在恩师们身上，我看到了兰大的精神和脊梁。

访：兰大的老一辈先生正是"兰大精神"的缔造者和承传者。

气质严师吴小美

宋：我记得当时研究生（招生）数量少，传播学方向第一届只有师姐一人，第二届招了师兄、师姐各一人，我这一届招收了三名学生。因为学生很少，我们可以直接到吴老师家里上课。上课也因此成为我们最盼望的幸福时光——大家喝着咖啡，听吴老师讲述鲁迅和老舍的文化思想。鲁迅的骨头和老舍的深沉，潜移默化着我们年轻的内心。

我们当时还奇怪，为什么吴老师那么喜欢喝咖啡？后来接触多了，大家也就慢慢知道了个中缘由。

吴小美先生上个世纪30年代出生于上海的一个大家族，在香港度过了她的少女时代。现在想想先生那时的家境，咖啡应该是陪伴她无忧少女时代的必备饮品——咖啡记载了她无邪的青春，咖啡也是先生青春的符号。

她的父亲吴健陶是清末的拔贡，在民国初期远渡重洋，于日本帝国大学获得经济学硕士学位，回国后曾任当时江西省政府的财政厅长，也曾投资办厂实业救国。先生中学毕业报考大学的时候，与父亲发生了很大的分歧。父亲让她考医科大学，而她执意要报考北京大学中文系。她认为共产党的政权是一个让中国人真正扬眉吐气的政权，她要回大陆读书，而且要读文学（先生认为只有文学才能拯救国民的灵魂）。父亲一气之下拒绝给她经济上的供给，但她义无反顾地考入了北京大学中文系，并在长兄的资助下完成了学业。

北大毕业后，先生响应政府的号召，支援大西北。为此，她毫不犹豫地来到兰州大学工作。兰大偏居西北一隅，先生却勤奋教研不辍，并因此成为当时兰大的"四大才女"之一。后来先生以其深厚的学识、丰硕的成果、高尚的人格，当选为中国老舍研究会的会长。先生能在西北一隅有此造诣，可见兰大"自强不息，独树一帜"精神之一斑！

先生亲近生活、热爱生活。她常说：老百姓最好！西北的老百姓最淳朴、最

411

真诚！"文化大革命"期间，先生被下放到西北农村。作为北大毕业的高才生，先生却能同老百姓互相尊重、互相学习。老百姓自己舍不得吃白面，却给先生擀面条；先生则平易近人，给村民们讲文化、拉家常……真诚深沉的爱，铸就了那个特殊时期高级知识分子和普通百姓水乳交融的关系！

改革开放以后，随着物质条件的好转，咖啡又出现在先生的家里。咖啡不但唤醒了先生对少女时代的回忆，更让先生把自己的青春符号和思想文化与年轻学子分享……

先生对学生，是母亲对孩子般的爱。在兰大，先生倾其所能，从学习、生活、恋爱、工作等方方面面，给予学生无微不至的关怀和指导。她用毕生心血换来了桃李满天下。

先生生活与教研都非常严谨。先生过生日，我们几个年轻人买了点小礼物，她都会很着急，觉得我们还没有挣钱就为她破费，于心不忍；最后我们只能央求可爱宽厚的"和事佬"、她的丈夫何老师（兰大化学系教授）出面说和求情，先生才肯收下我们的一点小心意。对我们日常学习和论文写作，先生的要求同样严格。我们的作业、论文往往不敢轻易提交，之前得多次修改、反复斟酌，唯恐出现低级错误，惹先生"生气"。印象最深刻的是，我的硕士论文是关于文化和广告之间互动作用的相关研究领域的，先生帮着改了很多稿，最后非常顺利地通过了毕业答辩；当我用"君子爱财，取之有道"结束我的答辩时，先生极高兴！

如今我的工作价值观的形成与先生的严格要求不无关系。即便是服务于横向课题的客户，我也会按照正确的价值观服务于他们，然后才考虑产生（或体现）自己的价值。我觉得这方面先生对我的影响非常大。

当年先生本来希望我去北京工作，但是因为种种原因，我还是回到了河北。当时我能感觉到先生内心隐隐的惋惜。后来我去北京开会，专程前往拜望先生。一见面，先生不问其他，先急着问我的家庭、孩子，得知我生活、工作都好，她才释怀、才感欣慰。而我看到先生的身心还是那样的年轻态，更是油然幸福！

先生的爱心与文化思想的言传身教，让我们难以忘怀并承传永远。现在，我也是一名教师（供职于河北师范大学新闻传播学院广告系），也带研究生。面对我的学生，我就会想起先生，然后全力以赴、满腔热忱地对待自己的学生。因为先生一直就是这样对我们的。

先生不仅让我们领略了大家闺秀的风采，而且让我们知道了什么是自强不息！什么是独树一帜！

敦厚仁师刘树田

访：从吴先生身上我也受益良多。您的另一位导师是刘树田先生，想必也有好多回忆？

宋：是的，刘树田先生也是我的恩师。刘先生宽容敦厚，是兰州大学新闻学专业的创始人。

刘先生创造性地和吴小美先生合作，在吴先生所在的中国现当代文学硕士学位授权专业下招收文化传播方向的研究生，为扩大兰大在国内新闻传播学界的社会影响力，为兰大传播学硕士学位授权专业的建设，奠定了坚实的基础。

为了丰富教学和研究的内容，为了兰州大学传播学学科的建设和发展，刘先生付出了非常多的努力。那么大的年纪（我入学那年，先生已年近花甲）还四处奔波，协调学界、业界的各种关系，整合校内、校外的各类资源，从师资上、从教研活动上想方设法为我们提供更好的条件，从不同的层面、不同的角度多方关心我们的成长与成才。

为了让我们接受国内一流学者的耳提面命，刘先生当年专门邀请中国人民大学的童兵教授（现为复旦大学教授）来兰州大学讲授新闻理论，邀请美联社记者和我们一起开展教研活动。戴元光老师也会借出国访学、开会之机，带回有关图书、带回先进的传播学研究方法；他还引导我们做项目，去电台、电视台实习实践，多途径帮助我们开阔视野、增长见识、提高能力。

兰州大学新闻系的研究生培养，早在上世纪90年代初的探索实践阶段就注重国际的学术交流，而且尽可能多地整合国内先进的师资等教学科研资源，这一切都为我们的专业成长奠定了非常好的基础。我觉得那个时候在大西北能够为研究生提供这样的培养条件，传播学在当时的环境下能够取得那么好的成绩，实属先生们的爱心、良心使然，实属"兰大精神"使然！

访：您在河北师范大学工作了20年，其间兰大及"兰大精神"给您带来了什么？

宋：兰大虽然是地处祖国大西北的一所院校，但"自强不息，独树一帜"的"兰大精神"却一直指引着一代又一代的学子，在各自的领域里秉承校训，热爱生活，努力工作。直至现在，我在整个工作过程中仍然能够感受到兰州大学的淳朴校风和厚重积淀给我带来的源源不断的动力，我也一直在向吴老师等恩师学习（虽然很多方面学得还不到家）。

研究生毕业后，我回到河北师范大学从事我喜欢的广告学专业的教学和研究工作，一转眼20年过去了。20年来，我精心教研、刻苦实践，不敢有丝毫懈怠，为区域教育和区域经济的发展做了一些自己应该做的事情。20年来，我和同事们一起建立了国内酒业品牌与营销咨询领域的优秀高校教师团队与平台，同时与中国酒业协会合作完成了我国首部酒业营销师培训教材《中国酒业营销师》。前几年，我还因此有机会回到甘肃，代表中国酒业协会给整个甘肃省酒行业实施了第一届酒业营销师培训。至今我还记得刚下飞机时那种油然而生的亲切感：亲爱的大西北，亲爱的兰州大学，我回来了！能为甘肃经济发展做出自己应有的贡献，内心极为欣慰！因为，兰州与兰大也是我年轻时的家，兰大永远是我的精神家园！

宋维山在星泉管业2016年经销商年会上（石家庄，2017）

访：您说得对，兰大人普遍都有这种情结。昨天听说您联系的品牌企业为今年河北省兰州大学校友年会赞助了将近20万元的物资，有这事吗？

宋：这实在算不上什么。一方面，可以说绝大部分的赞助物资都来自我做过品牌战略与营销推广咨询服务的企业（或正在服务的企业品牌），有的品牌企业的高管还是我的学生（他们也愿意让兰大校友分享、传播自己的品牌）。另一方面，绝大部分校友都在为这次年会各尽所能（有钱的出钱，有物的出物，有力的出力），由于种种原因没能来的校友也在摇旗呐喊；兰大河北校友会的所有事情本来就应该群策群力，作为兰大、作为兰大河北校友会的一分子，为兰大、为兰大河北校友会做些力所能及的事理所当然。我想，为母校的发展凝心聚力，这也是丰富"兰大精神"内涵的一种具体体现。

访：您把"兰大精神"传承得很好，校友们的心都被凝聚起来了。

宋：是的。我认为大家都在付出爱——付出对兰大、对兰大人、对兰大校友会的爱。因为兰大的精神告诉我们，要"自强不息，独树一帜"。作为兰大的学子，我们有责任、有义务在各自的领域里传承校训，不断充实"兰大精神"的内涵。对于兰大学子的每一个个体而言，我们也许不能树起一面大帜，但我们可以举起一面小旗，在各自的岗位上做出些许成绩，或者通过爱岗敬业、尽职尽责，践行"兰大精神"，书写好自己力所能及的兰大之美！

访：的确，"兰大精神"一直激励着我们奋斗不止、奋力前行。谢谢您接受访谈，欢迎您常回兰大看看！

【人物简介】

王学军，男，汉族，1973年7月出生，安徽肥东人。苏州君子兰资本管理有限公司CEO，兰州大学苏州校友会会长。

1991—1995年，在兰州大学经济系学习，本科毕业后从事期货证券方面的工作，先后就职于北京方园期货公司、华泰证券、东吴证券，历任东吴证券投行部董事总经理、保荐代表人、东吴并购（上海）资本管理有限公司总经理，是苏州君子兰资本管理有限公司的创始人。工作期间获苏州大学金融学硕士学位、北京大学光华管理学院高级工商管理硕士学位（EMBA）。

【萃英记忆】王学军

时　间：2016年11月25日
地　点：苏州市
人　物：王学军
访谈人：王秋林
拍　摄：红　叶
文字整理：吴明璇（2015级萃英学院学生志愿者）
文稿审定：段小平　陈闻歌

我的商业之路从兰大起步

访：王学军校友，您好！兰州大学档案馆正在实施"萃英记忆工程"。今天很荣幸邀请您讲述大学生活的经历，介绍成长的体会。

王：谢谢王老师！我是1991年进入兰大经济系学习，1995年毕业的，在兰大读了四年本科。从农村去兰大上学，对我来说是一个非常好的机遇。在兰大最大的收获，我认为就是学习了如何做人和做事。兰大秉承了西北淳厚和质朴的品质，我在这种环境里得到了熏陶。从专业的角度讲，我掌握了思维的规律，收获了学习的方法。但是，校风、学风对学生未来的影响应该说更加重要，这也是我非常怀念和敬重兰州大学的重要原因。我的妻子是兰大1991级计算机专业的学生，我们都是纯正的兰大人。

访：兰大四年，给您留下了什么样的记忆？

王：大学时期就是一个人最快乐的时期，非常让人留恋！只是我家里比较贫困，一进校门就贷款。对我来说，每学期300元的贷款就是很重的负担。所以从大三开始，我就一边学习一边做些买卖，想尽办法偿还贷款。应该说在相对注重学风的兰大，这些经历有效锻炼了我的商业头脑和组织协调能力。所以快乐与解压陪伴着我的大学时代。

访：您是从哪里考来兰大的？

王：我在安徽肥东考的大学。说来也是缘分，兰州大学是我高考的第四志

417

愿，我是被调剂录取到兰大的。

访：在兰大学习期间，给您留下比较深印象的人和事都有哪些？

王：记忆深刻的老师比较多。我们的班主任是高新才老师；我们班很幸运，据说此后高老师就不再当班主任了。任课教师有徐创风、田秋生、夏永祥、党国英等老师；系里还有系主任李宗植，以及李炳毅、刘同昌等老师。当时的经济系给我的感觉是非常团结，有拼搏精神，无论是学风建设还是运动场上，都能够带来旋风，表现出一股不服输的精神。

访：那时候经济系的体育是非常出色的。大学毕业后您主要做什么工作？

王：我先后在华泰证券、东吴证券公司工作了十七八年。先是派驻苏州商品交易所，做了两年期货，后来一直做证券。现在，我在经营一家君子兰资本管理公司。"君子兰"有两点寓意：一是花开一朵，代表一种目标——向上、单一的目标；二是叶子厚重圆润，代表在为人处世中方圆结合的大智慧。君子兰是有格调的，其中隐含着兰大"自强不息，独树一帜"的校训，实际上就是秉承"兰大精神"的一种性格。

访：现在公司的状况如何？

王：目前公司管理着几个上市公司的资金，团队少而精。虽然刚刚起步，但还是需要很多努力的。

访：公司是哪年创立的？

王：2014年筹建，2015年中旬开始运营。

访：两年多的时间就有如此规模，挺不错的嘛。

王：还行，我们稳扎稳打。

访：您学的是经济，正好专业对口。

王：大学里接受了逻辑学的系统训练，学习了对商业的一些基本判断，再加上十七八年国企工作的经历，有了一定的行业积淀。我觉得人过不惑就要做一点自己想做的事情。

访：您大三开始勤工助学，做买卖、还贷款，那时候都做了些什么？

王：做的事情多了，比如贩卖毛线。我到七里河区买毛线，回来卖给同学（那时部分女生爱在晚上打毛衣）。我先把毛线头编好，让2号楼、5号楼的女生逐一选择，选完以后有买二两的，有买半斤的，七天之后送货，我就赚中间的差价。后来就是包电影，卖电影票，这块儿能赚得多一些。还有包车甘南、青海湖这些地方的旅游……

访：您怎么就发现了这些商机呢？

王：当时我们班上有个三人小团队，彼此都有商业头脑和共同爱好，于是大家一琢磨就开始实践，并在过程中发现商机，寻找满足客户需求的可能途径。当时好多电影（比如《西楚霸王》等）只能在东方红电影院这些黄金院线卖票，不能在其他场合卖票。黄金院线当天晚上放映完后，我们租来拷贝，在兰后电影院租个场子再放映。东方红电影院一张票卖15元，我们的学生价是3元5角，社会价卖10元。虽然电影是夜里12点开始放映，但还是爆满。那是1994年，一场电影我们能赚3000元。

访：这种事情你们做了几次？

王：很多次了。包括到兰柴厂（电影院）放镭射电影，还承包过省政府礼堂的电影院。

访：您是怎样把电影票推销给同学的呢？

王：平时贴小海报，到了饭点摆摊。那时候我们开始雇同班同学卖电影票。

访：那您得给人家提成。

王：当时不流行提成，就是晚上请吃个火锅米饭，有时再喝点啤酒。

访：这些经历为您后来的发展提供了经验？

王：对，这些都很重要。我认为高等学校除了基础教育以外，逻辑训练、应用技能、生活技能的培养也非常重要，也就是说职业教育与高等教育的融合，是很重要的一个课题。

这段经历对我后来的职业生涯帮助很大。大学毕业两年后，我在苏州商品交易所做期货做到了市代表，后来担任苏州办事处的主管。当时我个人账户上就有公司客户的保证金几千万元。应该说那个时候做期货很流行，但是风险也很大，要么赚大钱，要么就亏光了。这跟股票不一样。我算是经受住了诱惑。当时我如果挪用客户保证金两百万去投资，失败了，至少是重刑；成功了，可能会赚几百万。为此，我三天没合眼，我不断地拷问自己：如果失败了，我怎么对得起父母、师长和朋友？我这辈子是不是就值这两百万？最后是理性战胜了赌性。那可是人生非常重要的十字口，现在想想都很后怕。后来"遇事先考虑风险"成为我做事的原则之一，现在流行叫"底线思维"。非常感谢大学时代兰大给予我的那种敦厚、踏实的教育！

访：您毕业分配到什么地方？

王：毕业的时候我被分配到北京，我的户口也落在北京了。1998年，我为了去苏州工作，把户口从北京迁到了苏州。这也是一件很奇葩的事儿。我去迁户口的时候，经办人问了我三遍："你到底是迁出还是迁入？"虽然北京一户难求，但我却不以为然。北京户口或许孩子将来上大学能用到，可那也是二十多年之后的事了，我相信国家这方面的政策会变。虽然目前高考这方面的相关政策还是没太变。不管怎么说，把北京户口迁到苏州，我相信不是一般人能做出的决定。

访：您为什么坚持把户口从北京迁到苏州？

王：我觉得有些事得从长计议。虽然北京户口能给小孩的教育带来很大帮助，但我更相信自己，相信自己不是为户口而活着。

访：现在回过头来看，您觉得当初那个选择对不对？

王：我想无论在北京还是在苏州，只要努力，都会有好的发展。但从目前来看，我当初的选择没有错，因为现在的事业前景看好。通过十来家上市公司的重组和并购，圈子里同行也知道我做事很靠谱，很多人都支持我。

事业步入正轨后，我也没有闲着，一直在学习——先是在苏州大学商学院读研究生，后又到北大光华管理学院读EMBA，现在还在接受继续教育。我想通过学习改变自己、充实自己。

访：您刚到苏州的时候是个什么状况？

王：我先在华泰证券公司工作4年，后在东吴证券公司做了13年，都是上市公司。那时我刚毕业两年多，是最基层的一般员工。通过接触证券，我慢慢对有关方面的情况有了了解。中间有一个很重要的机遇，就是证券市场实行"保荐代表人"制度，我有幸抓住了这个机遇，搭上了"保荐代表人"制度的早班车，并用这个资格去服务企业，得到很多企业的信任和重视。

访："保荐代表人"是个什么制度？

王："保荐代表人"实际上就是上市后备企业与证监会之间的中介，代表企业向证监会担保推荐企业上市。在当时（实行"保荐代表人"制度的早期），这是一种非常难考的从业资格。

访：您已经做得很成功了。

王：谈不上成功。从上学到现在，二十几年过去了，我觉得首先是兰大的培养，因为人品、性格都是在兰州大学形成的；第二，在做人与做事方面，我一直秉承兰大"勤奋、求实、进取"的作风，一步一个脚印地往前走——扎根一个区域，扎根一个行业，慢慢做，持之以恒。我相信时间的积累和阅历的积累会慢慢

人物访谈录 2

让一个人走上新台阶的。

我和我妻子都是兰大培养的，我妻子是新疆哈密人，我们对西北、对兰州、对兰州大学都有很深的感情。我们有责任、有义务把兰大苏州校友会的事情做得更好一些。

访：谢谢您的分享！

【人物简介】

刘玉孝，男，汉族，1977年9月生于贵州毕节。兰州大学物理科学与技术学院教授、博士生导师。

1997年从贵州毕节二中考入兰州大学物理系。2001年毕业于兰州大学物理科学与技术学院，获理学学士学位；2001年9月起，先后师从赵书城教授和段一士教授，获理学博士学位。2006年6月研究生毕业后留校工作，被聘为讲师；2008年被聘为教授、博士生导师。兼任中国科学院近代物理研究所博士生导师，2012年起任中国物理学会引力与相对论天体物理分会理事。

主要从事广义相对论、规范场论、额外维、膜世界和W弦理论等领域的科学研究，在 *Phys. Rev. Lett.*、*Phys. Rev. D*、*JHEP*、*Phys. Lett. B* 等国际知名学术刊物上发表120余篇SCI学术论文，被引用2800余次（据高能物理数据库 Inspire）。

2006 年获第三届中国青少年科技创新奖；2008 年获全国优秀博士学位论文提名论文奖，同年入选教育部"新世纪优秀人才支持计划"；2015 年获国家自然科学基金"优秀青年基金（优青）"项目资助。

【萃英记忆】刘玉孝

时　　间：2016 年 12 月 24 日 15:00

地　　点：兰州市 萃英大酒店

人　　物：刘玉孝

访谈人：王秋林

拍　　摄：红 叶

文字整理：刘玉孝

文稿审定：段小平　陈闻歌

缅怀恩师段一士先生

访：刘老师，您好！段一士先生刚刚去世，这些天学校师生以及社会各界都沉浸在悼念和缅怀之中。作为段先生的学生，请您回忆一下段先生给您留下的印象。

刘：追随恩师段一士先生 13 年以来，我一直在他的身边；万万没有想到恩师这么快就走了，这几天悲痛的心情一直被各种事情压抑着。非常感谢"萃英记忆"为我提供缅怀恩师的机会。

2001 年，我从兰州大学物理学基地班毕业。保研的时候，同乡建议我选择微电子学方向，以便毕业后有个好的工作，能尽快改变家里经济困难的状况。后来经过反复考虑，"自私"的我还是选择了自己的理想——理论物理。早在高中阶段，罗祥君老师精彩的课堂讲授和对物理学的崇高热情，就已经把我带入了物理学的殿堂；他十分推崇段一士先生，建议我报考兰州大学。今年夏天高中同学和老师聚会时，罗老师还提到希望能通过我拜见段先生，如今很遗憾不能帮他实现这个愿望了。保研填志愿时，我们是按照成绩来选导师的，我排名第五，曹利明第六，不过曹利明实在太热爱理论物理了，因此我们都力推他选报段先生，他和刘鑫师兄则建议我选赵书城（段先生的研究生）老师。就这样，我到了赵书城老师的门下。在赵老师和师兄师姐们的关心和热情帮助下，很快我就开始W弦理论方面的科学研究。现在想想，那些成果主要归功于他们，自己当时什么也不懂，只是编了一个程序替换烦琐的计算而已。赵书城老师在科研和学习上对我们的要求非常严格，有一次我被挂在黑板上10分钟，事后他告诉我基础不扎实一切都是虚的。但是在生活上他对我们的关怀却无微不至，每个月都会给大家发一些生活补贴。由于工作劳累过度，2003年9月3日，赵老师永远离开了我们。赵老师去世后，我和其他几位赵老师的研究生（张丽杰、张修明、王永强、赵振华、张欣会等）就转到了段先生的门下。

原来我的研究工作没怎么涉及广义相对论，对这方面的理解很肤浅。后来听完段先生给我们讲的广义相对论和引力规范理论后，我发现引力理论原来没有那么神秘，数学结构和物理图像是那么的清晰和简洁。

有一天，段先生在自习室找到我，告诉我不要放弃原来关于W弦理论方向的工作，不要怕做冷门的研究，并建议我同时考虑新的研究方向。他给我写了一个公式，告诉我这是额外维方面的，可以慢慢开展相关的研究。这个公式一直影响我到现在，而额外维理论则逐渐成为我的主要研究方向。当时的情景仿佛就在昨天，令人终生难忘。2006年春天，段先生专门开设新课额外维与膜世界，使我很快就掌握了额外维相关的基础知识和前沿进展，为我以后从事这方面的研究工作打下了坚实的基础。现在我才意识到，恩师讲的那些前沿课程往往都是有规划、有针对性的。"额外维与膜世界"似乎就是为了帮助我更快地进入额外维领域而开设的。

段先生强调要用简洁的语言来表述所学的物理，力求"一语道破""言简意赅"。有一次面试，段先生让我们说出狄拉克方程、泡利方程和薛定谔方程的区别和联系。我们说了很多，越说越感觉抓不住重点。最后，段先生告诉我们，狄拉克方程描述自旋为二分之一的相对论性粒子，泡利方程描述自旋为二分之一的非相对论性粒子，薛定谔方程描述自旋为零的非相对论性粒子。至此，我们在恍然大悟之余，不由地为段先生做学问的境界所叹服，敬佩之情油然而生。

在我博士研究生毕业的前一年，我女友（现在的妻子）硕士研究生毕业。我提前和她一起找工作，希望能在同一所高校工作，某学校答应为我们提供一套住房、一个停车位以及不少的安家费和人才引进费。段先生得知后建议我们留在兰大。他说兰大平台不错，学术环境好，是做科研的好地方。后来，是段先生亲自出面帮忙把我女友留了下来；这样，我2006年博士毕业后也就安心留校了。我留校后被聘为讲师，而段先生认为应该是副教授。这一次，又是段先生亲自出马，多次与学校领导交涉，虽然最终没有结果（原因是那一年本校毕业留校的博士，学校没有相应的"破格"政策），但段先生关心青年教师成长的情怀我铭记在心。2008年我正常申请副教授职位，可评审专家建议聘我为教授（那年我的博士学位

段一士（中）在家中指导刘玉孝（右）（2001）

论文获得全国优秀博士学位论文提名奖），于是物理科学与技术学院就此向学校提交了一份报告。没想到学校直接把我聘为四级教授，同年12月聘为博士生导师，2009年3月又聘为三级教授。此后，学校对留校老师和外面引进的老师一样对待，都有机会破格晋升。现在魏少文（我和任继荣老师的学生）也得益于这些新政策，在毕业留校四年之后就申请青年教授；紧接着在学校青年教授资格考核答辩排名第一后，又顺利通过了所有外审。我感觉到段先生当年的努力，在一定程度上促进了学校相关政策的调整，让一批兰大青年教师从中受益，为稳定人才队伍产生了积极影响。

　　段先生的恩情，我永世难报，唯有继续努力！

　　恩师，您一路走好！

　　访：谢谢刘老师为我们讲述与段先生的故事。段先生会因为有您这样的杰出弟子而感到欣慰的。再次感谢刘老师！

后　记

　　本书为第二本"萃英记忆工程"访谈录汇集，故名《我的兰大——人物访谈录2》，继续沿用《我的兰大——人物访谈录1》的排版装帧风格和篇目排序规则。

　　随着"萃英记忆工程"工作的持续推进，该项工作不断取得新的成果。一是受访人群由高龄教职工扩展到广大校友和中青年骨干教师；二是征集到大量档案资料；三是得到学校党委、兰州大学基金会和宣传部、校友办等有关职能部门以及广大师生校友的持续关注与大力支持。

　　在工作推进过程中，先后得到尚峰、车春玲、冯治库、胡超兰、王爱勤、代国俊、郑重等校友的鼎力资助和1981级化学专业校友的集体帮助，退休干部王秋林、黄飞跃、阎军、王安平等人以极大的耐心，访求事实，查对文献，斟酌文字，为"工程"推进和《我的兰大》成书付出了极大心血，来自萃英学院、医学院、化学化工学院、历史文化学院、文学院等单位的学生志愿者杜振亚、徐秋水、徐瑾涛等人组织众多同学帮助整理录音，为此书付出了辛勤的劳动，在此一并表示感谢！最应该感谢的是欣然接受采访、分享记忆与智慧的教职工和校友。

　　本书插图一部分来自档案馆馆藏，一部分由受访者提供，一部分为现场拍摄，个别源自老旧录像截图，部分图片模糊不清，但又无可替代，质量不能尽如人意，在此表示抱歉。

　　因为访谈对象记忆有误及印证资料不足的原因，个别细节或与事实不符，水平所限，疏漏之处敬请读者批评指正。

兰州大学　档案馆
口述档案研究中心
2018年9月19日

人物访谈录 2